MICHAEL JACKSON

A VISUAL DOCUMENTARY

1958-2009

BIOGRAFIA COMPLETA DEL RE DEL POP

dedicato a Michael, e a tutti i fan in giro per il mondo

DON'T STOP 'TIL YOU GET ENOUGH!

Aereostella

Traduzione: Lalla Riccardi, Aleyna Tusa

Impaginazione: Alessandra Lanza

Prima edizione italiana

Aereostella
via Elia Lombardini 4
20143 Milano
www.aereostella.it
info@aereostella.it

Titolo originale: *Michael Jackson – A Visual Documentary 1958-2009 The Tribute Edition*

Progetto grafico: Adrian Grant
Ricerche: Adrian Grant, Gloria Haydock, Chris Cadman, Lisa Campbell, Angelika Meisel, Jayne Ross, Deborah Dannelley, Luigi Pedone
Ricerca iconografica: Adrian Grant, Nikki Lloyd, Sarah Bacon, Jacqui Black

Foto di copertina: Johnathan Exley, MJJ Productions; All London Features International
Barry Plummer: 122-123
Disney Publicity: 98
Motown Records: 11, 18, 33
Epic Records: 34, 102, 103, 146
Popperfoto/Reuters: 213
Shannon Morgan: 229
Michael Jackson con il figlio Prince Michael Jr.: per gentile concessione del magazine "OK!"
Rex Features: 29, 48, 50, 52, 56, 57, 61, 65, 68, 69, 70, 71, 76, 78, 79, 82, 84, 87, 94, 109, 111, 115, 116, 118, 119, 113, 136, 146, 147, 154, 157, 161, 164, 172, 173, 174, 203, 206, 208-9
MJJ Productions: 4, 5, 108, 120, 121, 126, 135, 142, 148, 150, 152, 155, 160, 164, 165, 169, 198, 201, 223,
London Features International: 1, 3, 12, 14, 26, 28, 36, 43, 45, 47, 53, 56, 59, 62, 63, 64, 66, 68, 72, 74, 75, 79, 81, 85, 91, 92, 95, 96, 96, 97, 99, 101, 104, 105, 106, 107, 110, 111, 112, 119, 120, 123, 124, 125, 128, 129, 130, 131, 137, 138, 143, 151, 159, 161, 200, 205, 207, 210, 212, 214, 215, 216, 217, 218, 219, 221, 222, 224, 225, 226, 227, 228, 229, 230, 231, 233, 234, 236, 237, 238, 240, 242, 243, 270
Getty Images: 245, 246, 247, 248, 249, 250, 251, 255, 258, 267, 268, 269, 270, 271, 272, 273, 274
WireImage: 248, 252, 253, 254, 256, 257, 258, 259, 261, 262, 263, 265, 273
BuzzFoto: 266

La discografia di questo volume è tratta dalla British Library.

Nota dell'autore

Mi è presa la "febbre" di Michael Jackson subito dopo l'uscita di *Thriller*. Mi piacevano già alcune sue canzoni, ma non sapevo del suo meraviglioso talento. E mentre cresceva la mia ammirazione per lui, altrettanto faceva il mio amore per il mondo dello spettacolo e dei media.

Nel 1988 ebbi la fortuna di combinare queste due passioni fondando il fan club "Off The Wall" e iniziando a pubblicare l'omonima fanzine. In questo modo ho avuto la possibilità di conoscere da vicino il meraviglioso mondo di Michael Jackson.

Benché lo abbia incontrato in numerosissime occasioni, la più memorabile resta la prima, quando a nome dei lettori della mia rivista gli consegnai un premio ai Record One Studios di Los Angeles dove stava registrando i nuovi brani per *Dangerous*. Non so perché, ma mi sentivo estremamente a mio agio anche se camminavo a mezz'aria: stavo per stringere la mano alla più grande superstar del mondo! Mi portarono nell'anonimo studio di registrazione in centro città, e lì aspettai nell'elegante sala d'attesa in compagnia del fotografo Sam Emerson che mi raccontava con nonchalance di tutte le persone famose con cui aveva lavorato. Improvvisamente dietro l'angolo sentii una voce incredibile che cantava e si faceva più intensa e bella man mano che si avvicinava, finché Michael entrò sorridendo e cantando.

Be': wow! Puoi sentirlo cantare sul palco o in un disco, ma è tutta un'altra cosa quando ti canta al fianco, e senza musica. La sua presenza elettrica illuminava la stanza e io non riuscivo a staccare gli occhi dalla sua eleganza e dai suoi gesti, simili a quelli di una gazzella. Bob Jones, all'epoca vicepresidente della MJJ Productions, ci presentò e lasciò a me il compito di porgergli il premio: un meraviglioso dipinto di circa 1,80x1 m di Vincent McKoy, che a Michael piacque moltissimo. Lo fece commuovere, così come lo commossero i messaggi dei lettori di "Off The Wall". Il resto della giornata andò alla grande, Michael mi fece sentire a casa. Ho incontrato molte celebrità, ma nessuna generosa come Michael Jackson. Lui nutriva un sincero interesse per i suoi fan. Prima di tutto chiamò Vincent per ringraziarlo del dipinto, poi mi fece ascoltare un brano che aveva registrato e si lasciò fotografare per la fanzine, infine mi invitò a pranzo nella sua casa, a Neverland. Cosa chiedere di più.

Con il passare del tempo "Off The Wall" si è guadagnata lettori in tutto il mondo e io ho conosciuto molti fan affascinati non solo dalla musica e dalla danza di Michael ma anche da quella sua umanità che ha toccato molte vite meno fortunate.

A visual documentary è per voi e sono felice che questo "diario per immagini" sia stato riconosciuto come una guida essenziale a Michael Jackson. Voglio solo dire un grande grazie a chi mi ha aiutato a scriverlo: Chris Cadman, Lisa Campbell, Gloria Haydock e Angelika Meisel, Jayne Ross (le tue ricerche, il tuo tempo e il tuo sforzo non hanno prezzo), Emine Dayoiglu, Pamela Phelps, Jeff Beasley, Helen Brown, Justin Travill, Sadie Parsons, Chris Charlesworth, Bob Jones, Kimberley Ingram, Luigi Pedone, Deborah Dannelly e quelli che non ho nominato ma che mi sono stati vicini in molti modi. Non vi dimenticherò.

Adrian Grant

Adrian Grant con Michael Jackson

Nota: poiché la carriera di Michael ha avuto inizio negli Stati Uniti, la maggior parte delle informazioni contenute nel libro a proposito delle classifiche riguardano gli States, se non altrimenti precisato.

Come leggere le classifiche

Nelle prossime pagine, le posizioni in classifica vanno intese come segue:

SINGOLI POP	1	(2)	20

Il primo numero in rosso indica la posizione di entrata, il secondo (tra parentesi, se presente) indica le settimane di permanenza in quella posizione, il terzo numero il totale delle settimane di presenza in classifica indipendentemente dalla posizione.

SINGOLI POP	10 → 2	20

Il numero in rosso preceduto da una freccia (per esempio 10 → 2) sta a indicare il salto di posizione in classifica.

Prefazione

"Non è vero, non può essere!"
Ho gridato così quando la notizia della morte di Michael ha fatto il giro del mondo. Semplicemente non potevo crederci. Sono seguite due notti insonni e ancora non riuscivo a credere che non ci fosse più. Quando finalmente ho compreso cosa fosse successo il mio primo pensiero è andato alla sofferenza di Michael e al dolore dei suoi figli e di sua madre.

L'enormità della tragedia si rifletteva nella copertura mediatica ventiquattro ore su ventiquattro, nei titoli di giornali e riviste, nei messaggi sui social network, nelle condoglianze e negli omaggi delle celebrità. Grazie alla tecnologia del ventunesimo secolo tutto assumeva una dimensione mai vista.

L'unica consolazione era pensare che Michael fosse finalmente in pace. Non ci sarebbe più stato dolore, né del corpo né della mente. Morendo a soli cinquant'anni diventerà una leggenda, un titano del mondo dell'intrattenimento, sarà ricordato per la sua musica e la sua danza anziché essere offuscato dagli scandali.

A visual documentary si occupa della sfolgorante carriera di Michael nell'industria dell'intrattenimento. Non ho intervistato le persone che ha incontrato o con le quali ha lavorato, né ho ricercato pettegolezzi scandalistici o dettagli della sua vita privata. E il libro non racconta nemmeno la mia opinione personale. Eppure mi piacerebbe ricordare alcuni dei miei incontri con lui.

Nel 2005 le accuse di molestie su bambini contro Michael furono ritenute infondate dal tribunale; venne dichiarato innocente, sapevo che sarebbe accaduto. All'epoca dissi che il Michael Jackson che conoscevo, l'uomo che avevo intervistato molte volte e con il quale avevo giocato, cenato e visitato ospedali e centri giovanili, con il quale avevo guardato film e partecipato a premiazioni e – più importante ancora – che avevo visto profondamente interessato a centinaia di ragazzi disagiati, ecco quest'uomo era un uomo innocente.

Sfortunatamente per Michael, dipingere un ritratto negativo del suo stile di vita "eccentrico" era fin troppo facile per i mass media. Era facile distorcere le sue motivazioni e mettere in dubbio la sua sincerità. Sarebbe stato facile anche per me, farlo: guadagnarmi la sua fiducia e comportarmi come Martin Bashir, prendermi gioco di lui perché sembrava troppo estremo o così diverso dalla persona della porta accanto. Io però non mi aggregherò alle legioni degli ex conoscenti di Jackson che lo hanno venduto per soldi facili. Preferisco mantenere la mia integrità e mettere le cose in chiaro, quando mi è possibile.

Il suo aspetto. Sì, si è sottoposto alla chirurgia plastica, ma non nella misura che la gente crede. Ha liberamente riconosciuto di aver modificato il naso diverse volte. Bell'affare! Metà Hollywood l'ha fatto. Nel settembre 1987, durante una telefonata a un talk show americano presentato da Barbara Walters, Michael disse che i mutamenti del suo viso non erano dovuti soltanto alle due plastiche al naso e a una rottura dell'osso del mento, ma anche al fatto che avesse cambiato regime alimentare, era infatti diventato vegetariano. Ciò che più scioccava la gente era il colore della sua pelle. E per questa faccenda ero davvero dispiaciuto per lui, perché Michael aveva veramente una malattia della pelle chiamata vitiligine; eppure la maggior parte dei media metteva in ridicolo il suo pallore e lo prendeva in giro perché non voleva esporsi al sole. Se vedete qualcuno con la pelle ustionata lo prendete in giro? Michael aveva una malattia che non poteva essere curata: poteva soltanto tenerla sotto controllo, privilegiando anche il lato estetico che lo faceva sentire più a suo agio. Quando lo incontrai nel 1990 la malattia era ancora ai primi stadi, ma nel corso degli anni mi accorsi che la sua pelle si chiazzava sempre di più, com'è tipico della vitiligine.

Anche la sua casa – Neverland Valley a Santa Ynez, in California – era oggetto di scherno, solo perché aveva un parco divertimenti e uno zoo. Ci sono stato tante volte e ho sempre passato giorni fantastici! Chi non vorrebbe un autoscontro tutto per sé, o una ruota panoramica? E c'è qualcuno che non ama gli animali? Michael aveva spazio sufficiente (oltre milleduecento ettari) per ospitare e prendersi cura di due zoo. Sì, c'erano lama, giraffe, elefanti, scimmie, tigri e tanto altro, ed erano tutti bellissimi. A Michael piaceva giocare e cavalcare e amava gli animali, ma non li teneva solo per il suo divertimento. Lasciava che anche altre persone potessero godere della loro bellezza, e infatti ogni settimana apriva le porte della sua casa a centinaia di bambini disagiati. Molte organizzazioni caritatevoli avevano il permesso di usare le strutture e tutti venivano trattati, dal personale di Neverland, come ospiti d'onore. Ho sempre creduto che la gente sarebbe stata più comprensiva se l'avesse conosciuto come l'ho conosciuto io, se solo lui si fosse aperto di più. Una volta glielo chiesi: gli chiesi se sapesse di tutta la pubblicità negativa che lo circondava, e se non c'era qualcosa che potesse fare. "So tutto quello che succede", mi disse lui, severo. "Poco importa cosa faccio, scriveranno sempre qualcosa di negativo." Purtroppo aveva ragione.

Mi ricordo di un viaggio a Budapest nel 1994. Michael e Lisa Marie Presley andavano a trovare i bambini degli ospedali pediatrici, portando loro regali e giocattoli, io ero stato così fortunato da essere l'unico giornalista autorizzato ad accompagnarli. La stampa, scettica, insinuò che il viaggio (era parte della campagna Heal The World) altro non fosse che una trovata pubblicitaria. Ciò che non descrissero fu il momento commovente in cui Michael riportò il sorriso sul volto di una ragazzina, malata terminale, che da settimane se ne restava in silenzio, immobile. La madre scoppiò in lacrime quando la vide protendersi e toccare la mano di Michael: sembra un miracolo, e io l'ho visto con i miei occhi. Ma allora perché deridere un uomo che si interessava sinceramente agli altri e che era anche uno dei personaggi più fantastici del mondo dello spettacolo?

Credo che la ragione sia da ricercare nella mancanza di comprensione. La gente trovava difficile relazionarsi con lui nello stesso modo in cui si rapportava alle altre star, in particolare in questa nostra epoca di reality show. Michael era (e rimarrà per sempre) su un piedistallo: molti lo invidiavano o si sentivano minacciati e cercavano di scalzarlo.

Ha ricevuto accuse di ogni genere, ma come lui stesso amava ripetere, citando un proverbio indiano: "Non giudicare un uomo finché non hai camminato due lune nei suoi mocassini". È estremamente triste, per me, vedere che solo ora, al momento della sua morte, Michael sembra ricevere l'amore e il rispetto che meritava mentre era in vita.

Durante il servizio funebre pubblico del 7 luglio 2009 il reverendo Al Sharpton, schietto attivista per i diritti umani, ha fatto un discorso acceso. Le sue parole non le hanno ascoltate solo le diciottomila persone riunite al Los Angeles Staples Center, ma miliardi di altre sintonizzate in tutto il mondo; e forse il punto cruciale è stato questo: "Voglio che i suoi figli sappiano che non c'era niente di strano nel loro papà. Era strano quello con cui il loro papà aveva a che fare".

Questo libro vuole accendere i riflettori su quello che Michael Jackson ha raggiunto dopo essere partito, a soli cinque anni, cantando all'asilo. Mettetevi nei suoi panni, immaginate i traguardi, le onorificenze e la ricchezza. Potreste fare ogni cosa. Esprimete tre desideri. Si spera che uno si concentri sulla pace e sull'amore nel mondo, ma in che modo contribuire? Possiamo fare solo poco, secondo le risorse e la conoscenza che ognuno di noi possiede. Michael era un innocente che cercava di "curare il mondo" con tutto l'amore che aveva da donare.

Una volta gli chiesi quale fosse la cosa più bella che avesse mai fatto. Durante il suo viaggio a Budapest nel 1994 aveva promesso di aiutare un bambino ungherese di otto anni, Bela, che stava morendo di cancro; la vita di Bela fu salvata da un'operazione pagata da Michael e dalla sua Heal The World Foundation. "Salvare la vita di Bela è stato indubbiamente uno dei momenti più importanti nella mia vita", mi rispose candidamente.

Più volte ho pensato che Michael fosse sottovalutato come artista. Il suo genio eccedeva, andava oltre le vendite da record di album quali *Thriller*, *Bad*, *Dangerous* e HI*Story*. Guardate la qualità dei suoi lavori, dei video, degli spettacoli dal vivo. Ho avuto la fortuna di vederlo in studio di registrazione: lì c'era un uomo che aveva imparato la sua arte quando aveva cinque anni e te ne accorgevi non appena lo ascoltavi e lo vedevi. Conosceva a perfezione i ferri del mestiere, come fossero una seconda pelle. Questo gli permetteva di mettere cuore e anima nelle sue creazioni e di essere un passo avanti rispetto a molti artisti. Ascoltate *Wanna be startin' somethin'*, *Billie Jean*, *Earth song*, *Speechless* e *Whatever happens*: puro genio eterno del pop.

Il giorno successivo al servizio funebre allo Staples Center sono andato a trovare la famiglia Jackson a Havenhurst. Quando sono arrivato, Paris giocava in giardino. Mi sono avvicinato e le ho detto che conoscevo bene suo padre e che era un grand'uomo e una persona squisita. Ha risposto "grazie" e le ho dato una copia del mio libro *Making HIStory*. La gioia sul suo volto, mentre guardava adorante la copertina, non la dimenticherò. Era così felice che mi ha stretto in un abbraccio fortissimo. È corsa via, con il libro in mano, per farlo vedere alla nonna. Più tardi, qualcuno che aveva lavorato con Michael disse a Katherine Jackson che io avevo sempre scritto cose positive su di lui. "Be'", aveva risposto lei, "non c'era niente di negativo da dire",

Significa molto per me avere avuto l'opportunità di documentare la storia di uno dei personaggi più strabilianti dello spettacolo. In realtà, uno dei momenti di maggiore orgoglio fu una volta che mi trovavo a Neverland: vidi che Michael aveva incorniciato l'albero genealogico tratto da questo libro e lo aveva appeso dietro il grande pianoforte con cui intratteneva i suoi ospiti. Mi disse che mi era molto riconoscente e che poi avrebbe inserito *A visual documentary* nei ringraziamenti di HI*Story*.

Michael, mi dispiace così tanto che tu non ci sia più. Sei stato e sarai sempre il migliore! Grazie, grazie, grazie per la grande ispirazione e per le opportunità che mi hai dato. Il tuo spirito vivrà in eterno e io promuoverò la verità e la tua eredità ovunque.

Adrian Grant
luglio 2009

L'albero genealogico della famiglia Jackson

- Prince sposa Julia Scruse
  - Prince Albert sposa 28/5/29 Martha Upshaw
    - Hattie
    - Vernon Whitehead
    - **Katherine Esther** n. 4/5/30
- Samuel Jackson sposa Chrystal Lee King
  - **Joseph Walter** n. 26/7/29
  - Luther
  - Lawrence
  - Verna

Katherine Esther sposa 5/11/49 **Joseph Walter**

- **Maureen** (Rebbie) n. 29/5/50 sposa 30/11/68 Nathan Brown
  - Stacee
  - Yashi
  - Austin
- **Sigmund** (Jackie) n. 4/5/51 sposa 24/11/74 (divorzio 20/8/87) Enid Spann
  - Sigmund
  - Brandi
- **Toriano** (Tito) n. 15/10/53 sposa 17/6/72 (divorziati) Delores Martes
  - Toriano II
  - Taryll
  - Tito Jr.
- **Jermaine** n. 11/12/54 sposa 15/12/73 (divorzio 7/88) Hazel Gordy
  - Jermaine Jr.
  - Autumn
  - Jaimy
  - secondo matrimonio con Margaret Maldonado
    - Jeremy
    - Jourdyn
- **LaToya** n. 29/5/56 sposa 5/9/89 Jack Gordon
- **Marlon** n. 12/3/57 sposa 16/8/75 Carol A. Parker
  - Valencia
  - Brittny
  - Marlon Jr.
- **Michael** n. 29/8/58 sposa 26/5/94 (divorzio 8/96) Lisa M. Presley
  - secondo matrimonio 15/11/96 (divorzio 8/10/99) Debbie Rowe
    - **Prince Michael Jr.**
    - **Paris Michael Katherine**
- **Steven** (Randy) n. 31/10/61 sposa 5/89 Eliza Shaffe
  - Steveanna
- **Janet** n. 16/5/66 sposa 9/84 (annullato 18/11/85) James De Barge

KATHERINE & JOSEPH

Molti anni fa Dio ha piantato un seme speciale nella terra. Lo ha piantato perché potesse essere coltivato, nutrito e curato con molta attenzione. Il seme ha cominciato a svilupparsi, formando radici forti e dando vita a un albero bellissimo; le radici succhiavano il nutrimento dalla terra e l'albero continuava a crescere forte e fiero su un solido fusto.
Con il passare del tempo si erano sviluppati i rami, che, molto forti e uniti, formavano una chioma bellissima su cui si posavano colibrì, allodole e altri uccelli canterini. Anche se puntavano in diverse direzioni, sapevano che se fossero rimasti insieme l'albero sarebbe sopravvissuto a qualsiasi tempesta. Era talmente bello che ognuno avrebbe voluto un ramo o due per sé, ma le radici avevano una sola certezza: "Uniti resisteremo, divisi cadremo, insieme potremo conquistare ogni cosa".
Oggi questo albero è conosciuto in tutto il mondo. Non importa quanto lontano potranno andare i suoi rami, tutti sono stati generati dal seme piantato a Gary, Indiana, al 2300 di Jackson Street. Le radici sono Katherine e Joseph Jackson che all'albero hanno dato la vita, hanno indicato la strada e hanno fornito una base solida perché tutto il mondo potesse godere della sua bellezza e apprezzare la ragione per la quale è stato creato.

Jermaine Jackson (iscrizione sull'album 2300 Jackson Street*, 1989)*

REBBIE
Maureen Reilette

JACKIE
Sigmund Esco

TITO
Toriano Adaryll

JERMAINE
Lajaun

LATOYA
Yvonne

MARLON
David

MICHAEL
Joseph

RANDY
Steven Randall

JANET
Damita Jo

1958

1958

29 agosto
Michael Joseph Jackson nasce a Gary, nell'Indiana. È il settimo figlio di Katherine e Joe Jackson.

1959
Michael inizia a manifestare i primi segni di interesse per le canzoni tradizionali cantate in coro dalla famiglia sotto la guida della madre, come *You are my sunshine*, *Cotton fields*, *She'll be coming round the mountain* e *Wabash cannonball*. Un'usanza che era iniziata nel 1955 quando la televisione di casa Jackson si era rotta.

1960
Nel tempo libero il padre Joe inizia a dare lezioni a Jermaine, Tito e Jackie, seguiti a breve da Marlon e Michael. Joe in seguito recluterà il batterista Johnny Jackson.

1963

Autunno
Michael viene iscritto all'asilo presso la Garnett Elementary School di Gary e a cinque anni partecipa alla recita annuale cantando a cappella *Climb every mountain*, tratta dal film *The sound of music*. La sua emozionante interpretazione commuove la madre e l'insegnante.
È questa la sua prima esibizione in pubblico. Poco dopo Michael prende il posto di Jermaine come cantante principale del gruppo.

1965
Per i fratelli il primo invito a esibirsi arriva da una sfilata di moda per bambini a Glen Park. Fino a questo momento si erano presentati come Jackson Family e poi come Jackson Brothers, mentre è in questa occasione che viene coniato il nome Jackson 5, preferito a Jackson Brothers Five proposto da Evelyn Leahy, organizzatrice dell'evento. Eseguono tre numeri, tra cui il successo dei Larks *Doin' the jerk*. Michael suona i bongo.

Su suggerimento di Bobbie Rose Jackson, cognata di Joe, i Jackson 5 – composti da Michael, Marlon, Jermaine, Jackie e Tito – partecipano al concorso per giovani talenti della Roosevelt High School e lo vincono grazie a un'ottima interpretazione della hit dei Temptations *My girl*, con Michael e Jermaine che si alternano al canto, e a un pezzo originale che permette a ogni componente del gruppo di farsi conoscere e dà a Michael l'opportunità di mostrare il suo (già) sbalorditivo modo di muovere i piedi.

Due mesi più tardi i Jackson 5 vincono l'Annual Talent Search al Gilroy Stadium. Michael monopolizza la scena interpretando *Barefootin'*, un successo di Robert Parker. Per la prima volta i Jackson 5 vengono citati sulle pagine del "Gary Post Tribune".

Per migliorare la loro educazione musicale e rinforzare la fama che si sono costruiti, Joseph Jackson fa scritturare i Jackson 5 da Mr. Lucky's, un night-club della città. Guadagnano otto dollari a sera per cinque, sei o anche sette sere alla settimana. Diventano popolari tra i clienti che mostrano di apprezzarli

A destra: i Jackson 5 e Johnny Jackson (alla batteria) in una delle prime foto pubblicitarie

Grazioso e carismatico fin da piccino, Michael impara a cantare prestissimo

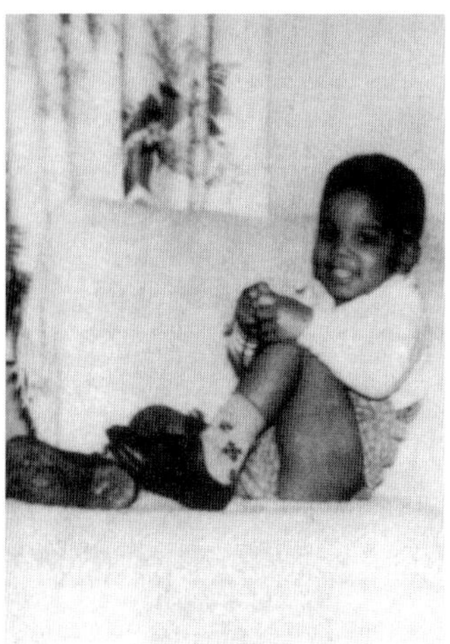

1968

lanciando denaro sul palco, facendo così lievitare il loro compenso.

Joseph Jackson manda a Berry Gordy, fondatore della Motown, un nastro dei Jackson 5, che viene però restituito tre mesi più tardi senza nessun commento.

1967

I Jackson 5 vincono il primo premio a un talent show per dilettanti al Memorial Auditorium di Gary.

Joseph Jackson iscrive i Jackson 5 al Sunday Night Amateur Talent Show presso il Regal Theater di Chicago, e il gruppo lo vince per tre volte.
La vittoria consente loro non solo di esibirsi con gli altri vincitori, ma anche di condividere il cartellone con alcune affermate star.

I Jackson 5 vincono il Multiple Winners Super Talent del Regal Theater e dividono il cartellone con Gladys Knight & The Pips, il miglior gruppo r&b nel 1967. Preceduti dalla loro fama, accedono direttamente alla finale del Super Dogs presso il leggendario Apollo Theater di Harlem, facendo crollare il teatro con la loro fantastica esibizione. Sarà questo, verosimilmente, il punto di partenza della loro carriera da professionisti. Grazie alle esibizioni all'Apollo e in altri famosi teatri Michael ha modo di osservare e studiare i suoi artisti preferiti, tra cui James Brown, del quale adotterà ben presto le movenze nelle proprie coreografie.
Richard Arons, avvocato di New York, accetta di aiutare Joe a trovare un contratto con una major. Nel frattempo comincia a fissare delle serate in diversi stati, durante le quali i Jackson 5 si esibiscono con altre giovani formazioni come i Delfonics, gli Emotions, gli O'Jays e i Vibrations. Il gruppo suonerà, tra le tante città, a St. Louis, a Philadelphia, a Kansas City, a Washington e a New York.

1968

Gennaio

I Jackson 5 pubblicano il singolo *Big boy* per la Steeltown Records di Gary con l'aiuto di Mr. Keith, collega e amico del padre. Il singolo debutta alla stazione radiofonica americana WWCA, e, nonostante i Jackson 5 siano entusiasti, il disco non viene trasmesso da un numero sufficiente di emittenti per diventare un vero e proprio successo. Nemmeno a dirlo, oggi *Big boy* è il singolo più richiesto dai collezionisti, con una quotazione superiore ai mille dollari.
La Steeltown Records, guidata da Ben Brown, continuerà a lavorare per il gruppo nel loro studio casalingo e con la Jackson Records di Joe Jackson.

Primavera

I Jackson 5 incidono il loro secondo singolo per la Steeltown, *You don't have to be over 21 (to fall in love) / Jam session*, che sarà pubblicato nel 1971.

Aprile

I Jackson 5 si esibiscono a Gary nel corso della campagna elettorale di Richard Hatcher. In cartellone figurano, tra gli altri, l'amico Bobby Taylor e Diana Ross & The Supremes. In seguito l'ufficio stampa della Motown affermerà che Diana Ross "scoprì" il gruppo in quell'occasione.

12 luglio

Bobby Taylor & The Vancouvers si esibiscono con i Jackson 5 al Regal Theater di Chicago.
Thomas Chong, uno dei componenti del gruppo, dichiarerà che fu durante quello spettacolo che "scoprirono" i Jackson 5.

Agosto

Il produttore del David Frost Show, impressionato dalle esibizioni dei Jackson 5, li invita a partecipare alla trasmissione a New York.

Inverno

Il debutto televisivo dei Jackson 5 viene rimandato: il gruppo è infatti stato convocato per un'audizione da Berry Gordy, fondatore e presidente della Motown Records di Detroit.
Durante i provini canteranno, tra le altre, la canzone *Who's loving you*; poiché Gordy non può essere presente, l'audizione viene videoregistrata. Il passo successivo sarà la firma del contratto con la Motown.

La casa discografica si mette subito al lavoro per preparare il gruppo ai concerti e fa trasferire i ragazzi a Los Angeles – dove sta spostando il proprio quartier generale – in vista del loro primo disco.

I ragazzi imparano a sorridere molto presto alla macchina fotografica

1968

Prima della Motown fu la Steeltown, una piccola etichetta indipendente, ad accorgersi nel 1968 del talento dei Jackson 5

1969

I Jackson 5, il padre Joe e il suo assistente Jack Richardson sono ospiti a Hollywood di Berry Gordy e Diana Ross.

Il gruppo si esibisce a una festa a casa di Berry Gordy insieme alle star della Motown Stevie Wonder, Diana Ross, Smokey Robinson, i Four Tops e i Temptations.

1969

11 agosto

Diana Ross invita i giornalisti di Hollywood al Daisy's Disco di Beverly Hills, al 326 di Rodeo Drive, per conoscere i nuovi artisti della Motown, i Jackson 5. Berry Gordy pronostica arditamente che i primi tre singoli del gruppo scaleranno le classifiche e saranno tra i più venduti del decennio.

I primi mesi dei Jackson 5 in California trascorrono nello studio di Hitsville con Bobby Taylor, l'uomo che li ha portati alla Motown, con lo scrittore e produttore Freddie Perren, con Deke Richards e con Fonce Mizell, meglio noti come "The Corporation".

Con *It's your thing* i Jackson 5 fanno la loro prima apparizione televisiva al Miss Black America Pageant.

Suzanne de Passe, giovane executive della Motown, diventa sempre più importante nel costruire l'immagine pubblica del gruppo: suggerisce loro le risposte giuste da dare alla stampa, modifica lo stile delle loro acconciature, si occupa dei costumi, li aiuta nelle coreografie e nella preparazione delle esibizioni live.

Ottobre

I want you back / Who's loving you, il singolo del debutto dei Jackson 5, viene inciso dalla Motown Records e vende due milioni di copie in sei settimane. È il primo disco d'oro del gruppo, ma poiché la casa discografica non è iscritta alla RIAA, non viene riconosciuto come tale.

18 ottobre

Diana Ross & The Supremes presentanto i Jackson 5 all'Hollywood Palace Special della ABC-TV, dove il gruppo canta *I want you back* e *Can you remember*.

15 novembre

I want you back entra in classifica:

SINGOLI POP	90

22 novembre

I want you back entra in classifica:

SINGOLI BLACK	1	(4)	18

14 dicembre

I Jackson 5 partecipano all'Ed Sullivan Show con *I want you back* e *Who's loving you*. Successivamente partecipano al Johnny Carson Show e a Soul Train.

18 dicembre

Esce *Diana Ross presents the Jackson 5*, il primo album del gruppo prodotto per la Motown da Bobby Taylor.

I Jackson 5 in una delle prime foto Motown

1970

I Jackson 5 in una foto promozionale per *ABC*, il loro secondo singolo numero uno delle classifiche

Diana Ross presents the Jackson 5

Jackson 5

Motown MS-700
Motown STML 11142

Lato A
1. *Zip a dee doo dah*
2. *Nobody*
3. *I want you back*
4. *Can you remember*
5. *Standong in the shadows of love*
6. *You've changed*

Lato B
1. *My cherie armour*
2. *Who's loving you*
3. *Chained*
4. *(I know) I'm losing you*
5. *Stand*
6. *Born to love you*

Nella pagina accanto: i Jackson 5 nella loro casa di Encino in California

Gennaio
I Jackson 5 vincono il loro primo Image Award NAACP (National Association for the Advancement of Colored People) come miglior gruppo dell'anno.

I Jackson 5 vengono premiati dalle riviste "Sixteen" e "Spec" come miglior gruppo dell'anno e per *I'll be there*, miglior singolo dell'anno.

17 gennaio
L'LP *Diana Ross presents the Jackson 5* entra in classifica:

ALBUM BLACK	1	(9)	
ALBUM POP	1	(5)	32

31 gennaio
I want you back / Who's loving you entra in classifica in Gran Bretagna:

TOP 50 SINGOLI	2	13

Vende più di duecentocinquantamila copie.

I want you back scala la classifica:

SINGOLI POP	1	(1)	19
SINGOLI BLACK	1	(4)	

I Jackson 5 partecipano allo show American Bandstand per promuovere *ABC*. Cantano *I want you back* e ricevono ognuno uno disco d'oro per le vendite raggiunte.

6 marzo
Viene pubblicato l'album *Motown at the Hollywood Palace* che contiene la registrazione live dello special dedicato ai Jackson 5 trasmesso dalla ABC-TV nell'ottobre dello scorso anno.

21 marzo
ABC / The young folks, uscito il 24 febbraio, entra in classifica:

SINGOLI BLACK	1	(2)	4

Il singolo, originariamente intitolato *1-2-3*, vende oltre due milioni di copie in tre settimane.

L'album *Diana Ross presents the Jackson 5* viene lanciato in Inghilterra ed entra in classifica:

TOP 75 ALBUM	16	4

25 aprile
ABC entra in classifica:

SINGOLI POP	1	(2)	13

scalzando dal primo posto *Let it be* dei Beatles.

ABC entra in classifica:

SINGOLI BLACK	1	(4)	12

16 maggio
ABC / The young folks entra in classifica in Gran Bretagna:

TOP 50 SINGOLI	8	11

19 maggio
I Jackson 5 tengono il loro primo concerto importante sotto l'etichetta Motown al Los Angeles Forum suonando di fronte a diciottomila spettatori e incassando centomila dollari. Durante l'esibizione alcune ragazzine invadono il palco costringendo il gruppo a lasciare la scena fino a quando non viene ristabilito l'ordine.

1970

ABC

JACKSON 5

Motown MS-709
Motown STML 11156

Lato A
1. *The love you save*
2. *One more chance*
3. *ABC*
4. *2-4-6-8*
5. *(Come round here) I'm the one you need*
6. *Don't know why I love you*

Lato B
1. *Never had a dream come true*
2. *True love can be beautiful*
3. *La-la means I love you*
4. *I'll bet you*
5. *I found that girl*
6. *The young folks*

30 maggio
The love you save / I found that girl, uscito il 13 maggio per la Motown Records, entra nella classifica dei singoli pop. Venderà oltre due milioni di copie.

1 giugno
I Jackson 5 appaiono sulla copertina della rivista "Soul".

4 giugno
The love you save entra in classifica:

SINGOLI BLACK	1	(6)	14

6 giugno
ABC, il secondo LP dei Jackson 5 pubblicato l'8 maggio per la Motown Records, entra in classifica:

ALBUM BLACK	1	(12)	25
ALBUM POP	4		50

Dal disco vengono tratti due singoli di successo.

27 giugno
The love you save entra in classifica:

SINGOLI POP	1	(2)	13

scalzando *The long and winding road* dei Beatles. I Jackson 5 sono i primi artisti dell'epoca rock ad avere al numero uno le loro prime tre incisioni: si avverano così le previsioni di Gordy.

24 luglio
The love you save / I found that girl esce in Gran Bretagna ed entra in classifica:

TOP 50 SINGOLI	7	9

15 agosto
L'album *ABC* entra in classifica in Gran Bretagna:

TOP 75 ALBUM	22	6

I Jackson 5 cantano *I'll be there* nella serie televisiva The Jim Nabors Hour.

26 settembre
I'll be there / One more chance, pubblicata in agosto dalla Motown Records, entra in classifica:

SINGOLI BLACK	1	(6)	13

In nove mesi i Jackson 5 vendono in tutto il mondo dieci milioni dei singoli *I want you back*, *ABC* e *The love you save*, un record a tutt'oggi non ancora eguagliato.

L'LP *Third album*, pubblicato il 15 settembre dalla Motown Records, entra in classifica:

ALBUM POP	4	50

I Jackson 5 cantano l'inno nazionale all'apertura delle World Series al Riverfront Stadium di Cincinnati, Ohio.

3 ottobre
L'LP *Third album* entra in classifica:

ALBUM BLACK	1	(10)

9 ottobre
I Jackson 5 iniziano il loro primo tour nazionale esibendosi a Boston, a Cincinnati, Tennessee, e a New York. Durante le esibizioni si verificano vari incidenti: alcune ragazze svengono o tentano di invadere il palco. Accompagna il gruppo in tournée Rose Fine, un'insegnante privata.

15 ottobre
La Motown pubblica *The Jackson 5 Christmas album*.

1970

17 ottobre

I'll be there, entrato in classifica il 19 settembre al quarantesimo posto, balza al numero uno:

SINGOLI POP	1	(5)	16
SINGOLI BLACK	1	(6)	

La carriera dei Jackson 5 si arricchisce così di un nuovo, incredibile record, con il piazzamento dei loro primi quattro singoli al primo posto delle classifiche. E nonostante siano un gruppo compatto, non c'è dubbio: il successo è dovuto in gran parte al loro cantante principale, che si esibisce con la maturità di un vecchio professionista e sfoggia una voce piena di sentimento, assolutamente unica tra le top star della Motown.

Novembre

La Motown pubblica *Santa Claus is coming to town / Christmas won't be the same this year*.

Bagno di folla per i Jackson 5 al Madison Square Garden di New York.

I'll be there è il terzo singolo più venduto nella storia della Motown dopo *I heard it through the grapevine* di Marvin Gaye e *Endless love* di Diana Ross e Lionel Richie.

21 novembre

I'll be there / One more chance entra in classifica in Gran Bretagna:

TOP 50 SINGOLI	4	17

Fine novembre

Il concerto dei Jackson 5 che avrebbe dovuto tenersi a Buffalo, nello stato di New York, viene cancellato a causa delle minacce di morte nei confronti di Michael fatte da una gang di teenager con una telefonata all'hotel che ospita il gruppo. Gli oltre novemila fan che avevano acquistato il biglietto saranno rimborsati.

28 novembre

I Jackson 5 si esibiscono al War Memorial Auditorium di Rochester, nello stato di New York.

In Texas vengono cancellati tre concerti dopo le lamentele della Southern Christian Leadership Council Operation Breadbasket: l'associazione sostiene che la Motown avrebbe dovuto assumere un promoter di colore per organizzare le date.

I Jackson tornano nella casa dei loro genitori a Encino, in California.

Dicembre

Diana Ross presents The Jackson 5 ha venduto milioni di copie: è il primo album d'oro del gruppo, ma siccome la casa discografica non è iscritta alla RIAA, non viene riconosciuto come tale. Vendite simili anche per *ABC* e il *Third album*.

The Jackson 5 Christmas album viene lanciato in Gran Bretagna ma non entra in classifica.

TOUR USA 1970

27 dicembre

I Jackson 5 suonano a Charlotte, in North Carolina.

28 dicembre

I Jackson 5 si esibiscono a Greensboro, North Carolina, cantando per 12.275 spettatori: un vero record.

29 dicembre

I Jackson 5 suonano a Nashville, nel Tennessee.

30 dicembre

I Jackson 5 suonano a Jacksonville, in Florida.

Il tour prosegue a Miami Beach, in Florida, e a Mobile in Alabama.

Fine 1970

La classifica di fine anno della rivista "Billboard" include tutti e quattro i singoli dei Jackson 5 nella Top 20 dei più venduti: *I want you back* (diciannovesimo posto), *The love you save* (quattordicesimo posto), *ABC* (tredicesimo posto) e *I'll be there* (secondo posto).

The Jackson 5 Christmas album

Jackson 5

Motown MS-713
Motown STML 11168

Lato A
1. ***Have yourself a merry little Christmas***
2. ***Santa Claus is coming to town***
3. ***The Christmas song***
4. ***Up on the housetop***
5. ***Frosty the snowman***

Lato B
1. ***The little drummer boy***
2. ***Rudolph the red-nosed reindeer***
3. ***Christmas won't be the same this year***
4. ***Give love on Christmas day***
5. ***Someday at Christmas***
6. ***I saw mommy kissing Santa Claus***

Jackson 5 in uno dei loro primi concerti.

1971

Third album

Jackson 5

Motown MS-718
Motown STML 11174

Lato A
1. ***I'll be there***
2. ***Ready or not here I come***
3. ***Oh how happy***
4. ***Bridge over troubled water***
5. ***Can I see you in the morning***

Lato B
1. ***Goin' back to Indiana***
2. ***How funky is your chicken***
3. ***Mama's pearl***
4. ***Reach in***
5. ***The love I saw in you was just a mirage***
6. ***Darling dear***

I Jackson 5 tornano in Indiana per un concerto

1971
We don't have to be over 21 (to fall in love) / Jam session viene pubblicato dalla Steeltown Records, tre anni dopo la registrazione, quando i Jackson 5 sono sotto contratto con la Motown Records.

La Steeltown mette anche in commercio *Let me carry your schoolbooks / I never had a girl* dei Ripples And Waves con Michael Jackson, negando si tratti dei Jackson 5.

La Scholastic Books di New York pubblica *The Jackson Five* di Ellen Motoviloff, il primo libro sul gruppo.

Gennaio
Per il secondo anno consecutivo i Jackson 5 si aggiudicano l'Image Award della NAACP come miglior gruppo dell'anno.

Inizio 1971
I'll be there vende più di duecentocinquantamila copie in Gran Bretagna.

30 gennaio
Mama's pearl / Darling dear, pubblicata il 7 gennaio dalla Motown Records, entra in classifica:

SINGOLI POP 2 10

Inizialmente *Mama's pearl* si intitolava *Who's been making whoopie with my girlfriend.*

31 gennaio
I Jackson 5 tornano a casa per la prima volta da quando sono si erano trasferiti in California. Tengono due concerti alla Westside High School per sostenere la campagna di Richard Hatcher che si ripresenta alle elezioni per la carica di sindaco e ricevono le chiavi della città.

Un'ordinanza di Richard Hatcher ribattezza la Jackson Street "Jackson 5 Boulevard" nella settimana dal 25 al 31 gennaio. La cerimonia si svolge davanti alla prima casa dei Jackson, al numero 2300, sotto uno striscione che recita "Bentornati a casa ai Jackson 5, custodi del sogno".
All'Indiana University viene esposta una targa che ricorda che i Jackson 5 hanno dato "speranza ai giovani". Il gruppo riceve inoltre in dono da un membro del Congresso la bandiera che sventola sul Campidoglio. L'evento viene filmato e sarà trasmesso in uno special tivù intitolato Goin' Back To Indiana.

Febbraio
Il *Third album* viene pubblicato in Gran Bretagna ma non entra nella Top 50.

Esce l'album *The Motown story* che include *I want you back* e un racconto di Michael sulla sua esperienza nei Jackson 5.

6 febbraio
Mama's pearl entra in classifica:

SINGOLI BLACK 2 11

Marzo
La Motown annuncia che *Mama's pearl / Darling dear* ha venduto da gennaio un milione di copie.

16 marzo
Ai Grammy Awards che vanno in scena all'Hollywood Palladium, *ABC* riceve una nomination come miglior canzone pop ma non vince.

29 marzo
Esce per la Motown l'LP *Diana!*, contenente i pezzi andati in onda nello show televisivo condotto dalla cantante, tra i quali un medley di brani dei Jackson 5: *Mama's pearl / Walk on by / The love you save* e *I'll be there / Feelin' alright.*

I Jackson 5 vengono intervistati allo Stephanie Edwards Show dove presentano anche il nuovo singolo *Never can say goodbye.*

Aprile
A Michael è dedicata la copertina di "Soul Illustrated".

2 aprile
Mama's pearl / Darling dear esce in Gran Bretagna ed entra in classifica:

TOP 50 SINGOLI 25 7

3 aprile
Never can say goodbye / She's good, pubblicato in marzo dalla Motown, entra in classifica:

SINGOLI POP 2 12

10 aprile
Never can say goodbye entra in classifica:

SINGOLI BLACK	1	(3)	13

18 aprile
Diana Ross invita al suo primo special tivù i Jackson 5, che presentano *The love you save*. Michael si esibisce in un paio di sketch imitando scherzosamente Frank Sinatra che canta *It was a very good year*.

29 aprile
Michael appare sulla copertina della rivista "Rolling Stone".

Maggio
Esce per la Motown *Feelin' alright* di Diana Ross con i Jackson 5, un brano promozionale tratto dall'album *Diana*.

L'etichetta pubblica *Motown chartbuster vol. 3* e *Motown chartbuster vol. 4*, entrambi contengono pezzi dei Jackson 5.

1 maggio
L'album *Maybe tomorrow*, pubblicato dalla Motown il 12 aprile, entra in classifica:

ALBUM BLACK	1	(6)	
ALBUM POP	11		41

Estate
I Jackson 5 partono per il loro secondo tour: una quarantina di date tra cui Philadelphia, New York e Milwaukee, l'ultima a Honolulu il 12 settembre. A fare da supporter c'è un promettente gruppo di Tuskegee, Alabama: i Commodores, capitanati da Lionel Richie.
Come responsabile della sicurezza viene ingaggiato un ex poliziotto di Los Angeles, Bill Bray, che continuerà a lavorare per i Jackson e, successivamente, per Michael.

10 luglio
Maybe tomorrow / I will find a way, pubblicato in giugno dalla Motown, entra in classifica:

SINGOLI POP	20	9

17 luglio
Never can say goodbye / She's good entra in classifica in Gran Bretagna:

TOP 50 SINGOLI	33	7

23 luglio
I Jackson 5 si esibiscono al Lake Michigan Summer Festival davanti a ottantamila spettatori.

24 luglio
Maybe tomorrow entra in classifica:

SINGOLI BLACK	3	8

Settembre
Le riviste "Ebony", "Life" e "Creem" dedicano gli articoli di copertina alla storia di Michael e dei Jackson 5.

I Jackson 5 sono ospiti del Flip Wilson Show.

9 settembre
I Jackson 5 si esibiscono alla Michigan State Fair.

11 settembre
Sulla rete ABC-TV debutta una serie di cartoni animati ispirati ai Jackson 5. I personaggi non sono doppiati da loro, loro è invece la colonna sonora con *Mama's pearl*.

Il programma del primo tour dei Jackson 5

1971

MAYBE TOMORROW

JACKSON 5

Motown MS-735
Motown STML 11188

Lato A
1. ***Maybe tomorrow***
2. ***She's good***
3. ***Never can say goodbye***
4. ***The wall***
5. ***Petals***

Lato B
1. ***16 candles***
2. ***(We've got) blue skies***
3. ***My little baby***
4. ***It's great to be here***
5. ***Noney chile***
6. ***I will find a way***

Un fotogramma della serie dei cartoni animati dedicati ai Jackson 5

1971

"Non so cos'altro potrei fare oltre a cantare, ma non ci penso troppo: immagino di avere tutta la vita per scoprirlo!"

Michael Jackson - ottobre 1971

Alcune immagini tratte dallo special tivù Goin' Back To Indiana

Goin' back to Indiana

Jackson 5

Motown M742L

Lato A
1. *I want you back*
2. *Maybe tomorrow*
3. *The day basketball was saved*

Lato B
1. *Stand*
2. *I want to take you higher*
3. *Feelin' alright*
4. *Medley: Walk on - The love you save*
5. *Goin' back to Indiana*

19 settembre
Al Goin' Back To Indiana, il primo special tivù dedicato al gruppo dalla ABC-TV, partecipano Bill Cosby e gli Smothers Brothers.
I Jackson 5 cantano i loro successi, propongono delle imitazioni e mostrano alcune sequenze del video girato a gennaio in occasione del loro ritorno a Gary.

20 settembre
Un documento del Congresso assegna una menzione speciale ai Jackson 5 per la musica e attesta che il gruppo è "diventato un simbolo di orgoglio tra i giovani di colore".

24 settembre
I Jackson 5 appaiono sulla copertina di "Life".

Ottobre
L'album *Maybe tomorrow* esce in Gran Bretagna ma non entra nella Top 50.

La Motown pubblica *Rock gospel - The key to the kingdom* che include la versione dei Jackson 5 di *Bridge over troubled water*.

La rivista "Right On" dedica la copertina ai Jackson 5.

9 ottobre
Goin' back to Indiana, pubblicato il 7 settembre dalla Motown, entra in classifica:

ALBUM POP	16	26

16 ottobre
Goin' back to Indiana entra in classifica:

ALBUM BLACK	5

30 ottobre
Got to be there / Maria (you were the only one) di Michael Jackson, pubblicato il 7 ottobre dalla Motown, entra in classifica:

SINGOLI BLACK	4
SINGOLI POP	4

Con questo singolo ha inizio la carriera solista di Michael.

Fine 1971
I Jackson 5 partono in tour toccando cinquanta città degli Stati Uniti.

Dicembre
I Jackson 5 appaiono nuovamente sulla copertina di "Right On!"

11 dicembre
Sugar daddy / I'm so happy dei Jackson 5, pubblicato a novembre dalla Motown, entra in classifica:

SINGOLI POP	10	10

18 dicembre
Sugar daddy entra in classifica:

SINGOLI BLACK	3	11

1972

Michael va a trovare Diana Ross sul set del film *La signora del blues*.

I Jackson 5 iniziano il loro primo tour internazionale.

I Jackson 5 compaiono nel film-documentrio *Save the children*. *I wanna be where you are* entra a far parte della colonna sonora.

In Gran Bretagna esce per la New English Library il volume *The Jackson Five*.

Gennaio

I Jackson 5 vincono l'Image Award della NAACP come gruppo vocale dell'anno.

1 gennaio

Il gruppo si esibisce al Municipal Auditorium di Nashville.

Greatest hits dei Jackson 5, pubblicato il 9 dicembre dalla Motown, entra in classifica:

ALBUM POP	12	41

7 gennaio

Got to be there / Maria (you were the only one) esce in Gran Bretagna ed entra in classifica:

TOP 50 SINGOLI	5	11

8 gennaio

L'album *Greatest hits* entra in classifica:

ALBUM BLACK	2	

I Jackson 5 sono sulla copertina di "Right On!". Da febbraio a luglio il mensile proporrà a puntate la storia di Michael e dei Jackson 5.

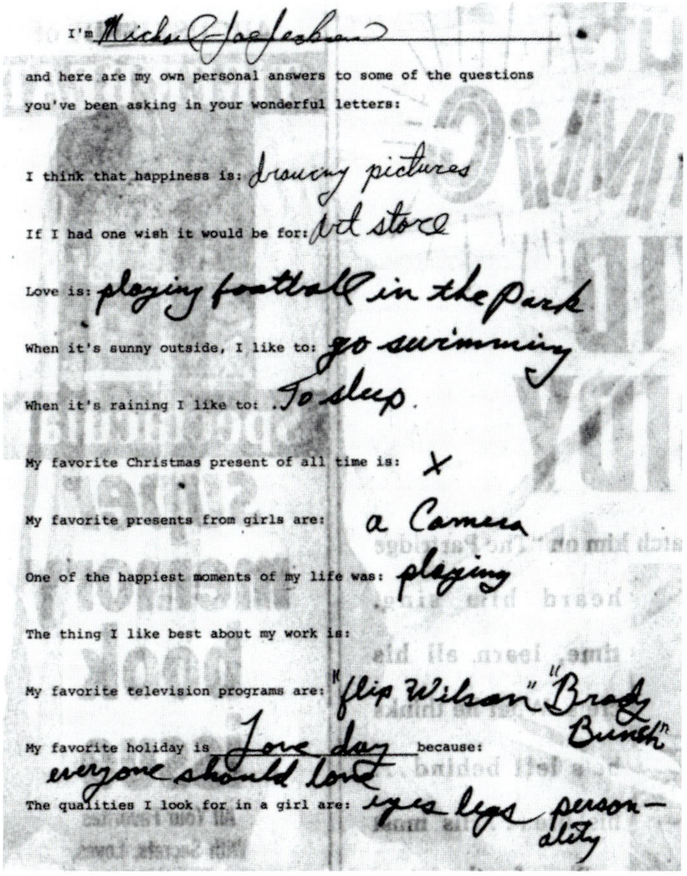
I'm Michael Joe Jackson.
and here are my own personal answers to some of the questions you've been asking in your wonderful letters:

I think that happiness is: drawing pictures

If I had one wish it would be for: art store

Love is: playing football in the park

When it's sunny outside, I like to: go swimming

When it's raining I like to: To sleep.

My favorite Christmas present of all time is: x

My favorite presents from girls are: a Camera

One of the happiest moments of my life was: playing

The thing I like best about my work is:

My favorite television programs are: "flip Wilson" "Brady Bunch"

My favorite holiday is Love day because: everyone should love

The qualities I look for in a girl are: eyes legs personality

"Adoro tutti i nostri fan, anche quelli che continuano a chiamarmi 'carino'. Divento più grande ogni giorno che passa, quindi dovranno cominciare a chiamarmi in un altro modo."

Michael Jackson - gennaio 1972

18 gennaio

I Jackson 5 sono il gruppo di punta del concerto di commemorazione per la nascita di Martin Luther King al Metropolitan Auditorium di Atlanta.

12 febbraio

I Jackson 5 si esibiscono al Kiel Auditorium di St. Louis.

19 febbraio

Got to be there, il primo album solista di Michael Jackson pubblicato dalla Motown il 24 gennaio, entra in classifica:

ALBUM BLACK	3	
ALBUM POP	14	23

26 febbraio

Michael Jackson viene eletto miglior cantante dell'anno dalla rivista "16".

Marzo

Esce in Gran Bretagna *Sugar daddy / I'm so happy* ma non entra nella Top 50 dei singoli.

GOT TO BE THERE

JACKSON 5

Motown M747L
Motown STML 11205

Lato A
1. *Ain't no sunshine*
2. *I wanna be where you are*
3. *Girl don't take your love from me*
4. *In our small way*
5. *Got to be there*

Lato B
1. *Rockin' Robin*
2. *Wing of my love*
3. *Maria (you were the only one)*
4. *Love is here and now you're gone*
5. *You've got a friend*

A sinistra: Michael risponde ad alcune curiosità dei fan sulla rivista "Right On!". Alla domanda quale sia il regalo di Natale più bello risponde con una x

Un quotidiano pubblicizza l'esibizione dei Jackson 5 per l'anniversario della nascita di Martin Luther King Jr.

1972

Michael e i Jackson 5 in due foto promozionali Motown. Michael ha da poco iniziato la carriera solista

1972

1 marzo
I Jackson 5 partecipano a una trasmissione ABC-TV dedicata della rete *Hellzapoppin* con i brani *Sugar daddy* e *Got to be there*.

11 marzo
Rockin' Robin / Love is here and now you're gone, uscito a febbraio per la Motown, entra in classifica:

SINGOLI BLACK 2
SINGOLI POP 2 13

È il secondo singolo da solista per Michael e comprende una cover di un successo di Bobby Day del 1958.

18 marzo
Rockin' Robin entra in classifica:

SINGOLI BLACK 2 9

30 marzo
Michael dichiara che prende cinque dollari di paghetta alla settimana e li spende tutti in musica.

16 aprile
I Jackson 5 appaiono sulla copertina della rivista "Spec".

29 aprile
Little bitty pretty one / If I have to move a mountain dei Jackson 5, uscito in aprile per la Motown, entra in classifica:

SINGOLI BLACK 8
SINGOLI POP 13 9

È il nono singolo del gruppo ed è la cover di un successo di Harris Thurston.

20 maggio
Rockin' Robin / Love is here and now you're gone entra in classifica in Gran Bretagna:

TOP 50 SINGOLI 3 14

27 maggio
I wanna be where you are / We've got a good thing going di Michael Jackson, uscito a maggio per la Motown, entra in classifica:

SINGOLI POP 16 11

È il terzo singolo di Michael come solista.

3 giugno
I wanna be where you are entra in classifica:

SINGOLI BLACK 2 12

L'album *Lookin' through the windows* dei Jackson 5, pubblicato il 17 maggio dalla Motown, entra in classifica:

ALBUM POP 7 33

L'album *Got to be there* entra in classifica in Gran Bretagna:

TOP 50 ALBUM 37 5

10 giugno
Lookin' through the window entra in classifica:

ALBUM BLACK 3 29

Luglio
La Motown pubblica *Ben*, colonna sonora dell'omonimo film: è una ballata che narra l'amicizia tra un ragazzo e un topo (*Ben* è il sequel di *Willard* del 1971).
La canzone vincerà il prestigioso Golden Globe.

15 luglio
Lookin' through the windows / Love song dei Jackson 5, uscito a giugno per la Motown, entra in classifica:

SINGOLI POP 16 10

22 luglio
Lookin' through the windows entra in classifica:

SINGOLI BLACK 5 11

Agosto
Il brano *That's how love goes* di Jermaine Jackson, lanciato in luglio e tratto dal suo nuovo LP, con ai cori i Jackson 5, entra in classifica:

SINGOLI POP 46

4 agosto
Esce l'album *Ben* di Michael Jackson. La prima edizione, con in copertina l'immagine di un branco di topi sovrapposta alla foto di Michael, viene subito ritirata perché considerata di cattivo gusto. Oggi è tra le più richieste dai collezionisti.

5 agosto
Ben / You can cry on my shoulder di Michael Jackson, uscito in luglio per la Motown, entra in classifica:

SINGOLI POP 1

È il primo singolo di Michael che conquista la vetta di una classifica. Venderà oltre un milione di copie.

19 agosto
Ain't no sunshine / I wanna be where you are, pubblicato soltanto in Gran Bretagna, entra in classifica:

TOP 50 SINGOLI 8 11

Lookin' through the windows

Jackson 5

Motown M 750L
Motown STML 11214

Lato A
1. *Ain't nothing like the real thing*
2. *Lookin' through the windows*
3. *Don't let your baby catch you*
4. *To know*
5. *Doctor my eyes*

Lato B
1. *Little bitty pretty one*
2. *E-ne-me-ne-mi-ne-moe*
3. *If I have to move a mountain*
4. *Don't want to see tomorrow*
5. *Childern of the light*
6. *I can only give you love*

Ben

Michael Jackson

Motown 755L
Motown STML 11220

Lato A
1. *Ben*
2. *The greatest show on earth*
3. *People make the world go round*
4. *We've got a good thing going*
5. *Everybody's somebody's fool*

Lato B
1. *My girl*
2. *What goes around comes around*
3. *In our small way*
4. *Shoo be doo be doo da day*
5. *You can cry on my shoulder*

1972

19 agosto
Ben di Michael Jackson entra in classifica:

SINGOLI BLACK	4	14

26 agosto
L'album *Ben* entra in classifica:

ALBUM POP	5	32

Settembre

Michael Jackson partecipa allo show televisivo The Dating Game (una specie di "gioco delle coppie", NdT).

I Jackson 5 ricevono un riconoscimento speciale dal Congresso per l'esempio positivo che danno ai giovani.

Little bitty pretty one / Maybe tomorrow esce in Gran Bretagna ma non entra in classifica.

Michael fa la sua prima apparizione solista nello show televisivo American Bandstand; canta *Ben*.

7 settembre
Greatest Hits dei Jackson 5 entra in classifica in Gran Bretagna:

TOP 50 ALBUM	26	14

Ottobre

I Jackson 5 partecipano a diverse trasmissioni televisive, tra cui The Sonny and Cher Comedy Hour e lo special intitolato One More Time, dove cantano insieme ai Mills Brothers e a Pat Boone.

28 ottobre
Corner of the sky / To know dei Jackson 5, incluso nella colonna sonora del musical *Pippin* in scena a Broadway e uscito a ottobre per la Motown, entra in classifica:

SINGOLI POP	18	12

I Jackson 5 partono in tour per l'Europa. Suoneranno ad Amsterdam, Bruxelles, Francoforte, Monaco, Parigi e in quattro città della Gran Bretagna.

Novembre

I Jackson 5 arrivano in Gran Bretagna, dove resteranno per dodici giorni, e all'aeroporto di Heathrow succede qualcosa che ricorda da vicino la Beatlemania, con il servizio di sicurezza che ha il suo bel daffare per proteggere il gruppo.
Batteranno il record di presenze all'Empire di Liverpool, precedentemente detenuto dai Beatles.
Suonano anche a Birmingham, a Manchester e a Londra e tengono un concerto a corte in presenza della Regina Madre.
Il tour tocca poi Amsterdam, Bruxelles, Francoforte e Parigi.

5 novembre
Mentre si esibiscono in Europa, la CBS-TV trasmette The Jackson Five Show, il secondo special televisivo dedicato al gruppo.

1972

November 4, 1972 NEW MUSICAL EXPRESS Page 7

Appearing at:

November 9th Odeon, Birmingham
November 10th Belle Vue, Manchester
November 11th Empire, Liverpool
November 12th Empire Pool, Wembley

see them on
The Royal Variety Performance
November 5th and on
Top of the Pops
November 9th

also on the tour 'Sisters Love'.
Their new single 'Mr. Fix It Man' TMG 828
is now available

Lookin' Through The Windows
STML 11214

Greatest Hits
STML 11212

Got To Be There
(Michael Jackson) STML 11205

Also Available
Diana Ross Presents The Jackson Five
STML 11142
A.B.C.
STML 11156
Jackson Five Christmas Album
STML 11168
Third Album
STML 11174
Maybe Tomorrow
STML 11188
Available on Cassette and Cartridge

Released on October 27th
Jackson Five...Lookin' Through The Windows TMG833
and Released on November 10th.
Michael Jackson...Ben TMG 834

EMI
Tamla Motown

I Jackson 5 sul palco

Foto grande: la pagina promozionale del primo tour inglese dei Jackson 5 pubblicata dal mensile "New Musical Express"

Pagina accanto: shopping a Parigi per i Jackson 5, accompagnati dal capo del servizio di sicurezza Bill Bray

9 novembre
Mentre si trovano in Gran Bretagna, i Jackson 5 partecipano al programma televisivo Top Of The Pops con *Lookin' through the windows*.

11 novembre
Corner of the sky entra in classifica:

SINGOLI BLACK	9	11

Lookin' through the windows / Love song entra in classifica in Gran Bretagna:

TOP 50 SINGOLI	9

18 novembre
I Jackson 5 si esibiscono a Hollywood al pranzo organizzato per raccogliere fondi a favore della NAACP.

L'album *Lookin' through the windows* entra in classifica in Gran Bretagna:

TOP 75 ALBUM	16

1972

20 novembre

I want you back / ABC e *The love you save / I'll be there* vengono ripubblicati per l'etichetta Yesteryear della Motown.

25 novembre

Ben / You can cry on my shoulder di Michael Jackson entra in classifica in Gran Bretagna:

TOP 50 SINGOLI	7	14

Vende oltre duecentocinquantamila copie.

Dicembre

Per la rivista "Billboard", Michael Jackson è il miglior artista e la voce maschile dell'anno nella categoria "singoli".

That's how love goes di Jermaine Jackson esce in Gran Bretagna.

23 dicembre

Santa Claus is coming to town / Someday at Christmas / Christmas won't be the same this year entra in classifica in Gran Bretagna:

TOP 50 SINGOLI	43	3

Michael Jackson partecipa a Los Angeles alla Watts Christmas Parade.

1973

Gennaio
Michael Jackson vince il disco d'oro per il singolo *Ben*.

I Jackson 5 appaiono sulla copertina di "Right On!"

13 gennaio
Ben, il secondo album solista di Michael, entra in classifica in Gran Bretagna:

TOP 50 ALBUM	17	7

17 febbraio
Doctor my eyes / My little baby entra in classifica in Gran Bretagna:

TOP 50 SINGOLI	9	10

Marzo
Michael riceve una nomination agli Oscar per la miglior canzone (*Ben*), che canta alla cerimonia di presentazione. Non vincerà.

I Jackson 5 suonano in Oklahoma, a Monroe in Louisiana e a Houston nel Texas.

17 marzo
You made me what I am / Hallelujah day dei Jackson 5, uscito a febbraio per la Motown, entra in classifica:

SINGOLI POP	28	10

(È il brano *Hallelujah day* a entrare in classifica).

Hallelujah day entra anche nella classifica:

SINGOLI BLACK	10	8

14 aprile
Skywriter dei Jackson 5, uscito il 29 marzo per la Motown, entra in classifica:

ALBUM POP	44	16

Degli album usciti fino a questo momento, è quello che riscuoterà il minor successo.

22 aprile - 3 maggio
Tour giapponese per i Jackson 5. Durante il soggiorno troveranno il tempo per visitare templi buddhisti, musei d'arte e i giardini orientali del Takanawa Prince Hotel. Tra i vari appuntamenti cantano all'annuale Music Festival che si tiene nel Palazzo Imperiale di Tokyo, a Osaka e a Hiroshima.

28 aprile
Skywriter entra in classifica:

ALBUM BLACK	15	

5 maggio
L'album *Music & me* di Michael Jackson, uscito il 13 aprile per la Motown, entra in classifica:

ALBUM BLACK	24	
ALBUM POP	92	12

With a child's heart / Morning glow di Michael Jackson, uscito in aprile per la Motown, entra in classifica:

SINGOLI POP	50	7

È l'unico singolo tratto dall'album *Music & me*; per circa due anni, Michael non pubblicherà nessun altro singolo per questa etichetta.

I Jackson 5 tengono un concerto a Portland, Oregon.

1973

6 maggio
I Jackson 5 suonano a Seattle, Washington.

12 maggio
With a child's heart entra in classifica:

SINGOLI BLACK	14	10

In alto: i Jackson 5 dicono arrivederci al Giappone

A sinistra: Michael nella sua prima pubblicità per i cereali Alphabits

SKYWRITER

JACKSON 5

Motown M761L
Motown STML 11231

Lato A
1. ***Skywriter***
2. ***Hallelujah day***
3. ***The boogie man***
4. ***Touch***
5. ***Corner of the sky***

Lato B
1. ***I can't quit your love***
2. ***Uppermost***
3. ***World of sunshine***
4. ***Ooh I'd love to be with you***
5. ***You made me what I am***

1973

Music and me

Michael Jackson

Motown 767L
Motown STML 11235

Lato A
1. *With a child's heart*
2. *Johnny Raven*
3. *Up again*
4. *All the things you are*
5. *Happy*
6. *Too young*

Lato B
1. *Doggin' around*
2. *Euphoria*
3. *Morning glow*
4. *Music and me*

I Jackson 5 in concerto

18 maggio
I Jackson 5 suonano a Philadelphia, Pennsylvania.

19 maggio
I Jackson 5 suonano a Dayton, Ohio.

20 maggio
I Jackson 5 suonano a Columbus, Ohio.

9 giugno
Hallelujah day / To know entra in classifica in Gran Bretagna:

TOP 50 SINGOLI	20	9

18 giugno
Mama's pearl / Never can say goodbye / Maybe tomorrow / Sugar daddy dei Jackson 5 e *Got be there / Rockin' Robin* di Michael Jackson vengono pubblicati per l'etichetta Yesteryear della Motown.

Fine giugno / inizio luglio
I Jackson 5 sono il primo gruppo di colore con un tour in Australia: suonano ad Adelaide, Brisbane, Melbourne, Perth e Sydney. Si esibiscono anche a Christchurch e Wellington in Nuova Zelanda, dove ricevono il disco d'oro per il singolo *I saw mommy kissing Santa Claus*, non ancora uscito nel resto del mondo. La tournée conterà una presenza di oltre due milioni di spettatori.

Luglio
In Gran Bretagna escono gli album *Skywriter* dei Jackson 5 e *Music & me* di Michael, ma non entrano in classifica.

Esce anche il singolo *Morning glow / My girl* di Michael ma non entra in classifica.

20 luglio
I Jackson 5 suonano a Pittsburgh, Pennsylvania.

21 luglio
I Jackson 5 suonano a Poconos, Pennsylvania.

22 luglio
I Jackson 5 suonano a New York.

24/25 luglio
I Jackson 5 suonano a Chicago.

1973

27 luglio
I Jackson 5 suonano a Cleveland, Ohio.

28 luglio
I Jackson 5 suonano a Detroit, Michigan.

29 luglio
I Jackson 5 suonano a Indianapolis, Indiana.

3 agosto
I Jackson 5 suonano a Richmond, Virginia.

4 agosto
I Jackson 5 suonano a Hampton, Virginia.

5 agosto
I Jackson 5 suonano a Baltimora, Maryland.

6 agosto
I Jackson 5 appaiono sulla copertina della rivista "Soul".

7 agosto
I Jackson 5 suonano a Greensboro, North Carolina.

8 agosto
I Jackson 5 suonano a Nashville, Tennessee.

10 agosto
I Jackson 5 suonano a Columbia, South Carolina.

11 agosto
I Jackson 5 suonano ad Atlanta, Georgia.

12 agosto
I Jackson 5 suonano a Miami, Florida.

17 agosto
I Jackson 5 suonano a Memphis, Tennessee.

18 agosto
I Jackson 5 suonano a St. Louis, Missouri.

21 agosto
I Jackson 5 suonano a New Orleans, Louisiana.

22 agosto
I Jackson 5 suonano a Dallas, Texas.

24 agosto
I Jackson 5 suonano a San Francisco, California.

25 agosto
I Jackson 5 suonano a Los Angeles, California.

Get it together / Touch dei Jackson 5, uscito in agosto per la Motown, entra in classifica:

SINGOLI BLACK 2 18

26 agosto
I Jackson 5 suonano a Las Vegas, Nevada.

Settembre
Esce in Gran Bretagna *Skywriter / Ain't nothin' like the real thing*, ma non entra in classifica.

1 settembre
Get it together entra in classifica:

SINGOLI POP 28 13

2 settembre
I Jackson 5 suonano a Honolulu, Hawaii.

25 settembre
La Motown pubblica *A Motown Christmas*, una compilation che contiene sei pezzi dei Jackson 5 e *Little Christmas tree* di Michael Jackson.

29 settembre
Get it together dei Jackson 5, album con sonorità disco uscito il 12 settembre per la Motown, entra in classifica:

ALBUM BLACK 4 19

6 ottobre
Get it together entra in classifica:

ALBUM POP 100 29

Novembre
Get it together / Touch esce in Gran Bretagna ma non entra nella Top 50.

Sempre in Gran Bretagna, anche l'album *Get it together* non entra nella Top 50.

La Motown pubblica *Season's greetings from Motown Records*, un album di Natale per le stazioni radio e i concessionari di dischi, che contiene un breve messaggio augurale di Michael e dei fratelli.

Dicembre
Michael e i Jackson 5 sono apparsi sulla copertina di tutti i numeri di "Right On!" usciti nel 1973.

Get it together

Jackson 5

Motown M 783 V1
Motown STML 11275

Lato A
1. ***Get it together***
2. ***Don't say goodbye again***
3. ***Reflections***
4. ***Hum along and dance***

Lato B
1. ***Mama I gotta brand new thing (don't say no)***
2. ***It's too late to change the time***
3. ***You need love like I do (don't you)***
4. ***Dancing machine***

Primo piano per un giovane, pensieroso Michael

1974

1974
I Jackson 5 partecipano al Sonny & Cher Show, dove cantano *Dancing machine*.

Michael partecipa agli American Music Awards. Con Donny Osmond consegna ai Temptations il premio come miglior gruppo soul, e sempre con Donny Osmond, Ricky Segal e Ricky Allen Rippy consegna il premio ai Carpenters come il miglior gruppo pop.

Due album Motown, *Maybe tomorrow* e *Stand* (Il *Goin' back to Indiana* della Motown) vengono rieditati dalla Pickwick Records.

I Jackson 5 ricevono le chiavi della città di Buffalo dal sindaco Stanley Makowski.

10 gennaio
La CBS-TV trasmette One More Time, uno special con ospiti i Jackson 5.

29 gennaio
I Jackson 5 con tutto il loro staff si imbarcano sul volo Pan Am 184 per il tour africano.

I Jackson 5 atterrano all'aeroporto Yoff di Dakar, Senegal: ad accoglierli i ritmi africani scanditi da un gruppo di danzatori e suonatori di tamburo. Dopo una conferenza stampa alla radio senegalese, il gruppo si stabilisce al Taranga Hotel, nei pressi della Independence Square.

Il gruppo si esibisce al Demba Drop Stadium di Dakar aprendo il concerto con *Get it thogether*. Durante la settimana di permanenza ricevono un premio dall'Organization for

African Unity per il contributo dato alla causa degli afro-americani.

I Jackson 5 visitano l'isola di Gorée, apprendono la sua storia e si misurano con la povertà dei suoi abitanti. Durante il viaggio girano un film intitolato *Isomin cross and son*, che racconta le vicende e i problemi di una famiglia che attraversa gli Stati Uniti nel 1860.

Il gruppo si esibisce per due serate al Theatre National Daniel Sorano.

22 febbraio
I Jackson 5 suonano all'Astrodome di Houston, Texas. Una settimana più tardi qui si esibirà Elvis.

Marzo
I Jackson 5 appaiono sulla copertina della rivista "Blues & Soul", che dedica un articolo al loro viaggio in Africa.

2 marzo
I Jackson 5 consegnano a Gladys Knight & The Pips il Grammy per la migliore performance di un duo/gruppo vocale di rhythm & blues per il brano *Midnight train to Georgia*.

9 marzo
Dancing machine / It's too late to change the time dei Jackson 5, uscito a febbraio per la Motown, entra in classifica:

SINGOLI BLACK	1	(1)	20

È la prima volta che tornano in vetta alla classifica dei singoli black dopo *Never can say goodbye* nel maggio 1971.

11 marzo
L'ABC-TV trasmette uno special intitolato Free To Be… You And Me con la partecipazione di Michael Jackson.

16 marzo
Dancing machine entra in classifica:

SINGOLI POP	2		22

Aprile
The boogie man / Don't let your baby catch you, singolo che sarebbe dovuto uscire in America ma poi rimandato (nel marzo del 1973), viene pubblicato in Gran Bretagna ma non entra nella Top 50.

Pagina accanto: i Jackson 5 al Sonny & Cher Show

Pausa di relax per Michael

La famiglia Jackson nel backstage dopo un concerto a Las Vegas

La Motown pubblica l'album *Save the children*, che include *I wanna be where you are* dei Jackson 5.

Inizio aprile
La Motown annuncia che *Dancing machine* dei Jackson 5 ha venduto oltre un milione di copie in meno di un mese.

9-24 aprile
Joe Jackson organizza per l'intera famiglia, comprese le sorelle Rebbie, LaToya e Janet, alcune serate nel circuito del cabaret all'MGM Grand Hotel di Las Vegas. Enorme e inatteso il successo tra i fan, ma la critica stronca l'iniziativa.

26 aprile
Little bitty pretty one / Lookin' through the windows, Corner of the sky / Hallelujah day e *Ben / I wanna be where you are* di Michael vengono ripubblicati per l'etichetta Yesteryear della Motown.

Maggio
I Jackson 5 suonano a Las Vegas, Chicago e Los Angeles e in diverse città europee.

In Gran Bretagna esce *Music and me / Johnny Raven* ma non entra nella Top 50.

Free To Be... You And Me, lo special della ABC-TV con Michael Jackson, vince l'Emmy come miglior special per bambini.

Giugno
In Gran Bretagna, la morte di una ragazza avvenuta il 24 maggio durante un concerto di David Cassidy e i relativi problemi di sicurezza spingono molti genitori a restituire i biglietti per il tour dei Jackson 5, che verrà cancellato.

Esce in Gran Bretagna *Dancing machine / It's too late to change the time*, ma non entra nella Top 50.

15 luglio
Esce l'album *Fulfillingness first finale* di Stevie Wonder. I Jackson 5 fanno i cori nel brano *You haven't done nothing*.

19 luglio
I Jackson 5 suonano a Pittsburgh, Pennsylvania.

21 luglio
I Jackson 5 suonano a Richmond, Virginia.

26 luglio
I Jackson 5 suonano a Buffalo, New York.

27 luglio
I Jackson 5 suonano al Madison Square Garden di New York.

6 agosto
I Jackson 5 suonano a Huntsville, Alabama.

7 agosto
I Jackson 5 suonano a New Orleans, Louisiana.

10 agosto
I Jackson 5 suonano a St. Louis, Missouri.

11 agosto
I Jackson 5 suonano a Kansas City, Missouri.

16 agosto
I Jackson 5 suonano a St. Paul, Minnesota.

17 agosto
I Jackson 5 partecipano alla World Expo di Spokane, Washington.

21 agosto - 3 settembre
I Jackson 5 tornano all'MGM Grand Hotel per alcuni spettacoli.

Settembre

Esce *You haven't done nothin'* di Stevie Wonder su etichetta Tamla. Il singolo ospita i Jackson 5 ai cori.

In Gran Bretagna esce *Fulfillingness first finale* di Stevie Wonder, che contiene il brano *You haven't done nothin'* con i cori dei Jackson 5.

4 settembre - 1 ottobre
Jackson 5 in tour nell'America del Sud, con concerti a Panama, in Venezuela, Brasile e diversi altri paesi.

Ottobre

In Gran Bretagna esce *You haven't done nothin'* di Stevie Wonder, ai cori i Jackson 5.

5 ottobre
Dancing machine dei Jackson 5, uscito il 5 settembre per la Motown, entra in classifica:

ALBUM POP	16	21

A sorpresa, il disco non entra nella classifica black. Altra cosa strana: le canzoni scritte e prodotte da Stevie Wonder per il gruppo non vengono incluse nella track-list definitiva.

4-6 ottobre
I Jackson 5 propongono il loro "set da cabaret" a Sahara Tahoe, Nevada.

7 ottobre - 1 novembre
Tour in Estremo Oriente per il gruppo, che suona in Giappone, a Hong Kong, in Australia, nelle Filippine e in diversi altri paesi.

26 ottobre
Whatever you got, I want / I can't quit your love dei Jackson 5, uscito a ottobre per la Motown, entra in classifica:

SINGOLI BLACK	3	
SINGOLI POP	38	11

Novembre

Esce in Gran Bretagna *The life of the party / Whatever you got, I want*, ma non entra in classifica.

In Gran Bretagna esce anche l'album *Dancing machine* ma non entra in classifica.

20 novembre - 3 dicembre
I Jackson 5 tornano all'MGM Grand Hotel per un'altra tornata del loro "set da cabaret".

1974

DANCING MACHINE

JACKSON 5

Motown M6-78051
Motown STML 11275

Lato A
1. ***I am love***
2. ***Whatever you got, I want***
3. ***She's a rhythm child***
4. ***Dancing machine***

Lato B
1. ***The life of the party***
2. ***What you don't know***
3. ***If I don't love you this way***
4. ***It all begins and ends with love***
5. ***The mirrors of my mind***

I Jackson 5 live a Las Vegas

1975

Forever, Michael

Michael Jackson

Motown M6-82551
Motown STMA 8022

Lato A
1. *We're almost there*
2. *Take me back*
3. *One day in your life*
4. *Cinderella stay awhile*
5. *We've got forever*

Lato B
1. *Just a little bit of you*
2. *You are there*
3. *Dapper-Dan*
4. *Dear Michael*
5. *I'll come home to you*

1975
I Jackson 5 vengono nominati membri onorari della Congressional Black Caucus.

Gennaio
I Jackson 5 partono in tour per le Indie Occidentali.

Michael e i Jackson 5 appaiono in ben sei numeri di "Right On!": gennaio, febbraio, aprile, luglio, agosto e ottobre.

Agli American Music Awards, Michael Jackson ritira il premio per la miglior cantante soul per conto di Diana Ross. E insieme alla sorella Janet premia i Gladys Knight & The Pips come miglior gruppo soul.

18 gennaio
I am love (part 1) / I am love (part 2) dei Jackson 5, uscito a dicembre per la Motown, entra in classifica:

SINGOLI POP	15	14

25 gennaio
I am love (part 1 and 2) entra in classifica:

SINGOLI BLACK	5	12

7 febbraio
I Jackson 5 si esibiscono al Radio City Music Hall di New York.

8 febbraio
Forever, Michael, uscito il 16 gennaio, è un successo. Entra presto in classifica:

ALBUM BLACK	10	

15 febbraio
Forever, Michael entra ancora in classifica, questa volta nella Pop Album Charts, e vi resta per nove settimane. Ma non andrà mai oltre la posizione numero 101.

Metà febbraio
I Jackson 5 tornano in Gran Bretagna per una serie di concerti.
Gruppo supporter: The Real Thing.

Marzo
Forever, Michael esce in Gran Bretagna ma non entra nella Top 50.

1 marzo
We're almost there / Take me back di Michael Jackson, uscito a febbraio per la Motown, entra in classifica:

SINGOLI BLACK	7	
SINGOLI POP	54	8

3 marzo
Esce in Gran Bretagna *I am love (part 1 and 2)*, ma non entra in classifica.

Aprile
In Gran Bretagna esce *One day in your life / With a child's heart* ma non entra nella Top 50.

18 aprile
Dancing machine / Get it together dei Jackson 5 viene ripubblicato per l'etichetta Yesteryear della Motown.

Maggio
La Motown pubblica due LP di artisti vari, *Disc-O-Tech #1* e *Disc-O-Tech #2;* entrambi contengono brani dei Jackson 5.

24 maggio
Just a little bit of you / Dear Michael, uscito ad aprile per la Motown, entra in classifica:

SINGOLI BLACK	4	15

È il settimo singolo di Michael per questa etichetta.

28 maggio
I Jackson 5 firmano con la CBS Records' Epic Records: la nuova etichetta inizierà a seguirli alla scadenza del contratto con la Motown (marzo 1976). La scarsa percentuale sui diritti e la mancanza di controllo artistico sono tra le cause del mancato rinnovo con la vecchia casa discografica, a cui rimane invece legato Jermaine (che ha da poco sposato la figlia del fondatore dell'etichetta, Berry Gordy) per la sua carriera solista. Il fratello Randy lo sostituirà nel gruppo.

7 giugno
Just a little bit of you entra in classifica:

SINGOLI POP	23	12

14 giugno
Moving violation dei Jackson 5, ultimo lavoro del gruppo inciso per la Motown e pubblicato il 15 maggio, in un momento in cui i rapporti tra la famiglia Jackson e la casa discografica erano tesi, entra in classifica:

ALBUM BLACK	6	
ALBUM POP	36	15

Le successive uscite (LP) targate Motown riguarderanno solo compilation di brani già editi.

28 giugno
Forever came today / All I do is think of you dei

1975

Un Michael molto afro

Jackson 5, uscito a giugno per la Motown, entra in classifica:

SINGOLI BLACK	6	13

È l'unico singolo tratto dall'album *Moving violation* e sarà anche l'ultimo singolo su etichetta Motown.

30 giugno

Joseph Jackson convoca una conferenza stampa al Rainbow Grill di Manhattan per annunciare che i Jackson 5 non rinnoveranno il contratto con la Motown, in scadenza nel 1976. Il gruppo continuerà con la CBS, che promette loro una maggiore libertà artistica (nella scrittura e nella produzione) di quella concessa dalla vecchia etichetta.
Dopo queste dichiarazioni il vicepresidente della Motown, Michael Roshkind, informerà Joseph Jackson che il nome Jackson 5 è di proprietà della casa discografica e non del gruppo: sembra che nome e logo fossero stati registrati da Berry Gordy il 7 marzo 1973. Per questo motivo il nome della formazione verrà cambiato in "Jacksons".

Tony Jones, amministratore della Motown, chiede a Joseph Jackson che i Jackson 5 incidano per l'etichetta un altro album per onorare i loro obblighi contrattuali. Michael sarebbe disposto, ma il padre oppone un netto rifiuto.

Luglio

In Gran Bretagna esce l'album *Moving violation*.

I Jackson 5, senza Jermaine, partecipano al Carol Burnett Show con *Forever came today*.

5 luglio

Forever came today entra in classifica:

SINGOLI POP	60	9

Settembre

In Gran Bretagna esce *Forever came today / I can't quit your love*, ma non entra in classifica.

Sempre Gran Bretagna esce l'album *The best of Michael Jackson*, ma non entra nella Top 60.

L'uscita di *Body language / Call of the wild (do the love dance)*, il nuovo singolo dei Jackson 5, viene sospesa.

27 settembre

The best of Michael Jackson, uscito il 28 agosto per la Motown, entra in classifica:

ALBUM POP	156	5

Ottobre

In Gran Bretagna esce *Just a little bit of you / Dear Michael*, ma non entra nella Top 60.

11 ottobre

The best of Michael Jackson entra in classifica:

ALBUM BLACK	44	

Moving violation

Jackson 5

Motown M6-82951
Motown STML 11290

Lato A

1. ***Forever come today***
2. ***Moving violation***
3. ***(You were made) especially for me***
4. ***Honey love***

Lato B

1. ***Body language (do the love dance)***
2. ***All I do is think of you***
3. ***Breezy***
4. ***Call of the wild***
5. ***Time explosion***

1976

Gennaio

La Motown inizia le pratiche processuali per il passaggio dei Jackson 5 alla CBS. La casa discografica chiede danni per venti milioni di dollari.

Steve Manning, amico dei Jackson e presidente del loro fan club, pubblica un libro sulla famiglia intitolato *The Jacksons*.

Agli American Music Awards, Michael Jackson ritira il premio per il miglior gruppo soul per conto dei Gladys Knight & The Pips. Insieme a David Soul consegna ad Aretha Franklin il premio come miglior cantante soul.

La Ronco pubblica l'album *Star trackin' 76.* Tra le tracce c'è *Dancing machine* dei Jackson 5.

La Motown pubblica la compilation di artisti vari *Disc-O-Tech #3*; il disco contiene *Forever came today* dei Jackson 5.

Marzo

Viene diffuso un comunicato ufficiale per confermare che il contratto dei Jackson con la Motown non sarà rinnovato.

10 marzo

Scade il contratto con la Motown e i Jackson 5 sono liberi di legarsi alla CBS Records. La battaglia legale tra la Motown, la Epic e i Jackson durerà circa cinque anni. Nei dieci anni di contratto con la Motown, dal 1969 al 1976, i Jackson 5 e Michael in versione solista hanno inciso undici album e venduto oltre dieci milioni di dischi.

I Jacksons nelle nuove foto promozionali per la Epic Records

1976

Aprile
La Motown pubblica l'album *Motown's original version*, che contiene *Never can say goodbye* dei Jackson 5.

Maggio
Esce *Earth news*, album promozionale per il circuito radiofonico, che contiene un'intervista a Michael Jackson.

Giugno
La rivista "Right On!" dedica un articolo a Michael nei numeri di giugno, settembre, novembre e dicembre.

16 giugno
La CBS manda in onda una serie intitolata The Jacksons con protagonista l'intera famiglia. La serie, inizialmente prevista per il gennaio del 1973, si basa sui concerti di Las Vegas e propone canzoni incise per la Motown e pezzi nuovi. Michael, comunque, detesta doverci lavorare ogni settimana!

10 luglio
The Jackson 5 anthology, uscito il 15 giugno per la Motown, entra in classifica:

ALBUM BLACK	32	

17 luglio
The Jackson 5 anthology entra in classifica:

ALBUM POP	84	9

16 ottobre
Il primo singolo prodotto dalla CBS *Enjoy yourself / Style of life*, scritto da Michael e Tito, è un successo ed entra in classifica:

SINGOLI BLACK	2	20

È il singolo di debutto dei Jacksons.

26 ottobre
Poco prima del singolo di debutto con la CBS, la Motown fa uscire *Joyful jukebox music* dei Jackson 5. È il primo LP del gruppo che non entra nella Top 200.

In Gran Bretagna esce *Enjoy yourself*, ma non entra nella Top 60.

Novembre
I Jacksons appaiono sulla copertina della rivista "Rock & Soul".

Esce *The Jacksons*, il primo album del gruppo con la Epic, ed è un successo ben più grande delle ultime incisioni con la Motown. Contiene due brani scritti dagli stessi fratelli, *Style of life* e *Blues away*. Quest'ultima, scritta da Michael, racconta di un uomo che sta uscendo dalla depressione.

In Gran Bretagna esce l'album *The Jacksons*.

13 novembre
Enjoy yourself entra in classifica:

SINGOLI POP	6	21

Dicembre
In Gran Bretagna esce l'album *Joyful jukebox music*.

4 dicembre
The Jackson entra in classifica:

ALBUM BLACK	6	
ALBUM POP	36	27

20 dicembre
I Jacksons appaiono sulla copertina della rivista "Soul".

The Jacksons

The Jacksons

Epic PE-34229
Epic EPC 86009

Lato A
1. ***Enjoy yourself***
2. ***Think happy***
3. ***Good times***
4. ***Keep on dancing***
5. ***Blues away***

Lato B
1. ***Show you the way to go***
2. ***Living together***
3. ***Strength of one man***
4. ***Dreamer***
5. ***Style of life***

I Jacksons durante lo spettacolo del 18 dicembre 1976 al Circle Star Theater di San Carlos, California

1977

Michael a 18 anni

1977
Joe Jackson assume il team management Weisner/DeMann come partner per la gestione dei Jacksons. Freddy DeMann e Ron Weisner si occuperanno del gruppo, e più tardi di Michael, per molti anni.

Gennaio
In Gran Bretagna esce l'album *The Jackson 5 anthology* ma non entra nella Top 60.

I Jacksons cominciano la seconda serie del loro show per la CBS.

Il gruppo canta *Good times* agli American Music Awards.

10 febbraio
Enjoy yourself dei Jacksons è il loro primo disco d'oro ufficiale, certificato RIAA.

1977

19 febbraio
All'Hollywood Palladium i Jacksons consegnano a Natalie Cole il premio come miglior voce femminile r&b.

Marzo
Michael è sulla copertina della rivista "Rock & Soul".

Michael e i Jacksons appaiono sulla copertina di quattro numeri della rivista "Right On!": marzo, giugno, luglio e ottobre.

Esce l'album *Motown's preferred stock: stock option no. 2*, una compilation di artisti vari che comprende cinque brani targati Jackson 5 / Michael.

Esce una raccolta delle canzoni dei Jackson 5 intitolata *Motown special - The Jackson 5*.

1 aprile
Viene ristampato *We're almost there / Just a little bit of you* di Michael Jackson per l'etichetta Yesteryear della Motown.

2 aprile
Show you the way to go / Blues away, il secondo singolo del gruppo con la nuova etichetta, entra in classifica:

SINGOLI BLACK	6	14

5 aprile
L'album *The Jacksons* del debutto con la CBS è disco d'oro.

9 aprile
Enjoy yourself / Style of life dei Jacksons, ripubblicato dalla Epic in Gran Bretagna, entra in classifica:

TOP 50 SINGOLI	42	4

Maggio
Tour europeo di due settimane e mezzo per i Jacksons. La tappa più importante è in occasione della Royal Command Performance alla King's Hall di Glasgow per la celebrazione dei venticinque anni di regno (Giubileo d'Argento) di Elisabetta II.
Micheal lo definisce uno degli onori più grandi della sua vita.
Fra le altre date della tournée: Amsterdam, Brema e Parigi.

7 maggio
Show you the way to go entra in classifica:

SINGOLI POP	28	10

20 giugno
Michael partecipa a una festa allo Studio 54 per il musical Beatlemania.

25 giugno
Show you the way to go / Blues away, che era entrato nella Top 50 il 4 giugno, entra in classifica in Gran Bretagna:

TOP 50 SINGOLI	1	(1)	10

È il primo brano del gruppo che raggiunge la vetta della classifica inglese.

Luglio
Michael porta con sé la sorella LaToya a New York per sei mesi: è in città per le prove e le riprese del suo primo film in veste di attore e cioè *The wiz* (Universal Pictures), basato sul *Meraviglioso mago di Oz*. Il cast è composto interamente da attori di colore.
Michael interpreta lo Spaventapasseri al fianco della sua amica Diana Ross nella parte di Dorothy; nel ruolo del Mago, un attore del calibro di Richard Pryor.

4 luglio
Durante una gita a Coney Island, in visita alla casa del fratello Jermaine, Michael viene colpito da un pneumotorace e viene ricoverato in ospedale.
L'insufficienza respiratoria è aggravata da una lieve pleurite, fatto frequente nelle persone molto magre.

16 luglio
In Gran Bretagna l'album *The Jacksons* entra nella Top 60 per la prima volta dopo la pubblicazione nel novembre 1976.

Durante le riprese di *The wiz* Michael incontra Quincy Jones.

I Jacksons nel backstage del King's Hall, durante la Royal Command Performance del maggio 1977

1977

"Quando salgo sul palco, non so che cosa accade. Mi sento così bene, mi sembra sia il posto più sicuro, per me... Sono cresciuto sul palcoscenico.
Ogni persona è creata per una certa cosa, e io penso che il nostro lavoro sia far divertire il mondo. Non vedo cos'altro potrei fare...
... Ho conosciuto persone molto ricche e persone molto povere, ma sono più interessato ai poveri... Voglio apprezzare quello che ho e cercare di aiutare la gente.
Quando vado in altri paesi mi piace scoprire le parti più povere. Voglio capire cosa significhi davvero morire di fame. Non voglio sentirlo o leggerlo. Voglio vederlo.
È una cosa completamente diversa quando lo vedi! Tutto quello che ho letto sui libri di scuola a proposito della Gran Bretagna e della regina va bene, ma i miei occhi sono il più grande libro del mondo. Quando abbiamo partecipato alla Royal Command Performance e poi dopo ho guardato la regina negli occhi, ecco la cosa davvero grande! Ed è lo stesso con la fame, quando l'hai vista, sai un po' di più..."

Michael Jackson
agosto 1977

Michael nella parte dello Spaventapasseri in *The wiz*

1977

Agosto
In Gran Bretagna viene nuovamente pubblicato dalla Motown *Skywriter*, ma questa volta il singolo contiene *I want you back* e *The love you save*.
Il singolo comunque non entra nella Top 50.

Michael visita lo Studio 54 con le sorelle LaToya e Janet.

13 agosto
Dreamer / Good times entra in classifica in Gran Bretagna:

TOP 50 SINGOLI	22	9

16 agosto
Michael è sulla copertina della rivista "Jet".

Settembre
Michael è sulla copertina di "Soul", che gli dedica un'intervista esclusiva nella quale il cantante afferma: "Sono diverso dalla maggior parte delle persone della mia età".

La Natural Resources, un'etichetta della Motown, pubblica *Great interpretations*, una raccolta di brani di diversi artisti, tra i quali Michael con *My girl*.

La Universal Pictures convoca una conferenza stampa agli Astoria Studios di New York per annunciare la lavorazione di *The wiz*. Michael Jackson vi partecipa con Diana Ross, Nipsey Russell e Ted Ross, vincitore di un Tony Award.

La Natural Resources della Motown pubblica *Show tunes*. L'album contiene *Corner of the sky* dei Jackson 5.

Esce *Enjoy yourself / Do what you wanna* per la Memory Lane, etichetta della Epic.

Ottobre-dicembre
Iniziano le riprese di *The wiz* agli Astoria Studios; le esterne sono girate a New York. Michael definirà quest'esperienza come una delle più memorabili della sua vita.

Michael, a 19 anni, incontra insieme al padre il presidente della Epic Records Ron Alexenburg e lo convince a lasciare carta bianca ai Jacksons per il prossimo LP. Alexenburg nomina due produttori esecutivi, Bobby Colomby e Mike Atkinson, come supervisori dell'album.

8 ottobre
Goin' places / Do what you wanna dei Jacksons, uscito a ottobre negli Stati Uniti e in Gran Bretagna per la Epic, entra in classifica:

SINGOLI BLACK	8	15
SINGOLI POP	52	7

25 ottobre
Il cast di *The wiz* dà un party allo Studio 54 in onore di Michael Jackson.

29 ottobre
Goin' places dei Jacksons, uscito a ottobre negli Stati Uniti e in Gran Bretagna per la Epic, entra in classifica:

ALBUM POP	63	11

Due canzoni, *Different kind of lady* e *Do you wanna*, sono scritte e composte dai Jacksons.

Novembre
Michael appare sulla copertina di "Rock & Soul".

5 novembre
Goin' places entra in classifica:

ALBUM BLACK	11	13

Goin' places / Do you wanna entra in classifica in Gran Bretagna:

TOP 50 SINGOLI	26	7

3 dicembre
Goin' places entra in classifica in Gran Bretagna:

TOP 60 ALBUM	45	1

GOIN' PLACES

THE JACKSONS

Epic PE-34835
Epic EPC 86035

Lato A
1. ***Music's takin' over***
2. ***Goin' places***
3. ***Different kind of lady***
4. ***Even though you're gone***

Lato B
1. ***Jump for joy***
2. ***Heaven knows I love you girl***
3. ***Man of war***
4. ***Do what you wanna***
5. ***Find me a girl***

1978

I Jacksons in Gran Bretagna per uno spettacolo all'Odeon Hammersmith di Londra

1978

Michael incontra due volte Paul McCartney: la prima volta a un ricevimento a bordo della Queen Mary, la seconda a una festa a Beverly Hills durante la quale parlano di una collaborazione.

Esce per la Backstage Productions Inc. di Los Angeles *A very special musical interview feature with the stars of The wiz*, un cofanetto con due dischi per le radio che contiene un'intervista a Michael Jackson.

Sei copertine di "Right On!" dedicate a Michael nel corso dell'anno: gennaio, marzo, giugno, settembre, ottobre e dicembre.

22 gennaio

I Jacksons partono per un tour mondiale che prevede tappe negli Stati Uniti e in Europa.

4 febbraio

Different kind of lady / Find me a girl dei Jacksons, uscito a febbraio per la Epic, entra in classifica con il brano del lato B:

SINGOLI BLACK 38 12

Non entra però nella classifica dei singoli pop.

11 febbraio

Even though you're come / Different kind of lady entra in classifica in Gran Bretagna:

TOP 50 SINGOLI 31 4

Marzo

Music's taking over / Man of war esce in Gran Bretagna ma non entra nella Top 50.

10 marzo

I Jacksons partecipano al First Annual Rock 'N' Roll Sports Classic.

13 maggio

L'esibizione live dei Jacksons al Dodger Stadium di Los Angeles diventa un picture disc dal titolo *Ten Q radio 1020 – Jacksons Dodgers teen night, May 13, 1978*, soprannominato più semplicemente *Goin' Places Picture Disc*.

Agosto

Il ventenne Michael Jackson acquista la sua prima Rolls-Royce.

12 agosto

Blame it on the boogie / Do what you wanna dei Jacksons entra in classifica:

SINGOLI POP 54 6

2 settembre

Blame it on the boogie entra in classifica:

SINGOLI BLACK 3 16

Un video accompagna la canzone.

9 settembre

Ease on down the road / Poppy girls di Michael Jackson e Diana Ross, uscito a settembre per la MCA Records, entra in classifica:

SINGOLI BLACK 41 9

Il singolo, lanciato poco prima dell'uscita di *The wiz*, è tratto dallo stesso film, ma Michael canta solo il brano del lato A.

16 settembre
Ease on down the road entra in classifica:

SINGOLI POP 17

23 settembre
Blame it on the boogie / Do what you wanna entra nella nuova classifica inglese:

TOP 75 SINGOLI 8 12

Ottobre
In Gran Bretagna esce l'album *The wiz*, colonna sonora del film, ma non entra in classifica.

21 ottobre
The wiz, colonna sonora originale dell'omonimo film contenente cinque brani di Michael – *Easy on down the road*, *3 versions*, *Brand new day*, *Be a lion* e *A brand new day* – entra in classifica:

ALBUM BLACK 17

ALBUM POP 40 17

23 ottobre
Michael Jackson visita il famoso negozio di giocattoli F.A.O. Schwartz di Manhattan a New York.

25 ottobre
Al Pitt's Century Plaza Theater di Century City, Los Angeles, si tiene la prima di *The wiz*; il biglietto costa centocinquanta dollari.

Michael partecipa alla festa dopo la proiezione.

The wiz viene stroncato da molta critica americana, il che contribuisce a far scendere il prezzo del biglietto. Michael, comunque, per il suo ruolo impegnativo riceve apprezzamenti sia dal pubblico sia dai critici, che gli prospettano una brillante carriera cinematografica.
Si diffonde la notizia di nuovi ruoli pronti per il cantante: per esempio in *A chorus line*, *Summer stock* e *The story of Bill Robinson - Mr. Bojangles*.

18 novembre
Ease on down the road / Poppy girls, pubblicato dalla MCA, entra in classifica in Gran Bretagna:

TOP 75 SINGOLI 45 4

Per l'anniversario la rivista "Billboard" esce un supplemento di dieci pagine dedicato ai Jacksons.

Fine 1978
I Jacksons pubblicano il video di *Blame it on the boogie*.

Dicembre
I Jacksons fondano la Peacock Productions, la loro prima società di produzione.
L'idea per il nome viene a Michael quando legge un articolo sul pavone (*peacock* in inglese, NdT), che spiega come i colori della sua apertura alare si fondano quando l'animale è in amore.
È proprio l'idea che Michael ha della sua musica: vuole che sia capace di attrarre e unire persone di ogni razza e religione.

La Epic pubblica *Destiny*, il primo LP di cui i Jacksons hanno l'intero controllo creativo eccezion fatta per *Blame it on the boogie*, unica canzone non scritta dal gruppo.
È un successo.

Esce per la Natural Resources, etichetta della Motown, l'album *We wish you a Merry Christmas* con brani di vari artisti, tra cui *Give love on Christmas day* e *The Christmas song* dei Jackson 5.

In Gran Bretagna esce *Destiny / That's what you get (for being polite)*.

Sempre in Gran Bretagna esce l'album *Destiny*.

9 dicembre
Destiny entra in classifica:

ALBUM BLACK 3 16

16 dicembre
Destiny entra in classifica:

ALBUM POP 12 41

I Jacksons cantano *Shake your body (down to the ground)* all'American Bandstand.

Destiny

The Jacksons

Epic JE-35552
EPC 83200

Lato A
1. ***Blame it on the boogie***
2. ***Push me away***
3. ***Things I do for you***
4. ***Shake your body (down to the ground)***

Lato B
1. ***Destiny***
2. ***Bless his soul***
3. ***All night dancin'***
4. ***That's what you get (for being polite)***

1979

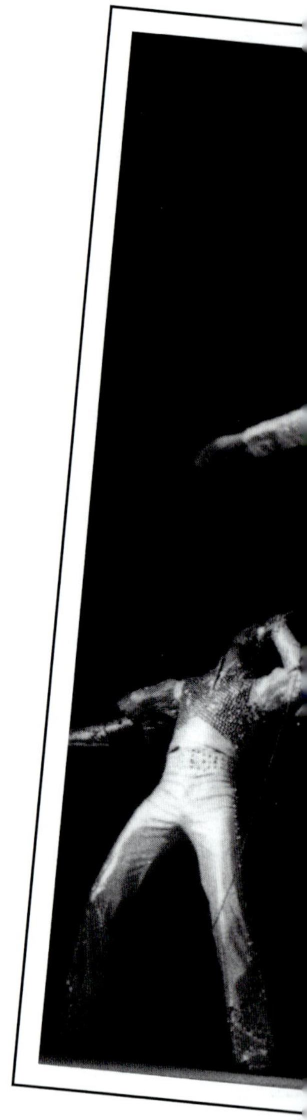

1979
Michael Jackson pubblica il video delle canzoni *Don't stop 'til you get enough* e *Rock with you.*

Il reparto "giovani adulti" della Chicago Public Library dichiara che *Peter Pan* è tra i libri preferiti da Michael. Lo stesso Michael promuove la lettura attraverso un programma della biblioteca chiamato "Boogie To The Book Beat".

Il sindaco di Beverly Hills organizza il "Jackson Day", una festa a cui partecipano i Jacksons e Michael, che si reca alla serata accompagnato da Tatum O'Neal.

Inizio 1979
Durante un tour di tredici giorni in Gran Bretagna, i Jacksons volano in Svizzera per due giorni per le riprese di uno special televisivo.

Vengono cancellati sette concerti per problemi alla voce di Michael.

A Londra, prima cinematografica per *The wiz*.

Gennaio
Esce per la Natural Research, etichetta della Motown, l'album *Boogie* dei Jackson 5 che include diversi brani inediti. Non entra in classifica e viene pubblicato in un numero limitato di copie. Oggi è uno degli LP più ricercati dai collezionisti.

Michael appare sulla copertina della rivista "Rock & Soul", che dedica un servizio speciale a *The wiz*.

Vengono mandati alle radio gli album promozionali per il circuito radiofinico *Earth news*, *Record report with Robert W. Morgan* e *Westwood one's startrak*, che contengono interviste a Michael.

Esce per la Pickwick Records la compilation dei Jackson 5 *Zip-a-dee-doo-dah*.

20 gennaio
You can't win (part 1) / You can't win (part 2) di Michael Jackson, uscito a gennaio per la Motown, entra in classifica:

SINGOLI BLACK	42	10

22 gennaio
I Jacksons iniziano un tour mondiale per promuovere *Destiny*; prima data Brema. Suonano anche a Madrid, Amsterdam, Ginevra, Londra, Brighton, Preston, Sheffield, Glasgow, Manchester Birmingham, Halifax, Laicester, Cardiff, Bournemouth, Parigi e Nairobi.

27 gennaio
Shake your body (down to the ground) / That's what you get (for being polite) dei Jacksons, uscito a gennaio per la Epic, entra in classifica:

SINGOLI BLACK	3	23

È il loro primo singolo di platino e quello più venduto, con oltre due milioni e cinquecentomila copie.

1 febbraio
I Jacksons appaiono sulla copertina di "Jet".

3 febbraio
Destiny / That's what you get (for being polite) entra in classifica in Gran Bretagna:

TOP 75 SINGOLI	39	6

17 febbraio
Shake your body (down to the ground) entra in classifica:

SINGOLI POP	7	22

24 febbraio
You can't win entra in classifica:

SINGOLI POP	81	3

13 marzo
L'LP *Destiny* è disco d'oro.

24 marzo
Shake your body (down to the ground) / All night dancin' entra in classifica in Gran Bretagna:

TOP 75 SINGOLI	4	12

Pagina accanto: i Jacksons in concerto nel 1979

1979

Primavera
I Jacksons suonano in Gran Bretagna, ma alcune date sono cancellate a causa di una brutta influenza che colpisce Michael.

Durante il soggiorno in Gran Bretagna i Jacksons volano in Svizzera un paio di giorni per registrare *Shake your body down to the ground* e *Blame it on the boogie* per uno special degli Abba.

I Jacksons sono richiesti per un tour in Sudafrica, ma quando l'organizzazione African Jazz Art Societies & Studios (AJASS) minaccia di far boicottare i loro album e i loro concerti in giro per il mondo, decidono di rifiutare la proposta, per non offendere l'AJASS né i gruppi che la sostengono.

12 aprile
Shake your body (down to the ground) è disco d'oro.

14-15 aprile
I Jacksons suonano concerto a Cleveland, Ohio.

Il programma del tour 1979 dei Jacksons

19-22 aprile
I Jacksons suonano alla Valley Forge Music Fair di Valley Forge, Pennsylvania.

25-29 aprile
I Jacksons suonano a Chicago, Illinois.

Maggio
In Gran Bretagna esce *You can't win (part 1) / You can't win (part 2)*, ma non entra in classifica. Il 45 giri esce anche come picture disc.

3 maggio
I Jacksons suonano a St. Petersburg, Florida.

5 maggio
In Gran Bretagna, a circa sei mesi dall'uscita, *Destiny* entra in classifica:

TOP 60 ALBUM	33	7

6 maggio
I Jacksons suonano a Jacksonville, Florida.

8 maggio
Destiny è disco di platino.

10-12 maggio
I Jacksons suonano a Houston, Texas.

13 maggio
I Jacksons suonano a Baton Rouge, Lousiana.

16 maggio
I Jacksons suonano a Birmingham, Alabama.

17 maggio
I Jacksons suonano a Columbus, Georgia.

18 maggio
I Jacksons suonano a Nashville, Tennessee.

19 maggio
I Jacksons suonano ad Atlanta, Georgia.

20 maggio
I Jacksons suonano a Memphis, Tennessee.

24 maggio
I Jacksons suonano a Pine Bluff, Arkansas.

26 maggio
I Jacksons suonano a Kansas City, Missouri.

27 maggio
I Jacksons suonano a Oklahoma City, Oklahoma.

30 maggio
I Jacksons suonano a Shreveport, Lousiana.

Giugno
Michael viene contattato per la versione cinematografica del musical *A chorus line* per la parte del ballerino che inizia la carriera fingendosi donna.
Inizialmente esprime delle riserve: "Se accetto, la gente legherà la mia immagine a questo ruolo.
C'è già chi pensa che io sia omosessuale per via della mia voce, anche se non lo sono affatto".
Qualche tempo dopo affermerà: "Ho rivisto *A chorus line* e quel personaggio mi piace moltissimo: è drammatico, emozionante, e se sei sensibile non può lasciarti indifferente."

1979

"*Triumph* sarà molto meglio, molto più creativo rispetto a *Destiny*. Abbiamo imparato un sacco di cose da quando lo abbiamo fatto. Mentre ci lavoravamo non abbiamo avuto la possibilità di essere creativi come avremmo voluto. Avevamo fretta ed eravamo sotto pressione. Era il primo album scritto da noi e dovevamo dimostrare alla Epic che ne eravamo capaci. Adesso siamo più tranquilli. Non dobbiamo più dimostrare niente."

Michael Jackson - 24 giugno 1979

1 giugno
I Jacksons suonano a Norfolk, Virginia.

3 giugno
I Jacksons suonano a Columbia, South Carolina.

3 giugno
I Jacksons suonano a Charlotte, North Carolina.

9 giugno
I Jacksons suonano a Washington DC.

11 giugno
Shake your body (down to the ground) è disco di platino.

Fine giugno
I Jacksons iniziano le registrazioni di *Triumph*.

Luglio

Il sindaco Tom Bradley proclama a Los Angeles il "Jackson Day" per onorare i dischi d'oro e di platino del gruppo. Circa trecento ospiti partecipano alla festa alla City National Bank Vault di Beverly Hills, che è stata dotata di una speciale pista da ballo.
I Jacksons vincono il disco di platino per *Destiny* e altri dischi d'oro e d'argento. Michael è accompagnato dall'attrice Tatum O'Neal.

28 luglio
Don't stop til you get enough / I can't help it di Michael Jackson, il primo singolo tratto dall'album del suo debutto solista *Off the wall* uscito per la CBS/Epic in luglio, entra in classifica:

SINGOLI POP	87

Agosto

Esce *Off the wall* di Michael Jackson prodotto da Quincy Jones. Il disco, che mescola pop, r&b e jazz, contiene tre pezzi scritti e co-prodotti dallo stesso Michael.
La voce si è fatta più audace e matura, l'album apre una nuova via per il suo modo di cantare.
Supera ogni primato nell'industria della musica diventando il primo album, negli Stati Uniti, con ben quattro singoli in Top Ten, due dei quali raggiungono il primo posto e si guadagnano il disco d'oro.
In Gran Bretagna, per la prima volta nella storia della musica, vengono estratti cinque singoli da un solo album.
Tra di essi figura *Girlfriend*, scritta da Paul McCartney.

Off the wall

Michael Jackson

Epic FE 35745
EPC 83468

Lato A
1. ***Don't stop 'til you get enough***
2. ***Rock with you***
3. ***Working day and night***
4. ***Get on the floor***

Lato B
1. ***Off the wall***
2. ***Girlfriend***
3. ***She's out of my life***
4. ***I can't help it***
5. ***It's the falling in love***
6. ***Burn this disco out***

Michael con la sua amica, l'attrice Tatum O'Neal, a un party di Hollywood

1979

L'album supera ogni aspettativa ed entra subito nelle classifiche pop e black, vendendo oltre dodici milioni di copie in tutto il mondo. Alcune delle prime copie di *Off the wall* sono accompagnate da un 45 giri gratuito di *You can't win* in versione picture disc. Con l'uscita di questo nuovo lavoro il pubblico vede un nuovo Michael Jackson: la sua voce è più profonda e il naso, una volta largo, adesso si è assottigliato.

Esce per la Natural Resources, etichetta della Motown, l'album *Motown's love songs* che include il brano *Never can say goodbye*.

16 agosto
Michael Jackson appare sulla copertina di "Jet"; all'interno, una sua intervista.

20 agosto
"Soul" dedica la copertina a Michael: "Michael Jackson a 21 anni" recita il titolo. All'interno, un'intervista esclusiva.

29 agosto
Michael compie ventun anni e festeggia il compleanno allo Studio 54 di New York.

Scade il contratto con il padre Joe Jackson e Michael prende in mano le redini della propria carriera.

Settembre
La Motown continua a pubblicare dischi sulla scia dei nuovi lavori targati Jacksons e fa uscire in Gran Bretagna l'album *20 golden greats*. Inutile dire che non entra in classifica.

I Jacksons sono sulla copertina della rivista "Ebony". Titolo: "Non sono più ragazzini".

Off the wall di Michael Jackson entra in classifica:

ALBUM BLACK	1	(16)	61
ALBUM POP	3		84

15 settembre
Uscito in Gran Bretagna in agosto, *Don't stop 'til you get enough / I can't help it* entra in classifica:

TOP 75 SINGOLI	3	12

29 settembre
Off the wall entra in classifica in Gran Bretagna:

TOP 60 ALBUM	5	173

Ottobre
Parte da New Orleans, Louisiana, il tour mondiale di *Destiny* dei Jacksons. Toccherà ottanta città.

La K-Tel International pubblica *Hot nights & city lights*, un'antologia di artisti vari che comprende *Shake your body (down to the ground)*.

Per la terza volta quest'anno Michael e i Jacksons sono sulla copertina della rivista "Rock & Soul".

La Columbia pubblica *Keep the fire* di Kenny Loggins; Michael fa i cori nel brano *Who's right, who's wrong*.

13 ottobre
Don't stop 'til you get enough raggiunge la vetta delle classifiche:

SINGOLI POP	1	(1)	21
SINGOLI BLACK	1	(5)	20

Il video del singolo mostra Michael in smoking, sempre più bravo nei suoi passi di danza.

31 ottobre
Michael partecipa al disco party di Halloween organizzato dalla sua amica Jane Fonda all'Hollywood Palace.

Pagina accanto: un bel Michael sorridente

1979

Novembre
Off the wall / Working day and night entra in classifica in Gran Bretagna:

TOP 75 SINGOLI	7	10

3 novembre
Rock with you / Working day and night di Michael Jackson, uscito a novembre per la Epic, entra in classifica:

SINGOLI BLACK	1	25

Nel video di *Rock with you*, diretto da Bruce Gowers, Michael indossa un abito di lustrini d'argento con stivali abbinati.

8 novembre
I Jacksons tengono un concerto al Nassau Coliseum di Hampstead, New York.

27 novembre
La Norman Winter Associates, l'agenzia pubblicitaria di Michael, contatta la prestigiosa rivista americana "Rolling Stone" per verificare la possibilità di dedicare una storia di copertina a Jackson. Questa la risposta: *"Michael Jackson è già apparso sulla copertina di* Rolling Stone, *contrariamente a quanto scritto nella vostra lettera. Ci piacerebbe dedicare un articolo importante a Michael, ma non quello di copertina"*. Firmato Jann S. Wenner.

29 novembre
Don't stop 'til you get enough è disco d'oro.

10 dicembre
L'album *Off the wall* è disco d'oro e di platino. Venderà dodici milioni di copie in tutto il mondo.

1980

Michael in posa con uno degli American Music Awards vinti nel 1980, in compagnia dell'attrice Nicolette Larson

I Jacksons sorridenti, pronti per un nuovo successo

1980

Michael trascorre diverse settimane nel New Hampshire sul set del film *Sul lago dorato*, ospite dell'amica Jane Fonda, facendo amicizia con i due protagonisti del film, Henry Fonda e Katharine Hepburn.
Un'esperienza che rinfocola la sua passione per il cinema e gli fa venire voglia di recitare di nuovo.

La I&M Teleproducts pubblica *Winners*, una compilation di artisti vari che include una speciale versione del disco *Shake your body (down to the ground)*.

Per la rivista "Cashbox" *Off the wall* è l'album soul più amato dell'anno.

Michael canta *Don't stop 'til you get enough* a un concerto di beneficenza per l'UNICEF.

Esce per la Columbia Records l'album *Old crest on a new wave* di Dave Mason.
Cori di Michael Jackson nel brano *Save me*.

I Jacksons vincono l'Image Award della NAACP come miglior gruppo dell'anno.

Esce il video di *Triumph* dei Jacksons.

Esce il video di *She's out of my life* di Michael Jackson.

La K-Tel International pubblica *Hitline* e *Wings of sound*, due LP di artisti vari che contengono entrambi *Don't stop 'til you get enough*. *Hitline* include anche *Rock with you*.

Gennaio

Michael rilascia un'intervista a Silvya Chase per il programma 20/20 della rete ABC-TV, in cui traccia il profilo dei Jacksons.
All'affermazione secondo cui non sa come relazionarsi con il mondo reale risponde che trova difficile farlo perché la gente lo considera diverso e non si comporta con lui come farebbe con chiunque altro.
Le interviste a Michael sono sempre più rare.

18 gennaio

Michael Jackson vince tre American Music Awards nella categoria soul: da Andy Gibb e Dionne Warwick riceve il Favourite Soul Single per *Don't stop 'til you get enough*, da Chuck Berry e Lief Garrett il Favourite Soul Album per *Off the wall* e da Bonny Pointer e Dave Mason il Favourite Soul Male. Partecipa alla cerimonia indossando uno smoking, che diventerà da questo momento il suo "marchio di fabbrica", e una camicia di lustrini d'argento.

1980

"Amo tutto il mondo della danza perché sa esprimere le emozioni attraverso il movimento del corpo. E non importa come stai, quel che senti dentro lo tiri fuori filtrandolo attraverso il tuo stato d'animo. Molte persone non danno la giusta importanza a questo fatto, ma c'è un'implicazione psicologica nel permettere ai sentimenti di emergere.
Danzare è importante, come ridere, per combattere la tensione. Evadere... è fantastico.
Sono convinto che ognuno di noi abbia un destino segnato fin dal giorno della sua nascita, e che alcune persone siano portate per certe cose. C'è un motivo se i giapponesi sono tagliati per la tecnologia e se i neri sentono di più la musica: ha a che fare con l'Africa e le tribù e il ritmo dei tamburi...
Amo lo Studio 54 di New York, è un luogo teatrale, impressionante. Quelli che lo frequentano sembrano dei personaggi, sembra di andare a una rappresentazione. Ti trucchi per trasformarti e vai fuori di testa con le luci e la musica, e sei in un altro mondo. Un'evasione perfetta...
Evadere e accogliere la meraviglia sono due cose molto potenti. Ti fanno sentire bene e questo ti consente di agire. Semplicemente continui a muoverti, ad andare avanti, e intanto dici: 'Dio, è fantastico, quanto mi piace'."

Michael Jackson - marzo 1980

Michael Jackson con John Travolta

Michael e Nicolette Larson consegnano ai Bee Gees il premio per il milgior album pop per *Spirits having flown*. Il premio viene ritirato da Andy Gibb.

19 gennaio

Rock with you entra in classifica:

SINGOLI POP 1 (4) 24

9 febbraio

Rock with you / Get on the floor di Michael Jackson entra in classifica in Gran Bretagna:

TOP 75 SINGOLI 7 9

14 febbraio

Rock with you è disco d'oro.

16 febbraio

Off the wall / Get on the floor di Michael Jackson, uscito a febbraio per la Epic, entra in classifica:

SINGOLI POP 10 17

23 febbraio

Off the wall entra in classifica:

SINGOLI BLACK 5 13

27 febbraio

Allo Shrine Auditorium di Los Angeles Michael Jackson viene premiato per *Don't stop 'til you get enough* con il suo primo Grammy come miglior voce solista maschile nella categoria Best r&b Vocal Performance. Michael boicotta l'evento, amareggiato per essere stato confinato nella categoria r&b e deluso dal fatto che *Off the wall* non sia stato considerato nella categoria Best Album. Giura che il suo prossimo disco non sarà ignorato. Lo sanno tutti che i premi non sempre corrispondono al successo di un LP.

1980

Marzo
Esce per la Motown *20/20: twenty no.1 hits from twenty years at Motown* che include tre canzoni dei Jackson 5 e *Ben* di Michael.

1 marzo
Michael appare sulla copertina di "Melody Maker" e rilascia un'intervista esclusiva dal titolo "Michael a Wonderland".

La Motown ripubblica in Gran Bretagna *Ben* di Michael Jackson. Sul lato B, il classico di Marvin Gaye *Abraham, Martin and John*.

19 aprile
She's out of my life / Get on the floor di Michael Jackson, uscito ad aprile per la Epic, entra in classifica:

SINGOLI POP	10	16

È il secondo singolo di Michael pubblicato quest'anno e il quarto successo da Top Ten tratto da un album. *She's out of my life* è una toccante ballata cantata da un emozionato Michael. Il video del brano è diretto ancora una volta da Bruce Gowers.

Michael Jackson è il primo cantante solista in America ad avere quattro singoli tratti da album nella Top Ten, eguagliando quanto fatto finora soltanto dai Fleetwood Mac con l'LP *Rumours* e dalle colonne sonore dei film *La febbre del sabato sera* e di *Grease*.

3 maggio
She's out of my life entra in classifica:

SINGOLI BLACK	43	8

She's out of my life / Push me away entra in classifica in Gran Bretagna:

TOP 75 SINGOLI	3	9

Off the wall di Michael Jackson vende nella sola America oltre cinque milioni di copie e si aggiudica tre dischi di platino in Gran Bretagna e in Canada, sette dischi di platino in Australia e un disco d'oro in Olanda.

Esce in Gran Bretagna l'album di Dave Mason che include *Save me*, il brano con i cori di Michael.

Luglio
In Gran Bretagna esce *Girlfriend / Bless his soul* e Michael Jackson è il primo artista ad avere cinque singoli tratti dallo stesso LP. Il singolo, che non sarà pubblicato in America, entra in classifica:

TOP 75 SINGOLI	41	5

31 luglio
La rivista "Jet" dedica la copertina a Michael Jackson insieme alla sorella LaToya.

Agosto
Esce *Love lives forever* di Minnie Riperton che include il brano *I'm in love again* con i cori di Michael Jackson.

Esce *The Robert W. Morgan special of the week - The Jacksons*, un disco promozionale per le radio che include un'intervista ai Jacksons.

15 agosto
La Motown pubblica l'LP *Michael Jackson - Superstar series vol. 7*.

Settembre
Esce per la Polydor *Night time lover* di LaToya Jackson, scritta a quattro mani da Michael e dalla sorella. Michael è anche il produttore e l'arrangiatore del pezzo, inizialmente intitolato *Fire is the feeling* e scritto pensando a Donna Summer.

La Polydor pubblica l'album *LaToya Jackson* che include *Night time lover*.

La Motown ripubblica in Gran Bretagna quattro singoli dei Jackson 5 con nuovi lati B: *Got to be there / I miss you baby, I want you back / The love you save, I'll be there /ABC* e *Lookin' through the windows / Doctor my eyes*.

3 settembre
La Camera del Commercio di Hollywood riconosce il contributo dato alla musica dai Jacksons e li onora con una stella sulla Walk of Fame dell'Hollywood Boulevard.

9 settembre
Esce per la l'LP *The Jackson 5 - Superstar series vol. 12*.

18, 19, 25 e 26 settembre
I Jacksons suonano al Forum di Los Angeles.

27 settembre
Lovely one / Bless his soul dei Jacksons uscito a settembre per la Epic, settimo singolo pubblicato con l'etichetta e primo singolo tratto dall'LP *Triumph*, entra in classifica:

SINGOLI POP	12	18
SINGOLI BLACK	2	

Ottobre
"Gentleman's Qaurterly" dedica una breve intervista a Michael.

TRIUMPH

THE JACKSONS

Epic FE 36424
EPC 86112

Lato A
1. ***Can you feel it***
2. ***Lovely one***
3. ***Your ways***
4. ***Everybody***

Lato B
1. ***Heartbreak hotel***
2. ***Time waits for no one***
3. ***Walk right now***
4. ***Give it up***
5. ***Wondering who***

1980

L'etichetta Tamla della Motown pubblica l'album *Hotter than July* di Stevie Wonder che include *All I do* con i cori di Michael Jackson.

Esce in Gran Bretagna l'album *Love lives forever* di Minnie Riperton che contiene *I'm in love again* con i cori di Michael Jackson.

La Motown pubblica un singolo di Michael e dei Jackson 5 con due lati A. *Got to be there* è accoppiato a *How i miss you* di Marv Johnson.

Vengono pubblicati tre classici dei Jackson 5 con doppio lato A: *I want you back / The love you save, I'll be there / ABC* e *Lookin' through the windows / Doctor my eyes.*

4 ottobre

Another one bites the dust dei Queen conquista la prima posizione nella Hot 100 di "Billboard". Era stato Michael a suggerire il lancio di questo pezzo.

11 ottobre

Triumph entra in classifica in Gran Bretagna:

TOP 60 ALBUM	13	16

18 ottobre

Triumph entra in classifica:

ALBUM BLACK	1	29
ALBUM POP	10	29

Anche per questo album, uscito a settembre, il controllo creativo è tutto nelle mani dei Jacksons.

25 ottobre

Lovely one / Things I do for you entra in classifica in Gran Bretagna:

TOP 75 SINGOLI	29	6

Novembre

Esce in Gran Bretagna *Hotter than July* di Stevie Wonder. Cori di Michael Jackson nel brano *All I do.*

Dicembre

L'album omonimo di LaToya Jackson, che include *Night time lover* del fratello Michael, esce in Gran Bretagna.

Michael Jackson, l'album *Off the wall* e diversi suoi singoli sono presenti in sei delle dieci classifiche di fine anno della rivista "Billboard".
E precisamente: primo posto come miglior artista black dell'anno e come miglior album black; secondo posto come miglior artista pop, terzo posto come miglior album pop, secondo posto come miglior singolo black (*Rock with you*) e quarto posto come miglior singolo pop (*Rock with you*).

Esce per la Memory Lane della Epic *Don't stop 'til you get enough / Shake your body (down to the ground).*

6 dicembre

Heartbreak Hotel / Things I do for you dei Jacksons, ottavo singolo per l'etichetta Epic, uscito a dicembre, entra in classifica:

SINGOLI POP	22	16
SINGOLI BLACK	2	17

Il brano *Heartbreak Hotel* si apre con un urlo della sorella LaToya. Per evitare confusioni con l'omonimo successo di Elvis Presley, nel 1984 il titolo verrà cambiano in *This place hotel.*

10 dicembre

Triumph è disco d'oro e di platino.

13 dicembre

Heartbreak Hotel / Different kind of lady entra in classifica in Gran Bretagna:

TOP 75 SINGOLI	44	6

A sinistra: Michael con uno degli American Music Awards del 1981 insieme alla sua grande amica Diana Ross

I Jacksons festeggiano il lancio di *Triumph*

1981

1981

Michael appare in una pubblicità della Suzuki in Giappone.

Michael è ospite di Diana Ross nello special tivù a lei dedicato, dove canta *Rock with you;* duetta con lei nella hit *Upside down*.
I due inoltre cantano *Ease on down the road* vestiti allo stesso modo (il video verrà trasmesso intervallato da uno scambio di divertenti battute tra Michael e Diana).
Lo special verrà ritrasmesso nel 1984 al culmine della Michaelmania.

La rivista "Cashbox" elegge *Off the wall* album soul dell'anno.

Esce l'album *Share your love* di Kenny Rogers. Nel pezzo *Goin' back to Alabama*, cori di Michael Jackson e Lionel Richie.

Gennaio

Per il secondo anno consecutivo i Jacksons vincono l'Image Award NAACP come miglior gruppo dell'anno.

30 gennaio

Agli American Music Awards Michael Jackson viene premiato da Peaches & Herb e Larry Grant per il miglior album soul dell'anno, *Off the wall*. Bonny Pointer e LaToya gli consegnano il premio come miglior voce soul. In questa occasione Michael rende omaggio a Chuck Berry insieme ad altri artisti.

Esce per la A&M Records l'album *The dude* di Quincy Jones, che vede una partecipazione di Michael. Non si parla di nessun contributo specifico di Jackson, certo è che *Turn on the action* e *Somethn' special* sembrano proprio pezzi suoi.

28 febbraio

Can you feel it / Wondering who, uscito in Gran Bretagna a febbraio, entra in classifica:

TOP 75 SINGOLI	6	15

Marzo

Michael concede un'intervista a Danny Baker della rivista inglese "New Musical Express".
Passeranno molti anni prima che ne conceda un'altra. Il giornalista vola a Los Angeles e resterà con l'artista per tre settimane.

9 marzo

La Epic Records parte con la distribuzione di *Can you feel it*, singolo promozionale scritto da da Michael e Jackie Jackson.

Michael Jackson è sulla copertina della rivista "Jet".

Primavera

Esce *The triumph*, il film promozionale con tanto di effetti speciali ideato, scritto e prodotto da Michael per il singolo *Can you feel it.*

Aprile

In Gran Bretagna viene ripubblicato dalla Motown *One day in your life*, che questa volta presenta sul lato B *Take me back*.

Esce per la Boardwalk Records l'album *Sometimes late at night* di Carole Bayer Sager: cori di Michael Jackson nel brano *Just friends*, scritto e prodotto da Michael e Burt Bacharach.

4 aprile

Michael appare sulla copertina del magazine britannico "NME" che riporta all'interno l'intervista esclusiva a firma Danny Baker.

11 aprile

Can you feel it / Wondering who dei Jacksons, nono singolo per la Epic uscito ad aprile, entra in classifica:

SINGOLI BLACK	30	9

1981

18 aprile
One day in your life / Take me back di Michael Jackson, uscito a marzo per la Motown entra in classifica:

SINGOLI POP	55	7

25 aprile
One day in your life entra in classifica:

SINGOLI BLACK	42	10

L'album *One day in your life* di Michael Jackson, uscito il 25 marzo per la Motown, entra in classifica:

ALBUM POP	144	10

La bassa posizione è dovuta al fatto che si tratta di un disco che contiene pezzi già editi.

2 maggio
One day in your life entra in classifica:

ALBUM BLACK	41	10

Can you feel it entra in classifica:

SINGOLI POP	77	5

Giugno
Esce in Gran Bretagna *Walk right now / Your ways*.

Lovely one / She's out of my life e *Off the wall / Rock with you* escono per la Memory Lane, etichetta della Epic.

10 giugno
La Motown ripubblica cinque album storici dei Jackson: *Diana Ross presents the Jackson 5*, *ABC*, *Third album*, *Got to be there* e *Ben*.

27 giugno
Walk right now / Your ways dei Jacksons, decimo singolo per la Epic uscito a giugno, entra in classifica:

SINGOLI POP	73	4
SINGOLI BLACK	50	10

One day in your life è il primo pezzo di Michael solista che raggiunge la vetta della classifica inglese: mantiene la posizione per due settimane e resta in classifica per quattordici settimane.

9 luglio
Parte da Memphis (Tennessee) il Triumph World Tour dei Jacksons che si concluderà a Los Angeles. I concerti in Florida e Alabama vengono cancellati perché Michael ha un collasso da esaurimento. La rivista "Rolling Stone" parlerà del tour del 1981 come uno dei "più imponenti spettacoli live degli anni Settanta e Ottanta".

18 luglio
One day in your life, uscito in Gran Bretagna a luglio, entra in classifica:

TOP 75 ALBUM	29	8

22 luglio
I Jacksons tengono un concerto di beneficenza all'Omni Auditorium di Atlanta, Georgia, che raccoglie centomila dollari per i bambini dell'Atlanta Foundation, fondazione istituita dopo una serie di sequestri avvenuti in città.

Agosto
La Motown pubblica l'album *The artists & music that started it all*, un cofanetto promozionale composto da sei dischi che contiene quattro canzoni dei Jackson 5.

1 agosto
We're almost there / We've got a good thing going, uscito in Gran Bretagna a luglio, entra in classifica:

TOP 75 SINGOLI	46	4

Settembre
Michael fa visita a Katharine Hepburn nella sua casa di Manhattan. L'attrice assisterà al concerto dei Jacksons al Madison Square Garden.

Esce in Gran Bretagna *Time waits for no one / Give it up*.

La K-Tel International pubblica *Elite*, un'antologia di artisti vari che include anche il brano *Rock with you* di Michael.

15 settembre
Escono per la Motown altri due album della storia dei Jackson: *Greatest hits* e *The best of Michael Jackson*.

Pagina accanto: Michael canta *Ease on down the road* con Diana Ross nello special tivù Diana

Michael in un manifesto pubblicitario giapponese della Suzuki

La locandina del tour mondiale dei Jacksons targato 1981

Michael durante il Triumph Tour

1981

Ottobre
I Jacksons sono sulla copertina della rivista "Ebony".

16 ottobre
Mentre si trova allo Studio 55 di Los Angeles Michael presta il suo talento vocale a Joe "King" Carrasco nel brano *Don't let a woman make a fool out of you* che sarà incluso nel nuovo album del cantante.

Esce in Gran Bretagna *Things I do for you / Don't stop 'til you get enough*.

5 novembre
Michael appare sulla copertina della rivista "Jet", che lo elegge intrattenitore maschile più popolare.

28 novembre
Jacksons live, uscito a novembre in Gran Bretagna e negli Stati Uniti, entra in classifica.:

ALBUM POP	30	17
ALBUM BLACK	10	22

L'album contiene pezzi eseguiti dal vivo durante i concerti di quest'anno.

12 dicembre
In Gran Bretagna *Jacksons live* entra in classifica:

TOP 100 ALBUM	53	9

Quattro menzioni per i Jackson nella classifica di fine anno di "Billboard": decimo posto per *Triumph* nella categoria migliori album black e di nuovo posizione numero 10 nella categoria miglior gruppo black; quarto posto nella categoria miglior artista dance e anche per il singolo più amato dal pubblico (con *Can you feel it*).

In alto: Michael allo Studio 55 con il cantante Joe Carrasco

I Jacksons con Don Dempsey della Epic Records

1982

Michael con Diana Ross, per la quale scrive la hit *Muscles*

Michael con Paul McCartney

1982
Esce l'album omonimo di *Donna Summer*; con i cori di Michael nella canzone *State of independence*.

In Gran Bretagna viene realizzato il video promozionale *The Jacksons in concert*.

Esce per la MCA Records *Synapse gap (mundo total)* di Joe "King" Carrasco, con i cori di Michael nella canzone *Don't let a woman make a fool out of you*.

Gennaio
Esce per la Tamla *That girl / All I do* di Stevie Wonder, con Michael Jackson nel brano del lato B.

14 gennaio
La Motown ripubblica l'album *Maybe tomorrow*.

Marzo
In uno studio di Los Angeles Paul McCartney registra *The girl is mine* insieme a Michael.

"Right On!" esce con un numero speciale intitolato *Best of Michael Jackson*.

Aprile
Esce in Gran Bretagna *Off the wall / Don't stop 'till you get enough*.

La Columbia Records pubblica *Jane Fonda's workout record*. L'album contiene *Can you feel it* dei Jacksons.

Esce per la Motown l'album *Stevie Wonder's original musiquarium I* con i cori dei Jackson 5 nel brano *You haven't done nothin'*.

Estate
Sia la Pepsi sia la Coca-Cola rifiutano la proposte di sponsorizzazione avanzate da da Jay Coleman, presidente della società Rockbill, contattato dal management di Michael Jackson.

Luglio
La Motown pubblica due musicassette di singoli di successo di Michael e dei Jackson 5: *One day in your life / Got to be there / Ben / Ain't no sunshine* di Jackson e *I want you back / I'll be there / Looking through the windows / ABC* dei Jackson 5.

9 luglio
La Motown ripubblica *Goin' back to Indiana* dei Jackson 5.

26 luglio
La Motown ripubblica il *Christmas album* dei Jackson.

Agosto
Michael Jackson e Quincy Jones iniziano a lavorare all'album *Thriller*.

Esce in Gran Bretagna per la Epic, su cassetta, L'EP *Michael Jackson's greatest original hits*. Contiene: *Can you feel it / Shake your body / Show you the way to go / Blame it on the boogie*.

20 agosto
Mentre Michael sta registrando un'intervista esclusiva per il numero di ottobre di "Interview", la rivista di Andy Warhol, lo stesso Wharol lo chiama e prende parte all'intervista.

Settembre
Escono per la RCA l'album *Silk electric* e il singolo *Muscles / I am me* di Diana Ross. *Muscles* porta la firma di Michael Jackson.

24 settembre
Esce per la Motown *12 no. 1 hits from the 70's*, una compilation di artisti vari con tre canzoni targate Jackson.

La Motown ripubblica l'album *Lookin' through the windows*.

Autunno
Michael e Quincy Jones iniziano a lavorare allo storybook di *E.T - l'extraterrestre*.

Ottobre
In Gran Bretagna esce per la Pickwick l'album *The Jackson 5*.

2 ottobre
Muscles, la canzone di Diana Ross scritta e prodotta da Michael Jackson, scala la classifica:

SINGOLI POP	61→10	10
SINGOLI BLACK	33	

Il singolo, che prende il nome dal serpente di Michael, conquista una nomination ai Grammy.

23 ottobre
Muscles entra in classifica in Gran Bretagna:

TOP 75 SINGOLI	15	9

The girl is mine viene pubblicato dalla Epic come one-sided single.

1982

Novembre
La MCA Records pubblica l'album *E.T. - l'extraterrestre*: la voce narrante è quella di Michael. Il disco contiene una sola canzone, *Someone in the dark*. Dopo il lancio ha immediatamente inizio la battaglia legale tra la CBS Records, l'etichetta discografica di Jackson, e la MCA, accusata di avere violato gli accordi facendo uscire l'LP prima della fine dell'anno, creando in questo modo un conflitto d'interessi con l'album solista di Jackson. La Corte Suprema di New York blocca le vendite dell'album e proibisce la pubblicazione di *Someone in the dark* come singolo.

Esce per la Epic l'EP *Michael Jackson's greatest original hits*. Contiene: *Don't stop / Rock with you / She's out of my life / Off the wall*.

6 novembre
Il duetto tra Michael e Paul McCartney *The girl is mine* (sul lato B *Can't get outta the rain*), uscito il 25 ottobre per la Epic, entra in classifica:

SINGOLI POP	2	18

The girl is mine / Can't get outta the rain, uscito in Gran Bretagna il 29 ottobre, entra in classifica:

TOP 75 SINGOLI	8	10

Viene anche pubblicato un 45 giri in versione picture disc.

13 novembre
The girl is mine entra in classifica:

SINGOLI BLACK	1	(3) 20

Dicembre
Michael ed E.T. insieme sulla copertina della rivista "Ebony".

Michael fa abbattere e ricostruire la casa di famiglia di Encino: un regalo per mamma Katherine.

Contrariamente ai programmi la MCA Records non fa uscire il singolo *Someone in the dark*, tratto dall'album *E.T. - l'extraterrestre*, nonostante vengano distribuite alcune copie promozionali.

1 dicembre
Esce *Thriller*, e d'ora in poi Michael non potrà più essere considerato semplicemente uno dei Jackson. È un capolavoro di scrittura, che raduna un incredibile numero di musicisti pop, r&b, rock e jazz: Greg Phillinganes, Eddie Van Halen, Steve Lukather, Luois Johnson, Steve Porcaro e Vincent Price, solo per citarne alcuni. *Thriller* diventerà l'album di maggior successo di sempre e venderà oltre cinquantun milioni di copie in tutto il mondo. Dall'album verranno estratti sette singoli, tra cui quattro canzoni scritte da Michael. Diventa disco di platino in quindici paesi e disco d'oro in altri quattro e vince sette Grammy. Tre i videoclip tratti dall'album.

The girl is mine è il primo singolo pubblicato in Israele dal 1977. Viene messo in commercio su vinili colorati, anche gialli e arancioni.

11 dicembre
Thriller, uscito in Gran Bretagna il 6 dicembre, entra in classifica:

TOP 100 ALBUM	1	168

Alcuni negozi di dischi regalano, con le prime copie dell'album, *The girl is mine* versione picture disc.

25 dicembre
Thriller entra in classifica:

ALBUM POP	1	(37)122
ALBUM BLACK	1	

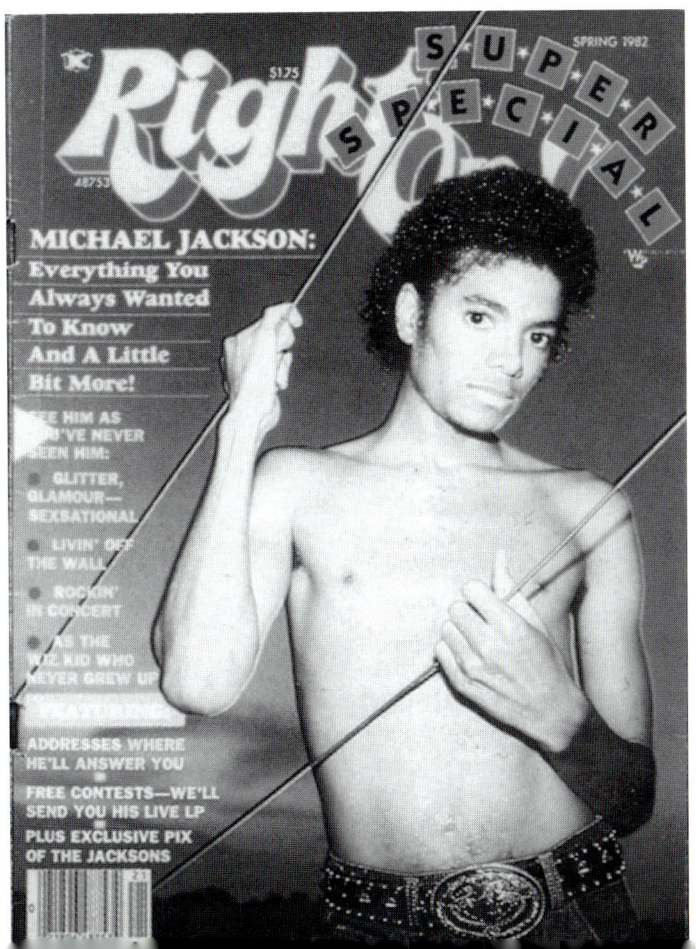

Thriller

Michael Jackson

Epic QE 38112
EPC 85930

Lato A
1. ***Wanna be startin' somethin'***
2. ***Baby be mine***
3. ***The girl is mine***
4. ***Thriller***

Lato B
1. ***Beat it***
2. ***Billie jean***
3. ***Human nature***
4. ***Pretty young thing (P.Y.T.)***
5. ***The lady in my life***

1983

1983

Questo è l'anno della musica di Michael Jackson. Nulla lasciava presagire quanto stava per accadere nella sua carriera, perché nessuno avrebbe potuto anticipare gli eventi sbalorditivi che avrebbero catapultato *Thriller* dove nessun album era mai stato prima.
Fino a oggi *Thriller* si è già guadagnato centotrenta dischi tra oro e platino in tutto il mondo.

La Heartland pubblica *Dick Clark's rock, roll & remember*, un cofanetto di tre album di artisti vari che include *I'll be there*.

La Starbooks di Cresskill, New Jersey, pubblica *Papa Joe's boys: the Jackson's story* di Leonard Pitts.

Gennaio

Esce in Gran Bretagna l'album *E.T. - l'extraterrestre*.

8 gennaio

Michael e Diana Ross appaiono sulla copertina di "Black Echoes".

Michael appare sulla copertina della rivista "Disco 45".

13 gennaio

The girl is mine di Michael e Paul McCartney è disco d'oro.

22 gennaio

Billie Jean / Can't get outta the rain, uscito per la Epic a gennaio, entra nella nuova classifica dei singoli:

BRITISH GALLUP TOP 100 47

Inizialmente *Billie Jean* si intitolava *Not my lover*.

29 gennaio

Billie Jean entra in classifica:

SINGOLI BLACK 1 (9) 23

Michael è il primo artista a conquistare la posizione numero uno della classifica dei singoli black in sole tre settimane, dopo che insieme ai fratelli aveva fatto lo stesso nel 1970 con *ABC*, *The love you save* e *I'll be there*.

Billie Jean / It's the falling in love, uscito a gennaio in Gran Bretagna, entra nella Top 100 dei singoli.

31 gennaio

Thriller è disco d'oro e di platino.

Febbraio

Billie Jean viene pubblicato come singolo one-sided dalla Epic.

Michael partecipa ai British Record Industry Awards a Londra per ritirare il premio vinto da Barbra Streisand.

Mentre si trova in Gran Bretagna, Michael lavora con Paul McCartney a due nuove canzoni, *Say, say, say* e *The man*.

Michael festeggia il doppio disco di platino per *Thriller*

Uno sciopero dei lavoratori dell'acquedotto di Londra e l'eventualità che l'acqua possa essere inquinata spingono Michael a ordinare alla Perrier una fornitura giornaliera di acqua minerale da consegnare all'hotel in cui soggiorna.
E i giornali si scatenano: Michael beve, cucina, si fa la barba e anche il bagno con l'acqua minerale.

8 febbraio

Michael e Paul McCartney sono ritratti sulla copertina di "Rolling Stone", che titola: "Michael Jackson e Paul McCartney insieme per la tivù".

12 febbraio

E.T. - l'extraterrestre entra in classifica in Gran Bretagna:

TOP 100 ALBUM 82 2

17 febbraio

Michael appare sulla copertina di "Rolling Stone" che titola: "Michael Jackson: una vita da uomo". All'interno, in un'intervista di Gerri Hirshey, Michael viene soprannominato "il principe del pop".

25 febbraio

Alla conferenza stampa della CBS Records, Jane Fonda consegna a Michael un doppio disco di platino per l'album *Thriller*.

26 febbraio

Beat it, uscito a febbraio per la Epic, entra nella classifica pop dei singoli.

Michael appare sulla copertina di "Record Mirror".

1983

A sinistra, Michael nel video per *Billie Jean*; a destra, Michael sul set con i ballerini del video di *Beat it*. Alla sua destra Jeffrey Daniels, che lavorerà ancora con Michael nel promo del 1987 per *Bad*

Marzo

Dopo cinque anni Freddy DeMann e Ron Weisner lasciano il management dei Jacksons e il padre rimane l'unico a gestire il gruppo.

Il video di *Billie Jean*, costato più di duecentocinquantamila dollari, viene inserito nella playlist di MTV; la stessa cosa accadrà il mese successivo per *Beat it*. Una grande conquista per un artista di colore che fino a questo momento era stato ampiamente ignorato dal canale televisivo.

Michael appare sulla copertina della rivista "Rock & Soul".

5 marzo

Thriller raggiunge la vetta della Top 100 Album inglese.

Per la prima volta nella storia della musica un artista è al primo posto nella classifiche degli LP sia in Gran Bretagna sia in America.

In Gran Bretagna *Billie Jean* entra in classifica:

TOP 100 SINGOLI	1	(1)	15

Billie Jean entra in classifica:

SINGOLI POP	1	(7)	24

7 marzo

Michael Jackson è il primo artista ad aggiudicarsi la posizione numero 1 nelle classifiche di "Billboard", sia per gli album rock sia per i singoli rock, sia per gli album r&b sia per i singoli r&b.

9 marzo

Michael inizia le riprese del video per *Beat it* a Skid Row, est di Hollywood.
La storia è quella di due bande rivali che fanno pace grazie alla musica e alla danza.
Il video è diretto da Bob Giraldi con la coreografia di Michael Peters, che compare anche nel filmato accanto a venticinque ballerini e a cinquanta membri di una gang di Los Angeles, che contribuiranno a rendere la clip realistica e ancora più veritiero il filmato. Il video costa centocinquantamila dollari.

20 marzo

Michael partecipa al party per il debutto dello spettacolo *Dreamgirls*.

25 marzo

Iniziano le prove per il Motown's 25th Anniversary Show.

Aprile

I Jacksons si incontrano con diversi promoter per pianificare il tour del 1984.

Michael alle prove per il Motown's 25th Anniversary Show al Civic Auditorium di Pasadena

our

1983

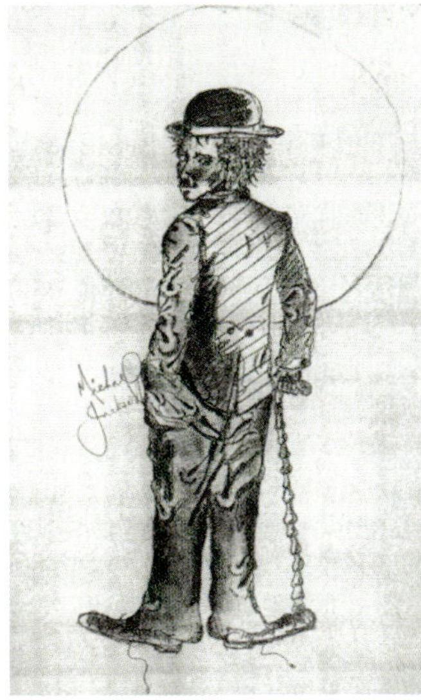

In alto: Michael e Samir Kamoun rendono omaggio a Charlie Chaplin; sotto, uno schizzo di Michael del suo eroe

In alto a sinistra: Michael e i ballerini di Beat it in azione

Il video di *Beat it* viene inserito nella playlist di MTV.

Esce per la Motown l'album *25 no. 1 hits from 25 years*, una compilation che include alcune canzoni dei Jackson 5. Sarà poi ripubblicato su compact disc.

We're almost there / We've got a good thing going esce in Gran Bretagna.

La Instant Classic, etichetta della Epic, pubblica *Billie Jean / Can't get outta the rain*.

2 aprile
Beat it entra in classifica:

SINGOLI BLACK	1	(1)	19

6 aprile
Michael partecipa al party, dopo il concerto di Liza Minnelli, al New Universal Amphitheater di Hollywood.

9 aprile
Tutti i fratelli Jackson, compreso Jermaine, provano e registrano la loro partecipazione allo special tivù Motown 25 al Civic Auditorium di Pasadena.

Beat it / Burn this disco out, uscito a marzo in Gran Bretagna, entra in classifica:

TOP 100 SINGOLI	3	12

La rivista inglese "Melody Maker" rivela che sono in corso le trattative per organizzare un concerto di Michael con Lionel Richie e Diana Ross alla Royal Albert Hall di Londra.
Il promoter Ken Beecham dichiara che i contratti sono ormai firmati e che il concerto sarà trasmesso in mondovisione. Ma il concerto non ci sarà.

13 aprile
Esce per la Motown *25 no. 1 hits from 25 years*, che contiene tre canzoni targate Jackson.

14 aprile
Billie Jean è disco d'oro.

16 aprile
Michael e Samir Kamoun indossano gli abiti di scena di Charlie Chaplin per rendergli omaggio nel giorno del suo compleanno.

Michael è il primo artista degli anni Ottanta a occupare due posizioni nella Top Five di "Billboard" con *Beat it* e *Billie Jean*.

25 aprile
Michael appare sulla copertina della rivista "Jet".

30 aprile
Beat it entra in classifica:

SINGOLI POP	1	(3)	25

riconquista la posizione più alta una settimana dopo che *Billie Jean* era stata spodestata da *Come on Eileen* dei Dexy's Midnight Runners. La stessa cosa era successa un anno prima a due pezzi degli Hall & Oates che si erano alternati in vetta con *Physical* di Olivia Newton-John. Il record di "rimpiazzamento" è ancora

Pagina accanto: un Michael pensieroso dopo le riprese del video di Beat it

I Jacksons riuniti per un indimenticabile performance al Motown's 25th Anniversary show

Il biglietto della serata

dei Beatles: *I want to hold your hand* era stata scalzata da *She loves you*, a sua volta rimpiazzata da *Can't buy me love*.

9 maggio
Beat it è disco d'oro.

13 maggio
Esce per la Motown l'album *Motown superstars sing Motown superstars*, che l'inedita *Ask the lonely* dei Jackson 5.

16 maggio
Proprio quando sembra che le vendite di *Thriller* stiano per crollare, oltre quarantasette milioni di americani vedono Michael camminare, come se fosse sulla luna, sul palcoscenico del Civic Auditorium di Pasadena durante la sua prima esibizione live di *Billie Jean* nello special tivù di due ore Motown 25: Yesterday, Today, Forever trasmesso dalla NBC. Lo spettacolo riunisce molti ex gruppi dell'etichetta, tra cui i Jackson 5. Michael si esibisce con i fratelli in un medley dei loro primi successi, poi, lasciato solo sul palco, regala al pubblico quattro avvincenti, ispirati minuti di musica e danza. La sua interpretazione è perfetta, e per la prima volta l'artista mostra in pubblico la sua *moonwalk*.

Il giorno dopo riceve i complimenti di Fred Astaire: "Ti muovi da dio, ragazzo. L'altra sera li hai inchiodati tutti. Sei un ballerino arrabbiato, proprio come me. Facevo lo stesso con il mio bastone... Ti muovi proprio da dio!"

La fantastica esibizione di Michael resterà nei ricordi di tutti, fan e non fan, mentre le vendite dell'album riprendono quota. La portata del suo talento e la sua originalità diventano lampanti quando rivela che la sera prima dello spettacolo non aveva la minima idea di cosa avrebbe fatto sul palcoscenico. Era semplicemente andato in cucina, racconterà, e aveva cantato la canzone a voce alta: "Semplicemente sono rimasto lì e ho lasciato che la canzone mi dicesse cosa fare. Ho lasciato che la danza si creasse da sé. Ho lasciato che mi parlasse".

Ammetterà anche che a insegnargli i primi passi della suo ormai leggendaria *moonwalk* erano stati tre ragazzini; poi lui ne aveva aggiunti altri prima dello spettacolo.

25 maggio
Esce per la Motown l'album *The Motown story: the first 25 years*, che include *Dancing machine* dei Jackson 5.

28 maggio
Wanna be startin' somethin' / Wanna be startin' somethin' (2) di Michael Jackson, uscito a maggio per la Epic, entra in classifica:

SINGOLI POP	5	15

Per questo singolo non verrà realizzato nessun video.

Giugno
Michael è sulla copertina della rivista "Creem".

1983

Gli iscritti al Jacksons World Fan Club ricevono un 45 giri speciale con un brano improvvisato dal titolo *Surprise song*; sul disco, anche un'intervista ai fratelli Jackson.

Scadono i contratti dei manager Freddy DeMann e Ron Weiser e non vengono rinnovati.
Stessa sorte per il contratto tra Joseph Jackson e Michael. Da questo momento il padre non rappresenterà più il figlio.

4 giugno
Wanna be startin' somethin' entra in classifica:

SINGOLI BLACK	5	17

11 giugno
Wanna be startin' somethin' / Rock with you, uscito a giugno in Gran Bretagna, entra in classifica:

TOP 100 SINGOLI	8	9

21 giugno
Secondo la stampa *Thriller* sta aiutando il mercato della musica a uscire dalla grave crisi con oltre dieci milioni di copie vendute in tutto il mondo dalla data della sua pubblicazione (dicembre).
Solo in America ha venduto venduto sette milioni e duecentomila copie ed è ai primi posti nelle classifiche di molti paesi tra cui Australia, Gran Bretagna, Francia, Germania, Olanda e Canada.

La rivista "Billboard" pubblica un feroce scambio di battute tra Joe Jackson e i manager Freddy DeMann e Ron Weiser.

Luglio
Nell'edizione speciale per gli Annual Awards della rivista "Cashbox", Michael è il numero uno in otto diverse categorie: miglior artista maschile, miglior singolo pop (*Billie Jean*), miglior solista maschile, miglior album black (*Thriller*), miglior album pop (*Thriller*), miglior artista black, miglior solista black e miglior singolo black (*Billie Jean*).

Si vocifera che Michael scriverà e produrrà la colonna sonora di *Peter Pan*, un film con la regia di Steven Spielberg, e che sarebbe interessato al ruolo di protagonista.

In Gran Bretagna esce per la Motown l'album *18 greatest hits of Michael Jackson and the Jackson 5.*

Esce per la Westwood One *Westwood one concerts & specials*, un album promozionale per le radio, che contiene le canzoni del disco *Jacksons live* del 1981.

La Black Radio Esclusive elegge Michael Jackson artista dell'anno.

9 luglio
Michael appare sulla copertina dalla rivista per adolescenti "Tops".

16 luglio
In Gran Bretagna *Happy* (love theme da *La signora del blues*) / *We're almost there*, ripubblicato all'inizio di luglio dalla Motown, entra in classifica:

TOP 100 SINGOLI	52	4

Vengono messe in commercio anche una versione picture disc e un 45 giri con poster.

23 luglio
Human nature / Baby be mine di Michael Jackson, uscito a luglio per la Epic, entra in classifica:

SINGOLI POP	7	14

È il quinto singolo estratto da *Thriller* che finisce in Top Ten.
Nessun video.

Club house - Do it again Billie Jean, un medley di cui fa parte la canzone di Michael, entra in classifica in Gran Bretagna:

TOP 100 SINGOLI	11	6

30 luglio
Human nature entra in classifica:

SINGOLI BLACK	27	12

Agosto
Michael appare sulla copertina della rivista "Best" edizione francese.

Esce per la Instant Classic, etichetta della Epic, *Beat it / Get on the floor*.

14 agosto
In Gran Bretagna *18 greatest hits*, la compilation di pezzi di Michael e dei Jackson 5, entra in classifica:

TOP 100 ALBUM	1	(3)	55

Il disco verrà pubblicizzato in televisione.

25 agosto
Esce per la Motown *Michael Jackson & The Jackson 5 - Great songs and performances that inspired the Motown 25th anniversary television special* che include dieci brani dei Jackson 5.

1983

In alto: Michael sul video di *Say, say, say*

Settembre

Esce la notizia che i Jacksons andranno in tour negli Stati Uniti nel 1984.

Michael appare sulla copertina delle riviste "US" e "Black Beat".

Thriller ha venduto dodici milioni di copie dell'album e dodici milioni di copie del singolo (quattro milioni solo negli Stati Uniti). È disco di platino in quindici paesi: Stati Uniti (8x), Canada (4x), Gran Bretagna, Olanda, Australia e Nuova Zelanda (3x), Giappone, Germania, Francia, Svezia, Belgio, Svizzera, Spagna, Grecia e Sudafrica (1x); disco d'oro in tre paesi: Danimarca, Italia e Israele; disco d'argento in Norvegia. L'LP ha ricevuto trentasette premi e ha raggiunto la vetta delle classifiche in otto paesi. I singoli *Billie Jean* e *Beat It* sono stati numeri uno in nove e sette paesi rispettivamente.

17 settembre

In Gran Bretagna *Superstar*, la risposta femminile a *Billie Jean*, entra in classifica:

TOP 100 SINGOLI	14	10

25 settembre

L'esibizione di Michael in *Billie Jean* tratta dallo special tivù dedicato ai venticinque anni della Motown viene trasmesso in occasione della presentazione degli Emmy Awards. È in nomination come miglior esibizione solista in un programma di varietà o di musica. Michael non vincerà il premio, assegnato a Leontyne Price per *Live from Lincoln Centre*, ma un Emmy sarà assegnato allo special tivù

Autunno

Il promoter Don King consiglia a Jay Coleman della Rockbill di cercare una sponsorizzazione milionaria con un'azienda di bibite. Dopo gli iniziali rifiuti da parte della Coca e della Pepsi, King suggerisce a Coleman di ritentare, e questa volta il risultato sarà un contratto con la Pepsi per cinque milioni di dollari.

30 settembre

I Jacksons ingaggiano con Don King, manager della boxe, come promoter per il loro prossimo tour.

Ottobre

Michael appare sulla copertina di quattro riviste: "People", "Interview", "Globe" e "Rock & Soul".

Michael e Diana Ross insieme sulla copertina della rivista "Ebony".

Esce per la Motown, in cassetta, il doppio album *Got to be there / Ben* di Michael Jackson.

3 ottobre

In Gran Bretagna esce per la Parlophone il duetto Jackson/McCartney di *Say, say, say* in versione 45 e 33 giri con *Ode to a koala bear* sul lato B.

Negli Stati Uniti *Say, say, say / Ode to a koala bear* esce per la Columbia Records.

4 ottobre

Iniziano le riprese del video di *Say, say, say*, in cui Michael e Paul McCartney interpretano due imbroglioni; cameo per Linda McCartney e LaToya Jackson. Il video è girato nella Santa Ynez Valley, in California, dove Michael un giorno avrà il suo ranch.

8 ottobre

P.Y.T. (Pretty young thing) di Michael Jackson, lato A di *Working day and night* dei Jacksons, uscito a ottobre per la Epic, entra in classifica:

SINGOLI POP	10	16

Nessun video per questo singolo.

In Gran Bretagna *Ashaye - Michael Jackson medley* entra in classifica:

TOP 100 SINGOLI	45	4

12 ottobre

La Columbia Records pubblica una versione maxi-singolo di *Say, say, say / Ode to a koala bear*.

In Gran Bretagna *Say, say, say* entra in classifica:

TOP 100 SINGOLI	2	15

22 ottobre

Say, say, say entra in classifica:

SINGOLI BLACK	2	20

29 ottobre

P.Y.T. (Pretty young thing) entra in classifica:

SINGOLI BLACK	46	8

31 ottobre

Pipes of peace di Paul McCartney, con ospite Michael che duetta con lui in *Say, say, say* e in *The man*, esce Gran Bretagna per la Parlophone e negli Stati Uniti per la Colombia.

Novembre

In Gran Bretagna esce *Michael Jackson 9 singles pack* su vinile rosso.

1983

Esce per la K-Tel Records l'album *Michael Jackson -14 original greatest hits with the Jackson 5.*

Michael e Diana Ross appaiono sulla copertina della rivista "Ebony".

In Gran Bretagna esce *Thriller / Things I do for you.*

I Jacksons sono interessati alla Quaker Oats come sponsor per il loro Victory Tour. L'accordo, che avrebbe fruttato al gruppo il 40% in più, non potrà essere sottoscritto avendo Don King concesso l'esclusiva alla Pepsi-Cola. Iniziano così dei contrasti tra i Jackson che proseguiranno fino alla serata di apertura e oltre.

6 novembre

I troppi impegni costringono Michael a rinunciare alla Royal Variety Performance.

11 novembre

Michael Jackson, i Jacksons e la Pepsi-Cola firmano un contratto per cinque milioni di dollari che comprende la sponsorizzazione del Victory Tour e due spot per la televisione.

19 novembre

In Gran Bretagna *Thriller* entra in classifica:

TOP 100 SINGOLI	10	25

30 novembre

I Jackson al completo, compreso Jermaine, tutti con gli occhiali da sole, partecipano alla conferenza stampa al Tavern on the Green di New York per annunciare l'imminente Victory Tour insieme al promoter Don King, che si rivolgerà soprattutto a Michael.
Seduti tra il pubblico, le sorelle e i genitori degli artisti. Viene presentato anche lo sponsor del tour, la Pepsi; a questo proposito Michael scherza con Roger Enrico, dirigente della società: prometto, dice, che "alla Coca verrà voglia di essere la Pepsi".

Dicembre

Beat it di Michael Jackson vince in cinque categorie ai Billboard Music Video Awards che si svolgono a Pasadena, California: miglior video, miglior esibizione maschile, miglior utilizzo di un video per valorizzare l'immagine dell'artista, miglior utilizzo di un video per valorizzare una canzone e miglior coreografia.

Viene inaugurata la Michael Jackson Suite al Royal Plaza Hotel di Disney World, in Florida. Nella suite, che quando non è occupata da Michael può essere affittata, sono esposti molti suoi premi, tra cui i Grammy e gli American Music Awards. Dichiarerà in proposito l'artista: "Sono onorato di condividere con il mondo quello che è mio. Io sono qui per la gente e non conosco posto migliore dove mostrare i miei premi, per me sono così speciali, di Disney World, il luogo dove i bambini di ogni età possono condividere la mia gioia e la mia grande riconoscenza".

Tre immagini di Michael "in fuga" nella casa di Encino, California, con i suoi libri, i suoi animali e nel cinema-teatro di famiglia

1983

"Viste le mie personali convinzioni, voglio sottolineare che questo film non sostiene in nessun modo nessuna fede nell'occulto."

Michael Jackson - dicembre 1983

Con centomila copie prenotate, un vero record, la videocassetta di *The making of Michael Jackson's Thriller* si avvia a diventare il video musicale più popolare in assoluto con oltre un milione di copie vendute in tutto il mondo, di cui più di centotrentamila solo in Gran Bretagna. La cassetta contiene il video del pezzo e alcuni dietro-le-quinte degli effetti speciali, le prove dei balletti e gli incredibili trucchi usati per trasformare Michael Jackson in un licantropo.

Michael appare sulla copertina di "Right On!", "Rolling Stone" e "The National Leader".

2 dicembre

Un anno e un giorno dopo il lancio dell'album, MTV trasmette il video di *Thriller*, un cortometraggio di quattordici minuti che supera di gran lunga i già bellissimi *Billie Jean* e *Beat it*. Al costo di ottocentomila dollari sono stati ingaggiati diciotto ballerini professionisti, ma secondo il coreografo Michael Peters, Michael è meglio di tutti loro. In questo periodo Michael è ancora un testimone di Geova e dichiarerà: "Viste le mie personali convinzioni, voglio sottolineare che questo film non sostiene in nessun modo nessuna fede nell'occulto".
Il successo del video è immediato e senza pari. Nei tre mesi successivi al lancio, dopo i moltissimi premi vinti nei due mesi seguenti, l'album venderà altre sette milioni e cinquecentomila copie solo in America.

Michael saluta i fan dopo dopo una proiezione privata di *The making of thriller*

3 dicembre

In Gran Bretagna il cofanetto che contiene nove singoli tra i più venduti di Michael incisi su vinile rosso, uscito per la Epic, entra in classifica:

TOP 100 ALBUM	66	3

Michael appare con Paul McCartney, in un ritratto sulla copertina di "Record Mirror" e di "Rolling Stone".

Il programma televisivo britannico The Tube manda in onda uno speciale sull'epico e milionario *Thriller* di Michael Jackson all'una di notte.
Il successo è tale da convincere l'emittente a ritrasmetterlo la sera dopo.

8 dicembre

Michael Jackson si reca a New York per promuovere il video di *Thriller*.

10 dicembre

Say, say, say, il duetto di Jackson con McCartney che era entrato in classifica il 15 ottobre, raggiunge la vetta:

SINGOLI POP	1	(6)	22

Per la settima volta in un anno Michael è nella Top Ten, stabilendo così un record presenze in classifica per un solo artista nell'arco di un solo anno, record raggiunto precedentemente solo da Elvis Presley e dai Beatles.

12 dicembre

Say, say, say è disco d'oro.

14 dicembre

Esce *The making of Michael Jackson's Thriller*. Vende oltre cinquecentomila copie nel primo mese.

La classifica di fine anno di "Billboard" conta quattro canzoni di Michael Jackson nella Top 20 dei singoli più venduti dell'anno: *Billie Jean* (posizione numero 2),

1983

Say, say, say (4), *Beat it* (8) e *The girl is mine* (20). Michael aveva già raggiunto questo livello nel 1970 insieme ai fratelli, con le loro prime quattro incisioni.

Con *Say, say, say* e *Thriller* Michael conclude l'anno al primo posto nelle classifiche dei singoli e degli album. In America, è anche il primo artista degli anni Ottanta ad aver avuto tre dischi al primo posto durante l'anno.

Michael conta anche sette piazzamenti in Top Ten in un solo anno, un record secondo solo ai Beatles, che nel 1964 ne contavano undici.

Thriller rimane in classifica per tutto il 1983:
TOP TEN POP ALBUM 1 (37) 52
Inoltre è il primo album che inizia e termina l'anno in prima posizione.

In Gran Bretagna Michael compare per tre volte nelle classifiche dei più venduti dell'anno: con *Thriller* al numero 1, con *18 greatest hits* dei Jackson 5 al numero 10 (classifica degli album) e con *Billie Jean* al numero 17 (classifica dei singoli).

Il successo planetario di Michael è confermato da tutta una serie di premi, tra cui: miglior artista, miglior voce maschile e miglior album dell'anno in Giappone; album e singolo dell'anno in Australia; artista dell'anno in Italia, record dell'anno in Grecia; album dell'anno in Olanda; album straniero più importante in Spagna; artista internazionale dell'anno in Brasile. I fan brasiliani gli dedicano addirittura un ballo, la "Funk Jackson".

Michael Jackson, una *pretty young thing*

Nella classifica di fine anno di "Billboard", Michael si guadagna il primo posto in ben tredici categorie:

Artista pop dell'anno
Artista black dell'anno
Miglior album pop (*Thriller*)
Artista di album pop
Artista di singoli pop
Artista maschile di album pop
Artista maschile di singoli pop
Artista di album black
Miglior album black (*Thriller*)
Artista di singoli black
Artista dance/disco
Canzone dance/disco (*Billie Jean*)
Canzone dance/disco (*Beat it*)

Premi anche per il promo di *Beat it*, all'interno dei Billboard Video Awards:

Miglior videoclip
Miglior performance di un artista maschile
Miglior coreografia
Miglior uso di un video per migliorare una canzone
Miglior uso di un video per migliorare l'immagine di un artista

1984

Caro Michael,
sono contento di sapere che non ti sei fatto troppo male nell'incidente. So per esperienza che queste cose sul set possono accadere, anche quando si sta molto attenti.
Per milioni di americani tu sei un esempio. La tua profonda fede in Dio e il tuo rispetto dei valori tradizionali sono fonte di ispirazione per tutti noi, specialmente per i giovani in cerca di qualcosa di vero in cui credere.
Nel tuo percorso, fin dai tempi di *I want you back*, hai conquistato un gran numero di fan, compresi Nancy e me.
Continua a lavorare bene, Michael.
Siamo molto felici per te.

Ronald Reagan
1 febbraio 1984

Michael con Brooke Shields agli American Music Awards del 1985

1984
Quest'anno vengono pubblicati molti libri su Michael e a lui vengono dedicati tantissimi numeri speciali dalle riviste.

Esce per la Critique *Dear Michael / Dear Michael (part 2)*, un tributo a Michael Jackson da parte dell'attrice Kim Fields.

Michael appare sulla copertina della rivista francese "Paris Match".

La Motown pubblica altre cinque compilation che contengono una o più canzoni dei Jackson 5: *Every great Motown song* e quattro antologie intitolate *Top 10 with a bullet*.

Michael vince quattro Canadian Black Music Awards: miglior album internazionale con *Thriller*, miglior singolo internazionale con *Billie Jean*, miglior voce maschile, e intrattenitore dell'anno.

Esce per la Motown *Somebody's watching me* di Rockwell feat. Michael Jackson. Il vero nome del cantante è Kennedy Gordy, è figlio di Berry Gordy.

Michael appare in copertina sulla rivista "US".

Viene pubblicato *Spotlight specials - Michael Jackson*, un album promozionale per le radio che contiene un'intervista a Michael.

Michael studia i temi e le ambientazioni per il Victory Tour e insieme ai fratelli inizia a cercare un'azienda in grado di allestire il palcoscenico secondo il suo progetto.

Esce per la Stonehenge Records *Letter to Michael* di Leslie.

7 gennaio
Michael appare sulla copertina dell'inglese "Black Echoes".

Esce l'album *Let's beat it*, destinato a raccogliere fondi per la ricerca sulla leucemia e sul cancro a favore della T.J. Martell Foundation della Music And Entertainments Industry.

10 gennaio
Michael Jackson visita il centro ustionati del Brotman Memorial Hospital di Los Angeles.

11 gennaio
Ai primi Black Gold Awards, ideati da Dick Clark, Michael Jackson vince in quattro categorie: miglior voce maschile, miglior video performance (*Beat it*), miglior singolo dell'anno (*Billie Jean*) e miglior album dell'anno (*Thriller*).

16 gennaio
All'undicesima edizione degli American Music Awards trasmessi in diretta dallo Shrine Auditorium di Los Angeles, Michael vince otto premi (il 39% di quelli disponibili), un vero record. A soli venticinque anni, è il più giovane premiato con lo speciale Award of Merit. Si aggiudica anche i riconoscimenti nelle categorie: miglior album pop, miglior album soul (*Thriller*), miglior singolo pop (*Billie Jean*), miglior video pop, miglior video soul (*Beat Ii*), miglior voce maschile pop/rock e miglior voce maschile soul.
Partecipa alla serata in compagnia di Brooke Shields.
Allo spettacolo assistono oltre sessanta milioni di spettatori e nella settimana successiva *Thriller* vende un altro milione di copie in America.

22 gennaio
In Gran Bretagna *Thriller* conquista il primo posto nella Top 100 degli album.

24 gennaio
Iniziano le riprese del primo spot Pepsi. Al fianco di Michael c'è Alfonso Ribeiro, la star dodicenne dello spettacolo di Broadway *The Tap Dance Kid.* Il testo di *Billie Jean* viene rivisto da Michael insieme alla Pepsi.

26 gennaio
Esce per la Motown l'album *Somebody's watching me* di Rockwell, che contiene il brano omonimo con la partecipazione di Michael.

27 gennaio
La casa editrice Doubleday & Co. di New York annuncia che pubblicherà l'autobiografia di Michael Jackson con la prefazione di Jacqueline Onassis.

Durante le riprese del secondo spot per la Pepsi Michael riporta ustioni di secondo e terzo grado al cuoio capelluto e viene trasportato al Cedar Sinai Medical Center, dove al suo arrivo i media si scatenano. Poco dopo viene spostato al centro ustionati del Brotman Memorial Hospital, proprio dove si era recato in visita due settimane prima.

28 gennaio
Michael viene dimesso e prima di lasciare l'ospedale saluta i pazienti ustionati con cui si era già intrattenuto all'inizio del mese.
L'incidente fa vendere in America altre settecentomila copie di *Thriller*.

Viene cancellata la pubblicazione di *The man* (prevista per la Parlophone Records), un duetto tra Michael e Paul McCartney tratto dall'album di McCartney *Pipes of peace*.

Febbraio

Michael riceve il Cristal Globe Award per gli oltre cinque milioni di copie vendute fuori dagli Stati Uniti. Partecipa alla cerimonia accompagnato da Brooke Shields.

Esce *Eat it / That boy could dance* di "Weird Al" Yankovic, con un testo che è la parodia di *Beat it* di Michael. Il pezzo ha l'autorizzazione di Jackson, che dimostra di apprezzare la divertente rielaborazione.

Cominciano i lavori per costruire il palco del Victory Tour.

Esce per la Epic *Thriller / Can't get outta the rain*.

Esce per la Audiofidelity Enterprises l'album *The happy Chipmunks sing Michael Jackson's greatest hits*.

La Instant Classic, etichetta della Epic, pubblica *P.Y.T. (pretty young thing) / Working day and night*, *The girl is mine / Can't get outta the rain* e *Wanna be startin' somethin' / Wanna be startin' somethin' (2)*.

1 febbraio
Il presidente Reagan invia a Michael una lettera ufficiale di auguri per una pronta guarigione.

4 febbraio
Somebody's watching me di Rockwell entra in classifica in Gran Bretagna:

Top 100 singoli	6	11

5 febbraio
L'album *One day in your life* di Michael Jackson viene nuovamente pubblicato dalla Motown.

Michael fa la sua prima apparizione in pubblico dopo l'incidente del 27 gennaio e si reca allo zoo di Los Angeles in compagnia di Emmanuel Lewis, star della serie televisiva *Webster*.

6 febbraio
Michael e Emmanuel Lewis appaiono insieme sulla copertina della rivista "Jet".

7 febbraio
Michael è al Metropolitan Museum of Natural History di New York per ricevere, davanti a quindicimila invitati, il premio della CBS e del *Libro dei Guinness dei Primati*. Fino a questo momento *Thriller* ha venduto oltre venticinque milioni di copie in tutto il mondo, molto più di qualsiasi altro album nella storia. Michael riceve da Norris McWhirter la prima edizione paperback dell'anno del *The Guinness book of world records.*

Per la prima volta la Bantanm Books aveva fermato la stampa tra il 20

Michael sorride dopo aver ricevuto il premio targato CBS e il *libro dei Guinness dei primati*

e il 23 gennaio per poter inserire all'interno del libro *Thriller* come l'album più venduto di tutti i tempi e con più singoli presenti nella Top Ten (sei). Nonostante la temperatura polare, più di mille fan sono assiepati in attesa di vedere, o solo intravedere, Michael. Curioso l'invito alla serata, stampato su un guanto bianco di stoffa. Tra gli invitati presenti: Cyndi Lauper, Mary Tyler Moore, Carly Simon, Calvin Klein, Andy Warhol, Sean Lennon, Robin Williams e Gloria Gaynor.

Queste le parole di Allen Davis, presidente della CBS Records International: "Stanotte, Michael, il tuo album *Thriller* ha conquistato un totale di sessantasette riconoscimenti d'oro e cinquantotto di platino in ventotto paesi nei quattro continenti. E i singoli, con nove milioni di copie vendute, si sono aggiudicati altri quindici premi, per un totale di centoquaranta riconoscimenti d'oro e di platino". Ancora una volta ad accompagnare Michael c'è Brooke Shields.

Michael festeggia il Grammy con il produttore Quincy Jones

11 febbraio

Thriller scala la classifica:

SINGOLI POP	20 → 4	14

12 febbraio

In Gran Bretagna Michael appare sulla copertina del supplemento a colori del "News Of The World".

18 febbraio

Thriller entra nella Top Ten dopo la seconda settimana di permanenza in classifica, primo singolo a raggiungere questa posizione in soli quindici giorni dopo *Imagine* di John Lennon nel 1971. È anche il singolo che entra al posto più alto (al numero 2), sempre dopo *Imagine* di Lennon. Ed è anche il quinto singolo a entrare nella Top Five e il settimo a entrare nella Top Ten, cosa che fa di Michael il primo artista con sette singoli tratti da un unico album presenti nella Top Ten. Il record precedente era di quattro singoli.
Nella classifica dei singoli pop *Thriller* schizza al numero 3. Stessa cosa per la classifica dei singoli black, dove resta per quattordici settimane.

23 febbraio

Esce per la Motown il CD *Compact command performances - 18 greatest hits* di Michael Jackson e dei Jackson 5.

26 febbraio

Michael partecipa al Lincoln Center di New York alla prima dello spot pubblicitario dei Jacksons per la Pepsi.
All'evento partecipano mille imbottigliatori in cravatta nera.

27 febbraio

Gli spot per la Pepsi vengono trasmessi in anteprima su MTV all'interno di un documentario di 28 minuti di Bob Giraldi. MTV manderà in onda gratuitamente i due spot (della durata di un minuto l'uno).

Michael e Brooke Shields sono sulla copertina della rivista "Jet".

28 febbraio

Accompagnato da Brooke Shields e da Emmanuel Lewis, Michael partecipa alla ventiseiesima edizione dei Grammy Awards allo Shrine Auditorium di Los Angeles.

Michael vince otto Grammy: album dell'anno (*Thriller*), miglior cantante pop (*Thriller*), disco dell'anno (*Beat it*), miglior cantante rock (*Beat it*), miglior cantante R&B (*Billie Jean*), miglior nuova canzone dell'anno (*Billie Jean*), produttore dell'anno (con Quincy Jones) e migliore registrazione per bambini (*E.T. - l'extraterrestre*, cui presta la voce narrante).

Gli spot dei Jacksons per la Pepsi vengono mandati in onda durante la trasmissione e si riveleranno tra i più popolari di sempre, oltre che i soli a essere inclusi nei programmi della "TV Guide".

In questo mese Michael conquista molte copertine tra cui: "Creem", "Blues & Soul", "People", "US", "Sun", "The Star", "National Enquirer", "Number One" e "The Globe".

1984

Alla seconda edizione degli American Video Awards Michael riceve ventiquattro nomination in otto categorie. Vince quattro premi.

Michael vince il People's Choice Award come miglior intrattenitore e per *Thriller* come miglior video, ma non partecipa alla premiazione.

Marzo

Gerald Jaccover, in rappresentanza di Fred Sandford, chiama in causa la CBS accusandola di aver violato il diritto d'autore: sostiene che *The girl is mine* sia un plagio di *Please love me now*, che era stata sottoposta alla CBS nel 1981. La CBS risponde, attraverso il legale James Klenk, che l'accusa è priva di fondamento e la causa viene aggiornata a dicembre.

14 marzo

Esce la notizia della protesta degli studenti della Bound Brook High School, nel New Jersey, ai quali è stato proibito di indossare i guanti alla Michael Jackson durante le lezioni.

15 marzo

Thriller non smette di vendere. È già l'album più venduto al mondo e in questo momento ha superato la cifra di trenta milioni di copie. Si decide di rimandare l'uscita di *Victory*, l'album dei Jacksons, fin quando le vendite di *Thriller* non inizieranno a scendere.

Michael è la storia di copertina di "Rolling Stone": l'articolo include una lettera con le indicazioni date da Jackson a Don King, al quale viene ufficialmente comunicato di "non parlare con nessuno in nome o per conto di Michael Jackson senza averne ottenuto prima il permesso; che i compensi relativi al tour dovranno essere incassati dai rappresentanti personali di Michael Jackson e non da Don King; che King non aveva il permesso di avvicinare nessun promoter, sponsor o altra persona in nome di Michael; che King non aveva il permesso di assumere personale, promoter locali, prenotare location o fare qualsiasi cosa senza l'approvazione dell'artista".

17 marzo

Eat it di "Weird Al" Yankovic entra in classifica:

SINGOLI POP	12	7

19 marzo

"Time" dedica a Michael la copertina e un articolo di nove pagine.

20 marzo

Frank Dileo, vice presidente del settore promozioni alla Epic Records, diventa il manager di Michael Jackson. Dileo si era già dimostrato determinante per il successo di *Thriller*.

23 marzo

Il canale televisivo inglese Channel Four TV trasmette I Love Quincy, che contiene spezzoni delle prove del video per *Thriller* e una rara intervista con Michael.

Michael appare sulla copertina della rivista "Jet".

29 marzo

La famiglia Jackson ingaggia Frank Russo per gestire il Victory Tour insieme a Danny O'Donovan.

30 marzo

In Gran Bretagna esce *The making of Michael Jackson's Thriller*. Il video vende centomila copie in tre giorni e resterà per molti anni il video più venduto.

31 marzo

P.Y.T. (pretty young thing) / *Heartbreak hotel*, uscito a febbraio in Gran Bretagna, entra in classifica:

TOP 100 SINGOLI	11	8

Aprile

Thriller è al numero uno della classifica degli album pop da trentasette settimane, stabilendo un nuovo record dopo le trentuno settimane di permanenza di Harry Belafonte con *Calypso* e dei Fleetwood Mac con *Rumours*. Ci sono solo altri due album che hanno fatto meglio, entrambi sono colonne sonore: *West side story*, con cinquantaquattro settimane di presenza in classifica, e *The Broadway cast album for South Pacific* con sessantanove. *Thriller* è anche rimasto nella Top Five di "Billboard" per settantun settimane consecutive, sorpassato unicamente *The sound of music*.

Michael è sulla copertina di "Right On!". Titolo: "Michael fa piazza pulita".

Michael viene censurato dai testimoni di Geova, di cui il cantante fa parte, perché si trucca.
Non è un esempio, affermano, per i fedeli.

"Record Mirror" parla di un nuovo brano molto ritmato, scritto dallo stesso Michael, intitolato *Buffalo Bill*.

1984

Esce per la Motown l'album *Michael Jackson and the Jackson 5 - 18 gratest hits*.

Trecentodiciasette quotidiani americani pubblicano giorno e ora della messa in onda degli spot pubblicitari dei Jacksons per la Pepsi.

Jarmaine Jackson, il primo album di Jermaine per l'etichetta Arista Records, contiene un brano cantato con i Jacksons, *Escape from the planet of the ape men*, e soprattutto un duetto con Michael, *Tell me I'm not dreaming*. La Epic non concede l'autorizzazione a pubblicare il duetto come singolo, costringendo i fan delusi di Michael ad acquistare LP che, in tre settimane, diventa disco d'oro.

Molte le copertine dedicate a Michael nel corso del mese: "USA Today", "Sun", "Cable Vision", "Rock & Folk", "Pop Giants", "The Globe" (due), "National Enquirer" (tre) e "Star" (quattro).

Liza Minnelli accompagna Michael al party della notte degli Oscar al Swifty Lazar. Poi i due vanno a salutare il regista Vincent Minnelli, padre di Liza.

I Jacksons nel loro primo spot per la Pepsi

9 aprile
David Smithee, un ragazzo di quattordici anni ammalato di fibrosi cistica, esprime il suo ultimo desiderio: conoscere Michael. L'incontro avviene nella casa di famiglia di Encino. David morirà sette settimane più tardi.

12 aprile
Beverly Paige, della società che gestisce la promozione dei concerti, annuncia che il tour toccherà dodici città anziché trenta.

Alcuni giornali riportano la notizia che la catena di negozi Hip-Hop di abbigliamento per ragazzi, presente nei magazzini John Wanamaker, inizierà a vendere da maggio giacche, pantaloni, gonne e top ispirati a Michael Jackson. Ad alcuni modelli saranno abbinati un paio di calzini o un guanto in lustrini.

14 aprile
Michael Jackson sovvenziona un reparto di diciannove letti al Mount Sinai Medical Center di New York. Il centro è una divisione della fondazione T.J. Martell per la ricerca sulla leucemia e sul cancro.

Metà aprile
Il promoter Frank Russo viene rimosso dal suo incarico di tour manager dopo sole tre settimane.

17 aprile
Michael si reca al Brotman Memorial Hospital per la plastica ricostruttiva del cuoio capelluto ustionato durante le riprese dello spot Pepsi. L'intervento, effettuato dal dottor Steven Hoefflin, viene eseguito con una rivoluzionaria tecnica laser. Questa la dichiarazione del chirurgo dopo l'operazione: "Le condizioni di Michael sono buone. Siamo stati in grado di coprire l'area ustionata utilizzando i suoi stessi capelli, non ha avuto bisogno né di impianti né di trapianti. Ha solo bisogno di riposare, e qui potrà farlo. Tornerà in piedi molto rapidamente, noi preferiamo però che la degenza si prolunghi di qualche giorno. L'intervento è stato piuttosto traumatico sia fisicamente sia emotivamente. L'operazione era molto importante per lui, per non essere obbligato a utilizzare una parrucca o un copricapo. Non vedeva l'ora che tutto finisse".
Mentre è ricoverato, Michael riceve più di cinquemila telefonate da parte dei suoi fan.

Richard Hack, collaboratore della rivista "Breakaway", rivela che Michael sta lavorando a *Tingle*, un nuovo progetto che riguarda un album, un film e tre videocassette, in una delle quali si vedrebbe il cantante avvolto dal fuoco mentre indossa un abito viola. Il giorno dopo lo stesso Hack smentisce l'articolo (pubblicato sulla rivista "On Cable") definendolo una bufala.

21 aprile
In Gran Bretagna la rivista "Melody Maker" inserisce il nome di Michael nella sua classifica Ten Fruitcakes (i dieci fuori di testa, NdT), citando le notizie secondo cui Michael fa il bagno nell'acqua minerale Perrier e parla con una paperella gonfiabile.

26 aprile
Michael Jackson vince il NARM Gift of Music Award per l'album più venduto (*Thriller*) e il singolo più venduto (*Billie Jean*). Nella storia della manifestazione è la prima volta che si verifica una doppietta.

29 aprile
Michael appare sulla copertina del supplemento a colori di "News Of The World". Titolo: "La casa più fantastica del mondo".

1984

Fine aprile
Ingaggiati i musicisti del Victory Tour, iniziano le prove.

I voti dei lettori della rivista "Rolling Stone" proclamano Michael il loro artista preferito e il numero uno anche come artista soul e come produttore (insieme a Quincy Jones); tra i video scelgono *Beat it*. La classifica dei critici lo elegge miglior artista, miglior voce maschile e miglior artista soul; *Billie Jean* il miglior video.

Maggio
A New York, Michael e due compagnie da lui autorizzate, la Entertainers Merchandise Management Corp. e la MJJ Production, intentano una causa civile per la vendita non autorizzata dei cimeli dell'artista. Sul mercato si stima vi siano oggetti contraffatti per un valore di cinquanta milioni di dollari. Stephen Huff, avvocato di Jackson, dichiara: "Michael è preoccupato che il pubblico possa acquistare merci scadenti, di bassa qualità".

Durante il suo soggiorno all'Helmsley Palace Hotel di New York Michael mostra di apprezzare la divisa indossata dal ragazzo dell'ascensore, Hector Carmona, che gliene regala una. Più tardi Michael indosserà la giacca per recarsi alla Casa Bianca.

Mese ricco di copertine per Michael, compresa quella della rivista "Ebony", secondo la quale è uno dei cento americani di colore più influenti.

Frank Russo intenta un'azione legale per venti milioni di dollari contro i Jacksons per non avere rispettato l'accordo verbale – non era stato firmato nessun contratto – secondo il quale sarebbe stato il manager del Victory Tour.

In Gran Bretagna escono tre occhiali 3-D per *Thriller*, uno dei quali "musicale".

5 maggio
Per i suoi cinquantasei anni, Katherine Jackson riceve in dono dai figli una Rolls-Royce impacchettata con nastri e fiori del valore di settantacinquemila sterline. L'idea è di Jermaine, ma per la stampa è solo Michael a fare il regalo.

11 maggio
Nascosto dietro una folta barba e una parrucca afro, Michael partecipa al concerto dei Kool and The Gang al Radio City Music Hall di New York in compagnia di Tatum O'Neal.

Per conto di Michael, alcuni agenti iniziano a confiscare memorabilia di Jackson non autorizzati.

12 maggio
Michael assiste allo spettacolo *Shirley MacLaine on Broadway* e incontra l'attrice nei camerini.

14 maggio
Con una cerimonia nel giardino della Casa Bianca, il presidente Reagan conferisce a Michael un premio speciale per il contributo dato, con la canzone *Beat it*, alla campagna pubblicitaria del Dipartimento dei Trasporti, rivolta ai ragazzi, contro la guida in stato di ebbrezza.

Sulla targa una scritta recita: "A Michael Jackson con gratitudine per l'eccezionale esempio dato ai giovani d'America e del mondo. I record che hai stabilito e la tua notorietà nel campo della popular music sono un tributo alla tua creatività, alla tua dedizione e al tuo talento. Il tempo che hai generosamente dedicato alla campagna nazionale per scoraggiare i ragazzi dal mettersi alla guida quando hanno bevuto aiuterà milioni di giovani americani a capire che se bevi e poi ti metti in macchina puoi uccidere un'amicizia".

Metà maggio
Michael acquista un kit del valore di diecimila dollari per

In alto: Michael con il presidente Reagan alla Casa Bianca

Michael con Shirley Maclaine nel backstage dello spettacolo dell'attrice in scena a Broadway

1984

il make-up professionale da Rick Baker, che aveva lavorato con lui nel video di *Thriller*.

15 maggio
Si inaugura a Philadelphia *Thriller*, spettacolo che ha per protagonisti alcuni imitatori di Michael Jackson.

Nonostante la richiesta del presidente Reagan affinché il Victory Tour faccia tappa a Washington, il manager dei Jacksons annuncia che la città non è compresa nell'elenco delle dodici previste, lo stesso verrà aggiornato strada facendo per giocare sull'effetto sorpresa.

17 maggio
L'album *Farewell my summer love 1984*, che contiene nove brani targati Jackson registrati negli anni Settanta e mai pubblicati, viene distribuito alle stazioni radio. I pezzi fanno parte di un gruppo di quaranta canzoni che la Motown aveva dichiarato di aver smarrito dopo il trasferimento da Detroit a Los Angeles. Piovono critiche negative e nella ristampa dal titolo viene tolto *1984*.

Il quarantetreesimo rapporto annuale dei costumisti della Fashion Foundation Of America proclama Michael Jackson, il presidente Reagan e l'arcivescovo di New York gli uomini meglio vestiti d'America.

22 maggio
Sulla rivista dei testimoni di Geova,"Awake", viene riportata una dichiarazione di Michael secondo cui non farà mai più un video come *Thriller* perché offensivo per molte persone, e che l'artista ne ha bloccato la distribuzione.

Viene annunciato che ai concerti del Victory Tour sarà disponibile solo il merchandise dei Jacksons e non quello di Michael.

23 maggio
Nel corso di Today, un programma della NBC, Willie Nelson annuncia che potrebbe registrare un duetto con Michael.

24 maggio
Escono per la Motown *Michael Jackson & The Jackson 5 - 14 greatest hits* e *Michael Jackson & The Jackson 5 - 16 greatest hits*.

La Motown pubblica nuovamente sette album della storia dei Jackson: *Skywriter*, *Dancing machine*, *Get it together*, *Moving violation*, *Joyful jukebox music*, *Forever Michael* e *Music & me*.

26 maggio
Farewell my summer love / Call on me di Michael Jackson, uscito a maggio per la Motown, entra in classifica:

SINGOLI POP	38	12

27 maggio
Dopo quattro mesi di lavoro, il palco per il Victory Tour è pronto.

Giugno
L'album *Thriller* ha venduto oltre venticinque milioni di copie nel mondo: venti milioni in America, due milioni e duecentomila in Canada, due milioni in Gran Bretagna, un milione e ottocentomila in Francia, ottocentomila in Germania e settecentomila in Giappone. Anche il video *The making of Michael Jackson's Thriller* si conferma come il più venduto al di qua e al di là dell'Atlantico. Al momento le vendite in Gran Bretagna si attestano intorno alle centotrentamila copie, quando di norma le aspettative per un video si aggirano sulle quattromila. Michael appare sulle copertine di "People", "National Enquirer", "Modern Screen", "US", "Black Beat" e "Right On!".

In Gran Bretagna escono due libri: *Michael Jackson* di Stewart Regan e *Papa Joe's boys* di Leonard Pitt.

Michael Jackson incontra i sostenitori del Camp Ronald McDonald for Good Times di Malibu, una struttura per giovani ammalati di tumore. Sono presenti anche Dustin Hoffman, David Soul, Neil Diamond e Richard Chamberlain.

A San Francisco viene attivata una "hot-line Michael Jackson", e poco dopo il servizio si estende ad altre sei città.

2 giugno
Farewell my summer love entra in classifica:

ALBUM POP	46	15
ALBUM BLACK	31	15

Farewell my summer love / Call on me di Michael Jackson, uscita a maggio in Gran Bretagna, entra in classifica:

TOP 100 SINGOLI	7	12

1984

5 giugno
Il contratto per il Victory Tour viene firmato dal manager di box Don King, dal manager di football Chuck Sullivan, da Joe e Katherine Jackson.
Per divenire tour promoter Sullivan paga trentotto milioni e cinquecentomila dollari, e versa un anticipo dodici milioni e cinquecentomila.

9 giugno
Farewell my summer love entra in classifica:

SINGOLI BLACK	37	10

Michael partecipa alla cerimonia d'inaugurazione della statua di cera che lo ritrae al Guinness Museum of World Records di San Francisco, in presenza di circa duemila fan.

In Gran Bretagna *Farewell my summer love* entra in classifica:

TOP 100 ALBUM	9	14

13 giugno
Vengono firmati i contratti per le date del Victory Tour a Birmingham, Kansas City, Dallas e Jacksonville.
Le radio trasmettono il duetto Jackson/Jagger *State of shock*, primo singolo tratto dall'album *Victory* dei Jacksons.

La stazione radio KIQQ FM impazzisce per Jackson e trasmette *State of shock* per ventiquattro ore consecutive.
I DJ fanno finta di niente e continuano ad annunciare Springsteen, Cindy Lauper e poi tutti gli altri, e invece mettono sempre in onda i Jacksons!

15 giugno
Chuck Sullivan annuncia le prime tre date del Victory Tour (Kansas City, Irving e Jacksonville) e che i concerti d'apertura sono programmati per il 6, 7 e 8 luglio all'Arrowhead Stadium di Kansas City, Missouri.

19 giugno
I fan assediano gli uffici postali di Kansas City per ritirare i tagliandi di prenotazione necessari per l'acquisto dei biglietti. Allo stesso modo si affrettano ad acquistare le prime copie del "Kansas City Times" per ritagliare i coupon e procurarsi i biglietti. Per soddisfare la richiesta vengono stampate altre ventimila copie straordinarie del giornale.

Bob Chapman della stazione radio KVLL di Dallas accusa i promoter dei Jacksons di "inaudita arroganza" nella distribuzione dei biglietti.

Il reverendo Al Sharpton del National Youth Movement, riferendosi ad alcune critiche mosse dai media ai Jackson, afferma che questa è la punizione perché il gruppo "non accetta di stare nelle piantagioni del music business".

Il Cremlino accusa Michael di aver venduto la sua anima black per far arricchire i bianchi: lo considerano uno strumento nelle mani dell'amministrazione Reagan per distogliere l'attenzione dell'opinione pubblica dai problemi reali del paese.

20 giugno
Edwin Edwards, governatore della Louisiana, conferma che non revocherà l'imposta sugli spettacoli per lo show dei Jacksons al New Orleans Superdome, com'era stato richiesto dal gruppo.

21 giugno
Il responsabile dell'RFK Stadium di Washington annuncia che i Jacksons terranno i loro concerti in città il 28-30 luglio, ma l'ufficio stampa del tour non conferma.

22 giugno
Viene confermato che i Jacksons depositeranno in banca l'intero incasso della prevendita dei biglietti (maturando i relativi interessi).

Viene reso noto che a causa di un intervento al ginocchio Jackie non si esibirà insieme ai fratelli nel tour.

23 giugno
Michael Jackson & The Jackson 5 - 14 greatest hits entra in classifica:

ALBUM POP	168	7

Esce *Every great Motown song*, una compilation di artisti vari che include *Never can say goodbye* e *Ben*.

Escono per la Motown gli album *The great love songs of Michael Jackson* e *The great love songs of the Jackson 5*.

26 giugno
Michael e i suoi fratelli arrivano a Birmingham per le prove del tour al Birmingham-Jefferson Civic Center.
La notizia non è di pubblico dominio.

I Jacksons con il loro promoter Don King alla presentazione delle date del Victory Tour. In braccio a Michael, Emmanuel Lewis

1984

Victory

The Jacksons

Epic QE 38946
EPC 86303

Lato A
1. *Torture*
2. *Wait*
3. *One more chance*
4. *Be not always*

Lato B
1. *State of shock*
2. *We can change the world*
3. *The hurt*
4. *Body*

I fratelli Jackson di nuovo insieme per *Victory*

I dirigenti dell'Arrowhead Stadium di Kansas City, Missouri, dichiarano di avere più prenotazioni rispetto ai biglietti disponibili per i tre concerti dei Jacksons.

27 giugno
Vengono elaborate precise linee guida per la vendita dei biglietti del Victory Tour a New York.

28 giugno
Michael partecipa alla proiezione di *Purple rain* di Prince presso la Warner Bros. di Burbank, California.

29 giugno
Durante le prove del Victory Tour ad Atlanta, Michael e i suoi fratelli salutano centinaia di fan che si sono radunati fuori dal loro hotel.

30 giugno
State of shock, il duetto Jackson/Jagger uscito a giugno, entra in classifica:

SINGOLI POP	3	15
SINGOLI BLACK	4	14

Luglio
Mese ricco di copertine per Michael. Tra le altre appare sulle riviste "Teen Bag", "Bop", "People", "Teen Set", "Movie Mirror", "Tiger Beat", "16", "Right On!", "Musician", "Black Beat", "Newsweek", "Time" e "Billboard".

Anche il Guinness World Records Museum di Gatlingburg, Tennessee, dedica una statua di cera a Michael (l'altra si trova nel Guinness Museum di San Francisco).

Esce per la Columbia Records *Centipede (part 1) / Centipede (part 2)* di Rebbie Jackson. La canzone è scritta e prodotta da Michael, che partecipa ai cori. Il singolo entra in classifica al ventiquattresimo posto.

Esce per Columbia Records l'album *Jane Fonda's workout record - new and improved*. Fra le tracce *Wanna be startin' somethin'* di Michael Jackson.

Victory esce negli Stati Uniti e in Gran Bretagna e per la prima volta nella storia della musica conquista un doppio disco di platino.

Fino a questo momento i Jacksons hanno venduto oltre cento milioni di dischi, record superato solo dai Beatles. *Victory* esce anche in cassetta, in CD e in una speciale versione picture disc per collezionisti.

La copertina dell'LP è disegnata da Michael Whelan, che ha ideato anche quella del libro *L'orlo della Fondazione* di Isaac Asimov. Per la copertina posano tutti i Jackson tranne Michael: al suo posto Whelan sarà costretto a utilizzare delle fotografie, che verranno cambiate quattro volte durante la lavorazione.

Esce in Gran Bretagna *Show you the way to go / Blame it on the boogie.*

Esce l'LP *Disconet program service, volume 6, program 3* che include una extended version di *Can you feel it*.

A Sevran, in Francia, un ragazzo di diciassette anni si toglie la vita dopo che i genitori si sono rifiutati di pagargli un intervento di chirurgia plastica per assomigliare a Michael Jackson. La madre del ragazzo, che verrà chiamato semplicemente Eugene, dichiarerà: "Era diventata un'ossessione".

Nel corso del Victory Tour, Michael e Tito ritirano la NAACP Dr. H. Claude Hudson Medal of Freedom e la Olympic Medal of Friendship 1984 a nome di tutta la famiglia.

1 luglio
Il proprietario di un servizio locale di limousine dichiara che a Birmingham, Alabama, un Michael Jackson travestito se ne va in giro a consegnare porta a porta gli opuscoli dei testimoni di Geova.

4 luglio
La NAACP annuncia che Michael Jackson e fratelli sono stati nominati co-presidenti onorari dell'organizzazione per i diritti civili National Voter Registration Drive. All'esterno dell'Arrowhead Stadium di Kansas City, durante la prima data del tour, verranno allestiti degli stand per la raccolta di firme.

5 luglio
Dopo aver ricevuto una lettera da una fan undicenne, Ladonna Jones, che accusa i Jacksons e i loro promotor di essere "egoisti e di pensare solo al denaro", Michael Jackson convoca una conferenza stampa per annunciare alcuni cambiamenti nell'organizzazione del tour; dichiarerà inoltre che la sua parte di guadagno sarà devoluta in beneficenza. I

1984

profitti di Michael saranno distribuiti fra tre enti: lo United Negro College Fund, il Camp Good Time e la T.J. Martell Foundation per la ricerca sulla leucemia e sul cancro.

Alla ragazzina sarà riservato un trattamento da Vip al concerto di Dallas.

6-8 luglio
Il Victory Tour si apre all'Arrowhead Stadium di Kansas City, Missouri. Alle tre serate partecipano centotrentacinquemila fan, superando il precedente record del 1977 di cinquantottomila. Il Victory Tour, con cinquantacinque concerti, ha fatto guadagnare, a quanto si dice, novanta milioni di dollari lordi, stabilendo un nuovo record.

6 luglio
Alle 21.45 in Kansas è già abbastanza buio per dare inizio allo spettacolo, che vede Jermaine sul palco insieme ai fratelli per la prima volta negli ultimi otto anni. In scaletta manca *Thriller*, e sebbene si pensi sia stata evitata per via delle pressioni dei testimoni di Geova che la considerano un inno a Satana, all'occulto, al malvagio, gli addetti ai lavori affermano che il motivo vero sia che Michael non è ancora soddisfatto della versione live.

Durante la prima conferenza stampa del tour, Chuck Sullivan annuncia che nelle date successive i promotor neri locali e i dirigenti bianchi degli stadi lavoreranno insieme per assicurare una perfetta convivenza delle razze e una migliore copertura promozionale in ogni città.

Un uomo di Mount Vernon registra dei video pirata durante la prima data all'Arrowhead Stadium, utilizzando il segnale del trasmettitore a circuito chiuso che alimenta lo schermo gigante posto sopra il palco. Qualche tempo dopo verrà arrestato per aver venduto i bootleg nello stato di New York.

7 luglio
State of shock / Your ways, uscito a giugno in Gran Bretagna, entra in classifica:

TOP 100 SINGOLI	14	10

La canzone, scritta da Michael con Randy Hamen, inizialmente era stata pensata per un duetto con Freddie Mercury. Viene anche messa in commercio un'edizione speciale limitata di duemila copie.

8 luglio
Il reverendo Jessie Jackson, che si trova a Kansas City per parlare al congresso della Chiesa metodista episcopale africana, va a salutare i Jacksons all'hotel dove alloggiano e partecipa al concerto all'Arrowhead Stadium.

10 luglio
La stazione radio KLSI dichiara che durante le due ore scarse di esibizione i Jacksons hanno guadagnato un milione di dollari all'ora, per un totale di sei milioni di dollari nei tre giorni di permanenza in Kansas. Viene anche stimato che i loro concerti genereranno, nelle città interessate, un giro d'affari di circa ventisei milioni di dollari.

"Domani comincia il tour e volevo dirvi una cosa a cui tengo molto. Abbiamo lavorato a lungo per far sì che questo show sia il migliore possibile. Ma sappiamo che tanti ragazzi stanno avendo molte difficoltà per procurarsi i biglietti. L'altro giorno ho ricevuto la lettera di una ragazza del Texas che si chiama Ladonna Jones. Per comprare il biglietto ha dovuto utilizzare i suoi spiccioli, ma con l'attuale sistema dovrebbe acquistare quattro biglietti e lei non può permetterselo. Così ho chiesto al nostro promoter di elaborare un nuovo sistema di distribuzione, in modo che non sia più necessario spendere centoventi dollari per la prevendita. Sono anche girate voci secondo cui il promoter si terrebbe dei soldi per i biglietti invenduti. Per questo motivo ho chiesto di smetterla con questo sistema di prenotazione, così che nessuno debba spendere dei soldi senza avere il biglietto. Infine voglio dirvi un'altra cosa, ancora più importante. Voglio che sappiate che quando ho preso i primi accordi per il tour ho deciso di dare in beneficenza tutto il denaro che ricaverò dalle nostre esibizioni."

Michael Jackson - 5 luglio 1984

13-15 luglio
I Jacksons suonano al Texas Stadium di Dallas, Texas. Regalano milleduecento biglietti ai ragazzi più poveri, ai quali si aggiungono altri milletrecento biglietti pagati dalla Pepsi-Cola, il loro sponsor, per un valore di trentanovemila dollari.
Le forze di sicurezza per lo spettacolo sono tre volte superiori a quelle abitualmente richieste per una partita dei Dallas Cowboys, con trecentoquaranta addetti in servizio. Al concerto di venerdì 13 luglio lo stadio è pieno di celebrità, tra cui Dave Lee Roth, Emmanuel Lewis e Prince.

14 luglio
Eddie Van Halen, a Dallas per un suo concerto, raggiunge Michael sul palco e suona la chitarra in *Beat it*.

16 luglio
Michael Jackson è sulla copertina di "Newsweek".

20 luglio
Comincia la campagna pubblicitaria per il bambolotto che raffigura Michael Jackson: disponibile in sei diversi modelli e venduto a tredicimila dollari, è ufficialmente autorizzato dall'artista.

21-23 luglio
Al Gator Bowl di Jacksonville, Florida, il gruppo suona davanti a oltre centotrentacinquemila persone. Un vero record che supera i precedenti stabiliti nel 1975 dai Rolling Stones con settantamilacinquecento presenze, dai Beatles nel 1964 con ventimila e dagli Who nel 1976 con quindicimila.

1984

Dopo il primo concerto, Michael incontra nel backstage, otto bambini affetti da malattie incurabili. Tra questi la quattordicenne Malanda Cooper, malata terminale, che aveva scritto al sindaco Jake Godbold chiedendogli di poter incontrare il suo idolo. Nonostante un'agenda fittissima di impegni, Michael troverà il tempo per incontrare la sfortunata ragazzina.
Agli elettrizzanti concerti del gruppo parteciperanno, come ospiti speciali di Michael, settecento bambini disabili o portatori di handicap.

21 luglio

Si parla di un numero speciale di "Billboard" dedicato a Michael con un inserto di ventotto pagine e fotografie inedite. L'uscita è però rimandata.

Michael appare sulla copertina di "Paris Match" e "Record Mirror". All'interno, articoli sul Victory Tour.

In Gran Bretagna *Victory* entra in classifica:

TOP 100 ALBUM	3	13

Uscirà anche in un'edizione limitata versione picture disc.

Victory entra in classifica:

ALBUM POP	4	30
ALBUM BLACK	3	28

In Gran Bretagna viene ripubblicato *Ease on down the road*, che rientra in classifica:

TOP 100 SINGOLI	83	3

22 luglio

Non appena vengono annunciate le date di New York al Giant Stadium (29-31 luglio) e al Madison Square Garden (4-5 agosto) le vendite toccano un nuovo record, con centosessantacinquemila biglietti venduti in meno di nove ore.

29-31 luglio

I Jacksons suonano al Giant Stadium di East Rutherford, New Yersey. Tra le celebrità presenti alla prima serata ci sono Katherine e Janet Jackson, l'attore Eric Estrada, Yoko Ono, Sean Lennon e il regista Bob Giraldi.

Agosto

"Bop" e "Modern Screen" escono con uno speciale su Michael Jackson che appare anche sulle copertine di "16", "Superpop", "Rock & Soul", "Day Time TV" e "Right On!". Da gennaio di quest'anno oltre centosettanta riviste hanno dedicato la copertina all'artista.

In Gran Bretagna e negli Stati Uniti esce per la Motown *Touch the one you love / Girl you're so together* di Michael Jackson.

La K-Tel International pubblica *Motown love collection*, una raccolta di tre dischi di artisti vari che include tre canzoni dei Jackson, e *Let's beat it*, la compilation voluta da Michael per raccogliere fondi da destinare alla ricerca sul cancro.

Esce per la Epic *Torture / Torture (part 2)* dei Jacksons.

In Gran Bretagna Radio One trasmette An Appreciation To Michael Jackson, presentata da Paul Gambaccini.

Esce per la K-Tel International la compilation di artisti vari *Let's beat it* che include due canzoni di Michael, *Say, say, say* e *Human nature*. Il ricavato delle vendite è devoluto alla T.J. Martell Foundation. Si dice che Michael abbia fortemente voluto la realizzazione di questo LP.

I testimoni di Geova contestano l'immagine di pop superstar di Michael, che giudicano contraria ai propri precetti.

4 agosto

In meno di un mese cinque date del Victory Tour hanno venduto settecentomila biglietti, un traguardo che un artista di successo raggiunge di solito con circa trentacinque concerti.

A oggi, l'LP *Victory* ha venduto oltre tre milioni e mezzo di copie in tutto il mondo.

4-5 agosto

I Jacksons suonano a New York. Migliaia di persone che non sono riuscite ad avere il biglietto attendono l'arrivo di Michael fuori dal Madison Square Garden nella speranza di poterlo vedere anche solo di sfuggita.

A New York, per prevenire le violenze che si sono verificate nei precedenti concerti rock, sono in servizio più di duemila poliziotti in uniforme, in borghese e a cavallo, con un costo per la città di seicentosettantottomila dollari.

Tra le celebrità presenti ai concerti di New York: Andy Warhol, Mayor Koch, Cyndi Lauper, Pia Zadora,

Pagina accanto e sotto: immagini dal Victory Tour

1984

Pagina accanto: Michael e Marlon sul palco

Il programma del Victory Tour

Bette Midler, John Denver, Neil Sedaka, Peter Frampton, Brooke Shields ed Emmanuel Lewis.
Durante la permanenza in città, Michael cena a casa di Katharine Hepburn.

I Jacksons soggiornano al Penta Hotel di New York. All'interno dell'albergo vengono sistemati sei busti dei Jacksons alti 12 metri e uno striscione con la scritta: "La Pepsi presenta i Jacksons".

7-9 agosto

Il "Knoxville News Sentinel" pubblica le minacce di morte nei confronti di Michael arrivate alla redazione del giornale, cosa che scatena il caos nella vendita dei biglietti per i concerti in città.

Viene coinvolta l'FBI per valutare la gravità delle minacce: uccidere sul palco il cantante e molti dei suoi fan. I federali le ritengono infondate, tuttavia mobilitano le forze di sicurezza.

Per le intimidazioni e la pioggia battente, questo è il primo concerto del tour a non registrare il tutto esaurito. Tuttavia, con 48.783 biglietti venduti, è quello con il pubblico più numeroso. Tutti e tre gli spettacoli hanno un successo clamoroso e gli show di sabato e di domenica vanno esauriti, rispettivamente con 50.239 e 49.485 biglietti venduti.

9 agosto

Dalle quattro del mattino tremila fan sono assiepati nel parcheggio del Pontiac Silverdome di Detroit per acquistare i biglietti del tour. A mezzogiorno si contano diecimila persone in coda.

11 agosto

In Gran Bretagna *Girl you're so together* entra in classifica:

TOP 100 SINGOLI	33	9

12 agosto

Michael appare sulla copertina del supplemento a colori dell'inglese "News Of The World" dedicato al Victory Tour.

13 agosto

A New York i Jacksons iniziano le riprese del video *Torture* diretto da Jeff Stein.

17-19 agosto

I Jacksons suonano al Pontiac Silverdrome di Detroit, Michigan. Michael grida "Ti amiamo, Motown" alla folla della città che quindici anni prima gli aveva regalato il suo primo successo. È così euforico che alla fine dello spettacolo lancia la sua giacca nera di lustrini a un fan in delirio in mezzo al pubblico.

Durante le tre date di Detroit, i Jacksons vendono centoquarantacinquemila biglietti, incassando 4.350.030 dollari. L'ultimo spettacolo registra il tutto esaurito con quarantanovemiladuecento presenze, vengono venduti perfino i posti da cui non si vede niente.
Poiché vengono annullati i concerti di Gary, città natale dei Jackson, il gruppo si accolla le spese per far assistere al terzo concerto di Detroit quaranta ragazzi del Thelma Marshall Children's Home (un centro che si occupa di orfani, ragazzi in affido e bambini abbandonati), dell'Hoosier Boys Home e del Donzels Work-Study Program (un programma di preparazione al college).
Michael incontra il suo amico Spanky McFarland, ex star di *Simpatiche canaglie*.

Michael gira un filmato "fatto in casa" al Pontiac City Hall, Michigan, con una squadra di poliziotti, tutti quanti con gli occhiali da sole!

18 agosto

Questa settimana, tre successi nella classifica dei singoli pop per i fratelli Jackson: *State of shock* dei Jacksons (al numero 3), *Dynamite* di Jermaine (24) e *Torture* dei Jacksons (48). Quattro i titoli nella classifica dei pop album: *Victory* dei Jacksons (4) e *Thriller* (31), *Farewell my summer love* (105) e *Off the wall* (111) di Michael.

Torture entra in classifica:

SINGOLI POP	17	12

Michael appare sulla copertina della rivista britannica "Woman".

22 agosto

Il "New York Daily News" riporta la notizia dei problemi sul set di *Torture*, negli Studios Kaufman Astoria nel quartiere Queens.
A quanto pare Michael litiga con i fratelli, col risultato che né lui né Jermaine parteciperanno al video. Per le sequenze di danza di Michael verranno utilizzate delle controfigure, per i primi piani si ricorrerà a una statua di cera.

Turbato dall'accaduto, Michael si prende una pausa dal tour e va a Disney World.

Viene annunciato che il tour toccherà Philadelphia nel weekend del Labor Day, dall'1 al 3 settembre. Nonostante i biglietti invenduti, i responsabili dello stadio non pubblicizzano i concerti, facendo imprudentemente affidamento sul passaparola.
Questo fatto e l'insuccesso delle vendite fanno sfumare la possibilità di ulteriori date a Buffalo e a Denver.

La carriera di Michael subisce un arresto: a tre giorni dal concerto d'apertura a Buffalo, trentottomila biglietti rimangono invenduti.
Per quanto sia un artista di grande talento e personalità, il pubblico risponde negativamente alla pessima organizzazione. Il fatto che le date vengano comunicate solo una settimana prima che i concerti abbiano luogo e, in più, l'annuncio di un terzo concerto che invece non si terrà fa sì che in molti si sentano presi in giro, e c'è chi decide di boicottare completamente l'evento.
Nonostante questo, alcuni fan si accampano per oltre venticinque ore in attesa di un posto.
A fronte di una capacità dello stadio di 48.200 persone, prima dell'inizio del weekend di concerti i biglietti venduti sono poco più di quarantasettemila.
Ma le vendite del merchandise, dichiara Chuck Sullivan, sono le migliori di sempre.

1984

25-26 agosto
I Jacksons suonano al Rich Stadium di Buffalo, New York.

25 agosto
Torture entra in classifica:

SINGOLI BLACK	12	13

26 agosto
Il "Detroit Free Press" riporta che in Unione Sovietica gli album di Michael Jackson vengono venduti al mercato nero per cento rubli (centotrenta dollari circa).

Un record: in soli due mesi il Victory Tour ha venduto un milione e centomila biglietti.

29 agosto
Michael compie ventisei anni, ma secondo i dettami della sua religione non festeggia. Ci pensano i suoi fan a Detroit e a Buffalo, con striscioni che recitano "Buon compleanno, Michael".

31 agosto
Corrono voci secondo le quali alcuni membri dei testimoni di Geova vedono in Michael il Messia tornato tra gli uomini, così come narrato in un passaggio della Bibbia a proposito dell'apparizione dell'arcangelo Michele.

Settembre
Michael appare sulla copertina di "Life", "Black Beat", "Creem", "Closeup", "Cracked", "Rock Post Cards", "Right On!", "Focus", "Horoscope" e "Rock & Soul".

Il Madame Tussauds di Londra contatta Frank Dileo per costruire una statua di cera di Michael Jackson.

Esce per la Columbia l'album *Centipede* di Rebbie Jackson, che contiene l'omonimo brano scritto e prodotto da Michael Jackson e *Come alive it's saturday night* scritta da Michael e da tre dei Jackson brother.

In Gran Bretagna esce l'album *A special part of me* di Johnny Mathis che contiene *Love never felt so good* scritta da Michael in collaborazione con Paul Anka e Kathy Wakefield.

1-2 settembre
I Jacksons suonano al JFK Stadium di Philadelphia, Pennsylvania, davanti a sessantamila fan. Tra gli ospiti illustri Sly Stone e Bruce Spingsteen. Andy Hernandez (conosciuto come Coati Mundi) dei Kid Creole & The Coconuts, presente alla serata, dirà di Michael: "Come interprete che crede che un concerto debba essere un concentrato di energia, più di altri posso apprezzare il gran lavoro che sta dietro ogni performance di Michael Jackson. Bisognerebbe inserire nel dizionario una nuova parola che definisca una cosa 'grande, superba, professionale, piena di energia, divertente', e questa parola sarebbe 'michael-jackson'".

3 settembre
Il terzo concerto del Victory Tour a Philadelphia viene rinviato causa pioggia. La data è spostata al 28 settembre, e se ne aggiunge una il giorno dopo. Il rinvio suggerisce al senatore Lloyd di presentare un progetto di legge che preveda che per tutti i concerti all'aperto vengano fissate delle date alternative.

Il video *Torture*, orfano dei due cantanti principali (Michael e Jarmaine), debutta su MTV.

Secondo i produttori degli occhiali View-Master 3-D, Michael ha superato E.T. nelle preferenze del pubblico.

5 settembre
Viene convocata una conferenza stampa per smentire le voci sulla vita sessuale di Michael, sugli interventi di chirurgia plastica e sui pettegolezzi secondo cui assumerebbe ormoni femminili per mantenere acuto il tono della voce. Il manager personale dell'artista, Frank Dileo, legge due pagine scritte dallo stesso Michael per mettere a tacere le voci "una volta per sempre".

7 settembre
Né Michael né nessun altro membro della famiglia Jackson partecipa al matrimonio di Janet con James DeBarge del gruppo Motown. Il matrimonio è celebrato in gran segreto a Grand Rapids, Michigan, e sarà annullato dopo quattro mesi.

7-8 settembre
I Jacksons suonano al Mile High Stadium di Denver, Colorado. Michael incontra Elton John, anche lui in concerto a Denver, alla McNicholas Arena. I Jacksons suoneranno davanti a 53.678 spettatori; Elton John e James Taylor, nello stesso weekend, per un pubblico di quattrodicimila persone l'uno e novemila l'altro.

Questo è il venticinquesimo e ultimo concerto in America. Il tour si sposta ora in Canada.

8 settembre

Torture, uscito in Gran Bretagna ad agosto, entra in classifica:

TOP 100 SINGOLI	26	6

14 settembre

Ai primi MTV Video Awards dell'anno *Thriller* di Michael Jackson vince in tre diverse categorie: migliore performance, migliore coreografia e video più amato dai telespettatori. L'artista non partecipa alla manifestazione.

15 settembre

Michael, in compagnia di Quincy Jones e di quattro guardie del corpo, si concede un po' di shopping alla Paragraph Bookstore di Montreal. Compra *Costume cavalcade*, *The history of costume*, *Scene design* e *Stravinsky in the theater*.

L'album *Jacksons live* entra nuovamente in classifica:

ALBUM POP	191	2

16 settembre

Michael, accompagnato da una guardia del corpo e da un assistente, partecipa alla funzione religiosa del sabato presso la Snowdon Kingdom Hall dei testimoni di Geova a Montreal, in Canada.

17-18 settembre

I Jacksons suonano per un pubblico di oltre 116.540 persone in due serate da tutto esaurito all'Olympic Stadium di Montreal. Durante il finale Jackie sale zoppicando sul palco per cantare *Shake your body (down to the ground)*, brano che vede tutti e sei i fratelli insieme e in abiti di scena per la prima volta nel corso del tour.

21-22 settembre

I Jacksons suonano davanti a novantamila persone in due concerti all'RFK Stadium di Washington. I biglietti vengono venduti in appena tre giorni. Al primo spettacolo, ventinovesima data del tour, il brano d'apertura dell'album che ha dato il nome al tour viene eseguito mentre sullo schermo sopra il palco scorrono le immagini del video di *Torture*. Tra le celebrità presenti alla serata: Mike Love dei Beach Boys, Peaches di Peaches & Herb, Eva Gabor ed Ethel Kennedy.

I Jacksons alloggiano al Regent Hotel di Georgetown, dove Michael incontra i tre vincitori di un concorso letterario indetto per promuovere la guida in stato di ebbrezza, nel corso di una cena organizzata in loro onore.

Michael fa un altro giro in libreria e acquista il libro fotografico su Judy Garland e Liza Minnelli.

Mentre si trova a Washington, Michael assiste a *Zorba* con Anthony Quinn e Lila Kedrova alla Kennedy Center Opera House, seduto accanto a Ed Meese, consigliere del presidente, nel palco presidenziale. Sebbene sia lì in incognito, il cast lo viene a sapere e aprirà lo spettacolo con un: "Okay, tiriamo fuori i guanti bianchi per il primo numero".

"Da un po' di tempo mi chiedo se replicare oppure no alle molte falsità diffuse sul mio conto. Ho deciso di fare questa dichiarazione perché trovo ingiuste queste accuse e perché le persone che mi stanno accanto ne soffrono molto.
Mi considero fortunato perché il mio lavoro è largamente apprezzato. Questo riconoscimento, però, comporta anche delle responsabilità nei confronti dei miei ammiratori in tutto il mondo. Gli artisti dovrebbero sempre essere un esempio per i giovani. Mi rattrista il fatto che molti ragazzi possano davvero credere alla raffica di false accuse che mi riguardano. Questo deve finire, e intendo proprio FINIRE: No, non ho mai preso ormoni per mantenere acuto il mio tono di voce! No, non ho mai alterato in nessun modo gli zigomi! No, non ho mai subito un intervento di chirurgia plastica agli occhi! Sì, un giorno, in futuro, vorrei sposarmi e avere una famiglia. Ogni altra affermazione al riguardo è semplicemente falsa.
Ho fatto sapere ai miei avvocati che sarò pronto a intentare un'azione legale e arrivare anche al processo. Come ho già avuto modo di dire, amo i bambini. Tutti noi sappiamo che i bambini sono impressionabili e quindi sensibili a questo tipo di storie. Sono sicuro che alcuni di loro sono stati già feriti da questa terribile calunnia. Oltre alla loro ammirazione, io vorrei guadagnarmi anche il loro rispetto."

Comunicato di Michael Jackson letto dal manager Frank Dileo il 5 settembre 1984

1984

28-29 settembre
I Jacksons suonano a Philadelphia, Pennsylvania, per la data che sostituisce quella sospesa del 3 settembre. Ma ai fan che non possono partecipare non viene rimborsato nulla!

Ottobre
Michael appare sulla copertina di diverse riviste, tra cui "Song Hits", "Right On!", "Cracked", "Focus" e "Record Collector".

In Gran Bretagna la Omnibus Press pubblica *The Michael Jackson file*.

"Melody Maker" e "NME" riportano la notizia secondo cui Michael sta prendendo in considerazione l'offerta di Geffen di interpretare la parte principale nel film *Street dandy*.

Esce per la Epic *Body / Body (instrumental)* dei Jacksons, che entra in classifica:

SINGOLI POP	47

Nel video Michael non appare.

In Gran Bretagna la Calibre Records pubblica *I'm in love with Michael Jackson's answerphone* di Julie.

5-7 ottobre
I Jacksons suonano al Canadian National Exhibition Stadium di Toronto.

6 ottobre
Gli album *Got to be there* e *Ben* vengono pubblicati dalla Motown in una speciale confezione doppia.

12-14 ottobre
I Jacksons suonano al Comiskey Park di Chicago, Illinois.

19-20 ottobre
I Jacksons suonano al Municipal Stadium di Cleveland, Ohio.

26-27 ottobre
I Jacksons suonano al Fulton County Stadium di Atlanta, Georgia.

Novembre
La rivista "People" pubblica "People Extra", per la prima volta dedicata interamente a una persona, e cioè a Michael Jackson.

In Gran Bretagna esce *Love never felt so good* di Johnny Mathis, canzone scritta da Michael con Paul Anka e Kathy Wakefield.

I Jacksons appaiono sulla copertina di "Black Beat".

Inizio novembre
A Houston, Texas, Michael Jackson posa per lo scultore del Madame Tussauds, Jim Mathieson, che basandosi sugli schizzi e le fotografie della seduta creerà poi un modello in creta come base per la statua in cera dell'artista.

2-3 novembre
I Jacksons suonano all'Orange Bowl di Miami, Florida.

9-10 novembre
I Jacksons suonano all'Astrodome di Houston, Texas.

16-18 novembre
I Jacksons suonano al Place Stadium di Vancouver, in Canada, regalando centinaia di biglietti a chi non può permettersi di acquistarli.

18 novembre
Durante il suo soggiorno nella British Columbia, Canada, Michael Jackson viene eletto membro onorario (con il distintivo PC 49) del dipartimento di polizia di New Westminster. Giura di "servire la regina e adoperarsi perché la pace sia mantenuta e preservata".

20 novembre
All'inaugurazione della stella di Michael sull'Hollywood Boulevard accorrono cinquemila fan. La sua è la numero 1793, tra quelle del cantante country Lewfty Frizzell e dell'attrice Lupe Velez. Rinuncia al suo discorso per evitare disordini tra i tanti ragazzi che premono e si spintonano per vederlo anche solo di sfuggita.

Michael è la prima celebrità ad avere due stelle sulla Walk of Fame: la prima gli era stata assegnata nel 1970 come componente dei Jacksons.

Il biglietto del Victory Tour

1984

27 novembre
I designer Sandra Simone e Donn Greer dei Cinema City Studios citano i Jacksons per cinquanta milioni di dollari accusando il gruppo di avere usato le loro idee, i loro strumenti musicali e gli stivali che si illuminano senza pagarli o senza citare lo studio nei credit.

30 novembre - 2 dicembre
I Jacksons suonano al Dodger Stadium di Los Angeles, California.

Dicembre
Michael Jackson viene eletto "Hero of Young America 1984" dopo un sondaggio tra quattromila teenager, guadagnandosi una citazione nel volume *The world almanac and book of facts 1985*.

Michael appare sulla copertina di "Ebony", "Black Beat" e "US".

Michael si piazza al numero uno in tre sondaggi del giornale britannico "The Sun": come miglior cantante, per il video più bello (*Thriller*) e per il miglior album.

La britannica Radio One trasmette Rock's Thriller, uno speciale di novanta minuti su Michael Jackson.

Esce *LA is my lady*, il video del brano prodotto da Quincy Jones per Frank Sinistra, che contiene una breve apparizione di Michael e LaToya.

4 dicembre
Sebbene si sia vicini a un chiarimento, restano ancora molti punti in sospeso tra i promoter e i rappresentanti dei Jackson. Uno dei contrasti riguarda le matrici dei biglietti e ne provoca una momentanea sospensione mentre si teme che questo possa causare la cancellazione di alcune date.

6 dicembre
Michael Jackson è a Chicago per testimoniare in tribunale che la canzone *The girl is mine* l'ha scritta lui. La CBS ha richiesto la sua deposizione per rispondere all'azione legale intentata da Fred Sanford, che chiede un indennizzo di cinque milioni di dollari per il plagio di *Please love me now*, brano inviato alla CBS nel marzo del 1982. Affermerà sotto giuramento di avere scritto e registrato talmente tante canzoni mai state pubblicate da avere semplicemente perso il conto, citando a esempio *Why can't I be*, *Thank you for life* e *The toy*, scritte per il film di Richard Pryour e mai utilizzate. Per entrare nel palazzo di giustizia si servirà di un travestimento.

7-9 dicembre
Ultime date per il Victory Tour al Dodger Stadium di Los Angeles, California. In cinque mesi oltre due milioni di persone hanno assistito ai cinquantacinque strabilianti concerti dei Jacksons tra America e Canada, per uno spettacolo tra i più ambiziosi di sempre. Durante il brano *Shake your body*, Michael annuncia che lascerà il gruppo. Il tour ha raccolto la cifra record di settantacinque milioni di dollari, e grazie a Michael Jackson per la prima volta la Pepsi-Cola supera la Coca-Cola, sua eterna rivale. Tuttavia, sul tour pesa ancora un certo numero di cause legali in sospeso.

A proposito del tour, Jonathan King dichiara: "Quello che avete visto sul palcoscenico del tour dei Jacksons è il Michael del guanto, il Michael del cappello, del *moonwalking* e di tutte quelle cose. Ma non avete visto il Michael Jackson vero artista. Sono certo che potrebbe esibirsi accompagnato da una piccola band e fare uno straordinario spettacolo tutto da solo... Michael Jackson ha un talento raro; è accompagnato dai fratelli che di certo non sono ugualmente bravi e che per mascherare questo fatto usano effetti speciali e pantomime varie. E poi il tour è stato organizzato da gente che di solito non fa il tutto esaurito. E per questo motivo ha fatto più date nello stesso posto e ogni tanto nel posto sbagliato, col risultato che non sempre tutti i biglietti sono andati venduti".

13 dicembre
Michael torna al Brotman Memorial Hospital, dove in aprile era stato sottoposto all'intervento di plastica ricostruttiva del cuoio capelluto. Darà il milione e mezzo di dollari ricevuto dalla Pepsi per la costruzione di una Michael Jackson Burn Unit che si occuperà dei bambini vittime di ustioni.

14 dicembre
La giuria assolve la CBS nella causa indetta da Fred Sanford per plagio della canzone *Please love me now* come base per *The girl is mine*.

La classifica di fine anno di "Billboard" schiera Michael in diverse categorie: numero uno per gli album pop con *Thriller*, numero due tra i black album, numero due tra i migliori artisti pop, numero tre per il singolo di maggior successo con *Say, say, say* e numero sei tra i migliori artisti black.

Michael ha la sua stella sull'Hollywood Boulevard

1985

Michael salva uno scimpanzé da un centro di ricerca sul cancro nel Texas. Il cantante si affezionerà all'animale, di nome Bubbles, al quale insegnerà diversi trucchi e una versione particolare del suo *moonwalk*.

Bubbles inizierà anche la carriera cinematografica comparendo in *A scuola con papà* con Rodney Dangerfield. Appare anche nel film per la tivù *The entertainers* con Bob Newhart.

La Citadel Press pubblica *Curly*, un libro su Moe Howard, componente dei The Three degli Stooges, scritto dalla figlia Joan Mauer Howard. La prefazione è di uno dei più grandi fan dell'attore, ovvero Michael Jackson, che in questa occasione rivela di aver composto, in passato, una canzone proprio su di lui.

The Jacksons - their history in collectors stamps, un libretto di diciotto pagine curato da Tito Jackson e Mark Miller, viene pubblicato dalla Kellogg Company nell'ambito delle strategie promozionali che seguono il Victory Tour.

Esce per la Philadelphia International *Philly ballads vol. 2*, una compilation di vari artisti che include *Find me a girl* dei Jacksons.

Esce la notizia che l'anno prossimo la Carlton Press pubblicherà *La-La means I'm hungry: also known as the Michael Jackson diet* scritto da Joi Fondakinadee.

Gennaio

Michael appare sulla copertina della rivista "Right On!".

15-23 gennaio

Michael Jackson e Lionel Richie lavorano insieme a una canzone che vogliono incidere a scopo benefico in favore dell'Africa. Affiancato da Quincy Jones, Michael scrive la base musicale di *We are the world*. La parte strumentale viene registrata allo Shario Studio di Lionel, a Los Angeles, dove vengono anche apportate le ultime modifiche al testo.

24 gennaio

Il demo di *We are the world* viene inviato agli artisti coinvolti nella registrazione.

28 gennaio

Alla dodicesima edizione degli American Music Awards, Michael Jackson riceve quattro nomination: come miglior cantante black, per il miglior album e il miglior album black con *Thriller*, e insieme ai Jacksons come miglior gruppo. Non vince in nessuna categoria e non partecipa alla serata.

Due ore dopo la cerimonia per l'assegnazione degli American Music Awards, Michael e altri quarantaquattro artisti si radunano in gran segreto per dieci ore agli A&M Recording Studios di Los Angeles per registrare *We are the world*, scritto a quattro mani da Michael Jackson e Lionel Richie. Nasce così USA For Africa, con l'obiettivo di sopperire ai gravi problemi legati alla carestia e alla mancanza di cibo nel continente, dopo l'iniziativa di Bob Geldof con Band Aid in Gran Bretagna. Geldof, appena rientrato dall'Etiopia affermerà: "... Penso sia bene ricordare che il prezzo di una vita, quest'anno, equivale a un pezzo di plastica largo poco

1985

meno di 18 cm e con un buco in mezzo… Non so se noi siamo in grado di comprendere cosa significhi niente. Niente significa non avere nemmeno una scatola di cartone in cui dormire quando la temperatura scende a meno dieci; niente significa non avere niente da bere, non avere nemmeno l'acqua. Entri in una di quelle baracche fatte di lamiera ondulata e vedi la meningite, la malaria e il tifo ronzare nell'aria; vedi i corpi dei cadaveri accanto a quelli dei vivi. E nei giorni fortunati può capitarti di vedere solo centoventi persone che ti muoiono lentamente davanti. In alcuni campi ci sono quindici sacchi di farina per ventisettemila persone, ed è per questo motivo che siamo qui."

Febbraio

Esce l'album *Pulse* di Greg Phillinganes, che contiene la canzone scritta da Michael con Chris Mosdell e Ryuichi Sakamoto *Behind the mask*. Il brano sarà pubblicato anche come singolo dalla Planet Records.

Negli Stati Uniti e in Gran Bretagna esce *Do what you do* di Jermaine Jackson. Sul lato B c'è *Tell me I'm not dreamin'*.

Esce *Wait* dei Jacksons, il terzo singolo tratto dall'LP *Victory*. Sul lato B, una versione live di *She's out of my life* di Michael.

14 febbraio

Michael aiuta a nascere il cucciolo di Prince e Princess, i suoi cervi. Viene chiamato Valentino, essendo nato il 14 febbraio, e l'evento viene filmato.

23 febbraio

Per la prima volta Michael appare sulla copertina di "TV Guide".

26 febbraio

Alla ventisettesima edizione dei Grammy Awards allo Shrine Auditorium di Los Angeles, Michael, che non partecipa alla cerimonia, vince nella categoria Best Video Album con *The making of Michael Jackson's Thriller*.

Marzo

Alla terza edizione degli American Video Awards *The making of Michael Jackson's thriller* vince in due categorie: miglior video long-form e miglior home video. Rebbie Jackson ritira i premi per conto di Michael.

Michael è sulla copertina delle riviste "Rock & Soul", "Beatbox", "Look In" e "Right On!".

26 marzo

Michael arriva all'aeroporto londinese di Heathrow con il Concorde e per più di mezz'ora è oggetto di controlli personali, oltre a quelli del bagaglio.

27 marzo

Michael assiste al musical futuristico *Starlight express* all'Apollo Victoria Theatre di Londra, dove incontra il cast nel backstage.

28 marzo

Michael arriva al museo delle cere Madame Tussauds per l'inaugurazione della sua statua: è la sua prima visita pubblica in Gran Bretagna dopo il tour dei Jacksons del 1979. Londra è quasi paralizzata da ottomila fan; quando riparte, sale sul tetto della macchina per salutarli. Più tardi gli saranno chieste duemila sterline per i danni alla carrozzeria!

Esce per la Columbia l'album *We are the world*.

29 marzo

Michael Jackson lascia il Montcalm Hotel per visitare un ospedale londinese dove rende omaggio allo scheletro di John Merrick (l'uomo elefante). Nel pomeriggio assiste a un'esercitazione alla stazione di polizia di Marylebone e gli vengono consegnati elmetto e distintivo. La sera, per finire, durante un ricevimento e una festa dati in suo onore la CBS Records gli consegna una targa ricordo di platino.

Esce *We are the world: the video event* che diventa il nono video più venduto del 1985.

Aprile

Michael Jackson e sei altri artisti di USA For Africa sono sulla copertina di "Life", unica rivista autorizzata a fotografare e scrivere della session di registrazione durata tutta la notte.

Michael ed Elizabeth Taylor vanno a vedere insieme un concerto del Comeback Tour della loro amica Liza Minnelli.

L'idea avanzata dalle poste delle Isole Vergini britanniche di realizzare, a maggio, un francobollo con l'immagine di Michael insieme a quella della regina, viene respinta da palazzo reale con questa motivazione: "La regina non può comparire in nessun francobollo che la ritragga con una persona ancora in vita". Ciononostante ne viene stampato un numero limitato che resta tra i cimeli più ambiti dai collezionisti, con un valore che si aggira intorno alle duecentocinquanta sterline l'uno.
Qualche tempo dopo l'isola caraibica di Saint Vincent emetterà una serie di francobolli che ritraggono Michael in otto differenti pose.

Pagina accanto: Michael all'inaugurazione della sua statua al Madame Tussauds di Londra. Fuori, l'isteria dei fan

1985

1 aprile
Michael torna a casa a bordo del Concorde.

4 aprile
Esce la notizia che che l'album *We are the world* è disco d'oro con cinquecentomila copie vendute dopo quarantotto ore dalla pubblicazione e che il singolo ha venduto oltre quattro milioni di copie, raccogliendo otto milioni di dollari per USA For Africa.

5 aprile
Venerdì Santo, e *We are the world* viene trasmessa simultaneamente da oltre ottomila stazioni radio in tutto il mondo.

8 aprile
Michael e Lionel Richie sulla copertina della rivista "Jet".

13 aprile
Uscito il 7 marzo, *We are the world*, con *Grace* di Quincy Jones sul lato B, entra in classifica:

SINGOLI POP	1	4

Il disco entra in classifica anche in Gran Bretagna:

TOP 100 SINGOLI	1	(2)	9

Michael sul set di *Captain EO* con Francis Ford Coppola e George Lucas

18 aprile
In Gran Bretagna la Motown ripubblica *Got to be there*, con *Rockin' Robin* sul lato B.

Julian Shapiro, assistente di Jackson, dichiara che Michael parteciperà alla nuova pellicola *Peter Pan*, con la sua creatività e con la sua musica.

1 maggio
The story of "We are the world", un film documentario sulla session di registrazione, viene trasmesso in anteprima dalla rete via cavo Home Box Office.

Michael appare sulla copertina di "National Lampoon".

10 maggio
Michael Jackson va a vedere la mostra di pittura di N.C. Wyeth al Brandywine River Museum.

14 maggio
Sulla stampa appare la notizia che Michael ha ricevuto dalla Epic un assegno di cinquantatré milioni di dollari per i diritti dell'album *Thriller*.

17 maggio
We are the world stabilisce un record storico: è il primo singolo multi-platino e il primo a diventare disco d'oro, di platino e multi-platino nell'arco di un mese.

Vengono pubblicati gli album *Motown legends - Michael Jackson*, *Motown legends - The Jacksons 5 featuring Michael Jackson* e *Motown legends - love songs*.

Luglio
State of shock / Torture esce per la Memory Lane, etichetta della Epic.

Michael è sulla copertina della rivista "Black Beat".

9 luglio
A Parigi ha inizio un procedimento giudiziario per stabilire se il pezzo *Wanna be startin' somethin'* non sia un plagio di *Soul makossa*, canzone di Manuy Dibango.

La NAACP critica Michael Jackson, e altre celebrità di colore, accusandoli di assumere pochi neri. Un appunto, comunque, non condiviso da tutti i membri dell'organizzazione.

12 luglio
L'album *We are the world*, è ufficiale, ha venduto tre milioni di copie, *Off the wall* cinque milioni.

24 luglio
Viene annunciato che Michael Jackson sarà il protagonista del film musicale di fantascienza in 3-D *Captain EO*, prodotto da George Lucas, con la regia di Francis Ford Coppola che verrà proiettato esclusivamente a Disneyland e a Disney World.

30 luglio
Michael si procura una brutta distorsione alla mano destra durante le riprese di *Captain EO* per la Walt Disney Productions. Viene portato al Brotman Memorial Hospital, dove incontra un fan ammalato.

Agosto
Esce per la RCA *Eaten alive* di Diana Ross, nato dalla collaborazione tra Michael e Berry e Maurice Gibb.

Esce *Say you love me* di Jennifer Holliday. Fra i brani *You're the one*, scritto con Buz Kohan e prodotto da Michael.

Metà agosto
Dopo dieci mesi di trattative, Michael Jackson acquista dal multimilionario australiano Robert Holmes il catalogo ATV per quarantasette milioni e mezzo di dollari. Si dice che la Columbia Records, divisione della CBS Records, abbia finanziato l'affare. Il catalogo, che comprende oltre quattromila composizioni, include duecentocinquantuno canzoni dei Beatles e diversi successi di Pat Benatar, Little Richard, delle Pointer Sisters e dei Pretenders.
Michael è già proprietario dei diritti della raccolta Sly Stone e di un'altra raccolta di successi degli anni Sessanta. Regalerà una Rolls-Royce al procuratore John Branca e una al manager Frank Dileo per il loro aiuto nella conclusione dell'affare Beatles.

Settembre
Esce per la Motown, su CD, l'album *20 greatest songs in Motown history* che comprende *Never can say goodbye*.

Esce per la RCA Records l'album *Eaten alive* di Diana Ross, che comprende la canzone omonima scritta da Michael con Berry e Maurice Gibb. Sul retro copertina, una frase scritta a mano da Michael a Diana: "Sei veramente la più grande, è bello essere di nuovo con te. Ti voglio bene, Michael 1998".

Michael invia ogni giorno grandi mazzi di fiori e frutta fresca in quantità al Cedar Sinai Hospital di Los Angeles dove è ricoverato Little Richard per un incidente automobilistico.

In Gran Bretagna *Eaten alive* entra in classifica:

TOP 100 SINGOLI	71	3

Ottobre
Michael Jackson e Prince appaiono sulla copertina di "Rock & Soul".

21 ottobre
Michael Jackson visita il Cohuna Wildlife Sanctuary di Perth, in Australia.

Dicembre
Michael Jackson è il vincitore assoluto dei Bozo Awards 1985 (che prendono il nome dal famoso clown) perché ha rilanciato il mercato dei guanti usandone uno solo.

Si diffonde la notizia che la Y&M Associates sta per mettere in commercio una linea di animali di stoffa creati sulla base dello zoo privato di Michael. Si parla anche di un cartone animato con protagonisti gli stessi animali.

Nella classifica annuale dei dieci migliori video americani della rivista "Billboard" Michael Jackson domina nuovamente con tre video realizzati due anni fa: *Thriller* al primo posto, *Beat it* al secondo e *Billie Jean* al sesto.

Michael con Kenny Loggins e Steve Perry durante la registrazione di *We are the world*

1986

1986
Corre voce che Michael Jackson stia per fare una comparsa nella serie televisiva americana *I Colby*.

Si dice che il gruppo britannico Five Star sia stato invitato a registrare in America con Michael.

Per la prima volta Michael Jackson e i Beatles rimasti uniscono le forze per proteggere il lavoro del gruppo: Michael ottiene infatti dal tribunale che venga bloccata la vendita di tre video pirata, e cioè *The Beatles in Tokyo*, *The Beatles in the Magical Mystery Tour* e *The Beatles at Shea Stadium*.

25-26 gennaio
Viene trasmesso in radio *Dick Clark's rock roll & remember*, un album di artisti vari che include canzoni dei Jacksons e di Michael, oltre a un'intervista al cantante.

Michael agli American Music Awards con l'amica Elizabeth Taylor

27 gennaio
Michael arriva, a cerimonia già iniziata, agli American Music Awards in compagnia di Elizabeth Taylor. È premiato, insieme a Quincy Jones, Lionel Richie e al promoter Ken Kragen, per il brano *We are the world*. A conclusione della serata canta il brano insieme ad altri artisti.

Michael ai Grammy Awards con Stevie Wonder, Quincy Jones, Dionne Warwick e Lionel Richie

Febbraio
Circola voce che Michael Jackson sarà il testimone di Diana Ross alle nozze della cantante, ma rinuncerà all'ultimo minuto. Diana Ross e il milionario norvegese Arne Naess si erano già sposati privatamente a New York nell'ottobre del 1985: questa volta lo faranno pubblicamente, in Svizzera.

2 febbraio
La CBS dedica a Quincy Jones la biografia della puntata di 60 Minutes; Jackson compare in un'intervista brevissima in cui parla dell'amico.

18 febbraio
Michael Jackson telefona a Donna Ashlock, una quattordicenne di Patterson, California, che ha subito un trapianto di cuore, dopo aver saputo che la ragazza è una sua fan, e la invita, quando starà meglio, a fargli visita nella casa di famiglia di Encino.

25 febbraio
Michael e Lionel Richie partecipano alla ventottesima edizione dei Grammy Awards. *We are the world* si aggiudica quattro delle sei nomination: canzone dell'anno, disco dell'anno, miglior performance pop di un duo o di un gruppo, miglior video musicale (cortometraggio).

Marzo
Frank Russo, l'ex promoter del Victory Tour, rinuncia a far causa ai Jackson per la rescissione del contratto. Continua però a cercare di ottenere un compenso per le tre settimane di lavoro che aveva dedicato al progetto.

1986

Michael Jackson e la Entertainment Properties Inc. firmano un contratto per diciotto milioni di dollari per la produzione di una linea di abbigliamento per bambini che utilizzerà il nome di Michael.

Michael appare sulla copertina di "Right On!".

8 marzo
Donna Ashlock, la ragazza che subito il trapianto di cuore, fa visita a Michael Jackson a Encino. Si ferma a pranzo e guarda un film insieme a lui.

11 marzo
We are the world vince il People's Choice Award 1985 come miglior nuova canzone. Né Jackson né Richie partecipano alla premiazione, che viene trasmessa dalla CBS-TV. Kenny Rogers ritira il premio al posto loro.

Aprile
È venerdì Santo e *We are the world* viene nuovamente trasmessa simultaneamente da diverse stazioni radio in tutto il mondo.

Esce *Hands across America / We are the world* a sostegno del progetto Hands Across America sponsorizzato da USA For Africa. Nei credit del disco *We are the world* viene inizialmente attribuita a Voices Of America, nelle ristampe successive verrà giustamente attribuita a USA For Africa.

Michael accompagna Elizabeth Taylor all'inaugurazione dell'Hollywood Park Race Track di Inglewood.

La gestione dell'ATV Music, il catalogo delle canzoni di Michael Jackson, passa dalla EMI alla MCA Music Publishing.

George Michael dichiara in un'intervista che a giugno registrerà una canzone con Michael Jackson il cui ricavato sarà devoluto all'American Relief Fund.

Maggio
Saint Vincent, un'isola caraibica a nord di Grenada nell'arcipelago delle Antille, emette una serie di francobolli dedicati a Michael Jackson (da non confondere con il tentativo non riuscito delle Isole Vergini britanniche).

5 maggio
Si dice che Michael stia per firmare un contratto per la cifra record di quindici milioni di dollari per altri tre spot pubblicitari della Pepsi, compenso poi smentito dall'azienda.

9 maggio
Michael alloggia all'Helmsley Palace Hotel con Emmanuel Lewis e alcuni assistenti. Più tardi vanno a fare compere da Video Shack.

10 maggio
Michael, in compagnia di Emmanuel Lewis, assiste a Broadway al matinée della domenica di *Big Deal*. Più tardi si reca al Coronet Theater a vedere *Jo Jo Dancer, your life is calling*, un film con Richard Pryor.

11 maggio
Nel corso di un'altra puntatina da Video Shack, Michael acquista *I Goonies* per Emmanuel.

12 maggio
Presso il Red Parrot di New York viene convocata una conferenza stampa per annunciare il nuovo contratto della Pepsi con Michael Jackson.

In una delle sale da ballo dell'Helmsley Palace Hotel, Michael riceve una targa del *Libro dei Guinness dei Primati* per il più alto compenso mai pagato per una sponsorizzazione, ovvero i quindici milioni di dollari dalla Pepsi Cola.

13 maggio
L'ultima sera che passano a New York, Michael, Emmanuel Lewis e le loro guardie del corpo vanno a vedere *La piccola bottega degli orrori* all'East Village.

19 maggio
Esce per la Motown *Looking back to yesterday - Never before released masters*, un'antologia delle prime canzoni di Michael Jackson e dei Jackson 5.

Giugno
Muore Muscles, il boa constrictor che Michael teneva come animale da compagnia. Verrà sostituito da Crusher, un pitone lungo circa cinque metri e mezzo e di circa centotrenta chili di peso. Nello zoo privato di Michael arriva anche la giraffa Mahali, acquistata per quindicimila dollari dal Sedgewick County Zoo di Wichita, Kansas.

Michael va a farsi un giro a Disneyland e pensa bene di travestirsi: sedia a rotelle, mascherina chirurgica, occhiali da sole e borsalino. L'intenzione era quella di passare inosservato, ma il risultato è tutt'altro.

In alto: il francobollo dedicato a Michael non emesso dalle Isole Vergini

Al centro: Michael entra nel Guinness dei Primati per l'accordo più remunerativo tra un singolo e una grande azienda, cioè la Pepsi

Michael alle corse con Elizabeth Taylor e George Hamilton

1986

Luglio
Michael è sulla copertina della rivista "Right On!".

30 luglio
Michael Jackson partecipa ai funerali del regista Vincent Minnelli, padre di Liza, che si tengono al Forest Lawn di Glendale, California.

Agosto
La Motown pubblica una serie di CD dei Jackson 5, tra i quali spicca la raccolta di vecchie canzoni *The Michael Jackson anthology*.

26 agosto
Michael appare sulla copertina della rivista "Celebrity".

Settembre
Protetto da una mascherina, Michael assiste a Hollywood al concerto del gruppo norvegese degli A-Ha in compagnia di Sophia Loren.

Una biblioteca di Ojai, Hollywood, dichiara che non farà pagare a Michael nessuna multa per la ritardata consegna dei libri se il cantante accetterà di autografarli.

12 settembre
All'Epcot Center di Disney World, in Florida, viene proiettato per la prima volta *Captain EO*, il cortometraggio di fantascienza (diciassette minuti) in 3-D con Michael nel ruolo di protagonista. Realizzato dal cantante in collaborazione con George Lucas e Francis Ford Coppola, è il film più costoso mai prodotto, circa trenta milioni di dollari. Michael interpreta il Captain EO accanto ad Anjelica Huston. Due le canzoni di Michael: *Another part of me* e *We are here to change the world*.

13 settembre
Captain EO viene proiettato a Disneyland in California.

16 settembre
Il "National Enquirer" esce con in copertina Michael dentro una camera iperbarica. Frank Dileo e il medico personale del cantante, Steve Hoefflin, pare abbiano dichiarato che Jackson vorrebbe acquistare l'apparecchiatura nella convinzione che possa aiutarlo a vivere più a lungo.

29 settembre
Al Palladium, un night club di New York, viene presentata la nuova linea di abbigliamento per bambini a marchio Michael. Tutti i capi sono prodotti dalla Entertainment Properties Inc. e siglati con il monogramma MJ.

Ottobre
Si conclude la vicenda giudiziaria con Frank Russo, l'ex promoter del Victory Tour che reclamava un compenso per le tre settimane di lavoro in veste di manager.

Dopo due anni di incontri e discussioni a proposito di una sceneggiatura per la Geffen Productions, l'idea viene abbandonata perché Michael non è soddisfatto del progetto.
A quanto si dice, ha negato il permesso di usare le canzoni dei Beatles per il musical londinese *Lennon*. I promotor speravano di portare lo spettacolo in tour in una quindicina di città.

Novembre
Michael ed Elizabeth Taylor assistono al concerto di Liza Minnelli all'Universal Amphitheater di Hollywood.

Viene comunicato che la serie televisiva *Motown On Showtime*, trasmessa via cavo e dedicata agli artisti della casa discografica, avrà come protagonisti i Jackson 5. Il lungo special, programmato per marzo, si concentrerà sulla carriera di Michael e dei Jacksons.

La stampa musicale britannica annuncia che Michael pubblicherà un singolo a gennaio e un album a febbraio del prossimo anno. A quanto pare ha registrato materiale sufficiente per incidere tre album, e con ogni probabilità tra i brani del nuovo lavoro comparirà il duetto con George Michael. Secondo altre fonti il cantante connel nuovo disco duetterà con Barbra Streisand.

Michael al funerale di Vincent Minnelli con la vedova Lee e la figlia Liza

Pagina accanto: Michael in *Captain EO*

Copertina del fumetto (rarissimo) in 3-D di *Captain EO*

1986

Michael con il serpente Muscles
Nel riquadro: l'animale di stoffa dallo stesso nome che fa parte della nuova serie dei "Michael's Pets". Dal ricavato della vendita di ogni pupazzo, un dollaro viene donato in beneficenza per i bambini

Michael è sulla copertina della rivista "Black Beat".

Michael lancia sul mercato il profumo Magic Beat in tre fragranze: Wildfire, Unwind e Heartbeat.

Vengono messi in commercio i "Michael's Pets", la serie degli animali di stoffa modellati sullo zoo del cantante. Ne fanno parte Jabbar (la giraffa), Louie (il lama), Muscles (il serpente), Bubbles (lo scimpanzé), Uncle Tookie (la rana - Michael chiama con questo soprannome Frank Dileo) Spanky e Mr. Bill (i cani), Suzy (il coniglio) e Jeannine (lo struzzo), mentre Cool Bear è ispirato allo stesso Michael.

6 novembre
Secondo"Rolling Stone" Michael sta mettendo a punto, con il gruppo rap dei Run DMC, una canzone contro la droga per il nuovo album. Il video verrà probabilmente diretto da Martin Scorsese. La rivista afferma anche che secondo Rick Rubin della Def Jam Recordings, Michael ha negato ai Beastie Boys il permesso di registrare *I am down* dei Beatles con un nuovo testo, ritenuto troppo "sensuale".

9 novembre
Michael è sulla copertina del supplemento a colori di "News Of The World".

12 novembre
Il numero di "People" pubblicato il 13 febbraio 1984 risulta il terzo per tiratura. Con Michael in copertina e un articolo riguardante l'incidente in cui si è ustionato, ha venduto 3,45 milioni di copie.

15 novembre
In Gran Bretagna *Their very best - back to back*, che contiene brani di Michael, Diana Ross, Gladys Knight e Stevie Wonder, quattro tra i più grandi artisti Motown, entra in classifica:

TOP 100	21	10

18 novembre
The making of Disney's "Captain EO" viene trasmesso per la prima volta da Disney Channel sulla tivù via cavo.

19 novembre
Ai ragazzi della Master School di Dobbs Ferry, un piccolo sobborgo nella parte settentrionale di New York, viene dato un giorno di vacanza per permettere loro di partecipare alla selezione delle comparse per un video pop. Con enorme sorpresa scopriranno che si tratta del video di Michael Jackson. Alcune scene verranno girate sui treni dei pendolari e nella stazione della metropolitana del Bronx.
A dirigere il primo video (*Bad*) per l'LP di prossima uscita sarà Martin Scorsese: sedici minuti per raccontare la storia di Daryl, un ragazzo nero del ghetto che torna a casa dalla scuola privata e scopre di non riuscire più a legare con gli amici del quartiere. Il video è liberamente ispirato a una storia vera.

Dicembre
La rivista "Billboard" colloca *Motown 25: yesterday, today, and forever* al numero 2 della Top Music Video dell'anno.

Corre voce che Michael sia fidanzato con una ragazza bionda di venticinque anni di nome Karen Faye. Si scoprirà che Karen è già felicemente fidanzata ed è, in realtà, la truccatrice di Michael, incontrata durante la lavorazione di *Captain EO*.

10 dicembre
Michael Jackson si ritira dal consiglio di amministrazione di USA For America. Il motivo non è chiaro, potrebbe essere il mancato accordo sull'utilizzo di *We are the world* come lato B di *Hands across America*.

Michael partecipa a una cerimonia dell'American Friend Of The Hebrew University, dove Steven Spielberg riceve l'ambito Scopus Award.

1987

Michael agli American Cinema Awards con Sophia Loren

1987

Kenny Rogers pubblica *Your friends and mine*, un libro fotografico dedicato a personaggi celebri. L'immagine d'apertura in bianco e nero ritrae Michael con Bubbles.

Esce per la MCA *Time out for the burglar* dei Jacksons, canzone tratta dal film *Affittasi ladra* con Whoopi Goldberg. Nel singolo Michael non compare.

17 gennaio

Michael partecipa agli American Cinema Awards con Sophia Loren e Sylvester Stallone.

In Gran Bretagna *Behind the mask*, nella versione di Eric Clapton, entra in classifica:

TOP 100 SINGOLI	15	11

Scritta da Michael Jackson, Chris Mosdell e Ryuichi Sakamoto, era stata originariamente incisa da Greg Phillinganes, il tastierista di Michael, ma stranamente nella versione di Clapton non viene attribuita a Jackson.

Secondo la stampa, Steven Spielberg pensa di assegnare a Michael il ruolo principale nel film *Il fantasma dell'Opera*.

I dirigenti Motown smentiscono le voci secondo le quali Michael ha intenzione di comprare la Motown Records.

26 gennaio

Il nuovo singolo di Michael non viene pubblicato nella data programmata perché Jackson non è del tutto soddisfatto della registrazione.

La rivista "Number One" pubblica in esclusiva le foto tratte dal nuovo video di *Bad*.

Febbraio

Su "Number One" vengono pubblicate le fotografie delle nuove pubblicità di Michael per la Pepsi, accompagnate dalla notizia della prossima uscita di un brano intitolato *The price of fame*.

Michael inizia le riprese di un secondo video per il suo prossimo LP, *Smooth criminal*, diretto da Colin Chilvers (vincitore dell'Academy Award per gli effetti speciali del film *Superman*).

Marzo

Michael appare sulla copertina della rivista "Right On!".

La data per il lancio del primo singolo e del nuovo album di Michael viene fissata per aprile. L'album comprende *Bad* e *Pyramid girl*, un brano che verrà in seguito intitolato *Liberian girl*.

14 marzo

Il quotidiano britannico "The Sun" riporta in prima pagina la decisione di Michael e Paul McCartney di concedere il permesso per la registrazione di *Let it be* a favore del Zeebrugge Tragedy Fund.

15 marzo

Michael compare sulla copertina del supplemento a colori di "News Of The World" con la scritta "L'alto prezzo del sorriso di Michael Jackson".

In America i fan dei Beatles intasano la linea telefonica di una radio di New York per opporsi all'intenzione di Michael di usare le canzoni dei Fab Four come jingle pubblicitari.

Aprile

Michael lascia i testimoni di Geova.

1987

Michael in sala d'incisione per *I just can't stop loving you* con Siedah Garrett

William Van De Wall, portavoce del quartier generale dei testimoni di Geova di Brooklyn, dichiara alla stampa: "È stata una sua scelta. Noi non abbiamo fatto nulla. Siamo solo stati informati della decisione presa".

Maggio

Sembra che Michael abbia offerto un milione di sterline per acquistare lo scheletro di John Merrick (l'uomo elefante), conservato presso il Medical College di Londra. L'offerta verrà respinta.

Quincy Jones organizza un incontro a Los Angeles tra Michael e Prince per *Bad*, scritta pensando a un duetto tra i due. Prince respinge la proposta, ma dichiara che la canzone sarà un successo con o senza la sua partecipazione.

Viene annunciato un tour mondiale che inizia a settembre in Giappone e si concluderà in Gran Bretagna nell'estate del 1988.

Giugno

Michael è in copertina sulla rivista "Spin" con il titolo "Michael Jackson corre spaventato".

La Motown pubblica su CD due antologie di brani di Michael e dei Jackson 5.

1 giugno

Le vendite di *Thriller* si attestano sui 38,5 milioni di copie in tutto il mondo, con l'America in testa per poco più di metà del totale.

Luglio

La prima data del tour mondiale di Michael solista è fissata per il 12 settembre a Tokyo. Gli show in Australia e Nuova Zelanda sono programmati per novembre e dicembre. Seguiranno, nel 1988, America, Gran Bretagna e altri paesi europei.

13 luglio

Venticinque dirigenti della CBS Records e altri rappresentanti del mondo musicale americano vengono invitati nella casa di Michael Jackson a Encino, California, per un pranzo preparato dal famoso chef Wolfgang Puck. Sono stati radunati per l'anteprima di *Bad*, album e video.

La Epic annuncia che *Bad*, il nuovo album di Michael Jackson, uscirà il 31 agosto in LP, cassetta e CD.
Otto delle dieci canzoni dell'LP, così come la bonus track sul CD, sono state scritte da Michael. Sono cantati da Michael sia i motivi principali sia gli accompagnamenti vocali, con l'eccezione di tre canzoni: *Just good friend*, un duetto con Stevie Wonder; *I just can't stop loving you*, un duetto con Siedah Garrett; *Man in the mirror*, un gospel con la partecipazione di Andrae Crouch e il suo coro, di Winans e Siedah Garrett. Tra gli altri musicisti: Greg Phillinganes, Steve Porcaro, David Paich, Paulinho da Costa, Michael Boddicker, Jimmy Smith, Larry Williams e John Barnes. Steve Stevens, il chitarrista della band di Billy Idol, è il solista di *Dirty Diana*. L'album è prodotto da Quincy Jones, coprodotto da Michael Jackson e registrato in digitale e mixato da Bruce Swedien, lo stesso gruppo che aveva lavorato a *Off the wall* e *Thriller*.

La copertina originale dell'album, che mostra il viso di Michael in primo piano coperto con un tessuto a rete di pizzo, viene rifiutata da Walter Yetnikoff, presidente della CBS Records. Per la successiva sarà utilizzata una fotografia scattata durante una pausa di quindici minuti nel corso della registrazione del video di *Bad*.

15 luglio

In Gran Bretagna, Radio One manda in onda per la prima volta *I just can't stop loving you* durante il Gary Davis Lunchtime Show.

22 luglio

Negli Stati Uniti le radio iniziano a trasmettere *I just can't stop loving you*.

27 luglio

I just can't stop loving you esce in tutto il mondo. Nessun video accompagna questo primo singolo, atteso con entusiasmo dopo il successo di *Thriller*.

8 agosto

In Gran Bretagna *I just can't stop loving you* entra in classifica:

TOP 100 SINGOLI 5

Negli Stati Uniti entra sia nella classifica dei singoli pop sia in quella black.

Michael appare sulla copertina della rivista "Number One".

Metà agosto
Undici delle quattordici date giapponesi sono già sold out: tre a Tokyo, tre a Osaka e cinque a Yokohama. Con l'aspettativa di un totale di pubblico di trecentomila persone, costituiscono un precedente mai verificatosi nella storia dei concerti in Giappone.

15 agosto
In Gran Bretagna, dopo sole due settimane, *I just can't stop loving you* è in classifica:
TOP 100 SINGOLI 1 (2) 9

La stampa riporta che Michael sta considerando la possibilità di accettare il ruolo di protagonista in un film di Johnny Appleseed: la storia è quella di un uomo che, piantando alberi di mele in giro per l'America, diventa un eroe popolare. Un'ipotesi che preoccupa la Black Workers' League, la lega dei lavoratori di colore, che disapprova che un nero interpreti il ruolo di un bianco.
Michael replicherà che si tratta di una storia che va bene per tutti i colori.

Michael appare sulla copertina di "News Weekly".

In Gran Bretagna il DJ Mike Smith di Radio One annuncia che martedì 27 agosto manderà in onda per la prima volta il nuovo album di Michael.

27 agosto
Con un'ingiunzione del tribunale per conto della CBS, Mike Smith viene diffidato dal mandare in onda i brani dell'album *Bad*. Potrà trasmettere solo due canzoni, *I just can't stop loving you* e *Bad*. Agli ascoltatori delusi promette che cercherà un modo per far sentire l'album durante il suo Bank Holiday Monday Show.

In Illinois una donna di nome Billie Jean Jackson intenta una causa per cento milioni di dollari contro Michael, sostenendo che sia il padre dei suoi tre figli.

31 agosto
L'album *Bad* esce in tutto il mondo tranne che in Gran Bretagna, perché oggi è festa.

In tutto il mondo viene trasmesso per la prima volta *Michael Jackson: the magic return*, uno special tivù che promuove il lancio del nuovo album. Dura trenta minuti, racconta la carriera di Michael e comprende la versione da diciassette minuti del video di *Bad*. In America lo speciale si piazza al sesto posto nell'indice di ascolto della settimana, con il 30% degli ottantacinque milioni di spettatori sintonizzato per vedere Michael Jackson.

Nella sua trasmissione del mattino su Radio One, Mike Smith manda in onda per la prima volta *Bad* dopo averne avuto una copia da fonte sconosciuta.

Settembre
Michael è sulla copertina della rivista "Ebony".

1987

Bad

Michael Jackson

Epic OE 40600
EPC 83468

Lato A
1. ***Bad***
2. ***The way you make me feel***
3. ***Speed demon***
4. ***Liberian girl***
5. ***Just good friends***

Lato B
1. ***Another part of me***
2. ***Man in the mirror***
3. ***I just can't stop loving you***
4. ***Dirty Diana***
5. ***Smooth criminal***

1987

Sotto e pagina accanto: Michael durante il Bad Tour in Giappone

La rivista "Forbes" mette Michael Jackson al nono posto nella classifica degli intrattenitori più pagati: quarantatré milioni di dollari in due anni.

Michael telefona alla conduttrice Barbara Walters, che nel programma televisivo 20/20 ha parlato della sua dipendenza dalla chirurgia plastica, specificando di aver subito solo due interventi per rimodellare il naso e uno al mento. Spiega inoltre che il suo cambiamento fisico è dovuto alla dieta, è infatti diventato vegetariano. Sottolinea che le critiche per l'abuso della chirurgia estetica nascono dal confronto tra le sue foto attuali e quelle di quand'era molto piccolo.

1 settembre
L'album *Bad* viene pubblicato in Gran Bretagna e va a ruba prima ancora che gli addetti riempiano gli scaffali dei negozi. A breve sarà pubblicata una versione picture disc in edizione limitata.

In Gran Bretagna i negozi di dischi sono assediati dai fan che voglio acquistare il disco. A Londra la Tower Records ha venduto duecento copie nella prima ora, mentre la CBS stima un ammontare di centocinquantamila copie vendute alla fine del primo giorno. In America, da New York a Los Angeles, non si contano le code fuori dai negozi, tanto che i proprietari sono costretti ad assumere del personale extra per far fronte alle richieste.

7 settembre
In Gran Bretagna *Bad* entra in classifica:

TOP 100 ALBUM	1	(5)109

Nei primi cinque giorni *Bad* vende oltre trecentocinquantamila copie e stabilisce un nuovo record per la nazione, vendendo (in una settimana) dieci volte più dell'album *Hits 6* che passa al secondo posto. Le sue vendite sono le più alte dell'intera Top 40. Durante la prima settimana, ogni quattro LP venduti in Gran Bretagna uno è *Bad* di Michael Jackson.
La versione CD vende più di quarantamila copie, ancora un record, forse anche grazie alla bonus track *Leave me alone*. In America sono state distribuite due milioni e duecentocinquantamila copie, in Gran Bretagna seicentomila e in Giappone quattrocentomila. E *Bad* supera qualsiasi record di distribuzione anche in Germania, Francia e Olanda.

Bad entra in classifica:

ALBUM BLACK	1	(18)	
ALBUM POP	1	(6)	87

Delle ottantasette settimane di permanenza nella classifica degli album pop, trentotto lo vedono nei primi cinque posti, superando il record di ventisei settimane stabilito da *Hotel California* degli Eagles.

9 settembre
Michael arriva in Giappone all'International Narita Airport, assediato dai fan. Un cordone di sicurezza evita che la folla lo assalga.

Durante il soggiorno in Giappone, Michael alloggia al decimo piano del Capitol Hotel; da quel momento l'ultimo piano si chiamerà Michael Jackson Suite.

Il ministro giapponese Nakasone omaggia Bubbles, lo scimpanzé di Michael, con una spada da cerimonia.

10 settembre
Michael visita il parco divertimenti Korakuen, situato vicino allo stadio dove avrà inizio il Bad Tour.

12 settembre
Michael, soprannominato dai giapponesi "tifone Michael", dà il via al suo primo tour da solista al Korakuen Stadium di Yokohama, prima data dei quattordici concerti (tutti sold out) previsti.

1987

Un gruppo di cinquanta sarti e cinque negozi di Los Angeles hanno cucito in soli due mesi, per via dei molti rinvii, gli abiti dei sette componenti della band e dei quattro ballerini del Bad Tour, che comprende solo due canzoni del nuovo album: *I just can't stop loving you* e il brano che dà il titolo al disco.

La tivù nipponica registra uno dei concerti per un documentario che comprende anche la visita di Michael a un grande magazzino di giocattoli e al Disneyland di Tokyo.
Più di cento giornalisti, venti dei quali provenienti dalla sola Gran Bretagna, sono presenti alla prima data.

Per il Bad Tour Michael rimarrà in Giappone un mese e canterà davanti a quattrocentocinquantamila persone in quattordici concerti in tre città.

Una speciale edizione serale di Good Morning America, che comprende l'intervista fatta a Quincy Jones in Giappone, viene trasmessa qualche ora prima dell'inizio del concerto. Jones dichiara che Michael non è la persona bizzarra che la stampa dipinge.

In Gran Bretagna *Thriller* rientra in classifica:

TOP 100 ALBUM	15	(34)

insieme a *Off the wall*:

TOP 100 ALBUM	36	(15)

13 settembre
Michael sostiene la campagna della NAACP contro il razzismo e la discriminazione nei confronti degli artisti di colore.

"Se vuoi rendere il mondo un posto migliore, dai un'occhiata a te stesso e poi cerca di mettere in moto un cambiamento. Io non sono mai del tutto soddisfatto. Mi auguro sempre che il mondo possa diventare migliore. Spero che la mia musica dia gioia alla gente."

Michael Jackson all'Ebony/Jet Showcase settembre 1987

14 settembre
Michael appare sulla copertina della rivista "People", che titola: "Questo ragazzo è strano o cosa?"
Frank Dileo, nell'articolo all'interno, afferma che Michael non dorme in una camera iperbarica e che non ha nemmeno tentato di comprare lo scheletro dell'uomo elefante. E aggiunge che sono assurde anche le voci secondo le quali si schiarirebbe intenzionalmente la pelle.

Il sindaco Oshima consegna le chiavi della città di Osaka a Michael durante un tè ufficiale. Il cantante è accompagnato da Bubbles.

19 settembre
I just can't stop loving you raggiunge il primo posto in classifica:

SINGOLI POP	1	(1)	14
SINGOLI BLACK	1		

Bad, il secondo singolo tratto dall'album, entra in classifica:

SINGOLI POP	40

Entra anche nella classifica dei singoli black.

24 settembre
La rivista "Rolling Stone" dedica la copertina a una caricatura di Michael.

26 settembre
Bad entra in classifica in Gran Bretagna:

TOP 100 SINGOLI	3	14

Esce anche come maxi single in vinile rosso in edizione limitata.

Michael è sulla copertina della rivista "Number One".

Durante uno dei concerti in Giappone Michael dedica *I just can't stop loving you* e le restanti date del tour nella nazione alla memoria di Yoshiaki Ogiwara, un bambino di cinque anni rapito e brutalmente ucciso. Regala alla famiglia del bimbo ventimila dollari.

Così la stampa inglese sulla prima data del tour giapponese:

Niente animali domestici, niente plastica, solo sesso allo stato puro.
"Today"

Giapponesi in visibilio per il provocante Jacko.
"News Of The World"

Vedere Bad Jacko è come vincere cento lotterie.
"The Sun"

Il più grande spettacolo al mondo.
"Daily Mirror"

Il magico Michael incanta i fan.
"Daily Express"

Mentre si trova in Giappone, Michael rilascia un'intervista per la tivù australiana a Mollie Mildrew, che lo aveva già incontrato qualche anno prima.

L'Ebony/Jet Showcase manda in onda l'intervista di Darry Dennard in cui Michael parla del suo nuovo album e delle notizie strampalate che la stampa spesso diffonde su di lui.

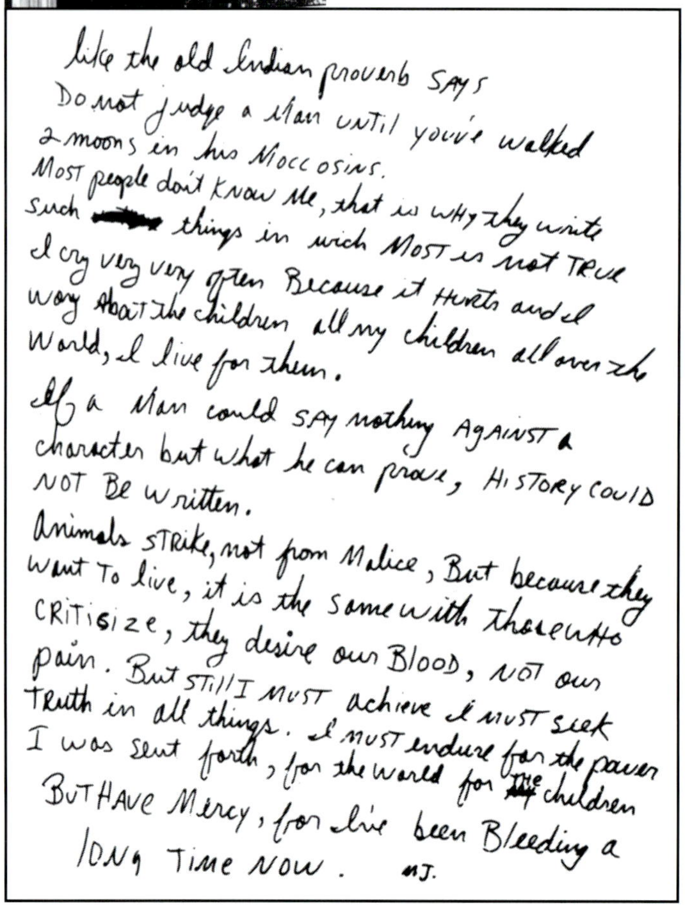
like the old Indian proverb says
Do not judge a man until you've walked
2 moons in his Moccosins.
Most people don't know me, that is why they write
such things in wich Most is not True
I cry very very often Because it Hurts and I
worry About the children all my children all over the
World, I live for them.
If a Man could say nothing Against a
character but what he can prove, History could
not Be written.
Animals strike, not from Malice, But because they
want to live, it is the same with those who
Criticize, they desire our Blood, not our
pain. But still I must achieve I must seek
Truth in all things. I must endure for the power
I was sent forth, for the world for the children
But Have Mercy, for I've been Bleeding a
long Time now. MJ.

Ottobre

Michael conclude il tour giapponese donando trenta oggetti personali all'UNESCO per un'asta di beneficenza che raccoglierà fondi per l'istruzione dei bambini nei paesi in via di sviluppo.

11 ottobre

Michael Jackson è sulla copertina della rivista "LA Times" che titola: "Il marketing di un eccentrico".

12 ottobre

Michael tiene il suo ultimo concerto giapponese al Nishinomya Stadium di Osaka. A quanto si dice, durante il mese di tour ha guadagnato oltre quattordici milioni di sterline dalla vendita dei biglietti e dal merchandise.

Michael appare sulla copertina di "People"; all'interno un'intervista a firma Todd Gold.
In risposta alla pubblicità negativa di cui è stato fatto oggetto fin dal lancio di *Bad* e alle voci oltraggiose circolate su di lui, scrive una commovente lettera alla stampa, che viene pubblicata proprio su "People". Le notizie circolate hanno sconvolto soprattutto sua madre, Katherine, ed è lei che ha chiesto al figlio di reagire.

17 ottobre

Michael è sulla copertina di "Fresh Magazine" che titola: "È di nuovo Michaelmania".

18 ottobre

Michael è sulla copertina del supplemento a colori di "News Of The World", con il titolo "Doppia vita segreta: la verità sul Michael Jackson".

24 ottobre

Bad entra in classifica:

SINGOLI POP	1	(2)	14
SINGOLI BLACK	1		

Fine ottobre

Michael visita l'Ocean Park di Hong Kong.

31 ottobre

MTV trasmette per la prima volta il video di *The way you make me feel* con Tatiana Thumbtzen. Durante le riprese della scena finale in cui stringe forte tra le braccia Tatiana, Michael chiede che sul set rimangano solo le persone strettamente necessarie. Il video, in cui LaToya compare per un secondo cameo, è diretto da Joe Pytka con la coreografia di Michael e di Vince Patterson.

In Gran Bretagna *Love songs* di Diana Ross e Michael Jackson entra in classifica:

TOP 100 ALBUM	12	26

Novembre

Michael appare sulla copertina della rivista inglese "Q" che titola: "Tutti dicono 'AAOW'. Michael Jackson è in tour, il mondo si arrende".

11 novembre

Michael arriva a Sidney e si imbarca per Melbourne per il primo concerto australiano del tour, che vedrà cinque date sold out per un totale di centotrentacinquemila spettatori. La star, soprannominata dagli australiani "coccodrillo Jackson", è accolta al suo arrivo da centinaia di fan urlanti.
Indossando una giacca nera e rossa, stile militare, fa la sua comparsa da un'uscita di sicurezza dell'aereo per ricevere il benvenuto dei danzatori aborigeni.

1987

12 novembre
Durante il soggiorno australiano Michael visita un ospedale per bambini.

13 novembre
La prima tappa australiana del Bad Tour è all'Olympic Park di Melbourne.

20-21 novembre
Michael si esibisce con il tutto esaurito in due concerti al Paramatta Stadium di Sydney. In una delle due date Stevie Wonder lo raggiunge sul palco.

21 novembre
The way you make me feel entra nelle classifiche dei singoli pop e black.

23 novembre
The way you make me feel esce in Gran Bretagna.

25 e 28 novembre
Michael si esibisce davanti a centotrentacinquemila persone in due concerti al coperto al Brisbane Entertainment Centre.
Vengono cancellati i concerti di Perth e di Adelaide e salta il tour in Nuova Zelanda perché la Cricket Association nega il permesso di mettere le sedie sui campi di gioco.

29 novembre
In Gran Bretagna vengono messi in vendita i biglietti per i concerti del 14 e 15 luglio 1988.
In tre ore vengono venduti centoquarantaquattromila biglietti per la prima delle due date al Wembley Stadium. Oltre seimila le persone in coda fuori dal box office di Wembley, in tanti sono lì dalla notte prima nonostante il freddo. Il ricavato è stimato in due milioni e cinquecentomila sterline.

Michael devolve diecimila sterline al Children In Need Appeal in Gran Bretagna.

30 novembre
Michael lascia l'Australia per tornare negli Stati Uniti.

A New York si diffonde la voce che Michael Jackson e Lionel Richie intenteranno una causa da trecento milioni di sterline per violazione del copyright. Reynaud Jones, un ex membro dei primi Jackson 5, denuncia di aver consegnato i nastri di *The girl is mine*, *Thriller* e *We are the world* a Joe Jackson ma di non aver mai ricevuto il pagamento di diecimila sterline.

Esce *The way you make me feel* in 45 giri, con un tagliando di partecipazione al concorso per vedere Michael in concerto.

The way you make me feel viene pubblicato anche come maxi single con quattro differenti mix.

Pagina accanto a sinistra: la lettera scritta da Michael e pubblicata sulla rivista "People" nell'ottobre 1987

Pagina accanto a destra: Michael in un momento di pausa durante il tour in Giappone

A sinistra: l'accoglienza dei danzatori aborigeni all'arrivo a Melbourne

Michael fa visita ai bambini ammalati in ospedale

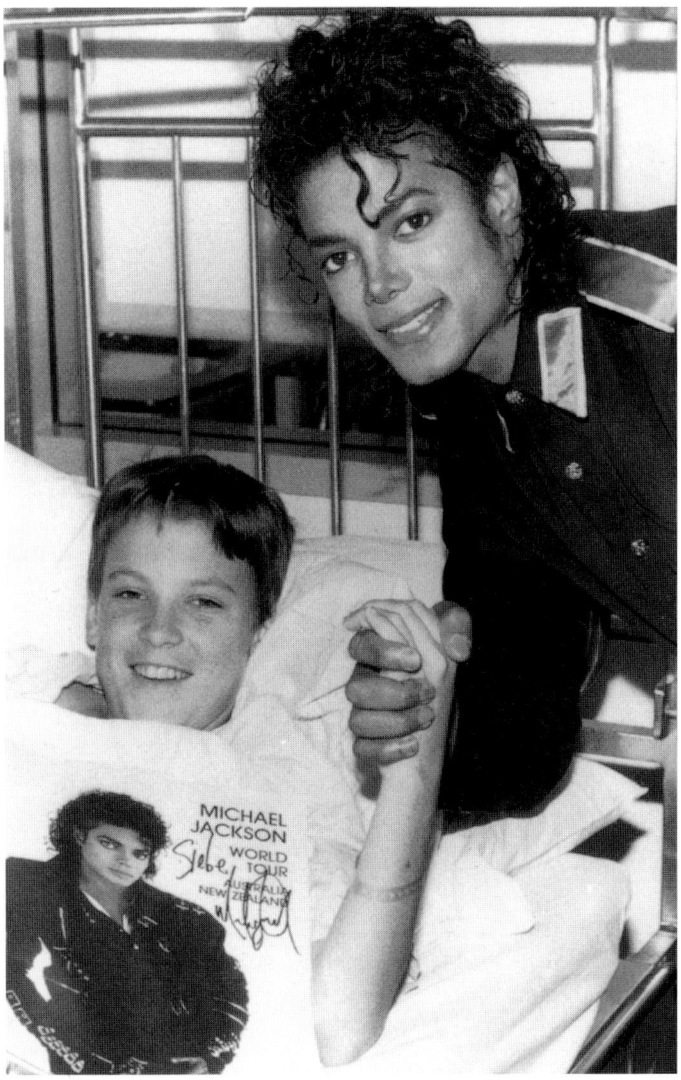

Dicembre

Bad viene proclamato miglior album e miglior video dai lettori di "Smash Hits", che eleggono Michael miglior cantante.

Bad, uscito solo quattro mesi prima della fine dell'anno, è l'album più venduto del 1987 in Gran Bretagna (con circa due milioni di copie) e negli Stati Uniti.
Ha conquistato anche un altro record: è al primo posto nelle classifiche di venticinque paesi nel mondo.

La classifica di fine anno della rivista "Billboard" mette Michael al nono posto della categoria Top Hot Crossover Artist.

Michael viene eletto miglior cantante del 1987 dai lettori di "Aftonbladet", uno dei giornali svedesi più diffusi.
È l'unico premio di questo genere assegnato in Scandinavia, tra i vincitori nomi del calibro di Bruce Springsteen, David Bowie e Prince.

5 dicembre

The way you make me feel entra in classifica in Gran Bretagna:

TOP 100 SINGOLI	3	10

In Gran Bretagna *I saw mommy kissing Santa Claus / Frosty the snowman / Santa Claus is coming to town / Up on the house top* di Michael Jackson e dei Jackson 5, pubblicato dalla Motown, entra in classifica:

TOP 100 SINGOLI	91	4

26 dicembre

In Gran Bretagna *Michael Jackson mix*, uscito per la Stylas, entra in classifica:

TOP 100 ALBUM	27	25

1988

1988
Esce *Fred Astaire: his friends talk*, un libro di Sarah Giles che contiene ricordi e pensieri sul grande artista. Tra i contributi quello di Michael Jackson, che esprime la sua ammirazione per la perfezione di Fred Astaire.

Robert Smith e Reynaud Jones di Gary, Indiana, e Clifford Rubin di Chicago fanno causa per quattrocento milioni di dollari a Michael Jackson, Lionel Richie, Quincy Jones, Joseph Jackson e Rod Temperton, accusandoli di aver utilizzato le loro canzoni come basi per *Thriller*, *The girl is mine* e *We are the world*. La causa si concluderà solo nel 1994.

Gennaio
MTV manda in onda *From Motown to your town*, uno special che comprende filmati sulla carriera di Michael Jackson e sul Bad Tour.

Alla quindicesima edizione degli American Music Awards Michael Jackson vince nella categoria miglior singolo soul/r&b con *Bad*, ma non partecipa alla cerimonia.
Nella categoria miglior cantate pop/rock (seconda nomination di Jackson) vince Paul Simon.

A Las Vegas Michael assiste al *Beyond belief show* dei maghi Siegfried e Roy, ai quali si era rivolto per i giochi di magia del Bad Tour. In cambio aveva coreografato per loro un numero speciale dello spettacolo *Might in the magic* in scena al Mirage Hotel di Las Vegas.
Nati in Germania, i due illusionisti più famosi del mondo sono l'attrazione numero uno degli show di Las Vegas.
Dal 1981, anno d'esordio dei due, non una sera che non ci sia stato il tutto esaurito!

Un giudice ritiene nulla la causa da centocinquanta milioni di dollari intentata da Lavon Powlis, che si fa chiamare Billie Jean Jackson, contro Michael.
La Powlis sostiene che il cantante sia il padre dei suoi tre figli e continua a molestarlo.
Per aver violato i provvedimenti restrittivi che la obbligano a mantenersi ad almeno cento metri di distanza dalla casa di Encino viene condannata a due anni e mezzo di carcere.
Si saprà in seguito che Michael Jackson non è l'unica persona famosa alla quale ha attribuito la paternità dei figli.

Nuovi nomi ammessi al Rock & Roll Hall Of Fame. Tra di loro c'è Berry Gordy, il fondatore della Motown Records. Nell'accettare l'onore, Gordy legge un telegramma: "Congratulazioni, te lo sei meritato. Sei il padre della musica di qualità. Per sempre con affetto, tuo figlio Michael Jackson".

23 gennaio
The way you make me feel entra in classifica:

SINGOLI POP	1	(1)	18
SINGOLI BLACK	1	(4)	13

È il terzo singolo tratto da un unico album ad aver raggiunto il primo posto, e per Michael è la prima volta. Un record che condivide, nell'intera storia del rock, solo con altri tre cantanti.
È anche il nono disco di Michael solista in vetta alla classifica americana, cosa che gli fa guadagnare la quarta posizione tra gli artisti con più numeri uno in classifica dopo i Beatles (venti), Elvis Presley (diciassette) e le Supremes (dodici).

The way you make me feel è il settimo disco del Michael solista negli anni Ottanta a raggiungere il primo posto. Jackson si assicura così il record, e batte negli anni Ottanta per tre volte se stesso, Madonna e Whitney Houston.

Febbraio
In Gran Bretagna esce per la Motown l'album *The original soul of Michael Jackson*, che non entra in classifica.

A Pensacola, Florida, presso il Pensacola Civic Center, si tengono le prove del tour. Mary Hart, co-conduttrice di Entertainment Tonight, vi assiste e ne è impressionata:
"È un'esperienza grandiosa guardarlo mentre prova", dichiara. "Sa esattamente cosa vuole e come ottenerlo. Ha una carica incredibile!"

Mentre si trova in Florida, Michael viene invitato a visitare una libreria antiquaria e riceve in dono la prima edizione di *The elephant man* di Frederick Treves, il medico che si occupò dell'uomo elefante John Merrick.

Pagina accanto: Michael durante il Bad Tour

Michael con tra i maghi Siegfried e Roy e con il manager Frank Dileo

1988

"Michael si sarebbe dovuto portare via tutto. Ma quest'anno è il turno della A&M e della WEA, quindi ecco spiegati i premi a Sting e a Paul Simon. Però avreste dovuto vedere le loro facce quando Michael ha rubato la scena cantando Man in the mirror. Erano semplicemente sgomenti. Sono rimasti a bocca aperta davanti al suo talento, capivano bene che non era possibile paragonarlo ai loro artisti. È una scelta tra l'industria discografica e Michael Jackson, e io sceglierò solo e sempre Jacko".

Jonathan King
ai Grammy del 1988

A destra: Michael e la ballerina Tatiana Thumbtzen durante l'esecuzione di *The way you make me feel* al Madison Square Garden di New York

Michael con i vincitori della Pepsi's BAD Campaign (Be Against Drug), la campagna contro la droga sponsorizzata dalla Pepsi, durante la conferenza stampa dell'1marzo 1988

6 febbraio
Man in the mirror entra nelle classifiche dei singoli pop e black. Il video del singolo mostra immagini di bambini che muoiono di fame, di gente senza una casa e delle persone che stanno loro vicino. Michael devolve i diritti d'autore al Camp Ronald McDonald For Good Time, un fondo per i bambini ammalati di tumore.

8 febbraio
A Londra, Michael Jackson viene proclamato miglior artista solista internazionale alla settima edizione dei British Phonographic Industry Awards (i Brit).

20 febbraio
Man in the mirror, uscito in Gran Bretagna l'8 febbraio, entra in classifica:

TOP 100 SINGOLI	21	5

La canzone esce anche in versione picture disc quadrato.

23-24 febbraio
Michael inizia il suo primo tour americano da solista a Kansas City, di fronte a 33.918 persone in due date sold out alla Kemper Arena.
Con i soli posti in piedi si incassano settecentomila dollari, duecentomila in più di quanto abbia mai raggiunto in questo luogo qualunque altro artista, Elvis Presley compreso.

Inizio 1988
Michael partecipa con Bubbles al matrimonio del suo avvocato John Branca con Julie McArthur.

1 marzo
Michael partecipa alla conferenza stampa organizzata dalla Pepsi per presentare i nuovi quattro spot pubblicitari e consegnare allo United Negro College Fund un assegno di seicentomila dollari, ricavati dalla vendita dei biglietti del concerto del 3 marzo al Madison Square Garden. La conferenza, che si tiene al Club Manhattan 1018, è trasmessa via satellite e seguita dai giornalisti di tutto il mondo, che sperano che Michael risponda alle loro domande. Invece, tutto quello che ottengono sono solo quindici parole di ringraziamento.

2 marzo
Alla trentesima edizione dei Grammy Awards al Radio City Music Hall di New York, Michael manda in delirio gli spettatori con una delle sue rare apparizioni televisive dal vivo e un'interpretazione da brividi di *The way you make me feel* e *Man in the mirror*. Nonostante *Bad* sia l'album più venduto al mondo nel 1987 e abbia conquistato il primo posto nelle classifiche di più di venticinque paesi, Michael vince una sola delle quattro categorie per le quali era in nomination: miglior registrazione.
La settimana dopo la cerimonia, la rivista "Billboard" riporta che le vendite di *Bad* sono maggiori di quelle di *The Joshua tree* degli U2, l'album che aveva vinto il Grammy del 1988!

Durante la trasmissione dei Grammy vengono mandati in onda i nuovi spot pubblicitari Pepsi con Michael Jackson protagonista. Diventano così popolari da essere richiesti ufficialmente dalla televisione russa. Sono le prime pubblicità americane a essere mandate in onda in Unione Sovietica e si stima che siano viste da centocinquanta milioni di russi.

3-4-5 marzo
Michael si esibisce davanti a cinquantasettemila spettatori in tre serate al Madison Square Garden di New York. Nel corso di uno di questi spettacoli bacia Tatiana Thumbtzen durante *The way you make me feel*. Tra le celebrità che partecipano alla serata ci sono Brooke Shields, Quincy Jones, Prince, Lionel Richie, Stevie Wonder, Joan Jett e Madonna. Ed Koch, sindaco di New York, assiste a un concerto e rilascia questa dichiarazione al "New York Post": "È il più grande ballerino insieme a Fred Astaire".

A causa del raffreddore e della laringite che colpiscono il cantante vengono cancellate le date di St. Louis, Missouri, prossima tappa del tour.

8 marzo
In America MTV trasmette il Michael Jackson Weekend, un programma di video, special e servizi tratti dai concerti che dura tutto il fine settimana.

10 marzo
Alla cena per il quarantaquattresimo anniversario dell'organizzazione, che si svolge allo Sheraton Hotel di New York, il United Negro College Fund acclama Michael come uno dei suoi più grandi sostenitori e gli conferisce il premio Frederick D. Patterson, il riconoscimento più alto, per i continui sforzi volti ad alleviare la fame nel mondo, per il suo aiuto ai bambini malati terminali e per essere un esempio per i giovani americani. È un momento speciale per il cantante, che grazie al Michael Jackson Scholarship Fund, da lui istituito nel 1984, ha permesso di erogare novantasette borse di studio.

Alla seconda edizione dei Soul Train Awards Michael vince in due delle tre categorie nelle quali era in nomination: miglior singolo maschile e miglior album maschile con *Bad*. *The way you make me feel* è superato da *Control*, di Janet, nella categoria miglior video. Né Michael né Janet partecipano alla cerimonia.

Michael organizza un'asta di beneficenza nella sua casa di Encino, da cui ricava circa due milioni di dollari che devolve al South African Council of Churches per la costruzione di nuove case e l'acquisto di abiti e medicinali. A fare da banditrice l'attrice Whoopi Goldberg.

12-13 marzo
Michael si esibisce davanti a trentaseimila spettatori in due concerti all'Arena di St. Louis, Missouri.

12 marzo
La rete televisiva americana via cavo Showtime trasmette Motown on showtime: *Michael Jackson... the legend continues*.
Michael è uno dei produttori esecutivi del programma, che manda in onda diversi filmati sulla sua carriera.
Viene proposto per il Cable Ace Award come special musicale insieme a *From your town to Motown*.
Vincerà il premio Billy Joel, mentre *Motown on showtime: Michael Jackson... the legend continues* riceverà l'Ace Award per il montaggio.

14 marzo
Michael si ammala ed è costretto a cancellare il terzo concerto all'Arena.

18-19 marzo
Michael tiene due concerti alla Market Square Arena di Indianapolis, Indiana.

Michael con gli amici Quincy Jones e Whitney Houston durante la premiazione UNCF

"Voglio dire una cosa a proposito dell'United Negro College Fund. L'istruzione apre la mente verso il mondo e non c'è niente di più importante che offrire a tutti la possibilità di studiare. Voler imparare, avere la capacità per farlo e non averne i mezzi è un vero dramma. Sono onorato di partecipare a una serata in cui si afferma che questo non dovrà mai più succedere".

Michael Jackson - 10 marzo 1988

Michael in uno dei nuovi spot pubblicitari della Pepsi

1988

Michael durante un concerto del Bad Tour del 1988

20 marzo
Michael tiene un concerto al Freedom Hall di Louisville, Kentucky.

Michael appare sulla copertina della rivista "Jet".

23-24 marzo
Michael si esibisce davanti a un pubblico di 40.251 spettatori in due serate alla McNichols Arena di Denver, Colorado.

26 marzo
Man in the mirror entra in classifica:

SINGOLI POP	1	(1)	17
SINGOLI BLACK	1	(2)	14

Con *Man in the mirror* al primo posto, Michael è il primo artista ad avere quattro singoli tratti da un solo album al numero uno. *Bad* è il secondo album ad aver sfornato quattro singoli da prima posizione in classifica, l'altro è la colonna sonora del film *La febbre del sabato sera*.

Michael è anche il primo artista che può contare quattro singoli consecutivamente al primo posto sia come gruppo sia come solista. È il primo ad avere quattro successi da Top Ten tratti da tre album consecutivi.

La rivista "Billboard" proclama Michael Jackson terzo autore più importante dell'anno. Ha infatti scritto tre singoli da numero uno: *I just can't stop loving you*, *Bad* e *The way you make me feel*.
Mentre si trova a New York Michael accompagna Liza Minnelli allo spettacolo *Il fantasma dell'Opera*, grande successo di Broadway, poi va nei camerini a salutare Michael Crawford e Sara Brightman.

Due nuove date inglesi per il Bad Tour: il 26 e il 27 luglio a Wembley. Saranno in totale sette i concerti nella città, un nuovo record per Michael.

In Gran Bretagna, dal settembre dello scorso anno, l'album *Bad* ha venduto un milione e ottocentocinquantamila copie.

30-31 marzo e 1 aprile
Michael si esibisce davanti a 45.188 spettatori in tre serate al Civic Center di Hartford, Connecticut.

Aprile

Dall'album *Even worse* di "Weird Al" Yankovic viene tratto il singolo *Fat*, una nuova parodia di Michael Jackson fatta rielaborando le parole e il video di *Bad*. La comicità di *Fat* piace molto a Michael, che già aveva autorizzato Yankovic a utilizzare la sua musica.

Il Friday Night Video è dedicato interamente a Michael Jackson. È la prima volta che il programma dedica una puntata monografica a un unico artista.

A un'asta presso la Philips di Londra, l'Hard Rock Cafe acquista un paio di scarpe di scena rosse, tempestate di brillanti, e una maglietta indossata da Michael Jackson per quattromilaquattrocento sterline. Il "Daily Star" si aggiudica un costume in lamé e un paio di scarpe di scena, una fotografia autografata di Michael e un album Motown con le firme dei Jackson 5.

8-9-10 aprile
Michael tiene un concerto al Summit di Houston, Texas.

13-14-15 aprile
Michael si esibisce all'Omni di Atlanta, Georgia. Il ricavato sarà devoluto alla Make A Wish Foundation, una fondazione benefica a favore dei bambini malati terminali.

14 aprile
Il video di *Dirty Diana* viene trasmesso per la prima volta su MTV. È il primo video di Michael dal vivo, registrato a Long Beach, California.

16 aprile
I want you back ('88 remix), pubblicato dalla Motown, entra in classifica in Gran Bretagna:

TOP 100 SINGOLI	8	9

Il video del pezzo comprende una compilation di immagini tratte dal Cartoon Show dei Jackson 5.

19-20-21 aprile
Michael si esibisce in tre serate sold out al Rosemont Horizon di Chicago, Illinois, e riceve dal sindaco Eugene Sawyer le chiavi della città.

20 aprile
Moonwalk, la tanto attesa autobiografia di Michael Jackson, curata da Jacqueline Onassis, viene pubblicata dalla casa editrice Doubleday. In due settimane raggiunge il primo posto nella classifica dei bestseller con settantamila copie vendute.

1988

Segue una prima ristampa di dodicimilacinquecento copie e, la settimana successiva, una seconda di trentamilacinquecento .

In America, *Moonwalk* è al numero uno nella classifica dei bestseller del "Los Angeles Times" e al numero due in quella del "New York Times", dove raggiunge il primo posto la settimana successiva.
Dopo pochi mesi ha venduto più di quattrocentocinquantamila copie in quattordici paesi in tutto il mondo.
Michael dedica il libro al grande Fred Astaire, uno dei suoi idoli.

23 aprile
Get it entra in classifica:

SINGOLI BLACK	4	11

25-26-27 aprile
Michael in concerto alla Reunion Arena di Dallas, Texas.

30 aprile
Dirty Diana entra in classifica:

SINGOLI BLACK	5	13

La rivista "People" manda in onda uno special tivù sui Jacksons. Joseph Jackson respinge le accuse di maltrattamento di cui Michael parla nella sua autobiografia, definendole delle "lievi sculacciate". In un'intervista anche Marlon conferma che venivano spesso picchiati.

Maggio
Michael Jackson lascia la casa di famiglia di Hayvenhurst, a Encino, per trasferirsi nel ranch appena acquistato nella Santa Ynez Valley, centosessanta chilometri a nord di Los Angeles.
I duemilasettecento acri del ranch vengono subito ribattezzati Neverland Valley Ranch, dal libro preferito di Michael, ovvero *Peter Pan*. Alcune fonti dicono sia stato pagato ventotto milioni di dollari, altre parlano di diciassette milioni.

Si aggiunge un'altra data a quelle già programmate in Gran Bretagna. Michael si esibirà al famoso Circuito di Aintree, a Liverpool, casa dei suoi eroi: i Beatles.

4-5-6 maggio
Michael canta di fronte a 50.662 spettatori nei tre concerti al Metropolitan Center di Minneapolis, Minnesota.
Sono le ultime date delle trenta previste dalla prima parte del tour negli Stati Uniti, che ha visto per Michel un pubblico di mezzo milione di americani.

7 maggio
Get it entra in classifica:

SINGOLI POP	80	6

16 maggio
Michael appare sulla copertina della rivista "Jet".

18 maggio
Al Film Festival di Cannes si proietta in anteprima *Moonwalker*. L'uscita del film nelle sale è programmata per Natale.

19 maggio
Michael arriva all'aeroporto Leonardo Da Vinci di Roma per preparare la prima data della tranche europea del Bad Tour e viene accompagnato sotto scorta al lussuoso hotel Lord Byron.

21 maggio
Michael visita la Cappella Sistina, dove gli affreschi di Michelangelo sono stati appena restaurati.
È accompagnato dall'ambasciatore americano Maxwell Rabb.

Si dice che l'artista desideri recarsi in Vaticano per incontrare il Papa.

22 maggio
Michael visita due corsie dell'ospedale pediatrico Bambin Gesù di Roma, dove sono ricoverati pazienti di età compresa tra i cinque e i dodici anni. Firma autografi, distribuisce dolcetti, album e cassette e promette di donare centomila sterline all'ospedale.

23 maggio
Michael inaugura la parte europea del Bad Tour con il primo dei due concerti allo stadio Flaminio di Roma, dove suona davanti a settantamila spettatori. Nonostante una laringite, non delude i fan italiani.

Assistono al concerto due celebrità, Sophia Loren e Gina Lollobrigida che non si parlavano da anni, prima che Michael le volesse entrambe accanto a sé per una fotografia.

1988

Pagina accanto: una tappa del Bad Tour del 1988

Dopo il concerto viene organizzato un party a Palazzo Taverna, un edificio del XVI secolo.
Michael fa una breve apparizione e riceve i complimenti da Sophia Loren, Gina Lollobrigida, Federico Fellini e Giorgio Armani.

Viene annunciato che la Pepsi donerà più di quattromila biglietti dei concerti inglesi alla maratona televisiva di Telethon ITV, che ricaverà circa duecentomila sterline per il Great Ormond Street Children's Hospital.

24 maggio
Michael tiene il secondo concerto allo stadio Flaminio di Roma.

25 maggio
Il Papa non può incontrare Michael, causa i troppi appuntamenti che si sono sovrapposti dopo il suo viaggio in Sud America.

Michael è l'ospite d'onore del party a casa del regista Franco Zeffirelli.

28 maggio
Get it di Stevie Wonder e Michael Jackson entra in classifica in Gran Bretagna:

TOP 100 SINGOLI	37	4

Il brano è tratto dall'album *Characters* di Stevie Wonder.

29 maggio
Michael si esibisce di fronte a una platea di 53.600 spettatori a Torino.

I concerti italiani vengono riprodotti illegalmente su due bootleg: *My way* (quello del 23 maggio) e *Michael Jackson live* (quello del 29 maggio).

30 maggio
Viene cancellato il concerto francese di Lione perché sono stati venduti solo metà dei trentamila biglietti.

In America, presentato da Whoopi Goldberg, va in onda *Captain EO backstage*, il dietro le quinte con le prove dei balletti, i trucchi e gli effetti speciali.

Giugno
Le star della musica organizzano un'asta di memorabilia il cui ricavato andrà alla T.J. Martell Foundation per la ricerca sulla leucemia, sul cancro e sull'AIDS.
Per il cappello di feltro nero con l'autografo di Michael viene offerta la strepitosa cifra di 4125 dollari.

La Inland Revenue rinuncia alla causa di tre milioni di sterline contro Michael prima che il tour arrivi in Gran Bretagna.
I promoter di Jackson trovano una scappatoia alle leggi sulla tassazione che evita al loro cliente di versare il 25% chiesto come anticipo sull'imposta finale.

Michael è sulla copertina della rivista "Ebony".

1 giugno
Michael stabilisce ancora un record, è il primo artista ad avere tre album che hanno venduto, negli Stati Uniti, più di sei milioni di copie ciascuno. Sia *Bad* sia *Off the wall* tagliano contemporaneamente il traguardo delle vendite in tutto il mondo con quindici milioni di copie il primo e nove milioni il secondo. *Thriller* rimane ancora l'album che ha venduto di più di tutti i tempi, con oltre quaranta milioni di copie.

2 giugno
Michael fa il tutto esaurito, con cinquantacinquemila spettatori, al Prater Stadium di Vienna, Austria.

3 giugno
Esce per la Motown il video *Michael Jackson: the legend continues...*
In pochi giorni diventa il più venduto in Gran Bretagna.

5-6-7 giugno
Michael si esibisce davanti a 145.200 spettatori in tre concerti al Feyenoord Stadium di Rotterdam, Olanda.

11-12 giugno
Michael suona davanti a 106.000 spettatori in due concerti a Göteborg, Svezia.

16 giugno
Michael fa il tutto esaurito davanti a 50.000 spettatori al St. Jakobe Stadium di Basilea, Svizzera. Tra le celebrità presenti Elizabeth Taylor e Bob Dylan.

Mentre si trova a Basilea incontra Oona Chaplin, vedova di Charlie Chaplin, uno dei suoi eroi.

19 giugno
Michael suona davanti a 50.000 spettatori vicino al muro di Berlino, nella parte ovest della città; si verificano degli scontri quando la polizia respinge migliaia di giovani fan provenienti dalla parte est. I tedeschi dell'est si erano infatti radunati intorno alla porta di Brandeburgo per ascoltare il concerto, organizzato davanti al Reichstag. Qualche ora prima dell'inizio tenteranno di oscurare lo spettacolo con un proprio concerto presentato da Katarina Witt, campionessa mondiale di pattinaggio su ghiaccio, al quale partecipano anche Bryan Adams e i Big Country.

Sfortunatamente sarà la violenza intorno alla porta di Brandeburgo ad avere rilievo sui giornali, e non la musica di Michael, che invece è un simbolo di unione tra paesi e razze.

27-28 giugno
Michael canta davanti a 128.000 spettatori in due concerti al Parco dei Principi di Parigi. Assistono al concerto Grace Jones e il designer Patrick Kelly.

Durante il soggiorno francese Michael riceve la Grande Medaille de la Ville de Paris, onorificenza solitamente riservata ai capi di Stato, dalle mani del presidente Chirac.

Negli Stati Uniti inizia la vendita dei biglietti della seconda parte del Bad Tour, con un anticipo che va da quattro a sei mesi rispetto alla programmazione delle serate. I biglietti vanno a ruba e nelle città più importanti si terranno tre spettacoli.

Michael durante il Bad Tour

1 luglio
Esce il primo numero del magazine del fan club "Off The Wall" ideato da Adrian Grant e chiamato come il suo album preferito. La prima tiratura è di duecento copie, dopo poco tempo i lettori in tutto il mondo aumenteranno e la rivista inizierà a essere letta anche da chi non è fan di Michael.

Michael in concerto al Volkspark Stadium di Amburgo davanti a 50.000 spettatori. Tra loro anche la stella dell'opera Placido Domingo.

Michael appare sulla copertina di "News Weekly".

Ad appena dieci minuti dalla messa in vendita dei biglietti per il concerto al Milton Keynes Bowl, previsto per il 10 settembre, i fan intasano le linee telefoniche per accaparrarsi un posto.

Mentre è in tour in Germania, a Colonia Michael si innamora della giostra italiana del XIX secolo di Phantasialand; si dice che abbia offerto ai proprietari del parco, Richard Schmidt e Gottlieb Löffelhardt, una somma superiore alle centosessantamila sterline da loro pagate per aggiudicarsela.

A Colonia Michael acquista, per seicentocinquanta sterline, anche due bambole molto "reali" (Kasimir e Frederike i loro nomi).

Marcelle Avron, amministratore delegato della Mama Concerts, che si occupa del tour europeo, rivela che Michael guadagna 3425 sterline al minuto. Ha sottoscritto infatti un contratto per venti milioni di sterline, di cui riceve il 90%, per tutti i concerti programmati. Dopo aver pagato le centoquaranta persone che lavorano per lui, gli restano circa quattrocentomila sterline per ogni spettacolo.

2 luglio
Dirty Diana entra in classifica:

SINGOLI BLACK	5

Il 7 maggio era già entrato in classifica:

SINGOLI POP	1	(1)	14

Con *Dirty Diana* al primo posto della classifica dei singoli pop, Michael Jackson diviene il primo artista ad avere più di cinque successi da Top Ten tratti da due album consecutivi: da *Thriller* sette hit e da *Bad* cinque hit (*Dirty Diana* è il quinto).

3 luglio
Michael canta davanti a settantamila spettatori al Müngersdorfer Stadium di Colonia, Germania.

8 luglio
Michael canta davanti a settantaduemila spettatori, facendo il tutto esaurito, all'Olympic Stadium di Monaco, Germania.

10 luglio
Michael si esibisce nuovamente, davanti a settantamila spettatori e con il tutto esaurito, al Müngersdorfer Stadium di Colonia.

11 luglio
Michael arriva con due ore di ritardo all'aeroporto londinese di Heathrow, dove ad attenderlo trova migliaia di fan; alloggerà al Mayfair Hotel, dove ha riservato una suite e alcune stanze al settimo piano.
La squadra che segue Michael è composta da centoventi persone, venti al suo personale servizio, compresi medico, dentista, otorinolaringoiatra, manicure, podologo, massaggiatore, parrucchiere, due segretarie, un cuoco e sette guardie del corpo.

Lo scimpanzé Bubbles non può accompagnare Michael in Gran Bretagna per via delle leggi sulla rabbia: gli animali devono infatti osservare sei mesi di quarantena.

12 luglio
Michael si fa un giro al magazzino di giocattoli Hamley a Londra.

13 luglio
Michael fa visita ai bambini ricoverati presso il Great Ormond Street Hospital di Londra: intanto, i suoi fan si accampano fuori da Wembley per assicurarsi i posti migliori davanti al palco.

1988

14-16, 22-23 luglio

Alle 20.20 di una serata umida, Michael accende l'Wembley Stadium con il primo dei cinque concerti previsti in questa location (tutti sold out), accolto da una folla calorosa di settantaduemila fan. Ad aprire le date europee è Kim Wilde della MCA. Tra le celebrità presenti alla serata: Jack Nicholson, Terence Trent D'Arby, i Dead or Alive, Billy Connelly, Adam Faith, Russ Abbott, Jane Seymour, John Peel, Valerie Singleton, Shirley Bassey, George Lucas, Harrison Ford e Frank Bruno.

16 luglio

Il principe Carlo e la principessa Diana assistono al terzo concerto del Bad Tour a Wembley. Prima dello spettacolo, nel backstage, Michael incontra i principi del Galles e regala loro due giacche uguali a quelle indossate in scena, fatte confezionare per i principini William e Harry, e una speciale collezione dei suoi dischi. Dona anche un assegno di centocinquantamila sterline per il Prince's Trust e un altro di centomila sterline per il Great Ormond Street Children's Hospital.

Dirty Diana entra in classifica in Gran Bretagna:

TOP 100 SINGOLI	4	8

Fat di "Weird Al" Yankovic, versione impertinente di *Bad*, entra nella classifica in Gran Bretagna:

TOP 100 SINGOLI	80	4

18 luglio

Michael trascorre la giornata con l'amico Jimmy Safechuck, ammirando le bellezze di Londra dalla macchina.
Prima di tornare in albergo, nelle prime ore della mattinata visitano gli Elstree Studios, dove l'amico Steven Spielberg sta dirigendo *Indiana Jones e l'ultima crociata*, e incontrano Harrison Ford.

20 luglio

Michael visita il Great Ormond Street Hospital e incontra molti bambini malati terminali. In una delle corsie, dove sono ricoverati i pazienti meno gravi, racconta loro una favola.

In serata, al Guildhall di Londra viene organizzata una cena in onore di Michael per festeggiare i concerti inglesi del tour.

22 luglio

Nel backstage, prima dell'inizio del concerto, due tizi vestiti da Topolino e Paperino regalano a Michael un paio di pattini da ghiaccio istoriati.

23 luglio

Michael è sulla copertina della rivista "Hello!".

26 luglio

Michael canta davanti a cinquantacinquemila spettatori all'Arms Park di Cardiff, dove la folla lo acclama "principe del Galles".

Another part of me, tratto dalla colonna sonora di *Captain EO*, entra in classifica:

SINGOLI POP	11	13
SINGOLI BLACK	1	

Posizionandosi all'undicesimo posto, il singolo interrompe la serie di diciassette successi da Top Ten di Michael.
È comunque la quinta canzone dell'album a raggiungere il primo posto della classifica black, uguagliando il record di Janet (con l'album *Control*) per il maggior numero di hit.

Another part of me è il nono singolo di Michael in cima alla classifica black, che fa di lui l'artista con il maggior numero di successi di questa chart.

30-31 luglio

Michael canta davanti a centoventimila spettatori in due concerti a Cork, Irlanda, nonostante il dolore alla caviglia che si porta dietro dallo spettacolo gallese all'Arms Park di Cardiff.

30 luglio

Michael è sulla copertina della rivista "Number One".

Michael Jackson and the Jackson 5 - 18 greatest hits entra nuovamente in classifica in Gran Bretagna:

TOP 100 ALBUM	85	3

Sempre in Gran Bretagna, *Bad souvenir singles pack*, un cofanetto speciale di sei picture disc quadrati pubblicati per celebrare il Bad Tour, entra in classifica:

TOP 100 ALBUM	91	1

Viene trasmesso *Michael Jackson: around the world*, uno special di novanta minuti con filmati tratti dal Bad Tour.

Cynthia Horner, editor di "Right On!", conosce Michael fin da quando il cantante aveva diciotto ann. È con enorme emozione che scopre di essere la prima e unica rappresentante della stampa a essere invitata dall'artista a soggiornare nel suo hotel. La band e lo staff alloggiano in un altro albergo a poca distanza da Mayfair.
Della sua esperienza a Wembley racconta: "Quando arrivammo allo stadio fui immediatamente accompagnata nel suo camerino. Lui era un schianto e mi punzecchiò dicendo che stava aspettando di incontrare i vincitori della gara. A differenza di altri artisti non ama avere troppa gente intorno prima dello spettacolo. Passa la maggior parte del tempo a prepararsi e a incontrare ospiti selezionati".
La Horner, che ha avuto molte occasioni per osservare i comportamenti di altri artisti, continua: "Di solito è tranquillo e piuttosto pacato, e questo nonostante sia percepibile l'energia che fluisce da lui, quasi fosse dotato di poteri sovrumani. Di norma le persone sono così colpite da non riuscire nemmeno a parlare. Per meglio dire, Michael è come se gettasse un incantesimo sui suoi fan; sembra più aperto e più estroverso con i bambini, specialmente con quelli che conosce meglio. E poi sul palco è fantastico", conclude, "non potrebbe essere altrimenti."

1988

Non è un fantasma, è Michael Jackson

Viene trasmesso per la prima volta in televisione anche *Another part of me*. È lo special più visto in America durante l'estate nella fascia oraria delle 23.30, con il 27% di share.

Agosto

Frank Dileo convoca una conferenza stampa per annunciare che il Bad Tour sarà l'ultimo di Michael Jackson.

5 agosto

Michael si esibisce davanti a ventottomila spettatori a Marbella, Spagna.

In Spagna Michael affitta la Inconsol Health Farm per cinquantamila sterline alla settimana.

7 agosto

Michael si esibisce davanti a sessantamila spettatori al Vicente Calderón di Madrid, Spagna.

Durante il soggiorno spagnolo riceve il quadruplo disco di platino per *Bad*.

8 agosto

Michael appare sulla copertina della rivista "Jet".

9 agosto

Michael in concerto al Nou Camp di Barcellona.

21 agosto

Michael si esibisce davanti a quarantatremila spettatori al Talavara Wiesen di Würzburg, Germania.

23 agosto

Michael canta davanti a cinquantacinquemila spettatori a Werchter, un piccolo centro vicino a Bruxelles, Belgio.

26-27 agosto

Durante la prima delle due serate al Wembley Stadium, Michael invita il pubblico a pregare per Elizabeth Taylor, la sua amica malata, e le dedica *I just can't stop loving you*: "Ho un annuncio molto importante da fare", dice. "Vorrei avere l'attenzione di ognuno di voi. Una mia cara amica sta davvero male, stasera, soffre molto. Per questo chiedo a ognuno di voi di mandare un pensiero a Elizabeth Taylor, vi ringrazio dal profondo del cuore. Questa canzone è dedicata a lei".

Al mattino presto Michael torna al museo Madame Tussauds per una visita privata in compagnia della madre Katherine.

29 agosto

Michael si esibisce davanti a una platea sold out al Roundhay Park di Leeds, Inghilterra. Oggi compie trent'anni, e dopo l'esecuzione di *Heartbreak hotel* novantamila voci intonano in coro *Happy birthday*.
La madre Katherine e la sorella Janet sono in Inghilterra per festeggiarlo. L'incasso sarà devoluto all'organizzazione caritatevole Give For Life, che spera di raccogliere un milione di sterline per vaccinare i bambini. Michael dona personalmente sessantacinquemila sterline.

Di prima mattina, avvolto da un velo, Michael saluta dal balcone dell'hotel e lancia bigliettini affettuosi ai fan venuti ad augurargli buon compleanno. In uno c'è scritto: "Voi mi siete sempre stati leali. Vorrei davvero potervi guardare negli occhi e dirvi tutto, ma sono troppo timido. Può sembrare sciocco ma è la verità. Vi voglio molto bene". In un altro: "Non dovete credere a tutte le strane cose che dicono su di me. Qualche volta piango, ma i fan come voi mi danno la forza per resistere".

La CBS Records organizza una festa al Guildhall di Londra per il compleanno di Michael e per festeggiare il successo di *Bad*, tour e album.

Settembre

Viene trasmesso *The Flintstone kids*, una puntata con i giovani Fred, Barney, Wilma e Betty che cercano di raggranellare i soldi per assistere al concerto di Michael Jackstone.
Michael acconsente che la sua canzone *Beat it* venga rielaborata con un nuovo testo che inviti i giovani a stare lontani dalla droga.

2 settembre

Michael si esibisce al Niedersachsen Stadium di Hannover, Germania. A causa delle cattive condizioni del tempo preferisce evitare l'aereo e prendere il traghetto, e insieme a duemila passeggeri viaggia a bordo della sua limousine con i vetri oscurati da Dover a Calais sulla Pride Of Dover, la nave ammiraglia della P&O.

4 settembre
Michael canta davanti a cinquantaduemila spettatori al Park Stadium di Gelsenkirchen, Germania.

6 settembre
Michael in concerto a Linz, Austria.

7 settembre
Peter Gabriel, vincitore nel 1987, consegna a Michael l'MTV Video Vanguard Award di quest'anno. Dopo la premiazione viene proiettata la registrazione di *Bad* tratta da uno dei concerti di Wembley.

8 settembre
Michael viene premiato per aver cantato al Wembley Stadium per un numero record di serate, mai eguagliato da nessun altro artista. I sette concerti da tutto esaurito sono stati seguiti da cinquecentoquattromila persone, altro risultato record che entra a far parte del *Libro del Guinnes dei Primati*.

10 settembre
Michael si esibisce davanti a sessantamila spettatori al The Bowl di Milton Keynes.

11 settembre
Nella sua ultima data europea Michael canta davanti a centoventicinquemila persone all'Aintree Racecourse di Liverpool, il concerto con il più alto numero di spettatori in un autodromo.

Nella corsa verso il palco, alcuni fan rimangono feriti e schiacciati.

Il Bad Tour è il più grande che sia mai svolto in Gran Bretagna, con oltre ottocentomila fan e un incasso superiore a tredici milioni di sterline.

Autunno
Bubbles è ospite della serie televisiva Dick Clark Live!, dove porta un biglietto del suo padrone: "Caro Dick", c'è scritto, "ho dato a Bubbles la libera uscita in modo che possa esibirsi nel tuo show. Con affetto, Michael Jackson". Durante lo spettacolo lo scimpanzé si produrrà in alcuni numeri, compreso il mitico passo *moonwalking*!

12 settembre
A conclusione del tour europeo Michael lascia la Gran Bretagna per iniziare la seconda parte del tour in America.

Secondo la rivista "Forbes" Michael Jackson è l'intrattenitore più pagato al mondo, con novantasette milioni di dollari in due anni.

Esce per la Motown l'LP *Live* di Michael Jackson e dei Jackson 5, ma non entra in classifica.

19 settembre
MTV trasmette la Maratona Michael Jackson, mandando in onda uno dopo l'altro i suoi special: *From Motown to your town*, *Another part of me* e *The making of Michael Jackson's Thriller*.

Michael porta sul palco le suggestioni di un famosissimo video

22 settembre
Quando il Bad Tour arriva in Pennsylvania, a Pittsburh, città natale di Frank Dileo, viene proclamato il "Frank Dileo Day".

26-27-28 settembre
I primi concerti americani, tutti sold out, si tengono alla Civic Arena di Pittsburg, Pennsylvania, davanti a 48.694 spettatori.

3-4-5 ottobre
Michael canta davanti a 61.061 spettatori in tre concerti all'East Meadowland Arena di Rutherford, New Jersey.

10-11 ottobre
Michael canta davanti a trentottomila spettatori in due concerti al Coliseum di Richfield, Ohio.

A sinistra: Peter Gabriel premia il cantante con l'MTV Video Vanguard

Emozioni durante un concerto

Sopra e nella pagina accanto: Michael nel video di *Smooth criminal*

Michael con Frank Dileo sul set di *Moonwalker*

11 ottobre
Grazie alle riviste "Off The Wall" e "Time Out", i fan inglesi possono vedere il film *Moonwalker* in una proiezione speciale a Londra.

13, 17-19 ottobre
Michael si esibisce per 69.883 spettatori nei quattro concerti al Capitol Center Landover di Washington.

13 ottobre
MTV trasmette per la prima volta il video *Smooth criminal*.

23 ottobre
In una breve cerimonia all'esterno dei vecchi studi di registrazione della Motown, Michael Jackson consegna a Esther Edwards e Berry Gordy, per la Motown Museum Historical Foundation, un assegno di centoventicinquemila dollari, un cappello nero, uno dei suoi famosi guanti di lustrini e il vestito indossato all'American Bandstand nel 1972 mentre cantava *Ben*.

24-26 ottobre
Michael si esibisce davanti a più di cinquantamila spettatori in tre concerti al Palace of Auburn di Rochester, Minnesota. L'incasso del primo concerto è devoluto al Motown Museum.

Fine ottobre
Moonwalker viene proiettato in Giappone.

31 ottobre - 2 novembre
Michael cancella i tre concerti al Dome di Tacoma di Washington per via di un'infiammazione alle c orde vocali. I concerti, tutti sold out, non verranno recuperati.

Novembre
Michael Jackson è nominato membro onorario per la musica agli American Black Achievement Awards.

La rivista "Ebony" proclama Michael Jackson una delle "venti persone da tenere d'occhio nel 1989".

Il numero dell'inverno 1988 della rivista "Right On!" esce, in edizione speciale, interamente dedicato a Michael Jackson.

Tom Bradley, sindaco di Los Angeles, dichiara che novembre è "il mese di Michael Jackson".

7-8 novembre
Michael si esibisce per quarantacinquemila spettatori in tre date all'Irvine Meadows di Laguna Hills, California. I biglietti dei primi due spettacoli vengono venduti nel tempo record di quarantasette minuti. Nell'ora successiva vanno esauriti anche i biglietti dell'ultimo concerto.

12 novembre
Smooth criminal entra in classifica:

SINGOLI POP	7	15
SINGOLI BLACK	2	15

13 novembre
Michael si esibisce davanti a diciottomila spettatori alla Sports Arena di Los Angeles, California.

14, 15, 20-22 novembre
Michael si ammala e cancella i cinque concerti che avrebbe dovuto tenere alla Sports Arena. Le date sono spostate a gennaio 1989.

18 novembre
La rivista "Billboard" celebra i centouno anni della CBS Records e in una delle pagine dedicate all'etichetta discografica inserisce un messaggio dell'artista con il più alto numero di vendite: *"La gioia della musica... per ispirare i giovani e i vecchi... Per rendere il mondo un posto migliore. Congratulazioni, Michael Jackson"*.

1988

21 novembre
Esce un'edizione a tiratura limitata di *Smooth criminal* in una "confezione souvenir" con quattro cartoline colorate tratte da *Moonwalker*.

26 novembre
In Gran Bretagna *Smooth criminal*, uscito il 14 novembre, scala la classifica:
TOP 100 SINGOLI 12 → 8 10

Bad è il primo album nella storia delle classifiche da cui sono stati tratti sette singoli da Top 40 in Gran Bretagna.

28 novembre
Smooth criminal viene pubblicato in versione maxi single con tiratura limitata e all'interno un pieghevole. Il brano è uscito in sei formati: due edizioni a 45 giri, tre a 33 giri e una in CD.

Dicembre
Per il secondo anno consecutivo Michael riceve il premio Smash Hits Poll Winners' Party come miglior cantante, che accetta collegato via satellite.

Per la seconda volta Friday Night Videos è interamente dedicato ai video di Michael Jackson. Il programma è condotto da Ahmad Rashad.

9-11/17-19/24-26 dicembre
Michael inizia la seconda parte del tour giapponese (nove date sold out) al Tokio Dome (ex Korakuen Stadium) restaurato. Si dice che il pubblico sia quattro volte più numeroso di quello di qualsiasi altro tour.

11 dicembre
Frank Dileo arriva in Gran Bretagna per promuovere *Moonwalker* con Brandon Adams, il giovane artista che ha interpretato una parte nel film.

26 dicembre
Moonwalker viene distribuito nei cinema della Gran Bretagna, dove si segnalano lunghe code ai botteghini. È descritto come un magico viaggio musicale nel mondo di Michael Jackson, in cui il bene vince sul male.

Michael si esibisce nell'ultimo concerto del tour in Giappone e Frank Dileo ribadisce che questo sarà l'ultimo tour mondiale dell'artista.

Fine dicembre
I giornali riportano la notizia delle visite di Michael a David Rothenburg, un ragazzino di dodici anni ricoverato in ospedale da quando, a soli sette anni, il padre gli aveva dato fuoco per vendicarsi della moglie che aveva chiesto la separazione.

Bad è di nuovo l'album più venduto dell'anno in America e in Gran Bretagna.

MTV chiude la classifica del 1988 dei Top 100 video con Michael Jackson che registra il maggior numero di clip in chart: *Another part of me*, *Smooth criminal*, *The way you make me feel*, *Dirty Diana* e *Man in the mirror*. L'ultimo, classificato al quinto posto, è il piazzamento più alto.

I lettori di "Blues & Soul" proclamano Michael Jackson Outstanding Artist dell'anno. Il Bad Tour viene votato come il miglior show live del 1988.

Secondo "Record Mirror" Michael è l'artista dell'anno.

Nel corso del 1988 Michael Jackson è apparso sulla copertina di oltre cento riviste.

Un sondaggio condotto in Gran Bretagna rivela che i membri della famiglia reale sono le personalità più popolari.
Tra coloro che hanno meno di venticinque anni, invece, al primo posto c'è Michael Jackson.

La Video Storyboard Tests conduce un sondaggio per stilare la Top Ten delle migliori campagne pubblicitarie televisive. Gli spot della Diet Pepsi con Michael J. Fox e *The chase* con Michael Jackson sono i più votati.

1989

1989

In Gran Bretagna, nella prima settimana dell'anno, Michael entra nella Top 100 degli album con *Thriller* alla posizione numero 79, *Love songs, Michael Jackson and Diana Ross* alla 66 e *Bad* alla 9.

Il programma Say Yes To A Youngster's Future conferisce a Michael Jackson il premio National Urban Coalition Artist / Humanitarian Of The Year per il ruolo svolto nell'incoraggiare i bambini delle scuole elementari a studiare matematica e scienze.

In Gran Bretagna il quotidiano "The Sun" fa un sondaggio tra i lettori e proclama Michael il miglior artista internazionale con 2.782 voti; secondo Prince con 892 voti.

La rivista "Rolling Stone", che si occupa principalmente di hard rock, pubblica i risultati del sondaggio dell'anno presso i lettori, decisamente poco soddisfacenti per Michael Jackson. Viene infatti eletto peggior cantante, peggior "ritorno discografico" e artista peggio vestito. *Bad* si piazza al quarto posto come peggior album e come peggior copertina e al terzo posto come peggior video (*Smooth criminal* al quinto). Il Bad Tour è al secondo posto come peggior live dell'anno.

Anche i giudizi dei lettori della rivista "US" non sono favorevoli a Michael, che lo votano come peggior "ritorno discografico"; *Bad* risulta il peggior album e si posiziona al secondo posto come peggior singolo.

I lettori della rivista "Ebony", invece, si esprimono in modo totalmente differente: *Thriller* risulta il video preferito di tutti i tempi.

Gennaio

In una puntata della serie televisiva The Cosby Show (in Italia I Robinson, NdT), seguitissima in America, tutta la famiglia assiste a un concerto di Michael Jackson.

2 gennaio

MTV manda in onda per la prima volta il video *Leave me alone*. La canzone, in America, non esce ufficialmente come singolo, eppure viene trasmessa più volte. Il video, realizzato con una tecnica mista di animazione e immagini "vere", mostra il lato umoristico di Michael che risponde ai ridicoli pettegolezzi che ancora circolano su di lui.

8 gennaio

Oggi è il Michael Jackson Sunday, come proposto da MTV, che trasmette per tutto il giorno video, speciali e immagini tratte dai concerti dell'artista

10 gennaio

In America esce la videocassetta *Moonwalker*, con una tiratura di trecentomila copie, la più alta per un home video. In poco più di un mese venderà in tutti gli Stati Uniti seicentomila copie. *Moonwalker* raccoglie i momenti più significativi della carriera di Michael, alcuni video, uno speciale cortometraggio di quarantadue minuti su *Smooth criminal* e una performance live di *Come together* dei Beatles.

Moonwalker debutta al primo posto nella Top Music Video Cassette di "Billboard" e rimane in classifica ventidue settimane prima di essere rimpiazzata da *Michael Jackson: the legend continues*.

15 gennaio

Questa settimana il "Record Mirror" presenta *Bad* come vincitore di nove dischi di platino, avendo venduto in Gran Bretagna due milioni e settecentomila copie. L'album è in classifica:

TOP 100 ALBUM	4	72

Anche *Thriller* è nove volte disco di platino ed è in classifica:

TOP 100 ALBUM	65	256

16-18, 26, 27 gennaio

Michael inizia la terza e ultima parte del tour americano esibendosi in cinque concerti sold out davanti a 86.882 spettatori alla Sports Arena di Los Angeles, California (si tratta delle date recuperate dopo quelle annullate a novembre a causa dell'indisposizione di Michael). Tra le celebrità presenti: Gregory Peck, Barbra Streisand, Sylvester Stallone, Sidney Poitier, Elizabeth Taylor, Whitney Houston, Berry Gordy, Sean Lennon, Yoko Ono, Katherine e Joe Jackson e le sorelle Janet e Rebbie. Liza Minnelli, sua cara amica, assiste a tutti e cinque gli show. L'incasso di una delle serate sarà devoluto a Childhelp USA, la più grande organizzazione no profit americana per la prevenzione degli abusi sui minori. In segno di riconoscenza per il contributo dato dall'artista, la Childhelp USA fonda il Michael Jackson International Institute For Research On Child Abuse, con sede nel sud della California.

1989

21 gennaio

Michael appare sulla copertina di "TV Guide" con Elvis Presley, Bruce Springsteen e Madonna. L'articolo all'interno è dedicato alle più grandi esibizioni dal vivo trasmesse in TV e due tra le migliori di sempre sono di Michael. *Billie Jean*, tratta dallo special televisivo Motown 25: Yesterday, Today And Forever, viene descritta come l'esibizione più intensa e indimenticabile. *Man in the mirror*, tratta dalla cerimonia dei Grammy anno 1988, è scelta come performance più vivace.

24 gennaio

A due sole settimane dal lancio, *Moonwalker* ha sorpassato le vendite di *Making Michael Jackson's Thriller.* Michael Jackson ha così due videocassette musicali in cima alla classifica delle vendite in America.

Michael Jackson tiene il suo centoventitreesimo e ultimo spettacolo, annunciato come il concerto d'addio, allo Sports Arena di Los Angeles, e chiude il Bad Tour con le braccia aperte e lo sguardo fisso al cielo. Il sindaco Tom Bradley proclama il "Michael Jackson Day" in omaggio all'artista.

Nella terza parte del tour negli Stati Uniti Michael si è esibito davanti a duecentocinquantamila americani.
Gli spettatori del Bad Tour nel mondo sono stati quattro milioni e quattrocentomila, facendo del tour di Michael, durato sedici mesi, il più grande della storia.
Michael ha suonato in quindici Paesi e il suo Bad World Tour, dal 1987 al 1989, ha registrato gli incassi più alti con oltre centoventicinque milioni di dollari, più di quanto ogni altro artista abbia mai guadagnato in un solo tour.
Michael ha mostrato di nutrire grande affetto verso i bambini meno fortunati, invitandoli ai concerti come suoi ospiti personali e ha fatto donazioni a ospedali, orfanotrofi e istituti di beneficenza.

30 gennaio

Alla sedicesima edizione degli American Music Awards, allo Shrine Auditorium di Los Angeles, Michael Jackson riceve due premi speciali, l'American Music Award Of Achievement e il Video Pioneer Award, dalle mani del suo amico Eddie Murphy, che è anche la voce narrante dei quattordici minuti di un film tributo a Michael.
Questa la motivazione dell'Award Of Achevement:
"Perché l'album *Bad* è il primo in assoluto ad aver generato cinque singoli da primo posto in classifica, perché è stato il più venduto superando ogni record in venticinque Paesi in tutto il mondo, perché a livello internazionale ha venduto più di ogni altro negli ultimi due anni".

7 febbraio

Michael Jackson visita la Cleveland Elementary School di Stockton, California. Qualche settimana prima, il venticinquenne Patrick Purdy aveva aperto il fuoco nel cortile della scuola uccidendo cinque bambini e ferendone altri trentanove prima di rivolgere l'arma contro se stesso.
Michael distribuisce video e album autografati e parla con genitori e bambini.
Molti affermeranno che la visita dell'artista li ha aiutati a sentirsi nuovamente al sicuro e ad accorgersi che il mondo si occupa di loro, e che non tutti gli adulti sono malvagi.

13 febbraio

Michael vince due premi all'ottava edizione dei British Record Industry Awards: per il miglior video musicale con *Smooth criminal* e come miglior artista internazionale.
Accetta i riconoscimenti collegato via satellite.

"The Triumph rappresenta uno sforzo pionieristico nel campo dei video musicali, una vera rivoluzione prima del 1980 in quanto a creatività ed effetti speciali. Thriller *rappresenta una combinazione innovativa di recitazione, musica e danza. Questo Video Pioneer Award viene dato a Michael Jackson in occasione della sua nuova realizzazione,* Moonwalker, *un film antologia che sta diventando l'home video musicale più venduto di tutti i tempi".*
American Music Awards, 1989

In alto a sinistra: Michael riceve l'American Music Award Of Achievement dalle mani di Eddie Murphy

1989

Michael accompagna al circo duecento bambini di due istituti

14 febbraio

Dopo quattro anni di strepitoso successo, iniziati con *Thriller*, Lee Solters, dell'ufficio stampa di Michael Jackson, annuncia che l'artista e il manager Frank Dileo scioglieranno la società. Si tratta di una separazione amichevole, e infatti in un breve comunicato letto da Solters, Michael scriverà: "Ringrazio Frank per il contributo dato alla mia carriera durante i tanti anni passati insieme".

Nessuna vera spiegazione viene comunque fornita per questa improvvisa rottura, lasciando che la stampa speculi sulle possibili cause, insinuando che Dileo stesse tentando di diventare più importante di Michael, che il suo metodo di gestione fosse in qualche modo un po' sopra le righe, che cercasse di promuoverlo come artista stravagante.

Nonostante queste considerazioni, è chiaro che Dileo ha gestito la carriera di Michael in modo indiscutibile.

18 febbraio

In Gran Bretagna *Leave me alone* entra in classifica:

TOP 100 SINGOLI 2 9

Il singolo viene messo in commercio anche in un'edizione limitata con copertina pop-up.

"Music Week" scrive: "Raggiungendo il quarto posto, *Leave me alone* è il singolo della settimana entrato in classifica al posto più alto. Comunque, poiché la canzone non compare né nella versione LP di *Bad* né in quella in cassetta, non è facile dire se dall'album siano stati tratti, a questo punto, sette singoli oppure otto. Nel caso della prima ipotesi, *Bad* condividerebbe il primato per il maggior numero di successi da Top 75 estratti da un unico album con Janet Jackson e Luther Vandross. Nel caso della seconda, sarebbe il primo album da cui sono stati tratti otto singoli. *Leave me alone* è il primo singolo di un artista americano a fare il proprio debutto nella Top 10 britannica da quando *Bad* si posizionò quinto il 26 settembre 1987".

Bad è attualmente, in tutte le sue versioni, il terzo album più venduto in Gran Bretagna, dopo *Thriller*, sempre di Jackson, e *Brothers in arms* dei Dire Straits. In Gran Bretagna *Thriller* ha venduto oltre due milioni e novecentomila copie, *Bad* è secondo solo per centocinquantamila copie, ma siccome vende circa diecimila copie alla settimana ci si aspetta che raggiunga i tre milioni in un tempo inferiore rispetto a *Thriller*.

25 febbraio

Alla trentunesima edizione dei Grammy Awards, allo Shrine Auditorium di Los Angeles, *Man in the mirror* di Michael Jackson non entra in nomination come disco dell'anno; il premio verrà vinto da *Don't worry, be happy* di Bobby Mc Ferrin. Il Grammy per il Best Concept Recording va a "Weird Al" Yankovic per *Fat*, la parodia di *Bad*.
Michael non partecipa alla cerimonia.

27 febbraio

Michael è sulla copertina della rivista "Jet".

Marzo

Ai People's Choice Awards, *Smooth criminal* viene votato come miglior video.

All'Universal Amphitheater di Universal City, California, Michael viene premiato con il Black Radio Exclusive Humanitarian Award.

LaToya Jackson appare sulla copertina di "Playboy".

5 marzo

Michael Jackson accompagna al Circus Vargas di Santa Barbara, California, duecento bambini della St. Vincent's Home For Dysfunctional Children e del Big Brothers And Big Sisters. Al circo si agita, ride, fa il pagliaccio, si diverte più dei suoi ospiti. Poi li accompagna a visitare lo zoo nel suo ranch.

L'American Top Forty conta i successi della Top 40 Dance del 1980. Michael Jackson vi compare con quattro canzoni: *Wanna be startin' somethin'* è al quarantesimo posto, *Bad* al settimo, *Beat it* al terzo e al primo c'è *Billie Jean*.

Berry Gordy mette in vendita la Jobete Music, casa editrice musicale della Motown Records. Si dice siano interessati la Sony, la Warner Communications e Michael Jackson.

Reduce dal grandioso successo con l'album *Janet Jackson's rhythm nation 1814*, l'artista racconta alla rivista "Rolling Stone" che la fonte della sua ispirazione è il fratello Michael.

Aprile

Michael appare sulla copertina della rivista "Ebony".

A Los Angeles iniziano le riprese del video di *Liberian girl*, a cui partecipano oltre quaranta amici di Michael tra cui Paula Abdul, Debbie Gibson, Dan Aykroyd, Quincy Jones, Steve Guttenberg, Olivia Newton-John, Rosanna Arquette, John Travolta, Steven Spielberg, Whoopi Goldberg e Bubbles. Michael dedica il video alla cara amica Liz Taylor. Il singolo viene pubblicato solo in Gran Bretagna.

12 aprile
Allo Shrine Auditorium di Los Angeles, Michael partecipa alla terza edizione dei Soul Train Awards con tre nomination. Vince nella categoria miglior singolo r&b metropolitano contemporaneo (*Man in the mirror*) e per il miglior video r&b metropolitano contemporaneo (sempre con *Man in the mirror*); riceve anche due premi speciali.

Per celebrare i suoi vent'anni nel mondo dello spettacolo, Michael è la terza persona a ricevere il prestigioso Heritage Award e il primo ad aggiudicarsi il Sammy Davis Jr. Award per le sue eccezionali esibizioni sul palcoscenico.

Viene trasmesso un messaggio registrato di Sammy Davis Jr., poi Eddie Murphy ed Elizabeth Taylor gli consegnano i premi. Un altro gli viene dato da Mike Tyson, che si rivolge a lui chiamandolo "il più grande".

Michael ai Soul Train Awards nel 1989

14 aprile
Alla seconda edizione dei World Music Awards, Michael Jackson riceve il Philips Hall Of Fame For Special Achievement In Video e il premio per il video numero uno al mondo (*Dirty Diana*). In collegamento via satellite Whitney Houston consegna i premi a Michael nel suo ranch.

15 aprile
Moonwalker viene trasmesso dal canale via cavo Showtime.

Il Bad Tour del 1988 riceve una nomination alla prima edizione degli International Rock Awards, ma il premio verrà assegnato ad Amnesty International. Michael non partecipa alla premiazione.

Maggio
I sondaggi della rivista "Ebony" mettono al primo posto il video di *Thriller*.

2 maggio
Viene pubblicato *Nothin'*, dei Jacksons senza Michael. La versione a 33 giri comprende un arrangiamento live di *Heartbreak hotel* di Michael.

3 maggio
In America esce la videocassetta *Michael Jackson: the legend continues*.

Michael viene fermato dalla polizia, è sospettato di rapina mentre, travestito, fa acquisti nella gioielleria Zales a Simi Valley. Dopo una telefonata otto agenti irrompono nel negozio. I commessi riferiscono che Michael e il suo giovane amico avevano atteggiamenti sospetti.

1989

Michael, che indossa un cappello da baseball rosso, una maglietta rossa, un paio di pantaloni blu, una parrucca afro, dei finti denti da coniglio e dei baffi posticci, spiega che se ne va in giro così per eludere i fan. Aveva già raccontato la storia alla direttrice del negozio, Celeste Marsh, lei però dichiara: "Era così strano, ho pensato fosse un tantino suonato..."
La polizia descriverà Michael, che stava comprando alcuni anelli in compagnia di un ragazzino di dodici anni, come molto collaborativo.
Naturalmente, dopo aver mostrato la patente e firmato un po' di autografi, vengono entrambi rilasciati.

Giugno

George Mollases e John Griffen fanno causa a Michael Jackson perché il video di *The man in the mirror* nuoce al loro *All over the world* del 1986.

1 giugno

Il canale americano BET, Black Entertainment Television, dedica il programma Video Soul ai video della famiglia Jackson, primi fra tutti quelli di Michael e Janet.

13 giugno

Michael posa di nuovo per lo scultore David Goode, a Los Angeles, per il modello dell'ultima statua di cera commissionata dal Madame Tussauds.

Al ranch di Santa Ynez arriva la giraffa che Michael aveva visto durante il tour, a Kansas City, nel 1988.

17 giugno

Michael Jackson: the legend continues balza al primo posto per le vendite nella Top Video Cassette Sales del settimanale "Billboard", rimpiazzando *Moowalker*.

23 giugno

La Epic Records pubblica *2300 Jackson St.*, il primo album dei Jackson in cinque anni (il titolo è l'indirizzo della casa di famiglia a Gary, nell'Indiana). Il disco non va molto bene e si posiziona al numero 59 della classifica degli album pop.
Al primo singolo, omonimo, tratto dall'album, partecipano tutti i Jackson tranne LaToya e Marlon. Questo è il primo singolo in cui Janet e Rebbie cantano con i fratelli. Il video mostra la famiglia che festeggia il Family Day a casa di Tito.

Con l'album *2300 Jackson St.* termina il contratto dei Jackson con la Epic, che non sarà rinnovato.

27 giugno

Michael Jackson invita le star americane a visitare le scuole. I primi a rispondere sono Debbie Gibson, i Guns N' Roses, Tiffany e i Beach Boys.

Luglio

La Video Software Dealer Association proclama *Moonwalker* miglior video musicale.

4 luglio

Michael si presenta al party organizzato dalla Motown per il ritorno a casa di Diana Ross con la supermodella Beverly Johnson.

9 luglio

Michael fa shopping in una libreria di Santa Barbara.

16 luglio

In Gran Bretagna *Liberian girl* entra in classifica:

TOP 100 SINGOLI	13	6

"Music Week" scrive: "*Bad* di Michael Jackson è indiscutibilmente l'album dal quale, nella storia delle classifiche, sono state tratte più hit in assoluto.
L'ottavo o nono singolo estratto – a seconda che si consideri oppure no *Leave me alone* – da questo LP che ha venduto più o meno tre milioni di copie è *Liberian girl* e debutta straordinariamente in alto, al numero 18".

Michael Jackson inaugura il Laserium, a Londra, con uno show musicale "a base" di luci laser.

28 luglio

Michael entra a far parte della Raisin Family dopo il lancio televisivo del nuovo personaggio Michael Raisin.
Nello spot è l'artista stesso a parlare, mentre non è lui a cantare *I heard it through the grapevine*, e questo per via del contratto di esclusiva firmato con la Pepsi.
Michael aveva acconsentito a prestare la sua immagine dopo aver lavorato con l'ideatore dello spot per il video *Moonwalker*.
Riceve come compenso venticinquemila dollari, che dona in beneficenza.

Pagina accanto: Michael con l'abito indossato per il video di *Come together*. La stessa fotografia è stata usata per la copertina di *Liberian girl*

1989

Paul McCartney non approva la decisione di Michael di usare *All you need is love* per uno spot. L'agenzia di pubblicità Saatchi and Saatchi pagherà centocinquantamila sterline per registrare una versione della canzone da utilizzare per pubblicizzare delle videocamere.

30 luglio
La rivista "Music Week" scrive che *Bad* è il terzo album consecutivo di Michael Jackson a rimanere per più di cento settimane nella classifica inglese, dopo le centosettantatré di *Off the wall* nel 1978 e le centosessantasette di *Thriller* nel 1982. Michael raggiunge così i Beatles, Simon & Garfunkel, Phil Collins e gli U2; tutti comunque vengono dopo i Dire Straits, che vantano cinque album in classifica per più di cento settimane.

Michael davanti all'auditorium che porta il suo nome presso la sua vecchia scuola di Hollywood

Settembre
Per il secondo anno consecutivo la rivista "Forbes" mette Michael Jackson al primo posto nell'elenco degli intrattenitori più pagati, con un guadagno stimato in centoventicinque milioni di dollari in due anni.

Viene accantonata l'idea di preparare un greatest hits – titolo *Decade* – perché non si riesce a decidere quali brani utilizzare.

6 settembre
Ai Music Video Awards di MTV, i video di Michael Jackson dominano con nove nomination. *Leave me alone* è in lizza come miglior video, per gli effetti speciali, per la miglior direzione artistica, per il miglior editing, come video innovativo e come preferito dei telespettatori. *Smooth criminal* è in lizza per il miglior balletto, la migliore coreografia e come miglior pellicola. Vince solo Jim Blashfield per gli effetti speciali in *Leave me alone*. Michael non partecipa alla premiazione.

13 settembre
Viene convocata una conferenza stampa per annunciare il nuovo accordo tra Michael Jackson e la LA Gear. Per due anni Michael disegnerà e commercializzerà una linea di scarpe e di abbigliamento sportivo, oltre ad apparire nella pubblicità. La promozione della collezione sarà affidata a una campagna di marketing chiamata "Unstoppable", che coinvolgerà un gran numero di attività. Dichiarerà l'artista: "Non vedo l'ora di buttarmi in questa sfida, di creare e disegnare con la LA, che è una straordinaria azienda leader nella moda".

22 settembre
Il Capital Children's Museum onora Michael Jackson con il riconoscimento di miglior filantropo del 1989 per il suo impegno nella raccolta fondi a favore del museo e per la sua dedizione verso i bambini e la loro causa. Impossibilitato a intervenire alla cerimonia, il cantante invia i ringraziamenti via video.
Il premio verrà ufficialmente consegnato a Michael allo Sheraton di Washington nel corso dell'ottavo Best Of Washington Celebrity Fashion Show and Luncheon.

24 settembre
In Gran Bretagna *Bad* è in classifica per l'ultima settimana:

TOP 100 ALBUM	64	108

Autunno
La casa editrice Doubleday pubblica un calendario per il 1989, un libro da colorare e uno da leggere, tutti e tre dedicati a *Moonwalker*.

Ottobre
Si conclude la causa contro i distributori dei video pirata dei Beatles intentata da Jackson. Gli viene riconosciuto un risarcimento di centotrentamila dollari dal tribunale dello stato di New York e vengono proibite le vendite.

Gli avvocati di Michael decidono di far causa alla Lego per aver utilizzato in modo irriguardoso il volto di Michael nella loro pubblicità. Oltre ottomila mattoncini Lego erano stati usati per riprodurre l'immagine dell'artista, con lo slogan: "Sorprendente quello che puoi fare con la plastica".

10 ottobre
Michael visita la Room 8 della scuola elementare di Gardner Street, dove da bambino aveva frequentato la sesta classe. La scuola gli dedica il Michael Jackson Auditorium e all'inaugurazione i bambini cantano per lui *We are the world*. In un lungo discorso Michael ringrazia Mrs Gerstin, la sua prima insegnante, e Rose Fine, la sua tutor, entrambe presenti alla cerimonia.

1989

14 ottobre
Michael Jackson viene proclamato miglior artista di video del decennio dal Friday Night Videos.

10 novembre
La famiglia Jackson, senza Michael e LaToya, viene intervistata in uno special TV nella trasmissione Donahue.

13 novembre
Il "New York Newsday" dà notizia dell'incontro, avvenuto tramite l'organizzazione Wishes Granted, tra Michael e Darian Pagan, un bambino di quattro anni ammalato di leucemia. Michael lo accompagna a vedere l'esibizione di un gruppo di acrobati canadesi, regalandogli una cosa che tutti noi diamo per scontata: il suo tempo.

Michael, insieme ad altre star, rende omaggio a Sammy Davis Jr. nello special tivù per i sessant'anni dell'artista nel mondo della musica. Canta per la prima e unica volta *You were there*, un pezzo scritto appositamente per l'occasione con Buz Kohan. Lo spettacolo è a favore dell'UNCF.

Dicembre
Jackson, la faccia coperta da un'enorme sciarpa, assiste all'incontro di boxe valido per il titolo mondiale tra Roberto Duran e Sugar Ray Leonard, che sale sul ring accompagnato dalle note di *Leave me alone* e si aggiudica il match.

Durante una visita in uno studio di Los Angeles, il giocatore Bo Jackson degli LA Raiders regala a Michael un pallone autografato.

Michael appare sulla copertina del numero di "Vanity Fair" dedicato alle "star mediatiche del decennio". È la prima volta dal 1984 che posa per una copertina. A proposito del servizio, Annie Leibovitz dirà: "Volevo scattare una foto a Michael mentre danzava, ma lui non ha voluto saperne fino a quando non ho chiesto a tutti di uscire dallo studio. Poi ha ballato per quarantacinque minuti. Era incredibile. Mi ha fatto sudare. Quando si guardava allo specchio diventava, passatemi il gioco di parole, molto riflessivo, completamente diverso da quando guardava l'obiettivo. Era più coinvolto".

Nella Top 100 dei video più belli degli anni Ottanta trasmessa da MTV, Michael Jackson compare con quattro hit: *Man in the mirror* al numero 40, *Billie Jean* al numero 27, *Beat it* al numero 13 e *Thriller* al primo posto.

La trasmissione televisiva Entertainment Tonight nomina Michael Jackson il più importante intrattenitore del decennio.

I critici musicali del quotidiano "USA Today" scelgono *Leave me alone* come miglior video del 1989. Al quinto posto si piazza *Miss you much* di Janet.

A *Leave me alone* viene assegnato in Canada il premio Teddy Award.

Il Festival di Cannes premia Jim Blashfield per gli effetti speciali del video di *Leave me alone*.

Il settimanale "Billboard" celebra i trent'anni di attività di Quincy Jones. Al suo interno, a tutta pagina, un disegno di Michael con un guanto e un Borsalino nero e la scritta: "Congratulazioni, Q", firmato Michael Jackson.

6 dicembre
MTV trasmette Rate The 80s, uno special che assegna i premi ai migliori artisti degli anni Ottanta attraverso il voto dei telespettatori. Michael Jackson è l'artista con più nomination, ovvero tre. *Thriller* video più bello del mondo con il 35% dei voti e al terzo posto tra i migliori album con il 14%. Jackson si guadagna la quarta posizione come miglior artista degli anni Ottanta con il 15% dei voti. Il premio per il miglior video gli viene consegnato da Eddie Murphy durante un'apparizione a sorpresa all'Arsenio Hall Show, mentre Michael consegna all'attore il premio MTV "Dio dello humor anni Ottanta".

12 dicembre
Un incendio rade al suolo un fienile di Neverland, il ranch di Michael. Salve le giraffe che ci vivevano.

13 dicembre
Current Affairs, un programma della TV americana, manda in onda una breve clip ricavata da un film privato girato al ranch di Michael, che lo riprende mentre canta una canzone tratta da *Peter Pan* e parla con la madre e la sorella LaToya. A fornire la sequenza l'ex cameraman Steven Howell, che dichiarerà che Michael non era contrario alla messa in onda perché lo presentava sotto una luce differente da quella a cui il pubblico era abituato.

Michael mentre canta *You were there* in onore di Sammy Davis Jr

Michael lascia il Mirage Hotel dopo aver assistito all'incontro di boxe Sugar Ray Leonard contro Roberto Duran

1989

18 dicembre
Gli avvocati di Michael si mettono in contatto con i responsabili di Current Affairs per diffidarli dal mandare in onda ulteriori parti del filmato. In caso contrario faranno causa al programma.

Viene confermato che *Decade*, la raccolta di greatest hits di Michael, non verrà pubblicata. L'artista ha infatti pronto tantissimo materiale, il che fa pensare a un possibile nuovo album di inediti.

19 dicembre
Michael visita il magazzino di giocattoli F.A.O. Schwarz a Manhattan, poi si reca al Radio City Music Hall portando con sé alcuni bambini per il famoso *Christmas spectacular*.

23 dicembre
Michael spicca tra i protagonisti dello special dedicato dalla rivista "Billboard" alla musica del 1989 e dell'intero decennio.

28 dicembre - 3 gennaio
Ryan White, un ragazzino affetto da emofilia e ammalato di AIDS dal 1984 a causa di una trasfusione di sangue, trascorre una vacanza a Neverland.

Espulso dalla scuola di Kokomo e discriminato a causa della malattia, Ryan era già stato in TV e perfino alla Casa Bianca, nel tentativo di portare il suo caso all'attenzione del pubblico. Durante il soggiorno al ranch, Michael regalerà al suo giovane ospite una Mustang rossa.

Fine dicembre
Nel riepilogo di fine anno, la rivista "Billboard" indica *Moonwalker* come la quarta videocassetta più venduta del 1989.
Tra i bestseller figurano entrambi i video di Michael, ovvero *Moonwalker* al numero 3 e *Michael Jackson: the legend continues* al numero 10.

Anche *Smooth criminal* entra nella classifica del settimanale:

SINGOLI POP	93
SINGOLI BLACK	58

Michael Jackson si posiziona al numero 19 nella Top Pop Singles Artist e al numero 83 nella Top Black Singles Artist.

La rivista "Rolling Stone" elegge *Thriller* miglior album degli anni Ottanta.

31 dicembre
Nel corso dello special *Goodbye To The '80s* all'interno della trasmissione Cilla Black ITV Show, il conduttore inglese Michael Aspel consegna a Michael Jackson una pergamena come artista maschile best-selling del decennio.

Casey Kasem presenta l'edizione speciale di fine anno di America's Top Ten annunciando che il programma sarà "un tributo a uno degli interpreti più influenti, più affascinanti, più coinvolgenti degli ultimi dieci anni: Michael Jackson".

Kasem esordisce così: "Quando in futuro gli storici del rock guarderanno agli anni Ottanta vedranno un decennio popolato da eroi della musica; scriveranno del carisma del Boss, della grande comunicativa di Madonna, dell'energia di Prince, ma soprattutto scriveranno del più eccitante fenomeno del periodo, di quella fase elettrizzante conosciuta come michaelmania".

E ancora: "Michael è l'interprete numero uno, il musicista più prestigioso di questo periodo, l'uomo che ha fatto degli anni Ottanta 'il decennio di Michael Jackson'".

1990

1990
Michael Jackson è ritratto su un francobollo emesso dalla Repubblica di Guinea.

L'addetta stampa di Michael invia un comunicato per smentire le voci che danno per morto Bubbles, l'adorato scimpanzé dell'artista.

Gennaio
A Michael viene consegnato il premio MTV per il video più d'avanguardia degli ultimi dieci anni. La serata è interamente dedicata ai video del cantante.

Friday Night Videos trasmette i migliori video del decennio scelti dai telespettatori. In scaletta c'è *Thriller*.

La Platinum Limited Editions pubblica un'edizione limitata dei "Michael Jackson Artist Of The Decade Awards" (mille copie numerate con certificato di autenticità).

Moonwalker è in nomination per il Grammy come miglior lungometraggio.

Michael visita Disney World a Orlando incuriosito dalla nuova attrazione Star Wars Tours. Il giorno dopo lo vedono pattinare al Rockin' Rollerdome.

Esce la notizia che Michael ha aperto una pista privata di pattinaggio su ghiaccio per i bambini che non possono pagare il biglietto.

6 gennaio
Michael invita nel suo ranch ottantadue ragazzi del Childhelp USA che hanno subito abusi o sono stati abbandonati. I ragazzi giocano, partecipano a un barbecue e assistono alla proiezione della *Sirenetta* e di *Ritorno al futuro - parte II* nel teatro di Neverland.

19 gennaio
"USA Today" pubblica un'intera pagina, acquistata dalla CBS, che elegge Michael Jackson "artista del nostro tempo" per aver venduto cento milioni di dischi negli anni Ottanta.

26 gennaio
Michael Jackson partecipa all'inaugurazione di un quadro che lo ritrae, intitolato *The book*, che si tiene al Beverly Hilton Hotel.
Si aggiudica la tela la società giapponese di investimenti Hiromichi Saeki Corp. per la cifra record di due milioni e centomila dollari, somma mai raggiunta prima da un quadro che rappresenta una persona vivente.
L'autore è il pittore australiano Brett-Livingstone Strong, discendente del famoso esploratore, che ha ritratto Michael con in mano un libro non riconoscibile. Il titolo del volume resta un segreto, per quanto in una conferenza stampa a Los Angeles la portavoce dell'artista, Maureen O'Connor, rivelerà che si tratta di un libro che ha influenzato molto la vita del cantante.

27 gennaio
Michael viene premiato come miglior intrattenitore degli anni Ottanta – per le vendite stratosferiche di *Thriller* e *Bad* e per il tour mondiale da tutto esaurito del 1988 – durante la settima edizione degli American Cinema Awards organizzati al Beverly Hilton Hotel. La serata è presentata da Kirk e Anne Douglas, mentre a consegnare il premio viene chiamata Sophia Loren. L'artista ringrazia in un breve discorso di tre minuti.

3 febbraio
Michael riceve e accetta via satellite dal Giappone un premio come "modello di comportamento".

4 febbraio
L'ABC manda in onda uno special dedicato a Sammy Davis Jr. per i suoi sessant'anni nello spettacolo registrato a novembre.
I proventi, circa duecentocinquantamila dollari, sono devoluti allo United Negro College Fund. Lo show vincerà l'Emmy come straordinario special musicale.

20 febbraio
Michael partecipa a un pranzo al Regent Beverly Wilshire Hotel, organizzato dalla CBS Records, per festeggiare i centodieci milioni di dischi venduti nel corso degli anni Ottanta, record che fa di lui l'artista best-selling del decennio. Dichiarerà: "Ci tengo a dire che nessun album si vende da solo, è merito della gente che lo ha comprato".

Michael agli American Cinema Awards, a cui partecipa accompagnato da Sophia Loren (foto pagina accanto).

Michael festeggiato dalla Broadcasting Music Industry. La CBS gli rende omaggio per gli oltre cento milioni di dischi venduti.

1990

21 febbraio
Alla trentaduesima edizione dei Grammy Awards, Michael vince il premio per il miglior short video musicale con *Leave me alone*.

Un comunicato stampa annuncia che tra il Walt Disney Studio e Michael Jackson è stato sottoscritto un accordo multimilionario per la realizzazione di film, album e sceneggiature, ma il tutto si rivela una bufala.

Marzo
I tabloid inglesi riportano che nel corso dell'estate Michael "uscirà allo scoperto", riferendo che ha programmato, insieme alla famiglia, di immettere sul mercato mondiale sessanta milioni di sterline in azioni. Il ricavato verrà utilizzato per la costruzione di un nuovo parco a tema a Las Vegas e per promuovere la propria etichetta discografica, la Jackson Records. L'emissione sarà organizzata da tre importanti sottoscrittori di Wall Street e verrà creata una nuova società di gestione chiamata Jackson Entertainment Corp.

Alla quarta edizione dei Soul Train, Michael riceve il Silver Award come miglior artista degli anni Ottanta.

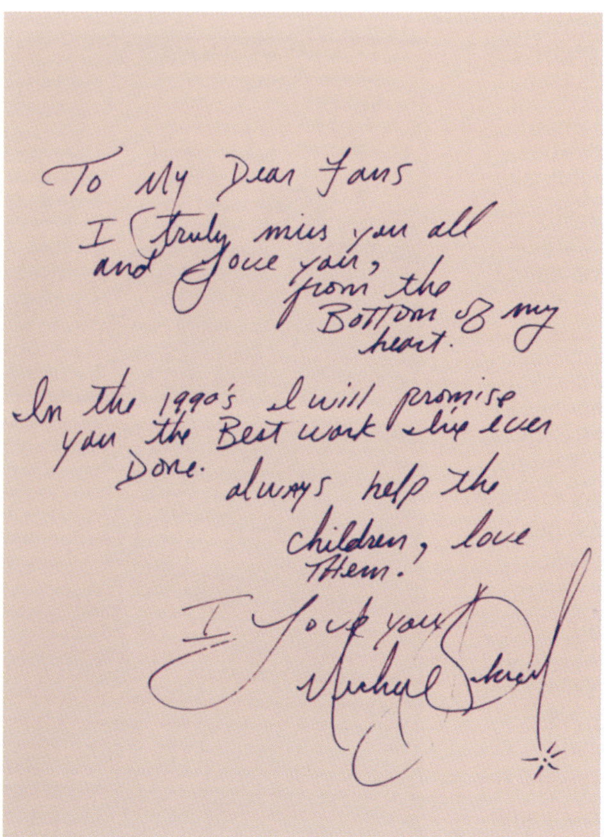
To My Dear Fans
I truly miss you all and love you, from the Bottom of my heart.
In the 1990's I will promise you the Best work I've ever Done. always help the children, love Them.
I love you
Michael Jackson

20 marzo
Adrian Grant, curatore della fanzine "Off The Wall", organo del fan club di Michael Jackson in Gran Bretagna, presenta l'*Off the wall appreciation award*, un montaggio di scatti di Michael messo su tela dall'artista Vincent McKoy. Dopo la presentazione Adrian si reca al Recording Studio dove il cantante sta registrando i brani del nuovo album. Jackson posa per qualche foto esclusiva per la rivista e scrive un messaggio ai lettori.

26 marzo
Adrian Grant va a trovare Michael nel ranch di Neverland e diventa il primo giornalista autorizzato a scrivere un articolo su questa esperienza. Durante la visita assiste a diverse proiezioni cinematografiche e l'artista lo invita a vedere la sua collezione di premi e riconoscimenti conservati in una stanza speciale. Adrian scriverà in proposito: "Il paesaggio è assolutamente mozzafiato, non avevo mai visto un posto e una proprietà tanto belli. Laghi, ponti, giardini fioriti: tutto è armonia e nell'aria un sottofondo di musica classica."

Primavera
Nei cinema viene proiettata la pubblicità della LA Gear: la musica è quella di *Wanna be startin' somethin'* ma Michael Jackson non compare negli spot. Poco dopo anche la televisione trasmette alcuni promo.

Wade Robson, un ragazzino australiano di sette anni di Brisbane, vola in America con i suoi genitori per studiare canto e danza con Michael Jackson, che aveva incontrato due anni prima dopo aver vinto una gara di ballo. Sua madre, Joy, dichiara che il figlio aveva imparato a muoversi guardando i video di Michael, che lei considera un perfetto esempio per il figlio.

2 aprile
Ryan White, il ragazzino malato di AIDS, entra in coma.

4 aprile
Michael si reca al Capital Children Museum di Washington accompagnato da Ann Lewin, direttore esecutivo del Natural Learning Center. Durante la visita, che dura un'ora e mezza, viene circondato da ragazzini e finisce per cantare tra un tripudio di mani alzate.

Michael passa anche qualche minuto allo Smithsonian Museum Of American History, dove è esposta la bandiera americana con quindici stelle e quindici strisce che ha ispirato l'inno nazionale.

5 aprile
Michael Jackson incontra il presidente Bush nel Rose Garden della Casa Bianca durante una cerimonia in cui viene premiato dal Capital Children's Museum di Washington come miglior intrattenitore degli anni Ottanta. L'artista, da sempre impegnato a favore dei bambini, riceve anche un premio per la sua attività filantropica. Il presidente dichiara alla stampa che Michael è un "punto luminoso" tra coloro che si dedicano alle cause umanitarie.

Segue, presso la storica Merrywood Estate di McLean, una serata organizzata dell'associazione The Friends Of Thel Capital Children's Museum per raccogliere fondi. Prezzo del biglietto per partecipare a questa esclusiva serata: cinquemila dollari.

Nonostante i numerosi impegni, Michael trova il tempo per informarsi sulle condizioni di Ryan White. Viene usato uno speciale altoparlante per far arrivare al ragazzo, ormai in coma da quattro giorni, la voce di Michael, nella speranza che possa aiutarlo a svegliarsi.

7 aprile

Michael è tra i primi ad arrivare al Taj Mahal Casino del miliardario Donald Trump in veste di ospite speciale.

8 aprile

A soli diciotto anni Ryan non ha più forze per combattere l'AIDS e muore dopo sei giorni di coma.
Michael apprende la tragica notizia mentre si trova al Taj Mahal Casino e, con Donald Trump, parte immediatamente per raggiungere l'abitazione del ragazzo, nell'Indiana. Trascorrerà quattro ore con la famiglia e la madre Jeanne.

11 aprile

Michael partecipa al funerale insieme a millecinquecento persone tra cui Barbara Bush, Elton John, Phil Donahue e la stella del football Howie Long dei Los Angeles Raiders, la squadra del cuore di Ryan.

Maggio

I fan costringono Michael a lasciare frettolosamente il negozio di giocattoli F.A.O. Schwartz dove si è recato in compagnia di due giovani ragazze. Per aiutarlo a sfuggire ai cacciatori di autografi i commessi lo accompagnano negli uffici da dove può allontanarsi indisturbato.

John Brown, un quattordicenne di Wakefield, nel West Yorkshire, ammalato di cancro, può realizzare il suo sogno. Attraverso la fondazione benefica Make A Wish viene infatti invitato nel ranch di Neverland per incontrare il suo idolo.

8 maggio

Nel corso di una cerimonia al Regent Beverly Wilshire Hotel, la Broadcast Music Industry consegna a Michael, come riconoscimento del contributo dato alla cultura, il primo BMI Michael Jackson Award, premio che porta il suo nome e che è stato pensato per i compositori o gli autori di canzoni il cui lavoro contribuisce a migliorare le discipline creative come la musica, la cinematografia, la danza e il video-making. La BMI sottolinea che il premio non avrà cadenza annuale, ma sarà assegnato solo agli artisti che avranno raggiunto record simili a quelli di Michael nelle vendite, nel campo della beneficenza e in quello della qualità della gestione del proprio lavoro. Il presidente Frances Peterson aggiunge: "In passato abbiamo premiato Michael Jackson per le sue canzoni e per le vendite raggiunte. Questa volta premiamo l'uomo".

16 maggio

A causa di un tumore muore Sammy Davis Jr., artista amatissimo da Michael e sua importante fonte di ispirazione. Jackson avrà l'onore di camminare accanto alla bara insieme a Frank Sinatra, Dean Martin e Bill Cosby.

26 maggio

La Repubblica africana della Tanzania emette una collezione di francobolli che raffigurano dieci grandi artisti africani e afro-americani nella serie "Intrattenitori neri famosi". Michael è raffigurato, insieme a Bill Cosby, su quello di maggior valore.

3 giugno

Michael arriva al pronto soccorso del St. John's Hospital con un fortissimo dolore al petto.
Si è sentito male mentre stava provando nella sua casa di Encino. Subito si diffondono voci secondo le quali avrebbe avuto un attacco di cuore.

4 giugno

Centinaia di fan si riversano all'ingresso dell'ospedale, portano fiori e messaggi di pronta guarigione e danno inizio alla veglia. Bob Jones, vicepresidente della MJJ Productions, dichiara: "Sta per essere sottoposto a una serie di esami. Non penso sia stato un attacco di cuore, ma solo un malessere. Era stato poco bene anche due o tre giorni fa".

5 giugno

Gli esami medici sono terminati, ma Michael soffre ancora di dolori al torace. Riceve la visita dei fratelli in ospedale e LaToya gli manda una dozzina di rose nere.

Il 26 maggio la rivista "Billboard" pubblica le classifiche dei lettori che hanno votato i migliori artisti anni Ottanta. Michael Jackson domina con undici piazzamenti in otto categorie:

2. Artista pop
4. Artista dance
1. Artista black
1. Album pop (*Thriller*)
2. Album black (*Thriller*)
2. Singolo pop (*We are the world*)
4. Singolo pop (*Billie Jean*)
1. Singolo black (*Billie Jean*)
5. Singolo black (*Beat it*)
2. Singolo dance (*Billie Jean*)
4. Singolo dance (*Beat it*)

Pagina accanto: il biglietto manoscritto inviato da Michael alla fanzine "Off The Wall"

Michael riceve il riconoscimento come "intrattenitore del decennio" dal presidente George Bush

1990

Il dolore al petto sembra essere invece un attacco di panico causato da un sovraccarico di lavoro, anche per i ritardi del nuovo album. Bob Jones dichiara alla stampa: "Michael ultimamente è sotto pressione. È mancato il suo amico Sammy Davis Jr., un mese fa se ne è andata sua nonna e il suo amico Ryan White è morto di AIDS".

6 giugno
I medici confermano che Michael Jackson soffre di costocondrite, un'infiammazione della cartilagine anteriore della gabbia toracica causata da un eccessivo sforzo fisico e dallo stress. Lascerà l'ospedale due giorni dopo.

Estate
Michael è sulla copertina di "Music World".

La rivista americana "Alive And Well" conferisce a Michael uno dei primi Broccoli Awards per il suo impegno nel promuovere la salute attraverso la dieta.

Una copia pirata di *Human nature* di Michael, accoppiato con *The power* di Snap, circola nelle discoteche brittaniche con il titolo *The power of human nature*.

Luglio
Michael partecipa al matrimonio di Berry Gordy con Grace Eaton a Santa Barbara.

Quarantacinque bambini di tutto il mondo che fanno parte del "Los Angeles Dream Street", un progetto a sostegno dei piccoli affetti da gravi malattie, sono invitati nel ranch di Neverland Valley.

Cominciano a comparire sulle riviste le prime pubblicità con l'immagine di Michael Jackson per la campagna LA Gear. Per gli spot televisivi – i primi dell'artista dopo quasi quattro anni, saranno definiti dall'industria "un passo avanti creativo"– è stata scritturata anche Brandi, la nipotina di Michael di otto anni figlia del fratello maggiore Jackie.

Un abito di scena in pelle indossato da Michael per il Bad Tour viene acquistato all'asta Philips di Londra: 16.500 sterline se lo aggiudica l'Hard Rock Café americano.

Agosto
Walter Yetnikoff rifiuta l'autorizzazione per usare le canzoni di Michael nella colonna sonora di *Giorni di tuono*. Già una volta si era dichiarato contrario alla presenza dell'artista nel documentario *Listen up - the lives of Quincy Jones*.

La Sega/Genesis lancia un nuovo video gioco intitolato *Moonwalker*. Basato su *Smooth criminal*, è disegnato da Michael ed è disponibile anche in versione arcade.

Nei cinema viene proiettata la pubblicità LA Gear con Michael Jackson.

8 agosto
Nell'area "Superstars" del Madame Tussauds di Londra viene esposta la nuova statua di cera di Michael Jackson.

18 agosto
Michael invita nel suo ranch centotrenta bambini del programma estivo della YMCA di Los Angeles e di Santa Barbara. I piccoli lo ringraziano con uno striscione che recita: "Ti vogliamo bene, Michael".
L'artista viene eletto membro onorario della YMCA di Los Angeles (28th Street).

Sandy Gallin è il nuovo manager personale di Michael Jackson.

Settembre
Esce il film documentario *Listen up - the lives of Quincy Jones*, con un'intervista fuori scena a Michael Jackson, che ha acconsentito di rispondere solo a luci spente.

12 settembre
Michael partecipa a un gala per City of Hope in onore di Tommy Mottola, presidente della CBS Records Division.

14 settembre
The Los Angeles Council Of The Boy Scouts of America rende onore all'artista con il "Michael Jackson Good Scout Humanitarian Award", un riconoscimento mai assegnato prima e che gli viene consegnato da Michael Eisner, presidente della Disney, al Century Plaza Towers di Los Angeles. Il premio celebra i suoi sforzi filantropici per la raccolta di fondi a favore di Make A Wish Foundation, Prince's Trust, United Negro College Fund e Childrenhelp USA.

Pagina accanto: Michael, a cui è stato conferito il premio "Michael Jackson Good Scout Humanitarian", augura pace, speranza e buona salute insieme ai boy scout

28 settembre
La rivista "Billboard" pubblica uno special per festeggiare il decimo anniversario del canale televisivo BET, Black Entertainment Television. Tra i messaggi di congratulazioni anche quello di Michael: "Apprezzo molto il contributo dato da BET, che ha sempre accolto molto bene la mia musica".

Ottobre
La rivista "Entertainment Weekly" inserisce Michael Jackson nell'elenco delle 101 persone più influenti del mondo dello spettacolo.

Iniziano a circolare voci secondo le quali Michael potrebbe lasciare la CBS per un contratto migliore.

23 ottobre
Circola la voce che saranno Michael Jackson ed Elton John i primi artisti a ricevere il premio in memoria di Ryan White, programmato per il 1991.

Esce *My family, the Jacksons* di Katherine Jackson.

La Starchocs SA di Ginevra distribuisce in tutto il mondo la barretta di cioccolato "Michael Jackson".

Il giudice respinge la causa intentata contro Michael Jackson da George Mollases e John Griffen, secondo i quali il video *The man in the mirror* era lesivo per il loro clip *All over the world* del 1986.

Dicembre
Viene trasmesso A tribute to John Lennon, che comprende *Come together,* tratta da *Moonwalker*.

1991

Michael con Madonna alla cerimonia degli Oscar anno 1991

Gennaio

Viene rimandata all'inizio dell'estate l'uscita del nuovo album di Michael Jackson programmata per questo mese.

MTV diffonde l'elenco dei 100 video più popolari: primo posto per *Thriller*.

21 gennaio

A causa della guerra del Golfo, Michael cancella il viaggio che aveva programmato in Africa.

26 gennaio

In Gran Bretagna *Do the Bart Man* dei Simpson, ispirato alla celebre serie di cartoni animati, entra nella Top 75 dei singoli. Il brano è stato scritto da Bryan Loren, che sta lavorando con Michael al suo nuovo album, e si dice che Michael potrebbe avervi preso parte.

Michael Jackson acconsente che il suo nome e la sua immagine vengano utilizzati per una serie di ologrammi che riproducono il suo viso in tre dimensioni. Un'edizione limitata, della grandezza di 58x81 cm, in vendita a ventimila dollari, viene esposta in gallerie e musei. Poco dopo verrà distribuita nei negozi più importanti una versione più piccola.

The story of Michael Jackson, pubblicato dalla Cosmo, viene adottato nelle scuole superiori del Giappone come ausilio per gli studenti che studiano inglese. Il volume – illustrato, 47 pagine con tanto di esercizi e questionari con risposta multipla – è il risultato dell'adattamento dell'autobiografia di Michael, *Moonwalk*, fatto da Takako Yasuo.

Febbraio

In Gran Bretagna *Bad* è disco di platino per la decima volta. Fin qui ha venduto tre milioni di copie, proprio come *Thriller* (sempre in Gran Bretagna).

18 marzo

Michael viene visto mentre cena a lume di candela insieme a Madonna all'Ivy di Los Angeles.

20 marzo

A New York viene annunciato il più grande accordo della storia della musica. La Sony Software, multinazionale giapponese che aveva acquistato la CBS Records nel 1988, sigla un contratto con Michael Jackson per quindici anni, sei album e dei film. I dischi, i film e i progetti tivù, che saranno realizzati con la Sony Music, la Columbia Picture Entertainment e la Sony Electronic Publishing, potrebbero portare un guadagno stimabile in un miliardo di dollari. Michael riceve diciotto milioni di dollari di anticipo per l'album che sta per uscire, più cinque milioni di dollari di bonus per questo disco e per ognuno dei prossimi cinque.

Michael Jackson è l'intrattenitore più pagato nell'industria della musica, con royalty del 25% su ogni album venduto; in veste di CEO della sua etichetta musicale, la Nation Records, riceve un milione di dollari all'anno. Il lucroso accordo viene riportato dalla stampa.

Si dice che il primo lungometraggio per la Columbia Picture Entertainment sarà un film musicale di azione e avventura basato su un'idea di Michael.

1991

La sceneggiatura potrebbe essere di Caroline Thompson (*Edward mani di forbice*) e Larry Wilson (co-autore di *Beetlejuice*), la scenografia di Anton Furst (*Batman*).

25 marzo
Occhi puntati su Michael Jackson e Madonna che cantano insieme alla sessantatreesima edizione degli Oscar. Da "People Weekly": "Michael era leggendario: stivali da cowboy tempestati d'oro, un'abbagliante cascata di diamanti e, come vero tocco di sartoria, due guanti".

Viene rivelato il titolo del nuovo LP di Michael Jackson: *Dangerous*.

Aprile
Michael viene chiamato in causa per ventun milioni di sterline da Hugo Zuccarelli. Zuccarelli sostiene di non aver mai ricevuto nessuna royalty per l'utilizzo del suo innovativo Holophonic Sound System, usato per i primi due milioni di copie di *Bad*. Nei successivi diciotto milioni di copie l'Holophonic non è stato utilizzato, ma senza che venisse specificato sulla copertina del disco: Zuccarelli denuncia di essere stato danneggiato visto che chi ha ascoltato il disco con una resa del suono inferiore credeva fosse stato utilizzato l'Holophonic Sound System.

Michael avrebbe perso nove milioni di sterline con il video di *Moonwalker*: questo si legge su *Hitmen*, il libro di Fredrick Dannen, in cui si afferma che era noto che l'artista avesse licenziato Frank Dileo per l'insuccesso del lancio teatrale di *Moonwalker* negli Stati Uniti.

8 aprile
Michael organizza un tea party – cinquecento sterline a partecipante – per raccogliere fondi a favore dell'istituto di ricerca sui primati di Jane Goodall.

9 aprile
Per la quarta volta in due settimane Michael e Madonna vengono visti insieme allo Spago di Los Angeles. Dopo il pranzo (durato tre ore) hanno lasciato il ristorante "mano nella mano", suscitando pettegolezzi su una loro love story. Verrà subito chiarito che il re e la regina del pop stavano semplicemente discutendo di un possibile duetto nel nuovo album di Michael.

15 aprile
Michael e Madonna sono sulla copertina di "People".

17 aprile
Una piccola label indipendente, la Nation Records, minaccia di trascinare Michael in tribunale se userà il nome dell'etichetta per i suoi dischi. Katherine Canoville dichiara che la Nation Records è ormai sul mercato da tre anni ed è riconosciuta a livello internazionale.

29 aprile
La stampa riporta una dichiarazione di Madonna sulla sua possibile collaborazione con Michael: "Ho una visione a tutto campo di Michael. Stiamo considerando di lavorare insieme per una canzone. Mi piacerebbe rivedere completamente la sua immagine, fargli un bel taglio di capelli, molto molto corto, e strapparlo fuori dai suoi stivali con le fibbie e da tutta quella roba. Voglio che vada a New York e si stabilisca per una settimana al House of Extravaganza (un gruppo di stilisti alla moda). Loro possono trovargli un nuovo stile. Gli direi: 'Potete trasformare questo ragazzo per me?', perché penso che sia veramente questo di cui ha bisogno".

Maggio
Esce *Michael Jackson: the magic and the madness* di J. Randy Taraborrelli.

Sandy Gallen, manager di Michael, invita Jean-Paul Gaultier e Azzendine Alai a proporre nuove idee per rinnovare l'immagine della star.

Michael contatta Richard Attenborough per dirigere uno dei video tratti da *Dangerous*.

4 maggio
Un gruppo di fan si raduna al Vision Trax Studio di Nottingham per suonare *Look what you have done*, un pezzo in omaggio a Michael scritto da una sua ammiratrice Denise Pfeiffer, con la musica di Nigel Rutherford Young.

6 maggio
Michael Jackson viene invitato all'International Tribute Benefit di Jane Goodall, l'etologa che ha dedicato oltre trent'anni alla ricerca sugli scimpanzé a Gombe, Nigeria. La dichiarazione alla stampa conferma che Michael ha "assunto la presidenza onoraria" dell'organizzazione.

Serata insieme per Michael e Madonna

1991

La barretta di cioccolata "Michael Jackson"

A causa di altri impegni, Michael non vi partecipa.

Giugno

Ancora una volta viene posticipata l'uscita di *Dangerous*: pare che Michael non sia soddisfatto di alcuni brani.

Stevie Wonder viene premiato con il Nelson Mandela Award. Michael Jackson presiede all'evento insieme con Quincy Jones, Harry Belafonte, Eddie Murphy, Lionel Richie, Denzel Washington e Oprah Winfrey.

In America viene lanciata sul mercato una nuova barretta di cioccolato "Michael Jackson"; si stima gli farà guadagnare un milione di sterline al mese.

1 giugno

David Ruffin dei Temptations muore per overdose. Venuto a sapere che l'ex Motown è senza il becco di un quattrino, Michael si accolla le spese del funerale, circa tremila sterline, oltre a inviare dei fiori.

Non partecipa però al funerale per evitare di essere travolto dal solito circo mediatico.

La stampa riporta che Madonna ha rifiutato categoricamente di duettare con Michael.

Si dice che Michael stia provando un nuovo look, ripreso dalla macchina fotografica di Herb Ritts. Il "Sun" pubblica in esclusiva una sua foto in completo di pelle Versace e con i capelli lisci e lucidi.

Michael ingaggia due tra i migliori produttori di Los Angeles, Babyface e L.A. Reid, per lavorare sul nuovo album. A quanto si dice l'accordo non va troppo a genio al fratello Jermaine, che sta già collaborando con i due.

I giornali riportano le dichiarazioni di Jermaine: "Sarei potuto essere io Michael. È una questione di tempismo, una questione di fortuna".

Michael appare sulla copertina della rivista inglese "The Wire".

15 giugno

La rivista "Off The Wall" indice il primo Michael Jackson Day. La festa, che si tiene all'Hammersmith Palais di Londra, richiama più di millecinquecento fan che ballano al ritmo della musica e dei video di Michael, raccogliendo denaro da devolvere in beneficenza, e che tra le tante cose avranno la possibilità di incontrare Michael Jackson di persona.

19 giugno

Michael si reca alle Bermuda insieme con Macauley Culkin, il protagonista di *Mamma ho perso l'aereo*, per una breve vacanza e per cercare la location per il nuovo video. I genitori di Macauley, tre assistenti di Michael e le due star si stabiliscono a Hamilton, al Princess Hotel, per seicento sterline al giorno: il cantante occupa un attico, i genitori del piccolo attore si sistemano al sesto piano, proprio sotto le stanze di Michael. I due passano la maggior parte del tempo a giocare, nuotare, fare tuffi, immersioni e shopping.

Michael con Macauley Culkin alle Bermuda

21 giugno

Michael e Macauley lanciano dal settimo piano palloncini pieni d'acqua sugli ignari turisti che passeggiano sotto, divertendosi come dei matti. In serata Michael organizza nell'hotel uno spettacolo musicale privato per Macauley e i suoi genitori.

22 giugno

Michael e Macauley vanno a fare immersioni prima di godersi, in serata, un altro musical.

23 giugno

Michael e Macauley passano la giornata al Disney World di Orlando.

Luglio

Si vocifera che *Monkey business* sarà una delle tracce del prossimo LP di Michael. Ma con oltre settanta canzoni già registrate, non rientrerà nelle quattordici scelte per la track list.

Cominciano a uscire notizie su *MidKnight*, il primo progetto di Michael per la Columbia Picture Entertainment, descritto come una specie di musical fantascientifico. Lancio previsto: inizio 1992.

L'Hollywood Arts Council fa sapere di avere intenzione di realizzare un murales raffigurante Michael Jackson sull'El Capitan Theater di Hollywood. Il progetto comprende anche una realizzazione in 3-D del braccio di Michael, illuminato da luci intermittenti che diano l'illusione del movimento.

23 luglio
MC Hammer sfida Michael a una gara di ballo con queste esatte parole: io sono in grado di "ballare sulle mutande di chiunque faccia il *moonwalk*".
E durante il talk show americano Evening Magazine dichiara che la gara potrebbe rivelarsi un ottimo modo per promuovere sia il suo nuovo album sia quello di Michael.

24 luglio
L'addetto alle pubbliche relazioni di Michael dichiara: "Michael ha inventato la maggior parte dei passi di Hammer. Non ha niente da dimostrare". La sfida non viene raccolta.

26 luglio
Michael Jackson visita il Community Youth Sports and Arts Foundation Center di Los Angeles, un centro che fornisce assistenza ai genitori e ai famigliari dei membri delle gang, incoraggiando i ragazzi ad abbandonarle e aiutando chi ha problemi di droga. Michael, accompagnato da Emmanuel Lewis (ormai diciassettenne), si intrattiene con i ragazzi, e prima di andarsene regala alla fondazione una TV Sony schermo gigante, una videocassetta di *Moonwalker* e un generoso assegno di cui non viene reso noto l'importo.

Il "Los Angeles Time" riporta che Steven Spielberg ha invitato Michael a partecipare con un cameo al suo nuovo film, *Hook*, ispirato alla storia di Peter Pan.

Agosto
Michael appare sulla copertina di "Ebony" in compagnia di numerose altre celebrità. Titolo dell'articolo di copertina: "Come la creatività nera sta cambiando l'America"; protagonisti del reportage: "i fratelli più grandi della storia dello show business", ovvero Michael e Janet Jackson.

Michael è sulla copertina della rivista "Upscale".

Michael e Janet partecipano alla festa di compleanno di Joseph Jackson allo Spago di Los Angeles.

Esce per la Dutton *LaToya: growing up in the Jackson family* di LaToya Jackson.

"Billboard" riporta che Michael ha acconsentito a concedere la sua immagine e tre canzoni – *Billie Jean*, *Man in the mirror* e *The way you make me feel* – per la realizzazione di un mini disco demo Sony che uscirà alla fine del 1992.

Michael regala un LP autografato a un'asta indetta dall'organizzazione Artists And Musicians Protecting The Tomorrow, il cui ricavato è destinato al Rain Forest Action Network.

The mad bad world of Michael Jackson, il video che raccoglie le notizie sull'artista riportate dalla stampa, esce per l'inglese River First. A quanto pare Michael non gradisce, e anzi ordina alla Sony un'indagine a tutto campo.

7 agosto
Il personale di Disneyland non riconosce Michael che si presenta alla biglietteria travestito parrucca, lenti a contatto blu, denti finti e trucco. Il cassiere si insospettisce giusto quando uno degli amici che lo accompagnano gli consegna, per pagare, la carta di credito dell'artista. Il quale, alla fine, per dimostrare la propria identità è costretto a esibirsi in alcuni dei suoi famosi passi di danza, *moonwalk* compreso. Cortesemente, la Disneyland chiede che in futuro Michael preannunci il suo arrivo con una telefonata.

26 agosto
Macauley Culkin trascorre a Neverland Valley il giorno del suo undicesimo compleanno.

Sequenza di bozzetti tratta dallo storyboard di David Lynch per la campagna pubblicitaria di *Dangerous*

Settembre

Agli MTV Music Video Awards viene annunciato che d'ora in avanti il Video Vanguard sarà chiamato "Michael Jackson Video Vanguard Award". Bon Jovi è il primo ad aggiudicarselo.

In Pakistan alcuni estremisti minacciano di manifestare contro i concerti programmati nel loro Paese per le presenze di Michael e Madonna. Il partito militare religioso Jamaat minaccia di mobilitare la popolazione e di far cadere il governo. Ciononostante, il ministro della Cultura, Shaikh Rasbill, dichiara di non voler cancellare gli show.

19 settembre

Nella ripresa autunnale della terza serie tivù *I Simpson* compare un personaggio gigantesco, bianco e con disturbi mentali, che crede di essere Michael Jackson e canta *Billie Jean* e *Ben* (sostituendo i nomi con *Homer*) e duetta con Bart intonando *Buon compleanno Lisa*. Sembra che Michael gli abbia prestato la voce, ma i suoi legali negano ogni coinvolgimento; la prestazione verrà attribuita a John Jay Smith.

Ottobre

Michael paga novemilasettecentotrentadue sterline per due posti sul Concorde per le sue guardie del corpo Raymond Thomas e Cooper Jones, incaricati di portare a Londra il nastro originale del nuovo singolo *Black or white*.
Teme infatti che qualcuno possa impadronirsi del nastro, infatti ordina ai due di consegnarlo solo allo staff della sicurezza a Londra.

Viene rubato il guanto di lustrini che Michael Jackson aveva donato al Motown Museum nel 1988. Sarà ritrovato due giorni dopo.

Girano voci secondo le quali una donna misteriosa ha pagato più di trentamila sterline per organizzare la festa del compleanno del figlio al ranch di Neverland. A quanto pare Michael ha messo a disposizione quest'opportunità unica nel corso di un'asta organizzata da alcune celebrità per raccogliere fondi contro l'AIDS.

6 ottobre

Elizabeth Taylor convola a nozze, per l'ottava volta, con Larry Fortensky, al ranch di Neverland Valley. Accompagna la sposa: Michael Jackson. L'attenzione dei media è enorme e la cerimonia verrà addirittura interrotta quando un fotografo si catapulta con un jet pack sul ranch nel tentativo di scattare delle fotografie esclusive.

21 ottobre

Michael, Elizabeth Taylor e Larry Fortensky appaiono insieme copertina di "People". Titolo: "L'album di nozze di Liz e Larry". Anche la rivista "Hello!", in Gran Bretagna, pubblica foto "esclusive".

Jean-Paul Gaultier, Vivienne Westwood, John Galliani ed Helen Storey sono ospitati dalla rivista "Sky" insieme ai bozzetti che illustrano come intendono rinnovare il look di Michael.

Novembre

In tivù comincia a passare il trailer (trenta secondi) diretto da David Lynch per il lancio di *Dangerous*, il prossimo album di Michael Jackson.

2 novembre

La stazione radio PLJ-FM di New York trasmette per la prima volta *Black or white*, il nuovo singolo di Michael. In poche ore la Sony Records viene assediata dalle richieste delle altre radio che pretendono una copia del disco; la messa in onda non era programmata prima del 6 novembre. A Los Angeles anche KPWR-FM inizia a trasmettere il brano, ma "rimproverata" dalla Sony lo elimina dalla scaletta, questo finché la sua diretta concorrente KIIS-FM lo manda in onda il 4 novembre. Sempre a New York la Top 40 WPLJ (Mojo Radio) trasmette *Black or white* di Michael per novanta minuti. Altre stazioni reclamano il disco alla Sony/Epic, che è quindi costretta ad anticipare di un giorno la messa in onda.

Michael è sulla copertina di "TV Guide", dedicata al lancio imminente del video di *Black or white*.

La stazione radio KPWR di Los Angeles, sfruttando la dirompente presenza on air di Michael, trasmette una versione non ufficiale di *Word to the badd* di Jermaine. Definita un "attacco incontrollato a Michael", ha un testo diverso rispetto all'originale che compare sull'album *You said, you said* prodotto da L.A. e Babyface. Jermaine nega di averla inviata alla radio e sostiene che gli sia stata trafugata.

Alcuni versi di questa "ode" dedicata a Michael recitano:

1991

"Dopo che sei stato creato / Hai cambiato la tua sfumatura / Il tuo colore era sbagliato? Non potrai tornare nero / È una cosa risaputa / Sei andato troppo in là".

4 novembre
Thriller viene inserito nella "Hall Of Fame" dei produttori di video musicali.

6 novembre
Durante lo show di Simon Mayo della stazione inglese Radio One viene trasmessa per la prima volta *Black or white*, giusto qualche minuto prima che altre sessanta radio regionali la ricevano via satellite. È la prima volta che si verifica una messa in onda in contemporanea di questo tipo.

7 novembre
In Gran Bretagna viene trasmesso il trailer del nuovo video di Michael firmato David Lynch.

In venti città americane, nei negozi si ascolta per la prima volta l'album *Dangerous* per intero.

8 novembre
Black or white esce in alcuni punti vendita degli Stati Uniti.

11 novembre
Black or white esce in Gran Bretagna e in America, dove stabilisce subito un nuovo record: viene inserito nella programmazione dal 96% delle 237 stazioni radio più importanti nel giorno del lancio.

Black or white, che vede la partecipazione di Slash dei Guns N' Roses alla chitarra, nasce sulla base di un brano inizialmente previsto per *Bad*: nel 1989, quando aveva iniziato a lavorare a *Dangerous*, Michael aveva chiesto a Bill Bottrell, autore del testo e co-produttore del pezzo, di tenerlo da parte. Al video della canzone - diretto da John Landis, regista anche di *Thriller* - partecipano Macauley Culkin, Brandi, la nipote di Michael, Bart Simpson, George Wendt (l'attore che interpreta Norm nella serie *Cheers*) e il rapper Heavy D.

14 novembre
Il programma televisivo Top Of The Pops trasmette per la prima volta il cortometraggio di *Black or white*, facendo lievitare il numero dei telespettatori da sei milioni e cinquecentomila a dieci milioni e ottocentomila. Per tutta la settimana una serie di annunci ne avevano pubblicizzato la messa in onda e anche la stampa nazionale aveva dedicato ampio spazio all'evento. La BBC decide comunque di tagliare parecchi secondi della scena della "masturbazione" di Michael, nella seconda parte. Meno di un'ora dopo, alle 20,25, MTV trasmette la versione integrale di undici minuti.

Fox Network, BET e MTV trasmettono contemporaneamente per la prima volta il video di *Black or white*. BET lo manda in onda dopo *Live and dangerous*, uno special su Michael Jackson, mentre Fox lo trasmette subito dopo *I Simpson*, raccogliendo in America quattordici milioni e quattrocentomila spettatori. MTV, che ha dedicato l'intera settimana a Michael Jackson, con special e video, lo manda in onda due volte di seguito.

Black or white, che è costato circa tre milioni e cinquecentomila sterline, viene visto in ventisette Paesi da qualcosa come cinquecento milioni di persone, ed è il primo video a essere trasmesso dalla tivù nazionale tedesca.

La Fox Broadcasting Company si assicura i diritti per la prima messa in onda di ogni video tratto da *Dangerous*. Intendono trasmettere un nuovo video di Michael ogni trimestre e chiedono di essere avvisati due mesi prima per organizzare la programmazione.

"Sono sconvolto dall'idea che Black or white *abbia potuto suscitare nei bambini o negli adulti comportamenti distruttivi o comunque violenti o legati alla sfera sessuale. Ho sempre cercato di essere un buon esempio, quindi ho deciso di fare dei cambiamenti al video per evitare di urtare la sensibilità di qualcuno. Mi dispiace molto per il dolore, per la sofferenza che la parte finale di* Black or white *ha provocato ai bambini, ai loro genitori o a qualsiasi altro spettatore".*

Michael Jackson - 15 novembre 1991

15 novembre
Ventiquattro ore dopo la prima messa in onda le stazioni tivù di tutto il mondo, soprattutto in America, ricevono le proteste dei telespettatori che lamentano la violenza presente nei quattro minuti conclusivi. La polemica è aperta.

1991

In particolare, i genitori sono disturbati dalle scene di violenza e di sesso (Michael che rompe i vetri e simula la masturbazione).
Il centralino della BBC viene subissato di chiamate, c'è chi è entusiasta, chi è sgomento. L'ufficio stampa dell'artista dichiara che la sequenza di danza vuole rappresentare il comportamento selvaggio della pantera e sottolineare la posizione animalista di Michael; il cantante cede comunque alla pressione dell'opinione pubblica ed elimina i quattro minuti finali, rilasciando alla stampa un comunicato.

15-16 novembre
Per lo special del decimo anniversario di MTV Michael registra due canzoni che verranno trasmesse il 27 novembre. Ad accompagnarlo in *Black or white* c'è Slash dei Guns N' Roses. Michael canta anche *Will you be there*, un pezzo del nuovo album. Le riprese per lo special vengono fatte al Santa Monica Airport di Los Angeles.

16 novembre
A premiare Michael Jackson con il secondo Appreciation Award di "Off The Wall" viene chiamata la reporter americana Janis Da Silva in sostituzione di Adrian Grant, miracolosamente sopravvissuto alla rottura del motore dell'aereo sul quale volava da Londra a Los Angeles.

17 novembre
In Gran Bretagna *Black or white* entra in classifica:

TOP 75 SINGOLI	1	(2)	10

Sebbene questo sia il ventiseiesimo singolo a entrare nella classifica britannica al numero uno, è il primo di un artista americano dopo il 1969, anno in cui Elvis fece il suo ingresso per la seconda e ultima volta con *It's now or never*. *Black or white* diventerà il singolo di Michael ad aver debuttato al posto più alto.

Anche in Australia il singolo "vola alto", entrando in classifica al quinto posto, avvenimento che si potrebbe dire eccezionale.

Black or white debutta in classifica:

SINGOLI POP	35

È la new entry più altra della Pop chart.

Fox e MTV mandano in onda *Dangerous*, uno special dedicato alla carriera di Michael con, in chiusura, la nuova versione del video di *Black or white*.

18 novembre
Per festeggiare il suo ultimo successo Michael invita fuori la sua amica Brooke Shields; cenano all'Inn Of The Seventh Ray di Malibù.

20 novembre
Con grande disappunto della Sony Records, Mark Goodier di Radio One trasmette diversi brani tratti da *Dangerous*.
Al terminal dell'aeroporto di Los Angeles tre uomini armati di fucile rubano trentamila copie dell'LP. Valore stimato: quattrocentomila dollari.

La Sony Records organizza una festa per il lancio ufficiale di *Dangerous* al

Savoy Hotel di Londra, un party lussuoso che Jackie Hyde, l'incaricata della Sony per i rapporti con gli artisti, aveva iniziato a pianificare fin dall'inizio di ottobre.
L'ambiente è decorato con un'elaborata riproduzione della copertina del disco; gli ospiti sono invitati a passare attraverso una specie di tunnel del tempo, un corridoio in cui si sente il vento ululare e nel quale vengono proiettate immagini fiabesche e stelline scintillanti. Gli inviti sono stampati su carta d'oro e ogni invitato riceve una copia dell'album. Michael manda un video con un suo messaggio.

Le prenotazioni per *Dangerous*, quattordici brani in tutto, ammontano a oltre un milione di copie. L'album si avvale della collaborazione di produttori di grande esperienza e tecnici innovatori come Teddy Riley, Bryan Loren e Bruce Swedien.

21 novembre
Per la prima volta in vent'anni un album esce di giovedì invece che nella tradizionale giornata di lunedì.

Michael con Brooke Shields

A sinistra: l'invito d'oro della Sony per la festa di *Dangerous*

Pagina accanto: un'immagine del video di *Black or white*

Michael riceve il suo secondo Appreciation Award di "Off The Wall"

1991

Dangerous

Michael Jackson

Epic E2 45400
EPC 465802-1

Lato A
1. ***Jam***
2. ***Why you wanna trip on me***
3. ***In the closet***

Lato B
1. ***She drives me wild***
2. ***Remember the time***
3. ***Can't let her get away***
4. ***Heal the world***

Lato C
1. ***Black or white***
2. ***Who is it***
3. ***Give in to me***

Lato D
1. ***Will you be there***
2. ***Keep the faith***
3. ***Gone too soon***
4. ***Dangerous***

Pagina accanto: il famoso guanto bianco di Michael acquistato per 16.500 sterline dall'Hard Rock Café

La decisione nasce dal fatto che negli Stati Uniti grossisti e rivenditori riceveranno le copie di *Dangerous* il 21 novembre, cinque giorni prima della data del lancio ufficiale.

Per proteggere *Dangerous* da una possibile violazione del copyright, la messa in onda radiofonica è consentita solo per quindici minuti ogni ora.

Bad è disco di platino per l'undicesima volta: in Gran Bretagna ha venduto tre milioni e trecentomila copie, superando *Thriller* (tre milioni di copie).

Michael appare sulla copertina del settimanale tedesco "Stern"; all'interno, un articolo su di lui di dieci pagine.

22 novembre

Dangerous arriva in Giappone, tre giorni prima della data ufficiale prevista per l'uscita.

24 novembre

In Gran Bretagna *Dangerous* entra in classifica:

TOP 75 ALBUM 1 (1) 96

È l'album numero uno di tutti i tempi per velocità di vendita e per l'entrata in classifica al primo posto dopo soli tre giorni. Secondo la Sony venderà più di duecentomila copie.

In America, Tower Records sul Sunset Boulevard apre a mezzanotte per vendere *Dangerous* e inaugura una grande mostra per promuoverlo.

La catena dei Loew's Theatre proietta un trailer promozionale di 30 secondi diretto da David Lynch con Michael che balla *Black or white* nel deserto.

Dangerous esce in Giappone e in Canada.

Grande scalata di *Black or white* in classifica:

SINGOLI POP 35 → 3

Dopo *Let it be* dei Beatles, balzato al secondo posto nel 1970, è il singolo che fa il "salto più lungo" in classifica.

La copertina di *Dangerous*, che ha richiesto sei mesi di lavorazione, è opera di Mark Ryden, che ha lavorato sia con il direttore artistico della Sony Music, Nancy Donald, sia con Michael per sviluppare un dipinto acrilico altamente simbolico.
Era desiderio di Michael che la cover fosse molto misteriosa per essere interpretata a piacere.

Bubbles, lo scimpanzé di Michael, recita insieme a Bob Newhart nel film TV *The entertainers*.

26 novembre

Dangerous esce negli Stati Uniti su etichetta Epic Records.

27 novembre

Va in onda MTV 10, che celebra i dieci anni di trasmissioni videomusicali dell'emittente.
Michael si esibisce in *Black or white* e *Will you be there* ed è l'unico artista a eseguire due brani.

29 novembre

Michael appare sulla copertina di "Entertainment Weekly".

30 novembre

Per celebrare l'uscita di *Dangerous*, la rivista "Off The Wall" organizza il secondo MJ Day party presso l'Hammersmith Palais di Londra.

Dicembre

La MJJ Productions di Michael Jackson distribuisce oltre duecento tacchini alle famiglie bisognose di Los Angeles.

Un guanto di lustrini di Michael viene messo all'asta da Christie's a Londra. Per sedicimilacinquecento sterline se lo aggiudica Robert Earl dell'Hard Rock Café, che lo mette in vetrina nel suo nuovo locale di Dublino.

"TV Guide" elegge il video di *Black or white* uno dei "dodici momenti tivù più magnetici degli ultimi dodici mesi".

1 dicembre

Black or white scala la classifica:

SINGOLI POP 1 (7) 20

Eguaglia per numero di settimane al primo posto il record di *Billie Jean*.

Tre settimane prima di raggiungere la prima posizione, *Black or white* vende più di cinquecentomila copie. L'altro disco ad aver raggiunto altrettanto velocemente il numero uno in classifica era stato *Get back* dei Beatles nel 1969.

Nuovo record per Michael: è il primo artista con hit da numero uno negli anni Settanta, Ottanta e Novanta. *Black or white* è anche il suo primo numero uno da solista, senza la collaborazione di Quincy Jones (dai tempi di *Ben*, targato 1970).

1991

Black or white è al primo posto in America, Gran Bretagna, Australia, Italia, Spagna, Messico, Svezia, Danimarca, Norvegia, Svizzera, Finlandia, Israele, Nuova Zelanda, Cuba, Canada, Francia e Zimbabwe. Conquista la vetta anche nella Euro Hot 100 Singles Chart.

Black or white entra in classifica:

SINGOLI BLACK	3	14

Dopo solo due settimane di permanenza nelle classifiche inglesi, *Dangerous* è già doppio disco di platino; resta però al numero uno per una sola settimana, rimpiazzato dal *Greatest Hits II* dei Queen (Freddy Mercury è appena morto).

2 dicembre

Michael è sulla copertina della rivista "Jet".

3 dicembre

La Sony Music dichiara che le vendite di *Dangerous* fuori dagli Stati Uniti hanno raggiunto i cinque milioni di copie. Queste le spedizioni della prima settimana di vendita (4,1 milioni di copie: 2,5 milioni di CD, 1,1 milioni di cassette e 400 mila dischi in vinile) così ripartite 705.000 Gran Bretagna, 560.000 Francia, 500.000 Germania, 450.000 Italia, 300.000 Spagna e 250.000 Svezia. In Germania, *Dangerous* è il primo album a raggiungere le cinquantamila copie prenotate. In quella che una volta era la Germania dell'Est, Mike Heisel, dirigente delle vendite internazionali, dichiara che nei primi tre giorni sono state vendute seicentoventiquattromila copie.
Per la Virgin Records, in Francia, *Dangerous* è in assoluto l'album venduto più velocemente.

Michael disdice la data in Pakistan programmata per il 12 aprile 1992 per le minacce di disordini del leader militare del partito Jamaat, Kazi Hussain Ahmad, che dichiara che i cantanti americani vengono "solo per diffondere oscenità".

8 dicembre

Dangerous (LP) debutta in classifica:

ALBUM POP	1	(6)	
ALBUM BLACK	11	(1)	12

Dangerous debutta al numero uno in molti Paesi: Stati Uniti, Gran Bretagna, Australia, Spagna, Svizzera, Finlandia e Francia. Entra nella classifica degli album al numero due in Svezia e in Germania, al numero tre in Italia, al numero cinque in Giappone e in Olanda e al numero quattordici nella classifica europea.

Dopo sole tre settimane dal suo ingresso nelle classifiche in Gran Bretagna, *Dangerous* è per la terza volta disco di platino.

In Gran Bretagna, *Black or white* è disco d'argento dopo quattro settimane nella Top 75 dei singoli.

11 dicembre

Michael si reca al Museo del Guinness dei Primati alcuni giorni prima dell'apertura ufficiale per visitare la mostra a lui dedicata.

Michael è sulla copertina della rivista pop austriaca "Rennbahn Express". All'interno, un reportage di Adrian Grant sulla sua visita al ranch di Neverland.

In Germania, Michael è sulla copertina di "WOM Journal".

29 dicembre

In America *Dangerous* è l'album più venduto del periodo natalizio: tra il 26 novembre e il 29 dicembre sono state acquistate un milione e ottocentomila copie. Fino a questo momento ha venduto quattro milioni di copie negli Stati Uniti e dieci milioni di copie nel resto del mondo.

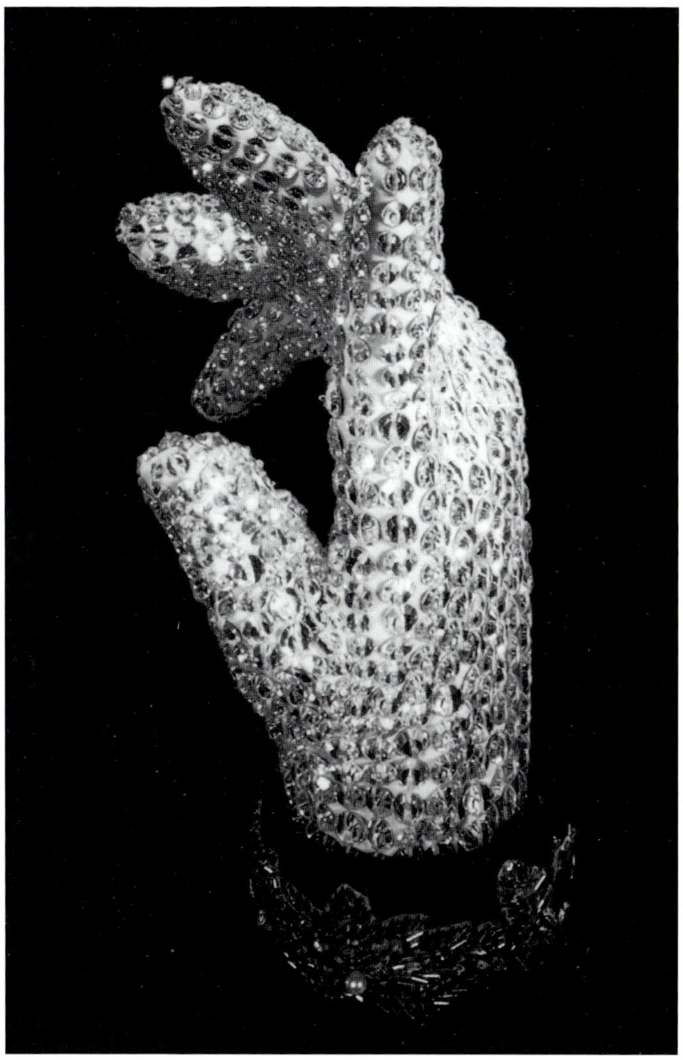

1992

Michael riceve dalle mani di Jesse Jackson il premio della National Association of Black-Owned Broadcasters

Eddie Murphy e Iman, protagonisti insieme a Michael del video per il singolo *Remember the time*

1992

Il *Libro del Guinness dei primati* riporta l'accordo tra Michael Jackson e la Sony come il contratto più remunerativo per un intrattenitore: ottocentonovanta milioni di dollari.

Le isole caraibiche di St. Vincent e Grenada emettono una serie di francobolli dedicati ai personaggi dello spettacolo, tra cui Michael Jackson.

Gennaio

Black or white è disco di platino.

Nel sondaggio settimanale della radio governativa cubana Progreso *Black or white* si posiziona al numero uno.

Michael è sulla copertina di "Rolling Stone".

A Rapido, un programma televisivo della televisione inglese, Jermaine spiega perché ha scritto la canzone *Word to the badd*: "Ho cercato di chiamare Michael al telefono, ma non ho avuto risposta... Ci sono un sacco di cose, ma niente che non avremmo potuto risolvere se avessimo parlato. È che le persone che lo circondano non mi hanno permesso di parlare con lui... Il messaggio è quello di un fratello maggiore che dice al minore di tornare alla realtà... hai raggiunto livelli incredibili, ma sei ancora un essere umano..."

Anton Furst, il regista di *MidKnight*, si toglie la vita. Jon Peters, il produttore del film dichiara: "Non siamo stati in grado di trovare un sostituto, e fin quando non lo troveremo, il progetto è congelato".

1 gennaio

Moonwalker viene trasmesso per la prima volta dalla TV britannica.
Poiché è programmato in prima serata dalla BBC1, vengono tagliati alcuni secondi di scene violente.

4 gennaio

Dangerous scala la classifica:

ALBUM BLACK 11 → 1 (12)

12 gennaio

Black or white - the Clivillés & Cole remixes, uscito in Gran Bretagna il 6 gennaio, entra in classifica:

TOP 75 SINGOLI 14 4

19 gennaio

Remember the time, uscito il 14 gennaio, scala la classifica:

SINGOLI POP 53 → 3 20

27 gennaio

Michael è sulla copertina di "People".

Febbraio

Ai Pro-Set Los Angeles Music Awards Michael Jackson si aggiudica il premio come miglior cantante pop.

Black or white è il video dell'anno.

Michael partecipa ai preparativi per la festa dei sessant'anni di Elizabeth Taylor a Disneyland.

2 febbraio

Fox, BET e MTV trasmettono simultaneamente la prima televisiva di *Remember the time*, il video di nove minuti del secondo singolo tratto da *Dangerous*. Nel video, diretto da John Singleton (regista di *Strade violente*), compaiono la modella Iman, l'attore Eddie Murphy e la star del basket Magic Johnson; e per la prima volta un bacio di Michael.

Remember the time scala la classifica:

SINGOLI BLACK 1

3 febbraio

Michael tiene una conferenza stampa al Radio City Music Hall di New York per annunciare un nuovo tour mondiale con annessa una raccolta di fondi da destinare alla sua Heal The World Foundation, che sostiene Paediatric AIDS in memoria di Ryan White, Camp Ronald McDonald, Make A Wish Foundation Juvenile Diabetes e Minority AIDS Foundation.

Michael firma una sottoscrizione con la Pepsi alla presenza dei media, dopo che St. Thomas Boys' Choir intona *Heal the world*, commuovendolo fino alle lacrime.

5 febbraio

Michael si reca a Washington per ricevere il Lifetime Achievement Award dalla National Association of Black-Owned Broadcasters.

All'evento partecipano Jesse Jackson, Stevie Wonder, Muhammad Ali e Spike Lee.

6 febbraio

Il video di *Remember the time* viene trasmesso per la prima volta da Top Of The Pops. Lo manda in onda anche MTV Europe.

8 febbraio

Più di trecento persone partecipano a un'asta a Oxnard, California, per assicurarsi oggetti di Michael e dei Jackson 5; tra cui strumenti, raccoglitori per spartiti e un guanto nero scintillante che viene acquistato da Thomas Boe per mille dollari.

MTV lancia il "Dinner With Michael Contest": in premio, una cena con Michael.

9 febbraio

Remember the time, uscito il 3 febbraio in Gran Bretagna, scala la classifica:

TOP 75 SINGOLI	6 → 3	8

Il singolo, che è la new entry che si posiziona più in alto, ha sul lato B *Come together* tratto da *Moonwalker*.

10 febbraio

In Gran Bretagna escono delle versioni remix di *Remember the time*.

Michael Jackson parte dall'aeroporto internazionale di Los Angeles per un viaggio di due settimane in Africa. Visiterà la Repubblica del Gabon e verrà scortato in tour ad Abidjan in Costa d'Avorio, a Dar-Es-Salam in Tanzania, a Nairobi e poi in Egitto. Si dice voglia girare un film, *Return to Africa*, per la sua collezione privata.

11 febbraio

All'arrivo a Libreville, in Gabon, sono in centomila a dargli il benvenuto.
Il presidente Omar Bongo gli dona la medaglia d'onore nel corso di un ricevimento all'Ambassador's Hall presso il palazzo presidenziale.

12 febbraio

La città di Oyen accoglie la star con i bambini che innalzano uno striscione con la scritta: "Bentornato a casa, Michael". In Costa d'Avorio, nel villaggio minerario di Krindjabo (abitato dalla tribù Agni), Michael viene incoronato "re di Sani" da Amon N'Djafolk, il capotribù. A Dar-Es-Salaam è ospite del presidente Ali Hassan Mwinyi. Per l'occasione la Tanzania emette un francobollo speciale con la sua immagine.

Michael percorre quasi cinquantamila chilometri in undici giorni, ma i media non dedicano spazio alle sue visite a ospedali, orfanotrofi, scuole, chiese e istituzioni per bambini mentalmente ritardati.

19 febbraio

Di ritorno dal viaggio in Africa, Michael arriva in Gran Bretagna e alle 19,45 si chiude nel Dorchester Hotel di Londra, in totale silenzio stampa.

20 febbraio

I giornalisti invadono il Dorchester Hotel, intenzionata a seguire ogni movimento dell'artista nella capitale. Alle 13.15 Michael esce per andare alla storica libreria Foyles Bookstore e poi fa un giro da HMV dove acquista alcuni LP di Doris Day. Più tardi, insieme al cugino Brett Barnes, va al negozio di giocattoli Hamleys e al Rock Circus di Piccadilly.

Michael appare sulla copertina della rivista "Jet" insieme a Eddie Murphy e a Iman. Il titolo recita: "Il nuovo video di Michael Jackson: c'è stato un tempo in cui i neri erano re e regine".

1992

Nel corso del suo viaggio in Africa, Michael è al centro di una campagna mediatica negativa. Robert E. Johnson, editore delle riviste "Ebony" e "Jet" e uno dei ventisei invitati al suo seguito, commenta così il clima violento e malizioso che circondava l'artista.

Notizia: Il viaggio è stato "un disastro per quanto riguarda le pubbliche relazioni di Michael".
La verità: È stato un trionfo durante il quale, in Gabon, ha raccolto più spettatori di Nelson Mandela e più del Papa in Costa d'Avorio.

Notizia: Il cantante ha abbreviato il suo giro africano per via di possibili disordini.
La verità: Lo sponsor ha voluto che Michael ampliasse il tour per andare incontro alle richieste di una sua presenza ovunque.

Notizia: Si tappava sempre il naso perché l'Africa puzza.
La verità: Qualche volta si è toccato il naso, un suo vecchio tic nervoso.

Notizia: Ha avuto un collasso per il gran caldo ed è tornato a Londra per una visita medica.
La verità: Non ha mai avuto problemi per il caldo. Il dottor R. Chalmers, suo medico personale, lo ha accompagnato durante tutto il viaggio.

Notizia: Ha rifiutato di stringere le mani agli africani.
La verità: Ha stretto le mani di centinaia di persone, e ha abbracciato e baciato i bambini negli ospedali e nei vari istituti.

Notizia: Non è né nero né bianco e non è un buon esempio per i bambini.
La verità: Dopo che Michael ha letto una preghiera nella basilica di Nostra Signora della Pace, in Costa d'Avorio, un ragazzino di nove anni ha esclamato: "Michael è amore, amore, amore! Voglio essere come lui!"

In alto: Michael in Africa

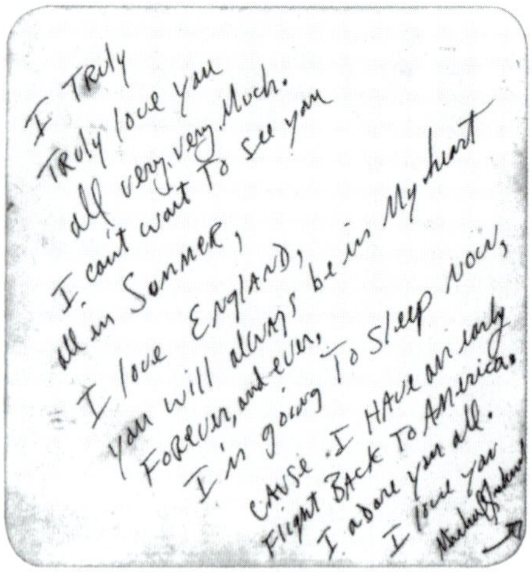

21 febbraio

Alle 17.30 Michael lascia il Dorchester per visitare il Museo delle cere Madame Tussauds e per una capatina al Disney Shop.

22 febbraio

Questo è probabilmente il giorno più importante del soggiorno in Gran Bretagna. Michael, infatti, senza che i suoi fan lo sappiano, sottoscrive il contratto con le date per il prossimo tour inglese. Poi, dal tetto del Dorchester, lancia aeroplanini di carta con brevi messaggi, e a... corto di "materiale" decide di scriverne di più lunghi sulle lenzuola...!

Naomi Campbell con Michael nel video per il singolo *In the closet*

Michael fa visita a Benny Hill, ricoverato al Royal Brompton Hospital per un attacco di cuore, gli porta dei fiori e resta con lui trentacinque minuti. L'attore morirà poco tempo dopo.

23 febbraio

Uscito il 10 febbraio in Gran Bretagna, *Motown's greatest hits* entra in classifica:

TOP 75 ALBUM 53 2

Michael torna a Los Angeles con un volo in partenza dall'aeroporto Heathrow di Londra.

Marzo

Bubbles ha un ruolo da protagonista nella serie televisiva "Le inchieste di Padre Dowling".

16 marzo

Michael è sulla copertina della rivista "Jet".

29 marzo

I trentacinque vincitori del My Dinner With Michael Contest di MTV vengono invitati a portare un ospite alla cena con Michael sul set del video di *In the closet*. L'artista si ferma con loro per due ore, parlando e ballando con tutti.

Primavera

A Parigi apre Eurodisney. Si dice che una delle attrazioni principali sia "Le Captain EO".

Aprile

La Cleveland Orchestra intenta una causa per sette milioni di dollari contro Michael Jackson, la MJJ Productions, la Epic Records e la Sony Music Entertainment per violazione del diritto d'autore. La nona sinfonia di Beethoven nell'esecuzione della Cleveland Orchestra è stata utilizzata nei primi sessantasette secondi di *Will you be there*.

In America esce *In the closet* di Michael Jackson e Mystery Girl (è il terzo singolo tratto da *Dangerous*) in versione doppio maxi single con remix di Tommy Musto e Frankie Knuckles.

23 aprile

Il video di *In the closet* viene trasmesso per la prima volta da Fox TV, MTV e BET in America e da Top Of The Pops in Gran Bretagna. La regia è di Michael e di Herb Ritts. Coprotagonista del sensuale video, che sarà vietato dal governo sudamericano perché ritenuto offensivo, è la modella inglese Naomi Campbell .

Il Ripley Museum di Buena Park, California, apre una nuova mostra che ospita una scultura di cartapesta ricoperta di dollari raffigurante Michael.

24 aprile

Friday Night Videos è ancora una volta interamente dedicato a Michael Jackson. Titolo della puntata: "Live and dangerous".

26 aprile

In the closet entra in classifica:

SINGOLI POP 46 → 6 20

Nella classifica black è la terza hit tratta dallo stesso album.

1992

In the closet, uscito il 21 aprile, entra in classifica in Gran Bretagna:

TOP 75 SINGOLI	8	6

Maggio
Michael è sulla copertina della rivista "Ebony".

1 maggio
Michael è a Washington per ritirare il premio "Point Of Light", che gli verrà consegnato dal presidente Bush come riconoscimento per il suo impegno nei confronti dei ragazzi in condizioni di disagio. Mentre si trova nella capitale l'artista fa visita a Raynal Pope, una ragazzina che è stata morsicata da alcuni cani.

6 maggio
Michael si occupa delle spese per il funerale di Ramon Sanchez, ucciso da una pallottola vagante durante i disordini di Los Angeles.

Giugno
Michael e Naomi Campbell sono sulla copertina della rivista "Class".

Mariah Carey è per una settimana in cima alla classifica dei singoli pop con il remake, successo dei Jackson 5, *I'll be there*.

Crystal Cartier fa causa a Michael Jackson per violazione del copyright: sostiene di aver scritto lei *Dangerous*.

3 giugno
Operation One To One, organizzazione che si occupa di migliorare le condizioni di vita dei giovani, premia Michael per il suo impegno a favore dei ragazzi in condizioni di disagio.

11 giugno
Michael è sulla copertina della rivista pop tedesca "Bravo".

3 giugno
Michael è sulla copertina della rivista "News Of The World".

18 giugno
La casa editrice Doubleday pubblica *Dancing the dream*, un libro di poesie e racconti di Michael Jackson.

19 giugno
Jam, il quarto cortometraggio tratto da *Dangerous*, fa il suo debutto in America su Fox, BET e MTV. Nel video compaiono Michael Jordan, il rapper Heavy D. e il duo rap Kriss Kross.

23 giugno
Diretto a Monaco, Michael fa scalo all'aeroporto londinese di Heathrow per una conferenza stampa sulla sua Heal The World Foundation.

24 giugno
Il "Daily Mirror" pubblica in prima pagina una foto poco lusinghiera di Michael con il titolo: "Scarface".

25 giugno
A Monaco di Baviera, al 166 di Landsberger Strasse, Michael gira un nuovo video per *Give in to me*, in cui compare insieme a Slash dei Guns N' Roses.

26 giugno
Michael consegna al sindaco di Monaco, Georg Kronawitter, un assegno di quarantamila marchi in favore dei bambini bisognosi della città. Migliaia di fan si radunano davanti al municipio per salutarlo.

27 giugno
Parte da Monaco, Germania, il Dangerous Tour, sono in settantaduemila i fan accorsi per Michael. Diciotto le canzoni in scaletta, compresi quattro brani dal nuovo album. Memorabile la chiusura dello show con l'artista che vola fuori dallo stadio con un jet pack, passando sulle teste degli spettatori.

In the closet entra in classifica:

SINGOLI BLACK	1	(1)

29 giugno
Il "Daily Mirror" pubblica in prima pagina una fotografia distorta di Michael in concerto, con commenti pregiudizievoli a proposito del suo viso.

Michael fa visita all'ospedale pediatrico Sophia di Rotterdam, per il quale stacca un assegno di centomila sterline. In serata si reca al negozio di giocattoli Intertoys di Coolsinyel, poi passa quarantacinque minuti al Blijoorp Zoo.

30 giugno - 1 luglio
Due date al Feyenoord Stadium di Rotterdam, Olanda, per un totale di 92.087 spettatori.

Luglio
Michael fa causa al "Daily Mirror" per la fotografia distorta di Ken Lennox; era stata scattata durante il concerto di Monaco.

"Billboard" annuncia che l'associazione dei produttori di video musicali ha aggiunto alla sua "Hall Of Fame" *Beat it* e *Billie Jean*.

"I bambini sono la cosa più bella, più dolce e più preziosa del creato. Eppure, ogni minuto che passa, muoiono almeno 28 bambini. Oggi rischiano di morire per le malattie e per la violenza della guerra, delle armi da fuoco, per gli abusi e per l'abbandono. I bambini hanno pochi diritti e nessuno che parli in loro favore. Non hanno voce nel mondo. Dio e la natura mi hanno dato il dono della voce. E io la voglio usare per aiutare i bambini, per parlare al posto loro. Ho fondato Heal The World per essere la voce di chi non ha voce: i bambini".

Michael Jackson
15 novembre 1991

Michael il Dangerous Tour, anche nella pagina accanto

MTV stila la lista delle star più grandi della Top Ten al traguardo dei primi dieci anni, e la presenta in uno special che si conclude con video e alcune sequenze dal vivo di Michael Jackson.

4 luglio
Michael canta davanti a trentacinquemila spettatori allo Stadio Flaminio di Roma.

6-7 luglio
Michael canta davanti a novantatremila spettatori nelle due serate allo Stadio Brianteo di Monza.

11 luglio
Michael canta davanti a sessantacinquemila spettatori al Müngersdorfer Stadium di Colonia, Germania.

Jam entra in classifica:

SINGOLI POP	26	14

Questo è il piazzamento peggiore di Michael nella classifica di "Billboard" dal 1981, quando *One day in your life* arrivò al numero 55. La bassa posizione è in parte dovuta al lancio tardivo del singolo.

Jam entra in classifica:

SINGOLI BLACK	3	12

13 luglio
DEF II della BBC2 ha l'esclusiva mondiale per trasmettere in anteprima il video di *Who is it*, che viene mandato in onda nel corso di uno special su Michael Jackson unitamente ad alcuni spezzoni tratti dal concerto di Monaco.

14 luglio
Il video di *Who is it* viene ritirato: Michael Jackson non è soddisfatto del montaggio e ritiene che il lancio sia stato troppo frettoloso.

15 luglio
Michael canta davanti a trentacinquemila spettatori al Vallehovin Stadium di Oslo, Norvegia.

17-18 luglio
Michael canta davanti a cinquantatremila spettatori all'Olympic Stadium di Stoccolma, Svezia. Il concerto della seconda serata, nonostante la pioggia e il consiglio del medico a non esibirsi, lo vede in strabiliante forma.

19 luglio
Who is it, uscito il 13 luglio in Gran Bretagna, scala la classifica:

TOP 75 SINGOLI	12 → 10	7

20 luglio
Michael canta davanti a trentamila spettatori al Gentofte Stadium di Copenhagen, Danimarca.

22 luglio
Michael canta davanti a quarantamila spettatori al Festival Ground di Werchter nei pressi di Bruxelles, Belgio.

24 luglio
Dall'ufficio londinese del promoter Barry Clayman vengono rubati duecentoquaranta biglietti, compreso il Royal Vip per il principe Carlo.

25 luglio
Michael canta davanti a quarantamila spettatori nella Landsdowne Road a Dublino, Irlanda. Viene annunciato che cinquecentomila sterline dei proventi del Dangerous Tour saranno devoluti in beneficenza per i bambini inglesi.

26 luglio
Michael va a EuroDisney in Francia in compagnia del cugino Brett Barnes.

27 luglio
Michael Jackson ottiene dall'Alta Corte di Giustizia un'ingiunzione contro il "Daily Mirror" per la foto del suo viso distorto in primo piano. Il giudice Millett ordina al giornale di non pubblicare l'immagine.

28 luglio
Il "Daily Mirror" rivela di aver ricevuto un'ingiunzione scritta dalla Simon Olswang & Co., lo studio legale inglese di Michael Jackson, che protestava per la didascalia relativa alla foto di Lennox, pubblicata nel loro numero del 29 giugno. Questo, comunque, non dissuade il giornale dal pubblicare la stessa foto, nuovamente in prima pagina.

29 luglio
Da Dublino Michael vola in Gran Bretagna e va diretto all'ospedale pediatrico Queen Elizabeth di Londra. È accolto da duemila fan che lo acclamano al suo arrivo in elicottero dall'aeroporto di Luton. Michael porta con sé un regalo in più per i bambini ammalati: Topolino e Minnie. Quando riparte, Martin Crudace, avvocato del "Daily Mirror", cerca di notificargli un mandato. Nel frattempo il fotografo autore dell'imamgine contestata viene bombardato dai fan arrabbiatissimi con letame di cavallo!

30 luglio
Michael apre il tour britannico con una serata sold out davanti a settantaduemila spettatori al Wembley Stadium di Londra.

31 luglio
Eric Herminie, un ventottenne con un'ossessione per Michael, sale sul davanzale dell'edificio (alto più di 36 metri) che si trova di fronte al Dorchester Hotel dove alloggia il cantante, e minaccia di lanciarsi nel vuoto se non riuscirà a incontrarlo. Michael gli parla al telefono per alcuni minuti prima di affacciarsi al balcone e pregarlo di non gettarsi. Finalmente il ragazzo torna all'interno del palazzo; verrà portato via dai poliziotti con l'accusa di reato contro l'ordine pubblico.

Michael incontra il principe Carlo nel backstage prima del secondo concerto di Wembley e gli consegna un assegno di duecentomila sterline a favore del Prince's Trust.

Black or white viene premiato per i migliori effetti speciali agli International Monitor Awards.
Gli atleti che partecipano alle Olimpiadi di Barcellona scelgono *Black or white* come uno dei loro video preferiti.

Agosto
Michael vende i diritti di ripresa del Dangerous Tour all'Home Box Office (HBO) americano per dodici milioni di sterline. È il prezzo più alto mai pagato per un live.

Michael acquista un orologio a forma di scimmia alla gioielleria Garrard per quarantamila sterline.

1 agosto
Il terzo concerto di Wembley viene cancellato all'ultimo minuto perché Michael è stremato. Viene riprogrammato per il 23 agosto.

2 agosto
Bertram Fields, avvocato americano di Michael Jackson, in collegamento via satellite da Los Angeles parla della causa del cantante contro il "Daily Mirror" nel corso del Richard And Judy Show su LWTV. Quando gli viene chiesto per quale motivo Michael abbia scelto di intentare una causa, dopo anni di speculazioni sui suoi interventi di chirurgia plastica, replica: "La causa non riguarda la plastica, Michael non nega gli interventi… 'Il Daily Mirror' ha affermato che Michael 'è un fantasma crudelmente sfigurato', che 'ha un buco nel naso' e che il suo viso 'è tutta una cicatrice'. E sono falsità. Per questo ha deciso di far causa al quotidiano".

1992

Michael durante il Dangerous Tour

5 agosto
Michael canta davanti a cinquantamila spettatori al Cardiff Arms Park. Nonostante la pioggia torrenziale avrà la meglio sul palco scivoloso, interrompendo qua e là lo spettacolo per asciugarlo con i piedi e senza smettere di scherzare con il pubblico. Sarà un concerto divertente.

8 agosto
Michael canta davanti a quarantacinquemila spettatori al Weser Stadium di Brema, Germania.

9 agosto
In Gran Bretagna il *Tour souvenir pack*, un box di quattro CD ognuno dei quali contiene tre pezzi tratti dai quattro album di Michael, entra in classifica:

TOP 75 ALBUM	32	3

In questo momento sono cinque gli album dell'artista nella Top 50 inglese: *Dangerous* al numero 5 (quattro volte platino), *Bad* al numero 17 (tredici volte platino), *Thriller* al numero 20 (undici volte platino), *Tour souvenir pack* al numero 32, *Off the wall* al numero 48 (sei volte platino).

10 agosto
Michael canta davanti a cinquantunmila spettatori al Volkspark Stadium di Amburgo, Germania.

13 agosto
Sono oltre venticinquemila gli spettatori per la data sold out al Weserbergland Stadium di Hameln, Germania.

16 agosto
Michael canta davanti a sessantamila spettatori al Roundhay Park di Leeds, Inghilterra.
Prima dell'inizio del concerto, l'artista incontra nel backstage Nicholas Killen, un bimbi di sei anni che il mese precedente aveva perso la vista a causa di un intervento chirurgico per rimuovere un tumore.

18 agosto
Sessantacinquemila persone per la data sold out all'Haugh di Glasgow, Scozia.

20 agosto
Terza data a Wembley, sold out, con settantaduemila spettatori.

22 agosto
Quarto concerto di Michael a Wembley, ancora con settantaduemila spettatori.

Il concerto comincerà in ritardo per via del mancato funzionamento del "tostapane" che all'inizio dello spettacolo lo catapulta in scena, e per questo motivo "sforerà" oltre le 22.30 previste. Il che causerà una multa: il "Sun" riporta la cifra di sessantamila sterline, che il cantante pagherà a un'associazione di beneficenza per la musica.

23 agosto
Quinto e ultimo concerto a Wembley, ancora sold out, ancora settantaduemila spettatori.

Ancora una volta tutti e cinque gli ultimi album di Michael sono nella Top 75 inglese, con *Dangerous* al numero 2 per quaranta settimane di presenza in classifica.

24-25 agosto
Primo congresso dell'Heal The World European Children, al Regents College di Londra: partecipano ottantaquattro ragazzi tra gli otto e i sedici anni che discutono dei grandi problemi del mondo e provano a suggerire soluzioni.
Nonostante la laringite Michael vi partecipa il secondo giorno, intrattenendosi per quattro ore circa. Più tardi lascerà l'Inghilterra diretto in Austria.

26 agosto
Concerto sold out (cinquantamila spettatori) al Prater Stadium di Vienna, Austria.

28 agosto
Sessantamila spettatori e data sold out al Wald Stadium di Francoforte, Germania (nonostante lo stadio possa ufficialmente contenere solo cinquantacinquemila persone, tutti occupati, e nonostante la massa di fan in piedi nei corridoi e tra i sedili, i media sosterranno che lo spettacolo non era tutto esaurito!). Michael, di ottimo umore, dà vita a un concerto brillante, il pubblico lo ringrazia intonando "Buon compleanno".

29 agosto
Michael festeggia il suo trentaquattresimo compleanno a Regensburg, presso il castello della principessa Gloria von Thurn und Taxis, trascorrendo diverso tempo con Albert, il figlio della principessa.

1992

30 agosto
Michael canta davanti a trentaduemila spettatori per la data sold out al Southwest Stadium di Ludwigshafen, Germania.

Di nuovo un concerto sotto la pioggia, e Michael sembra esausto. Fra l'altro i dicendenti di Carl Orff gli impediscono di utilizzare i brani della *Carmina burana* in apertura dello spettacolo.

Settembre
La Sony premia Michael Jackson per i quattro album che hanno venduto oltre dieci milioni di copie ciascuno.

L'Hollywood Arts Council cerca di ottenere un murale di Michael in 3-D sullo storico El Capitan Theater.

2 settembre
Michael canta davanti a trentaduemila spettatori (sold out) al Volks Stadium di Beyreuth, Germania.

Jeanne, la madre di Ryan White, partecipa allo show televisivo americano Maury Povich, e parla dell'amicizia che legava Michael a suo figlio. Michael telefona in diretta e legge una breve poesia dedicata a Ryan.

4 settembre
Trentacinquemila spettatori e data sold out al Jahn Stadium di Berlino Est, Germania.

Si diffondono voci secondo le quali Michael soffrirebbe di gravi problemi alla gola a ogni concerto. Bennett Kleinberg, dell'ufficio stampa, conferma che l'artista sta prendendo degli analgesici per portare a termine gli impegni presi.

6 settembre
Il concerto che si sarebbe dovuto tenere al Park Stadium di Gelsenkirchen, Germania, viene cancellato perché Michael è ammalato.

Jam, uscito in Gran Bretagna il 6 settembre, entra in classifica:

TOP 75 SINGOLI	14	12

È la new entry più alta ed è il quinto singolo tratto da *Dangerous*.

8 settembre
Michael si esibisce in un altro concerto sold out davanti a più di quarantasettemila spettatori a La Pontaise di Losanna, Svizzera. Dopo lo show viene riportato in ambulanza all'hotel, dove rimarrà per diversi giorni.

11 settembre
Il concerto previsto al St. Jacob Stadium di Basilea, Svizzera, viene cancellato perché Michael è ammalato.

12 settembre
Michael è sulla copertina della rivista francese "Le Figaro".

13 settembre
Sold out e ottantacinquemila spettatori per la data all'Hippodrome de Vincennes di Parigi, Francia. Dopo lo spettacolo, nuovamente esausto, Michael viene riportato all'hotel in ambulanza.

Copertina della rivista spagnola "Blanco Negro" per Michael.

16 settembre
Michael canta davanti a quarantamila spettatori (sold out) allo Stade Municipal di Tolosa, Francia.

18 settembre
All'Olympia Stadium di Barcellona, Spagna, sono oltre quarantaduemila gli spettatori per Michael.

21 settembre
Venticinquemila spettatori affollano lo stadio di Oviedo, Spagna: nel corso del concerto Slash raggiunge Michael sul palco per *Black or white*.

23 settembre
Sempre in Spagna, al Vicente Calderón di Madrid, un nuovo sold out con quarantamila spettatori.

26 settembre
Tutto esaurito anche al Jose Alvalade Stadium di Lisbona, Portogallo. Spettatori: sessantaquattromila.

28 settembre
Le guardie armate sono sbigottite davanti ai duemila fan che attendono al freddo l'arrivo di Michael all'aeroporto Otopeni di Bucarest. In Romania non si era mai visto questo genere di esaltazione e di trattamento da vip per un cantante pop.

30 settembre
Circa seimila persone si riversano sulle strade per vedere Michael Jackson mentre si reca all'orfanatrofio Leaganul Pentru Copii Sfinta Ecaterina per inaugurare il parco giochi, finanziato dallo stesso artista, per cinquecento bambini.

Heal the World

La fondazione ha tre scopi principali:
1. promuovere la sicurezza, la salute e lo sviluppo dei bambini, priorità numero uno;
2. essere la voce di chi non ha voce, concentrando l'attenzione del mondo sui bisogni e sui diritti dell'infanzia e mettendo a disposizione dei bambini un forum in cui possano esprimere il proprio punto di vista e suggerire come salvare il pianeta;
3. aiutare a creare un mondo in cui i bambini possano vivere senza violenza, essere liberi da malattie e in buona salute, e dove ogni generazione avrà l'opportunità di crescere come parte, a pieno titolo, della comunità globale.

1992

Sono presenti il presidente Iliescu e la stampa di tutto il mondo. Lungo il tragitto che lo porta al Casino Theatre, recentemente ristrutturato, per la conferenza stampa che annuncia la nascita della Heal The World Foundation alla presenza del primo ministro, Michael è circondato da bambini.

1 ottobre
Concerto sold out al Complexul Sportiv National Stadium di Bucarest, Romania, davanti a settantamila spettatori e ventimila tra poliziotti e forze dell'ordine. Il biglietto verrà venduto alla metà del prezzo normale, una cifra che comunque corrisponde a più di un terzo del salario mensile di un lavoratore del luogo. Il Paese non ha mai visto una cosa simile e sono molti, tra i meno giovani, a restare sconcertati.
Assistono allo spettacolo, l'unico di Michael in una nazione che abbia fatto parte della cortina di ferro, il primo ministro (che regala al cantante un'uniforme da cerimonia) e altri esponenti politici. "Questo evento", dichiarerà un portavoce del senato, "è il risultato di dieci anni di relazioni diplomatiche con l'Occidente. Alla fine siamo stati riconosciuti come Paese europeo e non come uno strano nome sull'atlante."
Andy Morahan, regista di *Give it to me*, utilizza più di quattordici cineoperatori per riprendere il concerto, che sarà trasmesso in diretta radiofonica e televisiva in sessantun Paesi (ventuno dei quali europei).
I diritti d'autore, per la sola Europa, vengono stimati in circa quindici milioni di sterline.
Michael ha scelto questo particolare concerto per la messa in onda televisiva perché lo scopo principale del Dangerous Tour è quello di raccogliere fondi e far conoscere la Heal The World Foundation: Bucarest e il suo famoso orfanotrofio sono un trampolino di lancio ideale per portare all'attenzione del mondo la difficile situazione dei bambini romeni.

2 ottobre
Michael arriva all'aeroporto Ataturk di Istanbul. È la sua prima visita in un Paese musulmano e, ancora più importante, è la prima volta che i giovani della moderna e liberale Turchia hanno la possibilità di assistere dal vivo allo show di una superstar.

4 ottobre
Cinque ore prima dell'inizio di quello che viene definito "un concerto epocale" all'Inonu Stadium di Istanbul, lo spettacolo viene annullato: Michael, a causa di un disturbo alle corde vocali, non può cantare, e anzi è già in viaggio verso Londra. Saranno necessarie quattro ore prima che la folla, delusa e scettica, si allontani dallo stadio.

5 ottobre
Michael consulta uno specialista di Harley Street: a quanto pare si sono formati dei noduli sulle corde vocali, un disturbo comune tra i cantanti. Niente di grave, ma dovrà restare a riposo per parecchie settimane.

La cancellazione del concerto turco e di quello di Atene, Grecia, significa fine anticipata per la tranche europea del Dangerous Tour. Dei quarantadue concerti europei programmati alla fine Michael ne ha tenuti solo trentasette, e questo per motivi di salute.

Pagina accanto: Dangerous Tour

Michael partecipa all'inaugurazione della Heal the World Foundation

"Sono molto contento di essere di nuovo qui, in Giappone. Sono molto fortunato a poter vedere tutti i bambini e tutti quelli che sono giovani nell'anima. La loro innocenza è per me fonte di infinita creatività. Non si tratta di un'intelligenza intellettuale, è invece un'intelligenza piena di meraviglia, magia, mistero e avventura. In questa intelligenza c'è amore, c'è verità, c'è gioia e bellezza. È il tipo di intelligenza che guarirà il mondo. Ecco la ragione per la quale sono qui, la ragione per la quale siamo qui. Vi ringrazio molto. Vi voglio bene".

Michael Jackson
10 dicembre 1992

6 ottobre
Michael lascia Londra dall'aeroporto di Heathrow a bordo di un Concorde per raggiungere New York e proseguire poi per Los Angeles.

10 ottobre
La TV americana via cavo HBO trasmette per intero la data del Dangerous Tour di Bucarest.
Si dice che per i diritti della messa in onda siano stati pagati a Michael venti milioni di dollari, la cifra più alta mai sborsata per un concerto in televisione.
Lo special registra l'indice di gradimento più alto nella storia della rete (21,4% di gradimento, 34% di share).
Il concerto verrà trasmesso in ventun Paesi in date differenti.

Novembre
In Gran Bretagna, la rivista "Off The Wall" inaugura la linea telefonica Michael Jackson Information: 0891-424124.

Heal the world entra nelle classifiche:

SINGOLI POP	27
SINGOLI BLACK	62
ADULT CONTEMPORARY	9

Michael fa causa per quarantaquattro milioni di dollari alla LA Gear per frode e inadempienza.
È un controricorso per la causa di dieci milioni di dollari intentata dall'azienda nei confronti del cantante. La LA Gear, infatti, sperava che la commercializzazione della linea di calzature coincidesse con il lancio del nuovo album, ma l'uscita del disco era stata rinviata.
La californiana Worldwide Innovative Network lancia il profumo da donna "Mystique de Michael Jackson" e la fragranza per uomo "Legend de Michael Jackson". Su ogni flaconcino, un ologramma di Michael.

Centinaia di fan marciano lungo le strade di Bucarest chiedendo che venga assegnato a Michael il Nobel per la Pace.

14 novembre
Michael è sulla copertina di "TV Guide".

15, 18 novembre
La ABC.TV manda in onda alle 20,00 *The Jacksons - an American dream*, la miniserie di cinque ore sulla carriera e la vita dei Jacksons. Con il 22% di gradimento e il 33% di share, diventa la miniserie più seguita di tutte le stazioni televisive negli ultimi tre anni, con un terzo dei telespettatori sintonizzati sul canale, pari a circa ventidue milioni di famiglie.
L'omonima colonna sonora esce per la Motown Records ma non ha lo stesso successo: nella classifica pop non va oltre il numero 137 e non entra in quella black.

Esce una speciale versione live di *Who's lovin' you*. Non entra nella classifica dei singoli pop e in quella black si posiziona al numero 48.

21 novembre
A un anno dall'uscita, in Gran Bretagna l'album *Dangerous* occupa la posizione numero 45 nella classifica Top 75.

24 novembre
In un hangar del JFK di New York, Michael presenzia al carico di 43 tonnellate di medicinali, coperte, abiti invernali e scarpe su un DC-8 cargo jet per i bambini della Sarajevo in guerra.
La Heal The World Foundation collabora con AmeriCare per recapitare due milioni e centomila dollari di aiuti a Zagabria, capitale della Croazia, e a Sarajevo, che saranno distribuiti sotto la supervisione dell'Alto Commissariato delle Nazioni Unite per i Rifugiati.

29 novembre
In Gran Bretagna *Heal the world*, uscito il 23 novembre, scala la classifica:

TOP 75 SINGOLI	3 → 2 (5)

È la new entry più alta.

Dicembre
Si conclude la causa per la violazione del copyright intentata dalla Cleveland Orchestra. Le prossime copie di *Dangerous* riporteranno nei crediti il nome di Ludwig Van Beethoven.

6 dicembre
Al quinto Poll Winner Party di "Smash Hits", a Londra, Michael Jackson viene votato dai lettori quale miglior cantante solista.

Si tiene all'Hammersmith Palais di Londra il terzo Michael Jackson Day organizzato da "Off The Wall".

1992

9 dicembre
Ai Billboard Music Awards, che si tengono all'Universal Amphitheater di Los Angeles e che vengono trasmessi in diretta da Fox TV, Michael riceve due premi speciali: il Billboard 1992 per il miglior singolo, *Black or white*, e quello per il miglior album, *Dangerous*. Si celebra anche il decimo anniversario di *Thriller*, best-selling album di sempre, e nel corso della cerimonia viene mandato in onda un video tributo a Michael, l'artista che ha venduto di più nel mondo.

Michael arriva all'aeroporto Narita di Tokyo e raggiunge il Capitol Hotel, dove occupa la suite imperiale al decimo piano.

10 dicembre
Alla conferenza stampa al consolato americano, Michael riceve dalla Pepsi un assegno di centomila dollari per la Heal The World Foundation.

12 dicembre
Michael canta davanti a quarantacinquemila spettatori per la data sold out al Tokyo Dome.

13 dicembre
Michael riceve la telefonata di Ray Charles, anche lui in tour in Giappone.

14 dicembre
Secondo concerto sold out al Tokyo Dome.

15 dicembre
Michael si reca alla Sega Enterprises per discutere di un nuovo progetto.

17 dicembre
Terzo concerto sold out al Tokyo Dome.

18 dicembre
Michael visita la Disneyland di Tokyo durante il normale orario di apertura.

19 dicembre
Quarto concerto sold out al Tokyo Dome.

21 dicembre
Michael si reca negli uffici della Sony.

22 dicembre
Quinto concerto sold out al Tokyo Dome.

23 dicembre
Shopping da Akihabra per Michael, protetto da una mascherina nera, occhiali e cappello.

24 dicembre
Sesta data sold out al Tokyo Dome. Dopo questo concerto, *Bad* e *The way you make me feel* spariscono dalla scaletta.

26 dicembre
Nel corso di un appello televisivo per incentivare le donazioni a sostegno dell'United Negro College Fund, viene mandato in onda un video di Michael con questo messaggio: "I college e le università black hanno prodotto alcuni dei leader del nostro tempo, personalità che si sono distinte nel campo degli affari, della legge, della scienza e della tecnologia, della politica e della religione. Io sono orgoglioso di avere aiutato oltre duecento ragazzi e ragazze a ricevere un'istruzione di qualità, che ha consentito loro di realizzare i sogni attraverso una borsa di studio. Questa sera vi invito a credere fortemente nell'istruzione di qualità. Per favore, sostenete l'UNCF".

26-28 dicembre
Michael vola a Nagasaki e visita il parco divertimenti di Huis Ten.
Lo accompagnano i tre figli di Tito, che Michael ha voluto con sé per le vacanze di Natale.

28 dicembre
Michael torna a Tokyo con il treno Superexpress, e insieme ai nipoti fa un giretto al negozio di giocattoli Hakuhinnan.

29 dicembre
Sempre con i tre bimbi, Michael visita di nuovo la Disneyland di Tokyo.

30 dicembre
Settimo concerto sold out al Tokyo Dome.
Slash raggiunge Michael sul palco per *Black or white*.

31 dicembre
Ottavo concerto sold out al Tokyo Dome, data speciale per festeggiare il capodanno.
Ancora una volta, Slash suona la chitarra in *Black or white*.
Michael augura buon anno ai suoi fan dal camerino.

Michael negli uffici della Sega di Tokyo

1993

1993

A dieci anni dall'uscita, *Thriller* vende un altro milione di copie, raggiungendo i cinquanta milioni in tutto il mondo e confermandosi l'album best-selling di sempre. Quanto agli altri dischi di Michael, questi i numeri: *Dangerous* (20 milioni di copie in tutto il mondo), *Bad* (28 milioni, il secondo album per volume di vendite di tutti i tempi) e *Off the wall* (11 milioni).

Michael appare sulla copertina del numero di "Black Beat" interamente dedicato a lui.

16 gennaio

Michael riceve il NAACP Image per il miglior video musicale (*Black or white*) e l'ambito riconoscimento di intrattenitore dell'anno. Dopo un tributo video Patti Labelle e il coro Voices of Faith cantano *Will you be there*, Michael si unisce a loro nella parte finale.

In Gran Bretagna *Heal the world* è disco d'oro (quattrocentomila copie vendute).

18 gennaio

Michael partecipa alla cerimonia pre-insediamento di Bill Clinton e canta *We are the world* sui gradini del Lincoln Memorial assieme ad altre celebrità, tra cui Diana Ross.

Bert Fields, avvocato di Michael, smentisce che l'artista abbia proposto al presidente Clinton di sostituire le dieci feste da ballo per l'inizio del suo mandato con un concerto. Smentisce anche che a interpretare Michael nella nuova pubblicità Pepsi sia un ragazzino bianco, e dichiara che il cantante "è indignato e molto, molto offeso" da simili illazioni. Fields aggiunge: "Michael sta diventando molto più aperto; prima era un solitario, ma gli anni Novanta richiedono più concretezza e disponibilità".

19 gennaio

Michael partecipa al gala in onore del cinquantaduesimo presidente degli Stati Uniti. Accolto con una standing ovation, prima di cantare *Gone too soon* lancia un appello a favore delle persone ammalate di AIDS, citando il caso del suo amico Ryan White. Canta anche *Heal the world*.

25 gennaio

Alla cerimonia per i ventesimi American Music Awards allo Shrine Auditorium di Los Angeles Michael si aggiudica due delle cinque nomination: per il miglior singolo r&b soul (*Remember the time*) e per il miglior album pop/rock (*Dangerous*). Elizabeth Taylor gli consegna anche il premio come miglior artista internazionale (facendo di Michael l'uomo di spettacolo con più riconoscimenti dell'intera serata), d'ora in poi questo premio sarà chiamato The Michael Jackson International Artist Award. La cerimonia viene trasmessa in diretta dalla ABC-TV, seguita da venti milioni di americani (32% di share).

26 gennaio

Conferenza stampa al Century Plaza Hotel di Los Angeles, nel corso della quale Michael riceve una donazione di centomila dollari dalla National Football League (NFL), centomila dollari da Frito Lay, lo sponsor del Super Bowl, e cinquecentomila dollari dalla BEST Foundation per la sua Heal The World.
In occasione della conferenza stampa viene inaugurata anche la Heal LA, una nuova fondazione di Los Angeles a favore dell'infanzia.

31 gennaio

Al Super Bowl Halftme Show, al Rose Bowl Stadium di Pasadena, California, Michael si esibisce con un medley di *Jam*, *Billie Jean*, *Black or white* e *Heal the world* di fronte a centomila spettatori. Altri 133 milioni seguono lo spettacolo in tivù.
Dopo lo show, *Dangerous* si sposta in classifica:

ALBUM POP	26

Febbraio

The Jacksons: an American dream esce in videocassetta.

8 febbraio

Michael è sulla copertina della rivista "Jet" con Oprah Winfrey.

10 febbraio

È Michael il protagonista del talk show televisivo di Oprah Winfrey in onda tutti i giorni. Tra gli altri ospiti Smokey Robinson, Suzanne de Passe, Gladys Knight, Iman e Jeanne White, madre di Ryan.

Michael Jackson talks... to Oprah viene trasmesso in tutto il mondo da Neverland Valley e cattura circa cento milioni di spettatori. Nel corso della trasmissione Michael rifiuta di rispondere alle domande sulle accuse rivoltegli da LaToya nel suo libro, sostenendo di non averlo letto; e alla domanda se sia vergine risponde: "Sono un gentiluomo". Rivela invece di non conoscere veramente suo padre e di soffrire di una malattia della pelle che impedisce la pigmentazione. Quanto agli altri pettegolezzi nega di dormire in una camera iperbarica, di aver mai voluto comprare lo scheletro dell'uomo-elefante, di avere eretto un santuario per Elizabeth Taylor e di averle chiesto di sposarlo. Lo special TV si conclude con l'anteprima del video di *Give in to me*.

Dopo il concerto al Super Bowl e l'intervista da Oprah, le vendite di *Dangerous* si impennano. Nelle due settimane successive, nella classifica degli album pop *Dangerous* si sposta di ben novanta posizioni, salendo dal numero 131 al numero 41. Il momento favorevole per le vendite continua e l'album scala altre 31 posizioni fino ad attestarsi al numero 10, a più di un anno dall'uscita.
In Gran Bretagna *Dangerous* raggiunge la posizione numero 6 nella Top 75.

24 febbraio
Michael riceve due nomination ai trentacinquesimi Grammy Awards: come miglior cantante pop (*Black or white*) e come miglior cantante r&b (*Jam*). Non vince in nessuna delle due categorie, ma gli viene consegnato il Grammy Legend Award da Janet, voce narrante del video dedicato al fratello. I due sono in gran forma, e Michael scherza con il pubblico provocando il commento del conduttore: "Da quando sei diventato così dannatamente divertente?"

Grammy a Bruce Swedien per la miglior tecnica di registrazione (*Dangerous*).

Dopo la premiazione Michael e Brooke Shields partecipano al party Polygram agli A&M Studios e più tardi a quello della Sony Music a Century City.

26 febbraio
In un video per la Arts & Entertainment Network, Michael viene intervistato a proposito delle sue intenzioni riguardo a Elizabeth Taylor. Curiosa la scenetta: Cathy Griffin, la produttrice del programma, dà al cantante una piastra per realizzare delle waffle a forma di Topolino... (le waffle sono delle cialde, ma il termine inglese è traducibile anche come "aria fritta"... NdT).

Michael è sulla copertina di "Entertainment Weekly".

Marzo
Michael ha costituito una società cinematografica indipendente, la Michael Jackson Productions, che produrrà film educativi e che devolverà una quota dei profitti alla Heal The World Foundation.

5 marzo
Negli Stati Uniti, MTV manda in onda un altro Michael Jackson Weekend.

"Spero che questo metta la parola fine e interrompa i pettegolezzi che hanno tenuto banco sulla stampa per troppi anni. Io e Janet siamo due persone diverse.
Il mese scorso sono passato dal 'Dov'è?' all' 'Eccolo qui di nuovo!' Ma devo confessare di aver gradito di essere considerato una persona e non una personalità.
Perché... io non leggo tutte le cose che scrivono su di me. Non sapevo che il mondo pensasse che sono strano, bizzarro; è che quando cresci e hai davanti cento milioni di persone fin dall'eta di cinque anni, così come è accaduto a me, sei per forza diverso.
Le scorse settimane mi sono purificato ed è stata come una rinascita, una pulizia dello spirito.
A me l'nfanzia è stata negata. Niente Natale, niente compleanni... Non è stata un'infanzia normale, non ho conosciuto i consueti divertimenti di quell'età. Al loro posto la fatica, il lavoro, la sofferenza, ma anche successi materiali e professionali. Il duro prezzo da pagare è che non posso rivivere quella fase della mia vita, né posso cambiarne altre.
Comunque oggi, quando creo la mia musica, mi sento uno strumento della natura. Mi meraviglia vedere quanta gioia si possa provare se si apre il proprio cuore e si esprimono i talenti dati da Dio. Il suono della pienezza si alza nell'universo e l'intero mondo è ricco di magia. La meraviglia riempie i nostri cuori per quello che abbiamo intravisto per un istante, la gioia completa dell'esistenza.
È questo il motivo per cui amo i bambini, e stando con loro imparo moltissimo. Penso che tutti i problemi del mondo, dalla piccola criminalità delle città alla guerra su vasta scala, al terrorismo, alle prigioni affollate, siano il risultato del fatto che i bambini non hanno avuto un'infanzia. La magia, la meraviglia, il mistero e l'innocenza del cuore di un bambino sono i semi della creatività che salverà l'universo. Lo credo veramente. Credo che noi... Anch'io vi voglio molto bene... Credo che ciò che si impara dai bambini non sia infantile. Stare con loro significa connettersi con la saggezza della vita, che è sempre presente e chiede solo di essere vissuta. Loro sanno come arrivare alle soluzioni che sono già nei nostri cuori.
Oggi voglio dire grazie ai bambini di tutto il mondo, anche a quelli ammalati o a quelli che non hanno nulla. Vi sono vicinissimo nel dolore. Allo stesso modo voglio dire grazie a tutti quelli che, qui sulla terra, mi hanno aiutato a incanalare nel modo giusto il mio talento.
Prima di tutto i miei genitori, i miei fratelli, le mie sorelle e in particolare Janet. Sono così orgoglioso di lei, è incredibile. Ricordo bene che quand'eravamo piccoli le chiedevo di essere Ginger Rogers mentre io ero Fred Astaire...
E poi la famiglia Motown, il mio maestro Berry Gordy, Diana Ross, vi amo tutti, Suzanne de Passe, il meraviglioso, grandissimo Quincy Jones, Teddy Riley, il mio nuovo figlioccio Michael Gibb, la mia nuova famiglia Sony, Iko Morita, Mikki Schullhall, Tommy Motolla, Dave Galub, Polly Anthony. Grazie per aver fatto di Dangerous, una delle mie fatiche più grandi, un incredibile successo. Vi amo tutti moltissimo. Sandy Gallin, Jim Morey e tutti i fantastici fan in tutto il mondo, vi voglio bene".

Michael Jackson
24 febbraio 1993

1993

Sulla sedia a rotelle, nell'interpretazione di *Remeber the time*

Pagina accanto: Jackson all'American Superbowl

Pagina accanto sequenza: Michael in una stupefacente interpretazione di *Dangerous* agli American Music Awards

Michael riceve da Eddie Murphy il Soul Train Humanitarian Award 1993

6-9 marzo
Alla trentacinquesima conferenza della National Association of Recording Merchandisers (NARM) che si tiene a Orlando, Florida, Michael vince con *Dangerous* il premio 1992 per le vendite più alte nella categoria maschile Urban Music Recording.

9 marzo
Ai Soul Train Awards allo Shrine Auditorium di Los Angeles, Michael si aggiudica due delle tre nomination: miglior cantante r&b e soul (*Remember the time*) e miglior album maschile r&b e soul (*Dangerous*). Eddie Murphy gli consegna il riconoscimento Humanitarian Of The Year. Al termine della premiazione, per una storta alla caviglia durante le prove generali dello show, Michael canta *Remember the time* seduto su una sedia d'oro circondato dai ballerini. Durante la serata si sposta su una sedia a rotelle e usa le stampelle per salire sul palco.

11 marzo
Sempre con le stampelle, Michael partecipa alla cena dell'American Film Industry in onore di Elizabeth Taylor al Beverly Hilton Hotel di Los Angeles.

15 marzo
Michael viene premiato come miglior artista internazionale agli Echo Awards al Wintergarden di Berlino. La cerimonia è organizzata dalla Phono Academy tedesca e Jochen Leuscher, direttore della Sony in Germania, ritira il premio per conto di Michael.

19 marzo
La contea di Santa Barbara concede a Michael Jackson il permesso di costruire su 20 acri di terra del suo ranch un allevamento di primati, tigri bianche, orsi e altri animali.

27 marzo
Alla conferenza del Century Plaza Hotel di Los Angeles sponsorizzata dal Milken Family Trust, Michael tiene un breve discorso di ringraziamento di fronte a una platea di milleduecento persone tra insegnanti e uomini politici.

31 marzo
Oggi scade il termine per partecipare alla MTV Video Competition "My weekend at Michael's Neverland Valley" ("Un weekend a Neverland").

Dopo la versione a cappella di *Who is it* ascoltata durante la partecipazione di Michael da Oprah, le stazioni radio americane sono subissate di richieste per il singolo. La Sony reagisce prontamente e decide di far uscire *Who is it* al posto di *Give in to me* come nuovo singolo tratto da *Dangerous*. Non solo: per incoraggiare l'interesse del pubblico, in collaborazione con MTV la Sony si inventa un concorso rivolto ai telespettatori per realizzare un video per *Who is it*.

Aprile
All'Hollywood Arts Council viene permesso di dipingere sulla parete dell'El Capitan Theater il murale in 3-D di Michael.

Michael, in abito da suora, appare sulla copertina della rivista "Spy" in una parodia del film *Sister act*.

11 aprile
Alcuni componenti della famiglia Jackson rilasciano un'intervista nel corso del programma Day One della ABC, in risposta alle affermazioni fatte da Michael nel programma di Oprah.

15 aprile
Viene trasmesso per la prima volta da Fox e BET *Whatzupwitu*, il video di Eddie Murphy e Michael Jackson.

26 aprile
Come da programma della Heal LA, Michael visita la South Central accompagnato da Caroline Bingham del "Los Angeles Sentinel" e da Adrian Grant di "Off The Wall". Visita anche la Watts Health Foundation, il centro doposcuola di El Santo Nino e la scuola media Horace Mann.

Michael e Eddie Murphy insieme sulla copertina della rivista "Jet".

Maggio
Negli Stati Uniti *Who is it*, il sesto singolo tratto da *Dangerous*, entra in classifica:

SINGOLI POP	14
SINGOLI BLACK	6

Il video è composto da filmati tratti da video precedenti. La versione europea è disponibile negli USA solo in videocassetta con il titolo *Dangerous: the short films*.

Michael è sulla copertina della rivista "Class" con Janet.

La famiglia Jackson si dovrebbe riunire per beneficenza presso il Convention Center di Atlantic City l'11 dicembre.

1993

Michael ai World Music Awards

Michael parteciperà all'evento per consegnare due premi, ma non si esibirà.

Michael è in nomination in due categorie agli American Television Awards, ma non vince.

5 maggio
L'ex presidente Jimmy Carter, co-presidente insieme a Michael delle iniziative Heal Our Children / Heal The World, invita l'artista ad Atlanta per promuovere il progetto Immunisation Drive.

Dopo Atlanta, Michael si unisce (in prima fila) a Carter, Ted Turner, Jane Fonda, Lisa Marie Presley ed Emmanuel Lewis per la "Kids' Celebration" all'OMNI.

6 maggio
Va in onda in tivù An American Film Institute Salute Elizabeth Taylor, un tributo all'attrice registrato due mesi prima. Michael l'accompagna, ma non partecipa al programma.

9 maggio
Michael si stabilisce nella suite Winston Churchill dell'Hotel de Paris di Monaco per i World Music Awards. È accompagnato da otto persone: Jordy Schwarz (Chandler) e la sorellina di cinque anni Lily, una bambinaia asiatica, Bob Jones per le pubbliche relazioni e quattro guardie del corpo.

10 maggio
Michael cena con il principe Alberto di Monaco al Les Folies Russes dell'Hotel Loewes. Chiacchierano per circa quarantacinque minuti, Michael non tocca cibo.

12 maggio
Michael Douglas presenta i World Music Awards nella Salle Des Etoiles dello Sport Club di Monaco. Nel corso della serata Michael si aggiudica i tre premi più importanti: artista americano best-selling dell'anno, artista best-selling dell'anno nel mondo, artista best-selling dell'epoca. È di ottimo umore, finché un ammiratore italiano di sedici anni non lo fa cadere mentre sale sul palco: i fan e i giornalisti lo circondano, e il servizio di sicurezza si dimostra insufficiente a trattenere la folla.

13 maggio
Michael lascia Monaco in elicottero e giunto a Nizza si imbarca per Parigi, dove passa tre giorni a EuroDisney.

16 maggio
Michael torna a Los Angeles.

18 maggio
Michael riceve due premi per *Black or white* e *Remember the time* alla cena dei quarantunesimi BMI Annual Pop Awards presso il Regency Beverly Wiltshire Hotel di Los Angeles.

19 maggio
Al Museo del Guinness dei Primati di Los Angeles Michael riceve il Lifetime Achievement Award da Norris McWhirter, curatore del *Libro del Guinness dei Primati*.

27 maggio
Agli R&B Awards, l'organizzazione che protegge

i diritti d'autore musicali (ASCAP) premia Michael con tre riconoscimenti per *In the closet*, *Remember the time* e *Jam*.

30 maggio
Will you be there, l'ottavo singolo tratto da *Dangerous* uscito il 24 maggio, scala la classifica:

SINGOLI	11	→	9	8

31 maggio - 1 giugno
The World Music Awards, uno special di novanta minuti della ABC-TV, viene trasmesso in settanta Paesi.

Giugno
Michael è in copertina sulle riviste "Disney Adventures" e "Life".

La Branden Books pubblica *Michael Jackson: the king of pop*, autrice Lisa D. Campbell.

Un centinaio di bambini del Challengers Boys And Girls Club visitano Neverland Valley.

5 giugno
Michael viene intervistato dalla stazione radio KIIS FM di Los Angeles nel corso del programma Rick Dees Radio Top 40.

10 giugno
Michael partecipa alla riunione pomeridiana di una scuola media di Los Angeles per promuovere un nuovo programma, chiamato DARE, che si propone di sensibilizzare i ragazzi sul problema della droga.

23 giugno
La giacca indossata da Michael Jackson in *Beat it* viene messa all'asta da Sotheby. Se la aggiudica per 7.762 dollari l'Hard Rock Café.

26-27 giugno
Va in onda la puntata conclusiva di My Weekend With Michael, il programma di MTV che invitava gli spettatori a girare un video per *Who is it*. Michael sceglie il vincitore fra tre finalisti, che trascorreranno un weekend a Neverland.

Estate
Un autoritratto di Michael Jackson insieme a quelli di altre celebrità, è esposto alla Image Makers Rock & Roll Art Exposition.

Luglio
L'American Friends Of Hebrew University conferisce a Michael Jackson lo Scopus Award 1994.

16 luglio
Esce nelle sale americane *Free Willy*. Colonna sonora: *Will you be there* di Michael.

Agosto
Vengono assegnati i premi Jack The Rapper. L'Original 13 se lo aggiudica Berry Gordy, fondatore della Motown, mentre a Michael viene consegnato l'Our Children, Our Hope Of Tomorrow, e il premio viene rinominato in suo onore. Michael non è presente alla cerimonia, ma partecipa inviando un messaggio videoregistrato.

15-16 agosto
Vengono cancellati gli show programmati a Hong Kong per aprire la tranche asiatica del Dangerous Tour a causa di altri progetti di Michael.

17 agosto
La polizia di Los Angeles apre un procedimento investigativo contro Michael Jackson basato sull'accusa di abuso avanzata da Jordy Chandler, un ragazzino di tredici anni.

21 agosto
Michael arriva a Bangkok alle 23,30 e si stabilisce all'Oriental Hotel.

La polizia di Los Angeles notifica i mandati di perquisizione per il ranch di Neverland a Santa Barbara, California, e per la casa di Century City, sempre in California. La stampa parla di scatole di foto e video sequestrate.

23 agosto
Michael partecipa alla conferenza stampa del Pepsi Tour all'Oriental Hotel.

24 agosto
Parte la tranche asiatica del Dangerous Tour, primo concerto in Thailandia al National Stadium di Bangkok largo ben 82 metri; il Radio City Music Hall di New York, il più ampio d'America, ne misura solo 57.

L'ambasciata americana di Seul, Corea, chiede formalmente al ministro della Cultura di permettere a Michael Jackson di esibirsi nel Paese. I sudcoreani sono preoccupati soprattutto per il distrubo acustico che causerebbe lo show.

I media riportano le prime notizie dell'inchiesta per abuso su minore condotta dal dipartimento di polizia di Los Angeles. Secondo il detective Anthony Pellicano l'accusa è il risultato di un tentativo fallito di estorcere denaro all'artista. Trapela che Evan Chandler, dentista di Beverly Hills e padre del ragazzo, avrebbe chiesto del denaro a Michael per finanziare alcuni progetti cinematografici, in modo da potersi dedicare a tempo pieno alla scrittura di sceneggiature.
Non avendo ottenuto quello che voleva, lo avrebbe accusato di aver molestato il figlio.
L'avvocato penalista Howard Weitzman legge alla stampa un comunicato di Michael.
Questa vicenda dominerà giornali, riviste e programmi scandalistici televisivi per mesi e mesi.

25 agosto
Il secondo concerto a Bangkok viene cancellato per una grave forma di disidratazione che ha colpito Michael; viene spostato al 26 agosto.

1993

"I miei legali hanno sempre cercato di tenermi informato su ciò che accade in California. Ho apprezzato le osservazioni del dipartimento di polizia di Los Angeles e del comandante Willie Williams. Confido in un'inchiesta equa e approfondita, che dimostri la mia estraneità ai fatti. Intendo continuare il tour in giro per il mondo e non vedo l'ora di incontrare tutti voi che verrete ad ascoltarmi. Ringrazio infinitamente i miei fan per il sostegno. Vi voglio bene. Grazie, Michael".

Howard Weitzman
per conto di
Michael Jackson
24 agosto 1993

1993

Titoli sensazionalistici su Michael Jackson occupano le prime pagine dei tabloid britannici.

Elizabeth Taylor vola a Singapore per stargli vicina.

Jack Gordon, manager e marito di LaToya – e incredibile alleato di Michael – dichiara a "USA Today" che l'accusa è assolutamente falsa: "Ama davvero i bambini, non farebbe mai del male a nessuno di loro".

26 agosto

Il concerto cancellato del 25 agosto e riprogrammato per oggi viene nuovamente rinviato, visto che Michael non si è ancora perfettamente ripreso. Ai fan il cantante rilascia un messaggio videoregistrato: "Prometto che sarò sul palco al National Stadium di Bangkok il 27 agosto. Ci vediamo venerdì. Vi voglio bene".

La pubblicità della concorrente della Pepsi recita: "Disidratato? C'è sempre la Coca-Cola".

Due giovani amici di Michael si muovono in sua difesa e raccontano alla polizia e ai media che l'artista ha sempre avuto con loro un comportamento più che corretto. Tuttavia, la loro ammissione di aver diviso il letto con lui – in amicizia durante una festa – finisce per causare un danno maggiore.

27 agosto

Data sold out davanti a settantamila spettatori a Bangkok. Tanti gli striscioni, tra il pubblico, con la scritta "Ti amiamo".

28 agosto

Michael arriva a Singapore e si stabilisce al Raffles Hotel.

29 agosto

Michael compie oggi trentacinque anni, e durante il suo primo concerto a Singapore la band e quarantasettemila spettatori intonano per lui "Buon compleanno".

I fan inglesi, supportati da "Off The Wall" e dalla Telephone Information Line, organizzano a Londra una dimostrazione pubblica a Piccadilly Circus per protestare contro "il processo dei tabloid" condotto dalla stampa spazzatura e manifestare la propria solidarietà a Michael.

30 agosto

Cancellato il secondo concerto di Singapore. Michael collassa dietro le quinte qualche minuto prima dell'inizio dello show per una grave forma di emicrania.

La famiglia Jackson si presenta alla conferenza stampa che era stata programmata prima delle accuse a Michael. Jermaine legge un comunicato di sostegno al fratello, poi la famiglia parla di uno special intitolato The Jackson Family Honors le cui riprese dovrebbero iniziare a dicembre e che verrà trasmesso in tivù a gennaio. Alla conferenza stampa partecipano Joseph, Katherine, Rebbie, Tito e Jermaine.

La polizia passa al setaccio la stanza di Michael Jackson al Mirage Hotel di Las Vegas senza trovare nulla che possa incriminarlo.

31 agosto

Michael va in ospedale per esami. Viene rilasciato un secondo comunicato registrato: "La scorsa notte sono stato inaspettatamente male, mi dispiace di aver dovuto cancellare il concerto e chiedo scusa per gli inconvenienti che posso aver causato ai miei fan di Singapore. Non vedo l'ora di essere con voi allo stadio domani. Grazie per la vostra comprensione e per il vostro continuo sostegno. Vi voglio bene. Grazie".

Durante il soggiorno a Singapore, Michael Jackson riceve in dono un'orchidea speciale che porta il suo nome. Questo tipo di omaggio è di solito riservato ai membri della casa reale e ai dignitari di corte.

Gloria Allred, procuratore legale di Los Angeles, sarà l'avvocato dell'accusa nella causa contro Michael Jackson. Dopo pochi giorni rinuncia, rifiutandosi di rendere noto il motivo dell'abbandono.

In alto a destra: Michael è al centro dell'attenzione dei media di tutto il mondo per le accuse che gli sono state rivolte. La sua famiglia gli è accanto

Michael raggiunge l'aereo che lo porterà a Singapore sotto scorta dei militari thailandesi

1993

Settembre
The Jacksons: an American dream riceve una nomination agli Emmy come miniserie straordinaria, ma non vince.

1 settembre
Si tiene a Singapore il concerto che era stato rimandato il 30 agosto. Dopo lo show, Michael va a fare compere fino alle 2,30 del mattino.

2 settembre
Lo zoo di Singapore non riesce a organizzare la chiusura al pubblico in previsione della visita di Michael Jackson. In compenso recapita sei oranghi all'hotel dell'artista.

Sono in tanti, durante la cerimonia degli MTV Video Music Awards a fare i loro auguri a Michael Jackson.

Durante la partecipazione allo show americano Today, LaToya Jackson accusa la stampa di essere sleale con il fratello e aggiunge: "Sono con lui al mille per cento"; il suo sostegno finisce tuttavia per sortire l'effetto contrario quando afferma: "In realtà, noi non sappiamo."

3 settembre
Michael arriva all'aeroporto di Taipei, Taiwan, insieme a Elizabeth Taylor, accolto da una marea di fan. I due prendono alloggio al Grand Regent Formosa Hotel.

Arrivano a Taipei i genitori di Michael con Jermaine, Jackie, Randy e Rebbie.

4 settembre
Michael canta davanti a quarantamila persone al Municipal Stadium di Taipei.

Dal Museo del Guinness dei Primati di Hollywood viene rubata la giacca di Michael; verrà rivenduta a Formula Uno, un negozio di capi di seconda mano, per cento dollari.

5 settembre
Due ore di shopping per Michael e nipoti al Toys'R'Us di Taipei: acquista videogiochi, pistole ad acqua e altri giocattoli per un valore di quattromilacinquecento dollari.

Il parco a tema Lightwater Valley, nel North Yorkshire, dà il benvenuto a fan e sostenitori con uno speciale Heal The World Charity Day. Il denaro raccolto verrà devoluto alla sezione britannica di Heal The World per il trasporto aereo a Sarajevo degli aiuti in occasione dell'operazione Christmas Child. "Off The Wall" decide di sostenere la raccolta fondi mettendo a disposizione la propria rete di distribuzione. Michael invia un messaggio di ringraziamento.

6 settembre
Secondo concerto a Taipei.

7 settembre
Michael arriva a Fukuoka, Giappone, e prende un autobus per Huis Ten Bosch, un parco a tema dove si ferma due giorni.

8 settembre
Scortato dalle guardie del corpo, a bordo di un'imbarcazione percorre la rete di canali che riproduce quella olandese fino ad arrivare al Palace, l'albergo più elegante dell'Huis Ten Bosch. Visita anche il Biopark e lo zoo.
Durante il soggiorno in Giappone Michael visita la scuola della base navale americana.

9 settembre
Michael torna a Fukuoka e si stabilisce all'Hyatt Regency Hotel.

10 settembre
Data sold out davanti a trentamila spettatori a Fukuoka. Striscioni fra il pubblico: "Noi ti crediamo", "Noi ti crediamo sempre".

Michael è sulla copertina della rivista "Entertainment Weekly".

11 settembre
Secondo concerto sold out a Fukuoka.

"Billboard" scrive che la causa intentata contro Michael non ha intaccato né le vendite né la messa in onda della sua musica. *Will you be there*, il singolo del momento, è in classifica:

SINGOLI POP	7

È il quarto successo da Top Ten tratto da *Dangerous*.

A Hollywood i fan organizzano una marcia per manifestare il loro sostegno a Michael Jackson.

12 settembre
Michael arriva a Mosca ed è accolto da fan urlanti, tutti quanti indossano guanti bianchi. Uno striscione recita: "La Siberia ti ama, Michael!".

13 settembre
Michael è sulla copertina della rivista "Jet".

Michael va a fare spese a Mosca e acquista una statua del XIX° secolo, diversi quadri e libri e un cappotto militare dell'Armata Rossa. Visita anche il museo e l'armeria del Cremlino.

Michael si prepara a elettrizzare un altro stadio gremito di folla

14 settembre
Gloria Allred annuncia di aver rinunciato al mandato di rappresentare il ragazzo tredicenne che accusa Michael Jackson di molestie, senza specificare il motivo della sua decisione.
Si ritira anche Michael Freeman, l'avvocato della madre del ragazzo.

Presso la Corte Superiore di Los Angeles viene intentata una causa civile contro Michael Jackson accusato di aggressione e frode senza che sia quantificato il risarcimento.

Michael gira un video mentre marcia insieme ai soldati dell'Armata Rossa.

15 settembre
Concerto al Lyzhniki Olympic Stadium di Mosca.

17 settembre
Michael arriva a Tel Aviv, Israele, e dopo essersi sistemato all'Hotel Dan Tel Aviv visita il Lunar Park.

18 settembre
Giro turistico di Gerusalemme per Michael.
Al muro del pianto si imbatte in alcuni religiosi che manifestano e viene ben accolto alla fortezza di Masada.

19 settembre
Concerto sold out a Tel Aviv, davanti a ottantamila spettatori.

20 settembre
Michael lascia l'albergo per visitare un ospedale.

1993

Tornato all'hotel, si affaccia per salutare i fan e lancia loro alcuni suoi oggetti.

21 settembre
Secondo concerto a Tel Aviv.

Due investigatori volano a Manila per interrogare Mark e Faye Quindoy: i due, che avevano prestato servizio a Neverland per un paio d'anni, sostengono di avere informazioni di prima mano su Michael. La verità è che non sanno nulla, come dirà il loro stesso nipote sono solo "affamati di soldi".

22 settembre
Michael arriva a Istanbul, Turchia, e si stabilisce al Mövenpick Hotel. Nel cinema dell'hotel assiste alla proiezione di *Jurassic park*.

Jeanne White Ginder, la madre di Ryan White, dichiara alla stampa di aver incontrato a Neverland, in luglio, il ragazzo che accusa Michael, e afferma di averlo visto assolutamente sereno e a proprio agio con l'artista, per niente intimorito.

23 settembre
Concerto a Istanbul, Turchia.

I concerti programmati in Sudafrica vengono cancellati a causa delle continue violenze che scuotono il Paese.

24 settembre
Michael arriva a Tenerife e si stabilisce all'Hotel Meliá Botánico.

Viene ritrovata la giacca di Michael Jackson rubata dal Museo del Guinness dei Primati. Era stata acquistata nel negozio di abiti usati per mille dollari da Audrey Ruttan, un'imitatrice di Jackson. La giacca viene restituita e la Ruttan rimborsata.

26 settembre
Concerto a Tenerife.

La rivista "Off The Wall" consegna a Michael l'Appreciation Award dell'anno. Il premio consiste in una scultura raffigurante il cantante dell'artista Chris Rattray.

27 settembre
Dopo la cancellazione dei concerti che si sarebbero dovuti tenere in Sudafrica il 30 settembre e il 2 ottobre, Michael si prende una meritata vacanza. Va in Svizzera e passa diversi giorni a Gstaad, nello chalet di Liz Taylor, poi visita Ginevra.

Ottobre

La Sony Music rilascia un comunicato ufficiale per esprimere il suo "fermo e incondizionato sostegno" a Michael Jackson.

Tony Jackson, un cugino a cui Michael era molto legato, muore a trentacinque anni in un incidente d'auto. Michael non partecipa al funerale ma si fa carico delle spese.

1 ottobre
Un incendio nella Los Padres National Forest minaccia la Neverland Valley, arrivando a 4 chilometri dal ranch.

4 ottobre
Pompieri al lavoro per domare il violento incendio.

8 ottobre
Michael in concerto a Buenos Aires: per la prima volta quest'anno in scaletta compare *Man in the mirror*. Per il suo soggiorno il cantante sceglie il Park Hyatt Hotel.

10 ottobre
Secondo concerto a Buenos Aires, durante il quale Michael riprende gli spettatori con una handcam.

11 ottobre
Michael si affaccia alla finestra dell'hotel e lancia alla folla cuscini e aeroplanini di carta.

12 ottobre
Terzo concerto a Buenos Aires.

13 ottobre
Michael arriva a San Paolo, Brasile, e prende alloggio allo Sheraton Moffarej Hotel, occupando le stanze del ventitreesimo piano.

15 ottobre
Concerto a San Paolo.

17 ottobre
Secondo concerto a San Paolo.

18 ottobre
Michael arriva a Santiago del Cile e si stabilisce all'Hyatt Regency Hotel.

21 ottobre
Il primo concerto di Michael a Santiago viene cancellato, causa un forte mal di schiena che ha colpito il cantante.

22 ottobre
Michael visita un ospedale, poi un negozio di giocattoli.

Pagina accanto: un Michael pensieroso sulla Piazza Rossa di Mosca

1993

23 ottobre
Viene recuperata la data saltata di Santiago.

24 ottobre
Michael arriva in Messico e si stabilisce all'Hotel Presidente Stouffer, occupando le stanze del quarataduesimo piano. In Messico c'è anche Randy Jackson, e più tardi lo raggiungerà Liz Taylor.

27 ottobre
Michael incontra il presidente del Messico.

28 ottobre
Il "Los Angeles Times" pubblica una lettera di Bert Fields, uno degli avvocati di Michael, nella quale si accusa il dipartimento di polizia di Los Angeles di aver fatto pressione sui giovani amici di Michael per costringerli a muovere accuse nei confronti della star.

Il parco di divertimenti El Nuevo Reina Aventura di Città del Messico – che ospita fra l'altro Keiko, la balena che ha "recitato" nel film *Free Willy* – attende l'arrivo di Michael. Michael non si farà vedere, ma organizzerà la visita di cinquemila bambini poveri.

29 ottobre
Concerto sold out davanti a centomila spettatori all'Aztec Stadium di Città del Messico. Michael dedica *I'll be there* a Justin Travill, uno dei suoi fan inglesi più sfegatati.

31 ottobre
Secondo concerto, e secondo sold out, all'Aztec Stadium di Città del Messico.

Muore Samuel Jackson, il nonno di Michael. Secondo i media aveva cento anni, in realtà era nato nel 1903. Viveva in una casa di riposo a Phoenix, Arizona. Michael non partecipa al funerale.

Novembre
Salta l'uscita del *Greatest hits*, che contiene tre inediti, perché Michael non ha finito di registrare i nuovi pezzi. Data prevista per il lancio: giugno 1994.

Esce *Pigtails & frogs legs*, il libro di cucina di Neiman Marcus con prefazione di Michael Jackson.

In America esce la videocassetta di *Free Willy*, che contiene anche il video di Michael di *Will you be there*. Il film entra nella Top Video Sales al numero 4, poi si sposta al 2 e rimane in questa posizione per diverse settimane.

2 novembre
Michael è costretto a cancellare il terzo concerto messicano causa mal di denti.

3 novembre
Michael si reca dal dentista.

4 novembre
Intervento chirurgico per l'estrazione di un molare che ha provocato un ascesso: Michael passerà la notte in ospedale.

5 novembre
Michael partecipa a una festa per bambini presso l'Hard Rock Café.

Mentre si trova a Città del Messico Michael viene premiato con un doppio platino per le vendite di *Dangerous*, oltre cinquecentomila copie nel Paese.

7 novembre
Terzo concerto sold out all'Aztec Stadium di Città del Messico.

8 novembre
La polizia perquisisce la casa di famiglia di Michael a Encino, California. Di nuovo non viene trovato nulla.

9 novembre
Quarto concerto sold out all'Aztec Stadium di Città del Messico.

Elizabeth Taylor e Larry Fortensky volano a Città del Messico per incontrare Michael.

8-10 novembre
Il procuratore Howard Manning vola a Città del Messico per raccogliere una deposizione di Michael in merito alla causa intentata contro di lui per violazione del diritto d'autore. Le canzoni incriminate sono *Thriller*, *The girl is mine* e *We are the world*.

11 novembre
MTV Europe continua a sostenere la megastar mandando in onda un altro "Michael Jackson Day". Questo il comunicato rilasciato dall'ufficio stampa dell'emittente: "Sebbene siano state mosse diverse accuse riguardanti la sua vita privata, Michael Jackson rimane l'indiscutibile re del pop, e per tutto il giorno, oggi, lo vedrete volteggiare nei suoi famosi passi di danza su MTV".

1993

Quinto concerto sold out all'Aztec Stadium di Città del Messico. Purtroppo, questo sarà l'ultimo concerto.

Nonostante il gran rilievo dato dai media allo scandalo che coinvolge il cantante, i concerti di Città del Messico – come l'intero Dangerous Tour – sono stati un successo enorme. Nella sola Città del Messico mezzo milione di persone hanno visto Michael dal vivo.

Dopo il concerto Michael lascia il Messico insieme a Liz Taylor e Larry Fortensky, facendo sosta in Canada e in Islanda. Da qui si dirige in Irlanda e finalmente atterra all'aeroporto londinese di Luton, mentre Liz Taylor prosegue per Gstaad. Scatta la caccia a Michael da parte dei media.

12 novembre
Michael annuncia la cancellazione del resto del tour e dichiara di essere sotto trattamento per disintossicarsi dagli analgesici. Spiega che lo stress provocato dalle false accuse lo ha costretto ad assumere medicinali, indispensabili per le esibizioni, che gli hanno causato una forte dipendenza.

Resta sconosciuto il luogo in cui si trova Michael, e i media speculano. Anche la carta stampata sarà dominata, per mesi, dai ridicoli pettegolezzi su di lui.

Il procuratore Howard Manning, che aveva raccolto la deposizione di Michael nella causa per violazione del diritto d'autore giusto prima della cancellazione del tour, dichiara che l'artista sembrava stare bene, che era logico e coerente, e che gli è difficile credere a una sua dipendenza da antidolorifici. Qualche tempo dopo, quando il video della deposizione verrà reso pubblico, apparirà invece chiaro che Michael coerente non lo era e che aveva anzi grande difficoltà a concentrarsi, tanto che a un certo punto sarà necessario interrompere la deposizione per consentire al cantante di prendere le sue medicine.

14 novembre
Un portavoce della Pepsi annuncia che il contratto con Michael Jackson è concluso, il che provoca uno stop nel consumo della bevanda da parte dei fedelissimi dell'artista. Di più: i fan club incoraggiano gli iscritti a boicottare l'azienda e a scrivere lettere di protesta. È di un fan americano l'iniziativa di distribuire adesivi con la scritta "La Pepsi ha rifiutato Michael, noi rifiutiamo la Pepsi". Due mesi più tardi, la Coca-Cola renderà noto che le sue vendite hanno registrato un incremento del 20%.

15 novembre
Bert Fields, uno degli avvocati di Michael, convoca una conferenza stampa per confermare che l'artista sta seguendo un programma disintossicazione. Ma non rivela dove.

16 novembre
La polizia ottiene un mandato di perquisizione per Michael Jackson: al fine di verificare l'attendibilità della descrizione dei suoi genitali fornita dal tredicenne che lo accusa.

17 novembre
La Sony Music diffonde un nuovo comunicato a sostegno di Michael: "L'unicità di Michael Jackson quale artista di livello mondiale e persona dedita alle attività umanitarie è tenuta in gran considerazione dalla Sony Music così come dai milioni di fan in tutto il mondo che conoscono la sua arte e la sua lealtà". Prosegue dicendosi ammirata per il coraggio con cui Michael sta provando a superare la sua dipendenza da farmaci e aggiunge "resteremo al suo fianco nella difficile fase del recupero, sostenendolo incondizionatamente".

Michael intrattiene i bambini a un Hard Rock Café messicano

1993

Michael declina l'invito alla cerimonia di premiazione dello Scopus Award 1994, programmata per il prossimo 29 gennaio.

18 novembre
Eddie Reynoza, uno dei ballerini di *Thriller*, dichiara di aver ricevuto una telefonata di Michael Jackson dalla Svizzera. A quanto pare l'artista starebbe spostando la sua attività in Europa per non dover più tornare negli Stati Uniti. Così come per molte dichiarazioni fornite da persone che avevano lavorato con lui, anche questa volta non c'è nulla di vero.

22 novembre
I media dichiarano che Michael si è dato alla macchia o stia per sottoporsi a un intervento di chirugia plastica, Beauchamp Colclough, il medico britannico che lo ha in cura risponde con una lettera per confutare ogni insinuazione. "Jackson non si sta nascondendo e non si sta sottoponendo a nessun trattamento che non sia il programma per liberarsi dall'abuso di analgesici".

Cinque addetti alla sicurezza che avevano lavorato per Michael, impiegati presso la Hayvenhurst, lo denunciano per essere stati licenziati "perché sapevano troppo". Ammettono tuttavia di non essere mai stati testimoni di comportamenti non corretti o di aver visto bambini, a casa sua, che non fossero contenti.

23 novembre
Esce *Dangerous: the short films*. Comprende i video dei singoli tratti dall'album omonimo *Dangerous*, altri video inediti e diversi behind the scenes. Il video entra nella Top Music Video americana al quarto posto e al numero 2 in Gran Bretagna.

L'"Hollywood Reporter" pubblica, in quarta di copertina, una lettera aperta a Michael Jackson scritta dall'attore Maximilian Schell che esprime la sua ammirazione per l'artista e deplora il comportamento dei media.

24 novembre
La gestione di ATV Music, il catalogo musicale di Michael Jackson, passa dalla MCA Music alla EMI Music Publishing. Si parla di un accordo epocale nella storia delle edizioni musicali, che farà guadagnare a Michael più di duecento milioni di dollari, con un pagamento immediato della metà della cifra.

Parte da Cincinnati, Ohio, il tour di Janet Jackson legato al suo ultimo album, *Janet*, Durante la prima data, e per tutto il tour, inviterà il pubblico a chinare la testa e recitare una preghiera silenziosa "per mio fratello Michael".

David Rothman, giudice della Corte Superiore di Los Angeles, fissa per il 21 marzo 1994 la data per la causa civile contro Michael, rifiutando la richiesta della difesa di rinviare il procedimento fino alla conclusione dell'indagine.

27 novembre
Si tiene a Londra il "Michael Jackson Day". Per il quarto anno "Off The Wall" – che non ha mai mancato di esprimere il proprio sostegno a Michael fin dall'inizio della sua vicenda giudiziaria – organizza un party in onore dell'artista all'Hammersmith Palais di Londra: moltissimi i fan che vi partecipano, arrivati da ogni angolo del mondo. Dopo mesi di brutte notizie, il quarto "Michael Jackson Day-Extravaganza" è davvero il giorno della celebrazione e dell'unità per i fan di Michael; i media saranno colti alla sprovvista da questa schiacciante esibizione di solidarietà.

29 novembre
La rivista "People" ha Michael in copertina, con l'ingannevole didascalia: "Il crollo di Michael Jackson". Riceverà moltissime lettere di protesta per l'articolo denigratorio dedicato all'artista. Sulle pagine di "Class", Constance M. Weaver commenta in proposito: "Alla fine, su 'People' è apparso uno dei titoli più crudeli di sempre: 'Il crollo di Michael Jackson: sesso, droga e caduta della più grande star del mondo'. È interessante notare come, sebbene non ci sia ancora stato nessun processo, il titolo del 29 novembre sembri indicare un giudizio già emesso e che la carriera di Jackson sia finita. È stato uno dei più ingannevoli e vergognosi tentativi di speculare sul nome e sulla persona di Michael, salendo contemporaneamente sul carro dei vincitori della negatività creata da questa sfortunata vicenda".

Jermaine Jackson minaccia di citare per diffamazione il "Daily Express" per duecento milioni di dollari per aver pubblicato la falsa notiza secondo la quale avrebbe messo in dubbio l'innocenza del fratello.

1993

Dicembre
La rivista "Black Beat" pubblica un numero interamente dedicato a Michael.

2 dicembre
Katherine e Jermaine Jackson partecipano ai programmi Showbiz Today e Hard Copy della CNN per difendere Michael e confutare le accuse mosse contro di lui dai cinque addetti alla sicurezza.

6 dicembre
La rivista "Jet" offre il proprio sostegno a Michael ritraendolo in copertina e pubblicando un articolo incentrato sulla sua battaglia contro le accuse di abuso di minori.

7 dicembre
Ha inizio la causa per violazione del diritto d'autore contro Michael Jackson, Quincy Jones, Lionel Richie, Rod Temperton e Joseph Jackson.

8 dicembre
LaToya sciocca il mondo intero convocando a mezzanotte, a Tel Aviv, Israele, una conferenza stampa per rivelare che "non può più essere una collaboratrice silenziosa" dei crimini del fratello. Ammette di non aver mai visto Michael far male a un bambino, né nessun bambino nel suo letto, ma afferma di avvertire che suo fratello ha bisogno d'aiuto. Immediatamente la famiglia Jackson indice un'altra conferenza stampa fuori dai cancelli di Hayvenhurst per confutare le affermazioni di LaToya. Katherine, Joseph, Jackie, Tito, Jermaine e Randy dichiarano alla CNN che la sorella è interessata unicamente a far soldi vendendo le sue menzogne a giornali e talk show.

10 dicembre
Michael Jackson ritorna negli Stati Uniti, dimostando così quanto siano infondati i dubbi nutriti nei suoi confronti.

14 dicembre
BET ospita sei membri della famiglia Jackson in diretta dalla casa di Encino: la famiglia ha accettato di andare in tivù per sostenere Michael.

La stazione radiofonica KEZK-FM di St. Louis, Missouri, cancella dalla programmazione tutte le canzoni di Michael Jackson. "Questa comunità", afferma un portavoce della radio, "ha già dovuto affrontare troppi problemi a causa delle molestie subite dai bambini, alcuni dei quali sono stati assassinati. A quanto pare, in giro c'è un serial killer che ha ucciso dei bambini, ancora libero. In questo periodo dell'anno, con l'arrivo delle vacanze natalizie e la forte attenzione indirizzata sui più piccini, abbiamo deciso di dissociarci dall'atmosfera che circonda Michael Jackson". Garfield Boon, presidente della NAACP di St. Louis, risponde via lettera: "Condannare pubblicamente Michael Jackson e la sua musica quando non è stata provata la sua colpevolezza significa assestare un colpo basso. Associare il suo nome al terribile, recente omicidio del bambino a St. Louis dimostra cattivo gusto e una pessima capacità di giudizio". La lettera prosegue definendo la decisione della KEZK "un attacco, per colpe non provate, a uno dei più grandi intrattenitori di colore, che ha come unico obiettivo quello di incrementare il numero degli ascoltatori".

15 dicembre
Blanca Francia, che aveva lavorato come donna di servizio a Neverland, depone per la causa civile, ma non prima di venire generosamente pagata per la propria storia dal talk show Hard Copy. Come già accaduto nel caso di altri "testimoni", il suo racconto ha ben poco di sensato e di credibile.

16 dicembre
La sezione britannica della Heal The World Foundation è ancora una volta in prima linea nell'operazione Christmas Child che si occupa di inviare giocattoli, dolci, regali e rifornimenti ai bambini della ex Jugoslavia.

20 dicembre
Il procuratore Johnnie Cochran si unisce alla squadra dei legali di Michael. Cochran sostituisce Bert Fields.

La NAACP convoca una conferenza stampa per affrontare "i violenti attacchi nei confronti di Michael Jackson e dimostrare come altri afroamericani economicamente potenti siano stati vittime dei media".

22 dicembre
Michael Jackson appare in tivù per difendersi. La CNN, la CBS, l'NBC e l'ABC trasmettono un suo messaggio in diretta dal ranch di Neverland Valley nel quale l'artista ringrazia i fan per il loro amore e il loro sostegno. Dopo questo messaggio – durata quattro minuti – tutti i sondaggi effettuati dalla televisione e dai giornali americani indicano una schiacciante maggioranza a favore della sua innocenza.

1993

L'88% degli spettatori della prima emittente di New York si schiera per Michael innocente e i sondaggi di Current Affair TV rivelano che il 78% è a suo favore.

27 dicembre

La rivista "People" pubblica l'elenco delle "25 persone più intriganti dell'anno": Michael Jackson è fra loro. Nella rassegna del meglio passato in tivù, Michael Talks... To Oprah viene descritto come il più grande evento dell'anno.

28 dicembre

Back 2 Back, duo rap composto da due gemelli di nove anni, lancia il primo singolo tratto dal loro album di debutto. La canzone, intitolata *Dear Michael*, è un atto d'amore verso il loro idolo; un verso recita: "Michael noi crediamo in te".

Il promoter Marcel Avram fa causa a Michael Jackson, alla TTC Touring Corp. e alla MJJ Enterprises per venti milioni di dollari accusandoli di frode, falsa interpretazione e violazione dei doveri fiduciari. Gli accusati rispondono che al momento della firma del contratto le vere condizioni di Michael non si erano ancora manifestate. Solo due settimane prima, Avram aveva pubblicato su "Billboard" un articolo di due pagine in omaggio a Michael, esprimendogli i suoi migliori auguri.

30 dicembre

Per la prima volta da quando ha fatto ritorno a casa, Michael Jackson si fa vedere in pubblico, al Treasure Island di Las Vegas, in compagnia dell'amico Steve Wynn. Viene anche visto con Michael Milken, altro amico.

"Sto bene e mi sento in forma. Come certamente saprete, terminato il tour sono rimasto fuori dal Paese per sottopormi a un trattamento di disintossicazione dagli analgesici. Questi medicinali mi erano stati inizialmente prescritti per combattere i dolori provocati dalla plastica ricostruttiva al cuoio capelluto.

"Recentemente sono apparse notizie disgustose riguardanti il mio comportamento. Sono completamente false. Come ho sempre sostenuto, spero che questa terribile esperienza si concluda al più presto.

"In questa occasione non risponderò alle false accuse contro di me, perché i miei avvocati mi hanno detto che non è questo il luogo adatto per farlo. Ma voglio dire che sono davvero sconvolto dal modo in cui i media hanno trattato questa vicenda, senza mai perdere occasione per sezionare e manipolare le accuse in modo da avallare le loro conclusioni. Io chiedo a voi tutti di aspettare di sentire la verità prima di etichettarmi o condannarmi. Non trattatemi da criminale, perché sono innocente.

"All'inizio della settimana sono stato costretto dallo sceriffo della Contea di Santa Barbara e dal dipartimento di polizia di Los Angeles a sottopormi a un esame umiliante. Un mandato ha permesso loro di guardare e fotografare il mio corpo compresi il mio pene, le natiche, la parte bassa del dorso, le cosce e tutte le altre zone che hanno voluto fotografare. A quanto pare cercavano pezzi di pelle scolorita, macchie o altro che provassero la presenza di una malattia della cute chiamata vitiligine, di cui avevo precedentemente parlato.

"Il mandato mi invitava anche a cooperare con il loro medico nel corso degli esami per stabilire le condizioni della mia pelle, sostenendo che per nessuna ragione mi sarei potuto opporre alla visita e alle fotografie, e che se mi fossi rifiutato di collaborare avrebbero messo il mio rifiuto agli atti come indicazione di colpevolezza.

"È stata una delle esperienze più umilianti che mai mi siano capitate, una cosa che nessuno dovrebbe mai essere costretto a provare. E terminata questa indegna perquisizione non erano ancora contenti, hanno voluto scattarmi altre fotografie. È stato un incubo, un incubo orrendo. Ma se devo passare attraverso tutto questo per dimostrare la mia innocenza, allora lo farò.

"Quello che ho sempre cercato è stato di aiutare migliaia e migliaia di bambini ad avere una vita migliore. Mi vengono le lacrime agli occhi quando vedo un bambino che soffre.

"Non sono colpevole di quanto mi si accusa. Se sono colpevole di qualcosa, è di aver dato tutto ciò che potevo per aiutare i bambini. È di amare i bambini, di ogni età e razza, di provare gioia nel vedere i loro visi innocenti sorridere. È di cercare di recuperare attraverso di loro l'infanzia che mi è stata negata. Se sono colpevole di qualcosa è di aver creduto in quello che Dio dice: 'Lasciate che i bambini vengano a me, perché a chi è come loro appartiene il regno dei cieli'. In nessun modo credo di essere Dio, ma cerco di essere simile a Lui dentro il cuore.

"Sono del tutto innocente e so che riuscirò a provare che queste terribili accuse sono false. Ancora grazie ai miei amici e ai fan, grazie per il vostro sostegno. Insieme vedremo la giusta fine di questa vicenda. Vi voglio molto bene, Dio vi benedica tutti. A presto".

Michael Jackson - 22 dicembre 1993

Pagina accanto: la famiglia Jackson manifesta la propria solidarietà a Michael al *The Jackson family honors* a Las Vegas

1994

1 gennaio
Nel pomeriggio del primo giorno dell'anno, Michael, travestito, passa due ore nel parco a tema dell'MGM Grand Hotel di Las Vegas. In serata sarà accolto da una standing ovation quando si recherà, in compagnia di Michael Milken, allo spettacolo di Barbra Streisand all'MGM Grand Garden.

3 gennaio
Gli avvocati di Jordy Chandler chiendono all'Alta Corte di Santa Monica di chiamare a testimoniare, in marzo, Anthony Pellicano, che non fa più parte del collegio di difesa di Michael Jackson.

5 gennaio
Hanno luogo a Pasadena i ventiseiesimi NAACP Image Awards. Michael si presenta a sorpresa alla serata per premiare Debbie Allen per la sua eccezionale coreografia.

Il programma dei NAACP Image Awards contiene una doppia pagina a colori di Michael Jackson con una breve frase di Elizabeth Taylor: "Michael ti voglio bene".

10 gennaio
La rivista "Jet" dedica la copertina a Michael e genitori.

In occasione del suo quattordicesimo compleanno Jordy Chandler fa la sua deposizione a proposito delle accuse di violenza sessuale che vedono implicato Michael Jackson.

12 gennaio
Dopo sole tre ore di dibattimento viene pronunciata la sentenza a favore di Michael Jackson, Lionel Richie, Quincy Jones, Rod Temperton e Joseph Jackson nella causa per violazione del diritto d'autore. I giudici stabiliscono che *The girl is mine*, *Thriller* e *We are the world* non sono state rubate, ma sono a tutti gli effetti frutto del lavoro di Michael Jackson e, nel caso di *We are the world*, del lavoro di Lionel Richie e Michael.

17 gennaio
Nel fine settimana in cui si commemora la nascita di Martin Luther King, Michael dà una festa al ranch di Neverland per oltre cento bambini poveri.

24 gennaio
Il pubblico ministero di Los Angeles dichiara di non avere sufficienti prove per incriminare Evan Chandler per estorsione.

26 gennaio
Dopo sei mesi di difficili trattative, gli avvocati di entrambe le parti nella causa per molestie intentata contro Michael Jackson raggiungono finalmente un accordo. Si conviene per un'intesa fuori dalle aule del tribunale, per una somma che resta sconosciuta.

27 gennaio
La Reuters riporta la notizia che le foto scattate ai genitali di Michael non corrisponderebbero alla descrizione fatta dal suo accusatore alla polizia. La stampa dedica alla vicenda uno spazio minimo.

2 febbraio
Michael va a vedere il concerto dei Temptations allo Sheraton Desert Inn di Las Vegas in compagnia di Lisa Marie Presley, la figlia di Elvis.

7 febbraio
Agli American Music Awards, Rod Stewart si aggiudica il Michael Jackson International Award.

La corte stabilisce la data per la causa di violazione del diritto d'autore indetta contro Michael Jackson da Crystal Cartier, che denuncia la sottrazione di *Dangerous*. A quanto pare, però, la Cartier non sarebbe in grado di produrre una cassetta originale della sua versione della canzone, che Michael sostiene di non aver mai ascoltato.

"Da decenni la NAACP combatte in prima linea affinché tutte le persone della nostra terra possano avere una giustizia equa. Ha combattuto nei ristoranti del sud, nelle sacre sale della Suprema Corte e nelle camere in affitto di tutta l'America per la giustizia, l'eguaglianza e la dignità. Alcuni membri dell'associazione sono stati incarcerati e addirittura uccisi nel loro nobile tentativo di portare avanti questi ideali, sui quali si fonda il nostro Paese. Niente è più importante per me, in questo momento della mia vita, dell'idea che chiunque è innocente – completamente innocente – finché non viene provata la sua colpevolezza, e viene quindi condannato da una giuria di suoi pari. Non mi sono mai preso il tempo necessario per comprendere l'importanza di questi principi fino a oggi, fin quando sono diventato io stesso vittima di false accuse, della propensione degli altri a crederle vere e a volerle sfruttare prima di aver avuto la possibilità di ascoltare la verità. Non solo sono presunto innocente, io sono innocente! E so che la verità mi salverà. Voi siete qui a darmi sostegno, mentre altri se ne sono andati, e io per questo vi ringrazio. La mia fede in Dio e la consapevolezza di non essere solo mi danno la forza per lottare. Insieme ce la faremo".

Michael Jackson
5 gennaio 1994

1994

9 febbraio
A Santa Barbara si riunisce la giuria popolare per decidere se continuare l'indagine nei confronti di Michael Jackson per la causa di abuso su minore. Mike Brando, figlio di Marlon Brando, è tra i primi a testimoniare.

15 febbraio
Alla giuria di Denver sono necessarie solo tre ore e mezzo per deliberare a favore di Michael nella causa intentata da Crystal Cartier, che sosteneva che *Dangerous* fosse una sua canzone.

19 febbraio
Si tiene all'MGM Grand Hotel di Las Vegas *The Jackson family honors*. Tra gli artisti presenti insieme ai Jackson: Céline Dion, Smokey Robinson e Dionne Warwick. Il cantante che la folla vorrebbe vedere non si esibisce, con grande disappunto dei suoi fan. Liz Smith, giornalista del "New York Newsday", scrive: "Tutto quello che Michael deve fare, per riguadagnare il suo posto nei cuori degli americani, è esibirsi.
Non è stato fischiato per le accuse contro di lui, ma solo perché non ha voluto cantare!
Non è amato o odiato per quello che è, al pubblico di questo non interessa nulla.
Finché canterà, sarà salvo.
A Las Vegas, Michael Jackson ha ricevuto ancora una volta il messaggio che conosce bene fin dall'infanzia: solo il tuo talento conta, nient'altro".

Elizabeth Taylor e Berry Gordy con Michel per *The Jackson family honors*

22 febbraio
Viene trasmesso *The Jackson family honours*, registrato il 19 febbraio. Il ricavato dello spettacolo verrà devoluto alla Family Caring For Families, associazione no profit dei Jackson a sostegno delle famiglie bisognose.

Marzo
"Teen Beat" pubblica un numero interamente dedicato al re del pop: "Michael Jackson e la sua famosa famiglia".

29 marzo
Viene stabilita la data per il processo Michael Jackson contro Steve Howell, accusato di aver venduto delle videocassette senza il permesso dell'artista.

11 aprile
Gli avvocati delle parti in causa si trovano in tribunale per discutere sul caso delle fotografie che ritraggono Michael Jackson nudo.
I legali dell'artista avevano tentato di acquistarle per evitare che finissero in mano a persone sbagliate, che avrebbero potuto approfittarne.
Il giudice non si pronuncia e le foto vengono conservate in una banca di Santa Barbara.

12 aprile
Mentre si trova a New York per registrare il nuovo album, Michael – travestito – si reca al Planet Hollywood a curiosare tra la memorabilia cinematografica.
Privatamente fa anche il giro di cinque residenze storiche di Newport e compra libri per un valore di quattrocentocinquanta dollari.

Michael Jackson partecipa alla seconda edizione dei Children's Choice Awards al City Center di New York per ritirare il premio Caring For Kids, riservato a un personaggio celebre che abbia dedicato il proprio tempo ai giovani per migliorarne la vita.
Centomila ragazzi tra gli otto e i diciotto anni hanno votato per lui.
I Children's Choice Awards sono sponsorizzati da Body Sculpt, un programma no profit per prevenire l'uso della droga tra i giovani.

14 aprile
A New York, Michael assiste allo spettacolo *Stomp* all'Orpheum Theater.

1994

18-19 aprile
Michael cerca casa vicino a Disney World in Florida.

25 aprile
La BBC2 trasmette *The hunt for Michael Jackson*. Il documentario sottolinea quello che viene definito "l'accanimento più selvaggio nella storia dei media" secondo il punto di vista dello scrittore americano Richard Ben Cramer, che punta il dito contro l'avidità degli editori, pronti a tutto pur di vendere, e anche contro coloro che si offrono come testimoni pur di fare soldi.

29 aprile
Mentre lavora a New York sul nuovo album, Michael prende alloggio alla Trump Tower in un doppio appartamento di tre camere.

Maggio
Alla lista delle celebrità che hanno deciso di dire la loro in difesa di Michael Jackson si aggiunge il nome di Stevie Wonder. "Ha tutta l'aria di una caccia alle streghe", afferma il cantante. "È accaduto anche a Michael Jordan e Mike Tyson. È come se volessero suggerire che è colpevole".

Michael appare sulla copertina della rivista "Class"; titolo: "Le traversie di Michael Jackson".

Viene confermato che Stan Winston, il mago degli effetti speciali che ha lavorato per *The wiz* nel 1978, parteciperà con Michael al remake musicale del fantasy *7 faces of Dr. Lao*.

17 maggio
Secondo la rivista "Star", dopo la fine del suo matrimonio Lisa Marie Presley si sta consolando con Michael Jackson.

23 maggio
Poco meno di una settimana fa è morta Jacqueline Kennedy Onassis. Di lei Michael dice: "Era una mia amica, gli amici sono pochi. Mancherà moltissimo a tutti coloro che l'hanno conosciuta".

25 maggio
Michael Jackson vola a Casa de Campo, esclusiva località turistica della Repubblica Dominicana con tanto di campi da tennis e da golf.
A quanto pare vuole visitare l'anfiteatro da seimila posti che si trova nelle vicinanze, in previsione di un concerto.

26 maggio
Nella Repubblica Dominicana, il giudice civile Hugo Francisco Alvarez Perez unisce in matrimonio Michael Jackson e Lisa Marie Presley, con una cerimonia di dodici minuti. Testimoni: l'amica della sposa Eva Darling e suo marito Thomas Keough, cognato di Lisa. Non è presente nessun membro della famiglia Jackson.
Il matrimonio non verrà reso pubblico prima dell'11 luglio.

Giugno
Michael è sulla copertina del primo numero di "People Today". La rivista gli dedica trentotto delle sue ottantadue pagine.

4 giugno
Michael vince il Movie Award di MTV per la miglior canzone con *Will you be there*.

5 giugno
Michael viene visto passeggiare nei pressi di Disney World, in Florida, con Lisa Marie Presley e i due figli di lei, Danielle e Benjamin.

8 giugno
"Usa Today" riporta che Michael, secondo quanto dichiarato da Bob Jones, si sta riposando al sole della Florida e che si è incontrato con la star hoop-and-rap Shaquille O'Neal. L'articolo prosegue affermando che l'artista ha passato alcuni giorni in diversi studi di registrazione di New York "per lavorare sul nuovo materiale che farà parte di un greatest hits in uscita in autunno".

16 giugno
Secondo la stampa Michael sarebbe intenzionato a portare a termine il tour mondiale interrotto lo scorso novembre, causa dipendenza da analgesici.

20 giugno
Una vecchia canzone dei Jackson 5, *Big boy*, che aveva segnato il debutto di Michael, viene ripubblicata venticinque anni dopo, anche se non aveva avuto un grande successo. Ben Brown, proprietario della Steeltown Records, ha infatti rimasterizzato il disco e lo vende per posta in uno speciale cofanetto in edizione limitata contenente un CD, una cassetta e la storia della canzone. Prezzo: trenta dollari.

Lisa Marie Presley

Elvis Presley

1994

23 giugno
Michael visita in un ospedale di New York Cab Calloway, ottantaseienne leggenda del jazz, ricoverato per un attacco apoplettico.

28 giugno
"Usa Today" riporta le parole di Garth Brooks, membro di Feed The Children, al VH-1 Honors del 26 giugno: "Potete anche picchiarmi per quello che sto per dire, ma conoscete qualcuno che abbia raccolto più denaro per i bambini di quanto abbia fatto Michael Jackson?"

11 luglio
In Gran Bretagna, GMTV rende pubblica la notizia del matrimonio di Michael con Lisa Marie Presley, mentre la CNN riporta che tre diversi portavoce dell'artista hanno negato il fatto. L'addetto stampa della Presley non rilascia dichiarazioni non essendo in grado di rintracciare Lisa Marie.

Il "Daily News" riferisce di essere in possesso di documenti che provano un velocissimo divorzio avvenuto il 6 maggio nella Repubblica Domenicana tra Lise Marie e Danny Keough.

26-27 luglio
Esce la notizia che Michael, nascosto sotto un abito che lo fa assomigliare a una donna araba, assiste ai due concerti della sorella Janet al Radio City Music Hall di New York.

1 agosto
Dopo una settimana di annunci e smentite, è ufficiale: Michael ha sposato Lisa Marie Presley. La sposa, annunciando che il suo nome è ora Lisa Marie Presley Jackson, rilascia una dichiarazione tramite la MJJ Productions: afferma di essere molto innamorata di Michael e di volersi dedicare a lui come moglie. Il comunicato non fornisce dettagli sulla cerimonia né sul luogo in cui si è svolta, conferma solo che la coppia si è sposata undici settimane prima "in un luogo fuori dagli Stati Uniti". La ventiseienne Lisa chiede che siano rispettati la loro privacy e il loro desiderio di costruirsi una famiglia, e aggiunge che la notizia era stata tenuta segreta per evitare il consueto circo mediatico.

5 agosto
Michael e Lisa partono dall'aeroporto londinese di Heathrow diretti a Budapest, dove inizieranno le riprese del trailer di *HIStory*, il nuovo album di Jackson.

6 agosto
Michael e Lisa visitano due ospedali pediatrici e distribuiscono più di duemilaseicento giocattoli ai bambini ammalati.
In serata centinaia di fan si radunano davanti al loro albergo e Michael li omaggia con una pioggia di regalini autografati.

9 agosto
Michael torna a New York per terminare la registrazione di *HIStory*.

20 agosto
Michael e Lisa sono sulla copertina delle riviste "Hello", "National Enquirer" e "Jet".

27 agosto
Dolores Martez Jackson (l'ex moglie di Tito), nota con il nome di Dee Dee, viene trovata morta sul fondo di una piscina dal suo nuovo fidanzato Donald Bohana.
I referti stabiliscono che ha abrasioni superficiali sul corpo e l'autopsia non sarà in grado di provare nulla di certo. Si parla di omicidio, ma la polizia archivierà il caso come morte accidentale.

Pagina accanto: Michael e Lisa sul set del trailer per *HIStory*

In alto: Michael e Lisa al loro arrivo a Budapest

Michael e Lisa arrivano all'Heim Pal Hospital di Budapest

Estratto dall'intervista pubblicata sul numero di ottobre di "Ebony"

Scrive Johnson: "La verità è che Michael, trentasei anni, e Lisa Marie, ventisei, erano giovanissimi quando si incontrarono a Las Vegas: lui ne aveva sedici, lei sei. I Jackson 5 si esibirono all'MGM Grand Hotel nel 1974."
Ricorda Michael: "*Il padre di Lisa Marie la portava a vedere il nostro spettacolo, quando sul palco eravamo in nove. Era veramente un 'family show', l'unico spettacolo per famiglie di Las Vegas a cui potevano assistere i bambini. Elvis l'accompagnava e lei si sedeva giusto di fronte, con le guardie del corpo intorno. Poi veniva scortata dietro le quinte dove ci incontravamo e potevamo parlare un po'. Questo accadeva spesso. Voleva venire ancora, ancora e ancora. Era un evento, per lei. Poi non l'ho più vista per molto tempo. È stato come una nave che passa nella notte, passa e se ne va via, ciao, arrivederci*".

Johnson racconta che tre anni prima, quando aveva iniziato a lavorare su *Dangerous*, Michael gli aveva confidato che la loro amicizia si era come trasformata.
Ancora Michael: "*Avevamo iniziato a uscire insieme, a sentirci per telefono... La sentivo sempre più vicina. Nel 1993 siamo andati a Las Vegas per il* Jackson family honors, *poi ad Atlanta per incontrare il presidente Jimmy Carter e far visita ad alcuni bambini, ma nessuno sapeva che ci fosse. La cosa speciale era che eravamo spesso insieme, ma non volevamo che nessuno lo sapesse. Abbiamo continuato a vederci così per un po' di anni. Eravamo molto sereni e stavamo bene. Ma questo accadeva molto tempo prima che iniziassimo a darci dei veri appuntamenti*".

Johnson continua dicendo che risale a quel periodo la dichiarazione di Michael che la loro relazione stava passando da una semplice amicizia a un legame d'amore. Sensibile autore di canzoni, persona che ha a che fare con i sentimenti e le emozioni, Michael ha un inspiegabile senso dell'alchimia quando scrive i suoi brani, per lui è fonte di ispirazione. Ascoltate il testo di *Remeber the time* e *I can't let her get away*, e capirete che Lisa Marie è stata la sua musa. Di certo è stata capace di sostenerlo nel 1993, quando era travolto da problemi legali e non solo.
Ricorda Michael: "*Ero in tour e mi sembrava di essere al centro di una violentissima battaglia dentro la mia mente. Giravano tutte quelle orribili menzogne su di me. Nessuna era vera. Era incredibile. Lisa Marie mi ha chiamato. Posso contare i miei veri amici sulle dita di una mano. Mi è stata di grande, grandissimo aiuto per tutto quel periodo. È questo quello che mi ha colpito. Mi chiamava e piangeva. Era arrabbiata e avrebbe voluto strozzare quelle persone. Ma ciò che mi ha impressionato davvero è stato quanto è accaduto durante il terremoto di Los Angeles il 28 giugno 1993. Quel giorno il mio telefono, fortunatamente, funzionava. Fu un giorno terrificante, oltre ogni possibile immaginazione, pensavo fosse arrivata la fine del mondo. Ma subito dopo le scosse lei mi ha chiamato*".

Johnson prosegue qualche tempo dopo, mentre era a Londra per disintossicarsi, Michael aveva affermato che la loro relazione li stava portando l'uno verso l'altra in un legame duraturo.
Ancora Michael: "*Mi chiamava ma non sempre riusciva a parlarmi e questo la deprimeva. Ho tenuto tutti i suoi messaggi, era molto in ansia*".
Scrive Johnson che è stato dopo queste esperienze che Michael è arrivato a dire *This girl is mine* [Questa ragazza è la mia, NdT] e *The way you make me feel* [Come mi fai sentire tu, NdT]. Giocando sulle parole di queste due canzoni di successo, Jackson raccontava un momento di verità: "*Fu una specie di evoluzione. Abbiamo passato molto tempo al ranch, passeggiando e parlando. È accaduto, tutto si è svolto con naturalezza. Potevamo sentire quello che provavamo l'uno per l'altra, e non servivano le parole. Tutto era nelle vibrazioni, nei sentimenti, e lo si vedeva nei nostri occhi*".

Johnson conclude dicendo che un'importante decisione della coppia è quella di non cantare insieme, nonostante Lisa Marie abbia ereditato dal padre il talento vocale, oltre alla sua proprietà che vale più di centocinquanta milioni di dollari.
Secondo Michael, "*tutto questo parlare della possibilità di cantare insieme non ha nessun fondamento. Quello che vogliamo fare prima di ogni altra cosa è occuparci dei bambini. Non ho mai incontrato una persona che se ne occupi come me ne occupo io. Io mi entusiasmo e mi commuovo davanti ai bambini, e Lisa Marie si comporta nello stesso modo. Ovunque andiamo, visitiamo ospedali pediatrici. Il mio sogno è quello di aiutare tanti bambini quando andremo in Sudafrica e in India*".

12 settembre

Michael apre la cerimonia dell'undicesima edizione degli MTV Music Awards insieme alla moglie. I centoventi secondi che passano in scena "monopolizzano lo show", Michael stringe Lisa Marie tra le braccia e la bacia teneramente in pubblico per la prima volta.

24 settembre

Alla notizia che le accuse di molestie su minore contro di lui sono state archiviate, Michael rilascia la seguente dichiarazione: "Sono felice che l'indagine si sia conclusa. Ringrazio i miei famigliari e i miei amici e chi mi è stato accanto e ha creduto alla mia innocenza. Lisa Marie e io non vediamo l'ora di iniziare a vivere tranquillamente la nostra vita e di formare una famiglia, e non dimenticheremo mai l'amore infinito che ci arriva da tutto il mondo. Dio vi benedica".

Ottobre

Michael rilascia a Robert E. Johnson della rivista "Ebony" la sua prima intervista da quando ha sposato Lisa Marie.

8 ottobre

Michael partecipa al tributo a Elvis Presley al Pyramid di Memphis insieme con la sorella Janet, la moglie Lisa Marie e la suocera Priscilla.

Novembre

Copertina di "GQ" per Michael.

Dicembre

Sui media si rincorrono le voci di un imminente divorzio tra Michael e Lisa Marie, così, tramite la CNN, Bob Jones diffonde questo comunicato: "Abbiamo iniziato a ricevere diverse chiamate relative al fatto che Jackson avrebbe chiesto l'annullamento del matrimonio con Lisa Marie. Io sono qui per dirvi che questo è assolutamente, inequivocabilmente falso. Michael è qui a Chicago per registrare, la signora Jackson si trova a Los Angeles nella sua casa. Sono molto felici, invece noi siamo profondamente addolorati: è davvero triste che certe persone continuino con le loro provocazioni".

10 dicembre

Adrian Grant va a trovare Michael a Chicago mentre sta lavorando a *You are not alone* insieme con R. Kelly. Durante una seduta fotografica in compagnia di nipoti e cugini, Michael nega categoricamente la rottura del suo matrimonio e prega Adrian di riferire ai suoi fan che sta bene ed è felice.

17 dicembre

Si tiene a Londra il quinto "Michael Jackson Day". L'artista invia una sua squadra per filmare l'evento e uno speciale videomessaggio per i suoi fan, per ringraziarli dell'"incondizionato sostegno". Due fortunati fan vincono un viaggio a Neverland Valley.

1995

20 gennaio

Inizia oggi la visita di quattro giorni a Los Angeles di re Nana Amon Ndoufou IV accompagnato da Michael Jackson. Due anni prima il sovrano ghanese lo aveva incoronato re di una regione del suo Paese.

1995

6 febbraio
Michael e Lisa si recano allo studio legale di Johnie Cochran per una consulenza, Michael ha infatti intenzione di dedicarsi a una nuova attività nel campo dell'intrattenimento. Non appena i due varcano la soglia degli uffici sono accolti da un fragoroso applauso (presenti, fra l'altro, diverse personalità di Hollywood).

La rivista "Jet" dedica un articolo alla visita di re Ndoufou a Michael, con foto del sovrano, dell'altro re (quello del pop) e di Lisa Marie.

23 febbraio
Michael presenta in anteprima alcune canzoni tratte dal nuovo album alla National Association Of Recording Merchandisers, presso la quale riceve anche il premio Harry Chapin Memorial Humanitarian per "il suo straordinario impegno nel promuovere la qualità della vita su questo pianeta".

2 marzo
Michael torna inaspettatamente a Los Angeles per partecipare al funerale di Craig Fleming, un neonato di ventidue mesi morto annegato, dopo essere stato gettato da un ponte di Los Angeles dalla madre ventiquattrenne. Dirà alla famiglia del piccolo di essere rimasto profondamente scosso dalla tragedia.

30 marzo
Il "New York Daily News" conferma che il ragazzino ungherese di cinque anni che il 12 marzo era stato sottoposto a un trapianto di fegato a Bruxelles – operazione pagata da Michael Jackson e Lisa Marie – è in condizioni soddisfacenti, secondo quanto riferito dal portavoce della coppia, Lee Solters. I Jackson si erano interessati al piccolo Bela Farkas durante il loro soggiorno a Budapest nell'agosto scorso.

18-20 aprile
In rappresentanza della Heal The World Foundation, Michael Jackson (in compagnia di Lisa Marie) dà il benvenuto a Neverland a quarantasei ragazzi provenienti da diciassette Paesi per il World Children's Congress, una tre giorni di seminari e conferenze.

Maggio
La rivista "Vibe" svela il nuovo look di Michael Jackson mentre posa con Quincy Jones per il numero di giugno: Michael è in copertina vestito secondo lo stile di Kidada, la figlia di Jones.

19 maggio
Scream viene trasmessa contemporaneamente in anteprima da ottanta radio inglesi alle 7,45 del mattino e GMTV è costretta farla risentire alla fine dei suoi programmi per le molte richieste degli spettatori. Un DJ di Bristol è così affascinato dalla canzone da mandarla in onda non-stop per un'ora intera.

25 maggio
"USA Today" pubblica la foto di Michael mentre si diverte in compagnia dei dirigenti della Sony giocando a un nuovo videogioco da PlayStation.

"Hard Copy" è il primo telegiornale a mostrare le foto di Michael e Lisa Marie al parco divertimenti Six Flags di Los Angeles. La coppia era in compagnia di Danielle, la figlia di Lisa. Michael aveva portato la bambina, sei anni, al Mooseburger Cafe, e aveva perfino cantato *The moose song*, con tanto di mani sulla testa per imitare l'alce del cartone animato, Bullwinkle.

29 maggio
Esce in tutto il mondo *Scream*, il primo singolo tratto dall'album *HIStory*.

4 giugno
Scream entra nelle classifiche inglesi al numero 3.

In America debutta al numero 5, segnando l'esordio più alto nei trentasette anni di storia delle Hot 100 e superando il record precedente detenuto dai Beatles con *Let it be*, che aveva fatto il suo ingresso al numero 6 nel marzo 1970.

15 giugno
HIStory esce in tutto il mondo. Il nuovo doppio album di Michael è composto da quindici vecchi successi e quindici nuove canzoni per un totale di centocinquanta minuti di musica. In diverse città europee vengono inaugurate molte statue del cantante, fatte costruire dalla casa discografica, nella stessa posa della copertina del disco.

Il video di *Scream* viene trasmesso dalla ABC in prima serata insieme a un'intervista di Diane Sawyer a Michael e Lisa Marie.

***HIS*TORY**

MICHAEL JACKSON

Epic E2K 5900
EPC 474709-2

***HIS*tory begins**
Disco 1
1. ***Billie Jean***
2. ***The way you make me feel***
3. ***Black or white***
4. ***Rock with you***
5. ***She's out of my life***
6. ***Bad***
7. ***I just can't stop loving you***
8. ***Man in the mirror***
9. ***Thriller***
10. ***Beat it***
11. ***The girl is mine***
12. ***Remember the time***
13. ***Don't stop till you get enough***
14. ***Wanna be startin' somethin'***
15. ***Heal the world***

***HIS*tory continues**
Disco 2
1. ***Scream***
2. ***They don't care about us***
3. ***Stranger in Moscow***
4. ***This time around***
5. ***Earth song***
6. ***D.S.***
7. ***Money***
8. ***Come together***
9. ***You are not alone***
10. ***Childhood***
11. ***Tabloid junki***
12. ***2 Bad***
13. ***HIStory***
14. ***Little Susie***
15. ***Smile***

1995

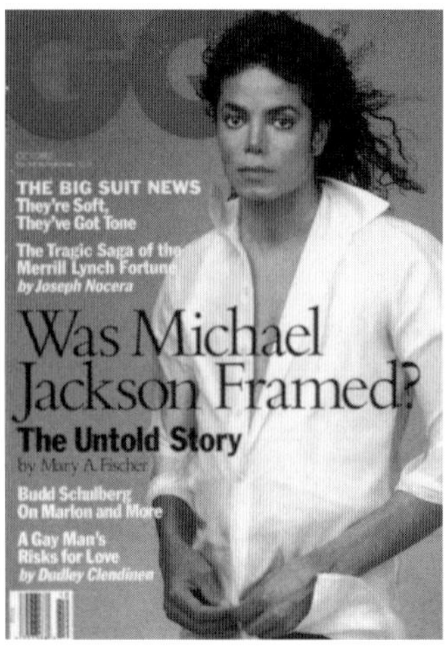

Michael e Lisa compaiono seminudi nel video di *You are not alone*

Il testo di *They don't care about us* viene contestato e i media riportano che "Michael Jackson, accusato di antisemitismo, si scusa per la canzone e promette di inserire delle scuse nelle prossime copie dell'album".
La CNN riporta che Michael registrerà di nuovo le parti incriminate, sostituendo le parole *kike* e *jew* (dispregiativi per "ebreo" e "giudeo").

"Life" e "Hello!" pubblicano le stesse fotografie di Harry Benson che ritraggono Michael e Lisa insieme.

16 giugno
Michael è la storia di copertina di "Entertainment Weekly", che rivela l'intenzione del cantante a entrare nel mondo del cinema prima che si scatenassero le accuse.

19-23 giugno
È la settimana che MTV dedica a Michael Jackson, in America questa rete viene infatti affettuosamente chiamata MJ-TV.

22 giugno
Allo Shrine Auditorium di Los Angeles, i VH-1 Awards rendono onore a Michael per il suo impegno nel campo della beneficenza. Michael sorprende il pubblico cantando con i Boyz II Men *We are the world*.

27 giugno
La rivista "Variety" riporta che, per rilanciare la sua carriera di attore, Michael Jackson si è rivolto alla United Talent Agency.

10 luglio
Michael partecipa all'inaugurazione del Magic Johnson Sony Theatre di Los Angeles. Poi da solo, senza guardie del corpo, va a fare un po' di shopping in un'area molto affollata, provocando un vero e proprio "pandemonio" in diversi negozi.

25 luglio
Michael interviene a una gremita conferenza stampa a New York per annunciare le nomination agli MTV Video Awards insieme al sindaco Rudolph Giuliani. Comunica anche che l'unico concerto dell'anno in città verrà trasmesso dalla HBO il 10 dicembre. Per *Scream* riceve undici nomination, un vero record.

26 luglio
La ABC trasmette uno speciale di mezz'ora intitolato Michael Jackson Changes History. Prima televisiva anche per il video del nuovo singolo, *You are not alone*.

Agosto
Michael e Lisa si concedono una settimana di vacanza a Parigi.

11 agosto
Il successo di *HIStory* viene quasi ignorato dai media, nonostante il disco abbia venduto sette milioni e cinquecentomila copie in tutto il mondo in sole cinque settimane. E in un modestissimo articolo pubblicato sulle pagine economiche del "New York Times", intitolato "I profitti del gruppo Sony raggiungono il 91%", si legge: "*Nel mercato della discografia le vendite delle due filiali del gruppo in Giappone e negli Stati Uniti, sono salite del 2,2%, in gran parte per il successo di* HIStory, *l'LP di Michael Jackson*".

15 agosto
In America esce *You are not alone*, il secondo singolo tratto da *HIStory*. Entra subito nella storia delle classifiche, diventando la prima canzone ad accedere direttamente al primo posto nella Hot 100 dei singoli di "Billboard".

17 agosto
Michael "parla" direttamente ai fan attraverso i quattro maggiori operatori internet – America On-Line (AOL), Prodigy, CompuServe e Internet – che per la prima volta lavorano insieme trasmettendo in simultanea.
"USA Today" scrive: "Nessuna notizia bomba, Michael ha parlato di sé nella sua prima cyberchat, forse la più frequentata di sempre. Ha parlato per un'ora a partire dalle 22 attraverso Prodigy, CompuServe, America On-Line e Net, con MTV che trasmetteva in simultanea. Solo su AOL ha attirato dalle quindici alle diciottomila persone in più di ogni altra precedente chat".
I fan potevano rivolgergli qualsiasi domanda, qualcuno gli ha addirittura chiesto se si augurava di poter uscire senza essere assalito dalla gente. Al che lui ha risposto:

'È per questo motivo che vorrei potermi trasformare'. Ha anche ribadito che lo scimpanzé Bubbles è ancora vivo e che è goloso di pizza. Ha risposto "Michelangelo" quando gli è stato chiesto quale fosse il personaggio storico che gli sarebbe piaciuto incontrare, mentre a chi gli domandava quali fossero i suoi migliori amici ha detto: "Tutti i bambini del mondo", quasi ignorando le possibili implicazioni di una frase simile dopo gli scandali recenti.

21 agosto

In Gran Bretagna esce *You are not alone*. Entra in classifica:

British Chart	3	(1)	1

Settembre

Un comunicato stampa della Sony Music emesso per smentire chi ancora definisce un flop l'album di Michael, occupa due intere pagine del numero di "Billboard" della settimana che termina il 2 settembre. Stampato in bianco su fondo nero nella seconda pagina, afferma semplicemente "50 volte disco di platino" e continua a pagina 3, in nero su fondo argento "in 26 Paesi, e non è che l'inizio... della storia", giocando sul titolo *HIStory*.

7 settembre

Dopo un'esaltante esibizione all'apertura dei dodicesimi MTV Music Video Awards, Michael si aggiudica tre premi: miglior video dance, miglior coreografia e miglior direzione artistica per *Scream*, il video suo e di Janet. L'esibizione di Michael e la standing ovation del pubblico provano che continua a essere indiscutibilmente molto popolare e testimoniano quanto sia bravo a infiammare gli spettatori. Tutti gli altri artisti presenti alla serata gli faranno i complimenti, dalla band alternativa degli Weezer a Notorius B.I.G. e Chris Connely di MTV affermerà che il backstage pullulava di celebrità ansiose di avvicinare Michael.

23 settembre

Michael partecipa a Washington alla serata per il quindicesimo anniversario della Black Entertainment Television, e diventa la prima star a essere "arruolata" per la Walk of Fame di BET. Poi canta *You are not alone*.

1995

Michael e Janet posano per il servizio promozionale di *HIStory*

1995

15 novembre
"USA Today" riporta le dichiarazioni dei i nipoti di Michael – i cosiddetti 3T (dall'iniziale dei loro nomi) – a proposito dell'artista. Secondo Taj, Michael ha saputo affrontare con coraggio le questioni legali che l'hanno coinvolto. Aggiunge Taryll: "Puoi lasciarti abbattere e arrenderti, oppure puoi combattere. Lui sta combattendo". La loro madre, prosegue Taryll, ha insegnato loro a restare uniti, e infatti i tre sono grandi amici... E lo zio Michael ha insegnato loro molti trucchi del mestiere fin da quando erano piccoli, conclude Taryll, e fra l'altro "moltissimi dei nostri primi strumenti ce li ha comprati lui".

22 novembre
Michael viene visto mentre fa shopping: acquista libri di fotografia e di psicologia, una cornice d'argento e una vecchia foto.

23 novembre
Michael vince nella categoria miglior cantante agli MTV Europe Music Awards.

27 novembre
La rivista "Jet" pubblica un articolo che spiega nel dettaglio l'accordo pubblicitario tra Michael e la Sony, valutato seicento milioni di dollari.

Taj, TJ e Taryll, figli di Tito Jackson e nipoti di Michael. Hanno firmato per l'etichetta MJJ Records di Michael

2 dicembre
Adrian Grant organizza un altro "Michael Jackson Day" a Londra, e in città arriva una squadra inviata dall'artista per filmare la giornata. Per il secondo anno consecutivo, Michael manda un videomessaggio speciale a tutti i partecipanti.

3 dicembre
Michael vince lo Smash Hits come miglior cantante solista.

6 dicembre
Ricovero d'urgenza per Michael al Beth Israel Medical Center di New York per un collasso dopo le prove dello special One Night Only della HBO. I bollettini medici parlano di gastroenterite, disidratazione e squilibrio elettrolitico. Michael avrebbe dovuto cantare al Bacon Theater l'8 e il 9 dicembre.

Avrebbe anche dovuto partecipare ai Billboard Music Awards per ricevere l'Hot 100 Achievement Award per *You are not alone*, primo singolo nella storia a entrare in classifica direttamente al numero 1. Tina Turner ritira il premio per lui e gli augura una pronta guarigione.

11 dicembre
La rivista tedesca "Bravo" pubblica un'intervista con Bob Jones, che conferma il gran dispiacere di Michael per non aver potuto partecipare al concerto della HBO, soprattutto per tutti i fan giunti a New York da ogni parte del mondo. Michael vince anche quattro dei premi di fine anno della stessa rivista, tra cui quello come miglior cantante e per il miglior album con *HIStory*.

18 dicembre
A Parigi, Michael si rilassa a Disneyland. Per i suoi fan fa una breve comparsa al balcone della sleeping beauty room dell'hotel in cui alloggia.

1996

Gennaio
Con sette milioni di copie vendute in America, *Off the wall* è sette volte disco di platino.

Michael vince due Grammy danesi come miglior artista internazionale e per il miglior album internazionale (*HIStory*).

19 gennaio
"USA Today" riporta che Lisa Marie Presley ha chiesto il divorzio, mettendo fine ai diciannove mesi del matrimonio. Un comunicato di Lee Solters, portavoce di Jackson, conferma che i due "hanno deciso di comune accordo di separarsi rimanendo buoni amici".

26 gennaio
Dalle colonne del "Daily News": Michael Jackson esce a cena in compagnia di una bionda misteriosa (menu: sushi), appena una settimana dopo che la notizia del suo divorzio è stata resa pubblica.

29 gennaio
Michael vince nella categoria miglior cantante pop agli American Music Awards, ma non è presente alla cerimonia di premiazione.

3 febbraio
Michael rende omaggio a Gene Kelly, deceduto il 2 febbraio, affermando: "Gene era un ballerino superbo, un cantante, un coreografo, un attore, un regista e un gentiluomo. È stato, e per sempre rimarrà, una fonte di ispirazione".

5 febbraio
"People" mette Michael e Lisa in copertina, con la scritta: "Lei è fuori". All'interno della rivista vengono riportate alcune dichiarazioni dell'avvocato della Presley: "È un senza cervello. Aspettiamo sei mesi, poi avranno divorziato. È tutto".

1996

7 febbraio
"Variety" pubblica le dichiarazioni di Spike Lee relative al tentativo di vietare le riprese di *They don't care about us*. Dice Lee: "Michael ama il Brasile e i brasiliani e non ha bisogno di sbandierare in giro per mezzo mondo che le baraccopoli di Rio esistono. È ridicolo e patetico. Non stiamo tentando di far cadere il governo brasiliano. Agli occhi del mondo le complicazioni per il visto di Michael Jackson stanno facendo apparire il Brasile come un Paese ridicolo, una specie di repubblica delle banane".

19 febbraio
Ai Brit Awards di Londra, la prima esibizione inglese in diretta televisiva di Michael dopo vent'anni viene interrotta da Jarvis Cocker, voce dei Pulp, che corre sul palco mentre Jackson canta *Earth song* insieme a più di sessanta bambini.

Michael vince il Brit Award nella categoria "artista di una generazione". Dichiara: "Non sono degno di questo premio, soprattutto perché viene dalla mia meravigliosa famiglia in Gran Bretagna. Voi mi avete dato davvero tanto amore e tanto sostegno nel corso di tutta la mia carriera".

20 febbraio
La Epic Records diffonde il seguente comunicato: "Michael Jackson rispetta i Pulp come artisti, ma è assolutamente contrariato dal loro comportamento e non comprende la loro totale mancanza di rispetto per gli altri performer, per chi stava lavorando e soprattutto per i bambini. Si dice disgustato, addolorato, scioccato, sconcertato, defraudato e arrabbiato, ma è immensamente orgoglioso del suo cast che ha reagito con grande professionalità e del fatto che lo spettacolo sia andato avanti, nonostante il comportamento spiacevole e vigliacco dei due personaggi che hanno cercato di ostacolarlo. Sebbene la serata si sia conclusa con una nota triste, desidera ringraziare tutti i suoi fan e i media per la loro presenza e il loro sostegno".

Michael lascia la Gran Bretagna e vola a Parigi, dove si ferma a Disneyland.

28 febbraio
Michael vince un Grammy per *Scream* come miglior video in cortometraggio.

Marzo
In America, MTV afferma che *HIStory* è il doppio album più venduto di sempre con tre milioni di copie (dato che si riferisce alle sole vendite negli Stati Uniti).

Ingiunzione del tribunale per Gabriella Jamilla Jackson, una donna quarantottenne che perseguita Michael da oltre dieci anni: le viene vietato di avvicinarsi alle case di famiglia di Encino e di Santa Barbara e ha l'obbligo di mantenersi a una distanza di 457 metri dalla popstar.

6 marzo
Alla seconda edizione dei Blockbuster Music Awards, Michael e Janet vincono nella categoria miglior cantante pop (maschile e femminile). A votarli, i clienti della catena di noleggio video Blockbuster.

10 marzo
Sul "Daily News": "Michael Jackson è il re del cyberspazio. La sua chat dell'anno scorso ha contato un record di seimila contatti e il suo nome compare in oltre seimila homepage. Il che significa che più di seimila utenti hanno creato siti web dove è possibile trovare informazioni sull'eccentrica superstar. Al secondo posto Bill Clinton, con oltre cinquemilacinquecento siti".

19 marzo
Nel corso di una conferenza stampa a Parigi Michael comunica i progetti della sua nuova creatura, la Kingdom Entertainment, società multimediale con sede nella capitale francese fondata con il principe saudita Al-Walid bin Talal bin Abdul Aziz al-Saoud.

25 marzo
Ricorre oggi il tredicesimo anniversario della prima esibizione pubblica del *moonwalk* di Michael Jackson al Motown 25.

30 marzo
Il video di *Earth song* riceve il Doris Day per la musica ai decimi Genesis Awards, che premiano il sostegno a favore degli animali.

Aprile
Il numero di aprile di "Vanity Fair" ospita un articolo di otto pagine su Sandy Gallin, il manager di Michael Jackson che si è occupato della progettazione e della produzione di *Dangerous*, uno degli album di maggior successo in tutto il mondo.

Michael abbraccia Bob Geldof ai Brit Awards dopo aver ricevuto il premio "artista di una generazione"

Michael sul palco durante l'interpretazione (che sarà interrotta) di *Earth song*

1996

Pagina accanto: nella stessa serata, Michael canta *Earth song*

Michael con alcuni dei premi che si è aggiudicato agli American Music Awards

Gallin sta lavorando affinché *HIStory* ottenga un analogo successo. Finora l'album si è rivelato una delusione, negli Stati Uniti ha infatti venduto meno di tre milioni di copie. Secondo lui l'LP andrebbe valutato nel corso di tre anni, ma ammette che le vendite sono state lente e che si aspettava 'un balzo in partenza' molto più veloce di quanto non sia effettivamente accaduto".

Nel numero di aprile di "Disney Adventures" Michael viene votato come miglior cantante; un riconoscimento gradito a Jackson, perché arriva dai bambini.

27 aprile

L'ultimo video di Michael, *They don't care about us*, viene tolto dalla playlist dei due canali musicali più importanti degli Stati Uniti, MTV e VH1, perché tacciato di antisemitismo. La canzone conteneva in origine le parole *kike* e *jew*.

Bob Jones della MJJ Productions dichiara che Michael non è razzista, come dimostra il suo impegno nei confronti delle persone di ogni religione. Un portavoce della Epic lo sostiene, pur registrando la delusione per le decisioni di MTV e VH1.

28 aprile

Michael partecipa a una rappresentazione di *Sisterella*, il musical da lui prodotto a Pasadena, California.

1 maggio

"USA Today" riporta: "Un giudice della California ha ordinato alla Jackson Communications Incorporated di pagare un milione e seicentomila dollari alla Smith-Hemion Productions, che afferma di essere stata danneggiata dal poco fortunato *The Jackson family honors* del 1994. La società sostiene di non essere mai stata pagata per il lavoro fatto per lo special tivù e di aver perso soldi anche perché Michael non si è esibito come solista. Il giudice ha sospeso la causa, in attesa della sentenza di un identico processo presso il tribunale federale".

6 maggio

"Entertainment Weekly" dedica la storia di copertina agli album più venduti di tutti i tempi.
Parla molto bene di *Thriller*, arrivando a dire che qualsiasi cosa venga toccata dai magici piedi di Michael si tramuta in oro.

8 maggio

Michael canta *Earth song* ai World Music Awards di Monaco e si aggiudica cinque premi.
Approfitta della serata per rivolgersi ai critici e alla stampa, negando di essere antisemita e dichiara di non essere mai stato né blasfemo né razzista. In giacca nera, jeans, maglietta bianca e con l'ormai famosissimo guanto nero, mentre si allontana carico di premi, nel corso di Entertainment Tonight, afferma: "A ogni modo, io amo gli ebrei". E a Mark Steines, che gli chiede che cosa avrebbe fatto dei riconoscimenti risponde: "Darò loro un posto d'onore".

11 maggio

Michael visita Phantasialand nei pressi di Colonia, Germania. Una delle attrazioni, il Colorado Roller Coaster, era stato ribattezzato Michael Jackson Thriller Colorado Roller Coaster (Michael ci era stato già due volte).

12 maggio

Michael vola a Londra per fare spese alla libreria Dillons di Gower Street.

15 maggio

Michael torna a New York.

1 giugno

La rivista "Ebony" quantifica in sessantadue milioni di copie le vendite di tutti gli LP e dei singoli di Michael negli Stati Uniti, due milioni in più del record che apparteneva a Garth Brooks: negli States, secondo i dati diffusi dalla Recording Industry Association Of America (la RIAA, che certifica i dischi d'oro e di platino), Michael ha venduto cinquantun milioni di copie di LP e undici milioni di singoli.

Questa settimana *They don't care about us* debutta in classifica:

SINGOLI POP	30
R&B	11

In Gran Bretagna, dopo nove settimane *They don't care about us* esce dalla Top 40 dei singoli, era stato disco d'argento solo la settimana precedente.
Dopo il Music Awards Show di Montecarlo, *HIStory* era salito di nove posti raggiungendo il numero 28.

6 giugno

Michael appare su Channel V per MTV Asia: "Salve, sono Michael Jackson", saluta, "il primo intrattenitore numero

1996

uno del mese su Channel V, il miglior canale asiatico". Poi vengono trasmessi degli spezzoni da *Black or white* e la versione sequestrata di *They don't care about us*. Per tutto il mese il canale trasmette i video della popstar, e per la terza settimana consecutiva Michael si attesta al numero uno nella Top 20 di MTV Europe con *They don't care about us*.

7 giugno

L'"Evening Standard" titola "Jackson e la battaglia Jordan, altri 40 milioni di sterline" e continua: "Nonostante l'accordo multimilionario, l'accusa di abuso su minore contro Michael Jackson è di nuovo sotto i riflettori. Il padre di Jordan Chandler ha chiamato in causa l'artista per sessanta milioni di dollari e il figlio, oggi sedicenne, sarà il testimone chiave. Jackson verrà accusato di non aver mantenuto riservato l'accordo con Jordan, parlandone durante un'apparizione televisiva in compagnia dell'ex moglie Lisa Marie Presley".

Michael Jackson diffonde un comunicato sulla recente causa intentata da Evan Chandler contro di lui. Secondo Chandler, "Jackson ha progettato, orchestrato, e preso parte a uno schema per accusare a torto il minore di falsità a proposito delle molestie". Chandler non fa solo il nome di Michael, ma cita anche Lisa Marie, la Sony Music, Diane Sawyer e la ABC Television, che ritiene responsabile della rottura dell'accordo, avendo concesso all'artista di proclamare la propria innocenza durante un'intervista in prima serata nel giugno 1995.
Questo il comunicato di replica di Michael: "Le accuse portate avanti in questa causa sono false e io le contesto con forza. Sono particolarmente arrabbiato con Chandler per aver coinvolto in questa disputa senza senso Lisa Marie e mi dispiace anche che nella vicenda siano implicati Diane Sawyer e la ABC, nonché i miei amici e soci della Sony e della Warner-Tamerlane. Confido nella vittoria in tribunale, il luogo più appropriato per mettere fine a tutto questo".

11 giugno

La corte d'appello respinge la causa intentata da Reynaud Jones e da altri per violazione del diritto d'autore contro Michael Jackson relativamente alle canzoni *Thriller*, *We are the world* e *The girl is mine*.

21 giugno

Michael Jackson e il presidente Clinton sono le due celebrità che partecipano, al Royal Oak Hotel di Sevenoaks, Inghilterra, all'evento di beneficenza a sostegno della Dunblane. Michael dona il disco di platino di *HIStory*, valutato circa cinquemila sterline.

Oprah Winfrey sceglie *Will you be there* di Michael come canzone-dedica in memoria delle vittime dell'AIDS, suscitando i commenti favorevoli dei fan americani di Jackson. È il primo riconoscimento pubblico da parte della famosa conduttrice dopo le accuse di molestie indirizzate alla popstar.

24 giugno

La rivista "People" pubblica una fotografia di Michael sul set del nuovo cortometraggio, intitolato *Ghosts*, che comprende la canzone *2 Bad*. Steven Spielberg compare insieme a Michael, mettendo a tacere le voci di una lite tra loro a proposito del testo di *They don't care about us*. Il regista di *Ghosts* è Stan Winston, già truccatore e curatore degli effetti speciali per *Terminator*, *Jurassic Park* e *Intervista col vampiro*.

Luglio

Il numero di luglio della rivista "Life" pubblica l'elenco delle persone più importanti nate negli Stati Uniti tra il 1946 e il 1964, gli anni del "baby boom": Michael si piazza al numero 42.

5 luglio

Adrian Grant incontra Michael sul set del video di *Stranger in Moscow* e parla con lui di un possibile, futuro libro.
A proposito dell'irruzione di Jarvis Cocker sul palco dei Brit Awards, Michael gli confida che si è trattato di un gesto di "gelosia".

15 luglio

Con Michael al fianco, il sultano del Brunei celebra il suo cinquantesimo compleanno: festa sfrenata e rumorosa, costo venticinque milioni di dollari, come si addice allo status dell'uomo più ricco del mondo.

1996

16 luglio
Per il party di compleanno del sultano, Michael si esibisce davanti a sessantamila spettatori al Jerudong Amusement Park nel Brunei musulmano (dove è proibita la vendita di alcolici, dove i trafficanti di droga vengono impiccati e dove sono vietati i comportamenti occidentali che causano "decadenza morale").
Le fonti ufficiali riportano che il concerto è stato bello e che Jackson è considerato un artista "pulito".

18 luglio
Michael arriva in Sudafrica per partecipare alla festa privata per il compleanno di Nelson Mandela. Non sa bene se stringere la mano al presidente o se abbracciarlo, ci penserà Mandela a toglierlo da ogni imbarazzo: lo abbraccia e lo tiene stretto per qualche secondo.
All'aeroporto di Johannesburg Michael era stato accolto da duecento fan acclamanti e più tardi verrà circondato da quattrocento ragazzi nel sobborgo nero di Soweto, dove dirà: "Sono davvero contento di essere tornato a casa". Depone una corona di fiori al monumento che ricorda le centinaia di persone di colore uccise dalla polizia negli scontri del 1976.

19 luglio
Michael tiene una nuova conferenza stampa a Sun City, 120 km a nord ovest di Johannesburg, durante la quale conferma i cinque concerti che farà in Gran Bretagna, anche se ancora non si conoscono le date esatte. Esordisce con queste parole: "Per prima cosa voglio dire, sinceramente e dal profondo del cuore, che sono molto contento e onorato di essere in Sudafrica. Colgo l'occasione per ringraziare il presidente Mandela e la meravigliosa popolazione di questo Paese per il calorosissimo benvenuto che mi hanno riservato, amo molto questo posto e vorrei comprare una casa qui... Mi dispiace di non essere riuscito a cantare da voi secondo le date stabilite... Ma ho aspettato con ansia di tornare, e ora sono davvero entusiasta all'idea di iniziare dal Sudafrica il mio HIStory Tour".

20 luglio
Michael annuncia che sta componendo una canzone su Nelson Mandela. "Sono al lavoro su un nuovo pezzo... ci stavo lavorando anche l'altra notte", dice ai giornalisti dopo una breve telefonata a casa del presidente a Pretoria.
"È un uomo assolutamente meraviglioso, una persona amabile e io lo stimo moltissimo".
Riparandosi il viso dal sole africano con una crema protettiva, Michael conferma la sua intenzione di vivere in Sudafrica e di aver già iniziato a cercare casa. "Ho trascorso un certo tempo della mia vita qui. Mi sono divertito molto, non vorrei andarmene e infatti sto cercando casa, mi piacerebbe passare il resto della mia vita in questa nazione".
All'inizio resiste alle pressioni dei fotografi che vogliono immortalarlo senza ombrello, dicendo: "Sono allergico al sole", poi cede e abbraccia Mandela con un gran sorriso. Mentre il presidente aggiunge: "Non c'è altro da dire, se non che Michael è nel nostro Paese. È qui per una visita di cortesia. Ha dato molto all'arte e alla musica e io sono contento che sia venuto da noi".
Quando escono dalla casa per raggiungere il patio, dove i media li stanno aspettando, Mandela si gira verso Michael e scherza: "Mi sembra di capire chi sia il vero leader, qui. Non ho mai visto tanti giornalisti. Questo dimostra quanto sei popolare".

23 luglio
Michael Jackson e Bela, il ragazzino ungherese di sei anni al quale Michael due anni prima aveva pagato le spese per l'intervento chirurgico che gli ha salvato la vita, tornano all'ospedale di Budapest dove il piccolo era stato in cura.
"Sono contento di essere di nuovo qui", afferma Michael in una breve conferenza all'ospedale pediatrico Bethesda, "questo dovrebbe essere il giorno dei bambini".
Nell'agosto 1994, Jackson aveva promesso che la sua Heal The World Foundation si sarebbe fatta carico delle spese per il trapianto di fegato di Bela Farkas, colpito da una malattia congenita che minacciava la sua vita e gli alterava il colore della pelle.

Il regista Stan Winston con Michael sul set di *Ghosts* (sì, l'uomo bianco in giacca e cravatta è davvero Michael Jackson)

1996

In alto e pagina accanto: immagini dall'HIStory World Tour

Gloria Haydock, amica dell'autore ed editore di MJ News International, con Michael a Bucarest

7 settembre
Prima data dell'HIStory World Tour con uno show high-tech a Praga davanti a un pubblico di centotrentamila spettatori. Durante il soggiorno nella capitale ceca Michael è scortato dalla polizia nella parte vecchia della città, trattamento di solito riservato ai reali.
Serbe Grimaux, il promoter di Praga, dichiara che l'artista abitualmente solitario, era voluto arrivare in città qualche giorno prima del concerto per mischiarsi alla gente e ai turisti.
"Lui ama molto incontrare le persone e non ama essere in incognito", conclude Grimaux.

8 settembre
L'accoglienza riservata a Michael al suo arrivo a Budapest supera addirittura quella per il Papa. Sono più di quattromila i fan che scandiscono il suo nome non appena si affaccia alla scaletta del Boeing 747, addosso un lungo cappotto nero per difendersi dal freddo pungente.
"Mi piace essere qui", dice ai giornalisti attraversando la pista, "amo questo popolo".
I fan si affollano intorno all'auto dai vetri scuri lungo la strada che dall'aeroporto porta l'artista all'hotel, dove altre centinaia di ammiratori vedranno ricompensata la lunga attesa quando Michael fa loro un cenno di saluto dalla finestra dell'ultimo piano.
Più tardi Michael cena in compagnia di cento bambini ungheresi.

9 settembre
Michael supplica i suoi fan di indietreggiare dopo che hanno fracassato la vetrina di un negozio di dischi nel tentativo di avvicinarlo. Stava infatti uscendo dal negozio dopo aver acquistato dei CD, quando la vetrina è andata in pezzi; spaventato, Michael sale in auto, senza smettere di chiedere ai ragazzi di allontanarsi dai vetri rotti.
Fortunatamente, nessuno si è ferito.

10 settembre
Gran serata per Michael, rilassato e di ottimo umore sul palcoscenico. Secondo la stampa il concerto di Budapest non ha registrato il tutto esaurito, ma i sessantamila biglietti venduti rappresentano comunque un record per l'Ungheria.

12 settembre
All'arrivo in Romania centinaia di fan aspettano Michael fuori dal piccolo aeroporto di Baneasa, dove sono schierate le truppe antisommossa e le autoblindate della polizia. Michael rende omaggio a diversi monumenti e orfanotrofi, e il traffico di Bucarest va in tilt quando si inginocchia e depone un mazzo di fiori davanti alla croce nella piazza dell'Università, dove la polizia aveva ucciso alcuni dimostranti durante la violenta insurrezione del 1989. Più tardi visita un orfanotrofio statale e assiste a uno spettacolo che i bambini hanno organizzato per lui nel gigantesco palazzo di marmo costruito per il dittatore Ceausescu.
"Vorrei che il mondo intero fosse qui per vedere tutto questo, invece che mandare i nostri fratelli sui campi di battaglia", esclama. "Questo è il nostro futuro, ragazzi. Vi amo tutti moltissimo".

Stranger in Moscow sta per uscire in tutto il mondo. In Gran Bretagna la data è stata spostata dal 23 settembre al 4 novembre, vista la "velocità" della classifica inglese rispetto a quelle del resto d'Europa. L'uscita del singolo coinciderà con la nuova campagna promozionale "natalizia" per l'album.

16 settembre
Michael arriva in Russia e la MJJ Productions rilascia il seguente comunicato: "Definendo la sua presenza 'un grande dono per i moscoviti', il sindaco Yuri Luzhkov dà il benvenuto a Jackson con una cerimonia alla White Hall. Affiancato da altri importanti membri dell'amministrazione politica, Luzhkov ha definito Jackson 'un grande talento e un artista straordinario', prima di omaggiarlo con la riproduzione di un tradizionale piatto russo, del quale ha detto: 'Coloro che sono venuti prima di noi hanno mangiato in questo piatto'. E ha aggiunto: 'Michael Jackson si dona alla gente, si sente il suo calore. Noi amiamo sia la musica classica sia la musica moderna, e nella musica moderna Michael è il migliore'".

20 settembre
Sotto il titolo: "Bee Gees e Jackson 5 fra le new entry", il "New Jersey Herald & News" scrive: "I Bee Gees, re della musica disco, hanno fatto il loro ingresso nella Hall of Fame del rock'n'roll, seguiti da un altro gruppo di fratelli che cantano dal 1970, i Jackson 5. È fissata per il 15 maggio la cerimonia alla Rock and Roll Hall and Museum nell'Ohio".

I quotidiani polacchi acclamano il primo concerto di Michael Jackson in Polonia. Organizzato in una ex base aerea nei pressi di Varsavia, vede la partecipazione di centoventimila fan. Il giornale più venduto, la "Gazeta Wyborcza", titola: "Michael è meraviglioso", mentre "Super Express", il tabloid più importante, scrive: "Musica tra la folla, Jackson in forma smagliante".

23 settembre
La rivista "Forbes" mette Michael al quarto posto nella classifica degli intrattenitori più pagati del 1995-96, con un introito lordo di novanta milioni di dollari. Questi i primi cinque nomi: 1. Oprah Winfrey (centosettantuno milioni di dollari); 2. Steven Spielberg (centocinquanta milioni di dollari); 3. Beatles (centotrenta milioni di dollari); 5. Rolling Stones (settantasette milioni di dollari).

Ottobre
Thriller viene votato miglior video musicale di tutti i tempi. "Un gruppo di esperti lo ha giudicato un'opera d'arte musicale che non potrà probabilmente essere superata se non dallo stesso Michael!" scrive il "Guardian", che si era avvalso del parere di Kevin Godley del gruppo rock 10cc, dei registi Julian Temple e Tim Pope, di Bret Hansen, proprietario e presidente di MTV Europe, e di Ric Blaxill, produttore di Top Of The Pops.

1 ottobre
Prima del concerto, previsto per il 7 ottobre in Tunisia, viene diffuso un comunicato stampa della Kingdom Entertainment all'interno del quale compare una dichiarazione di Jackson: "Questo concerto ha un significato speciale per me perché sarà il primo in Africa e nei Paesi arabi. Le popolazioni di questi luoghi occupano un posto speciale nel mio cuore e io voglio cantare per loro. Sono molto felice che il concerto si tenga in Tunisia, una nazione pacifica e tollerante che considera allo stesso modo uomini, donne e bambini. I proventi dello show saranno devoluti in beneficenza per aiutare la gente di qui, e questa per me è un'ulteriore fonte di soddisfazione". Il ricavato sarà infatti donato al National Solidarity Fund, un ente di beneficenza tunisino impegnato nella lotta contro la povertà e promosso dal presidente del Paese.
Migliaia i fan che acclamano il re del pop all'aeroporto di Tunisi e fuori dall'hotel dove alloggia in centro città. I media tunisini scriveranno che centinaia di fan sono arrivati in aereo dall'Algeria per assistere al concerto, mentre dall'Italia, dalla Francia e dalla Spagna sono partiti ventitré voli charter.

2 ottobre
In Olanda viene lanciato un altro prodotto ufficiale della linea Michael Jackson. Si tratta di un soft drink, chiamato Mystery, messo in vendita in lattine dorate da 250 ml con la riproduzione della statua di *HIS*tory in grigio e la scritta in rosso e bianco.
La frizzante bibita, "fresca, vivace, magica", sarà venduta durante il tour e nei negozi. Mystery viene pubblicizzata come una bevanda energizzante con frutta, estratti vegetali, vitamine e minerali.

3 ottobre
A bordo di un aereo della Kingdom Entertainment, Michael arriva all'aeroporto di Stansted per una breve visita (fuori programma) in Inghilterra.
Si stabilisce al Lanesborough Hotel di Londra, e mentre si trova in città lavora alla colonna sonora di *Ghosts*.

4 ottobre
Al London Palladium, Michael assiste a *Oliver* di Lionel Bart, uno dei suoi musical preferiti.

29 ottobre
L'"Hollywood Reporter" titola "Parco a tema italiano a marchio Landmark", e nell'articolo precisa: "Michael Jackson guida un gruppo di investitori americani nelle trattative con le autorità italiane per la costruzione di un nuovo parco di divertimenti a Civitavecchia, 72 km a nord di Roma, per il quale il megabudget previsto è salito a settecento milioni di dollari.

1996

Si viene a sapere ora che la megacostruzione si avvarrà quasi sicuramente del contributo dell'imprenditore Gary Goddard.
La Kingdom Entertainment, di proprietà di Michael Jackson e del principe saudita Al-Walid bin Talal, ha comprato il 50% del Landmark Entertainment Group. In un comunicato rilasciato dall'ufficio del principe di Riyadh si specifica: "Con l'ingresso della Kingdom, il Landmark Entertainment Group amplierà immediatamente le sue attività nel campo del cinema, della televisione e dell'intrattenimento, e incentiverà allo stesso tempo la realizzazione del suo parco a tema".

5 novembre

In America, in undici sale cinematografiche Sony viene proiettato per la prima volta *Ghosts*, il nuovo cortometraggio di trentacinque minuti di Michael Jackson.

6 novembre

Scrive Liz Smith sul "San Francisco Chronicle": "Congratulazioni e buona fortuna a Michael Jackson e a Debbie Rowe, la donna che, si dice, gli darà il primo figlio".

7 novembre

In "USA Today" Jeannie Williams scrive: "L'agenzia inglese Splash con sede a Los Angeles è compiaciuta di condividere con il giornale londinese 'News of the World' la pubblicazione della storia del figlio di Michael Jackson sotto il naso di noi yankee. 'Abbiamo lavorato a questa storia per due mesi e mezzo, la nostra fonte ci aveva originariamente detto che Debbie Rowe aspettava un bambino da Michael, ma siamo stati noi ad accertarci che fosse vero', è quanto afferma Kevin Smith, socio di Splash".

10 novembre

Michael rilascia un'intervista al canale americano di musica VH1, rispondendo alle domande inviate dai telespettatori.

11 novembre

Sisterella, il musical per il teatro coprodotto da Michael Jackson che traspone in versione black la favola di Cenerentola, vince otto NAACP Theatre Awards all'Hollywood Roosevelt Hotel. Lo spettacolo ha registrato un successo enorme al Pasadena Playhouse all'inizio dell'anno, e si stanno già preparando le rappresentazioni per New York.

15 novembre

Brian Walsh, addetto stampa dello Sheraton-on-the-Park Hotel, comunica che Michael si è sposato con Debbie Rowe nell'albergo alla presenza di un ristretto numero di amici, un'ora prima di dare inizio alla tranche australiana dell'HIStory World Tour. Il matrimonio tra la star, che ha trentotto anni anni, e Debbie Rowe, ex infermiera di trentasette, è avvenuto con cerimonia civile nella suite presidenziale occupata dal cantante. Walsh non sa dire se la coppia si sia scambiata qualche giuramento.
Continua Walsh: "Alla cerimonia hanno partecipato solo pochi amici e alcune persone dello staff. Debbie conosce Michael da molto tempo, ha fatto parte del suo entourage e hanno molti amici in comune".
Questa la preghiera della pop star in un comunicato diffuso via internet: "Per favore, rispettate la nostra privacy e lasciateci godere questo momento meraviglioso ed eccitante".
Il matrimonio è stato celebrato solo dieci giorni dopo l'annuncio che Debbie, l'infermiera che aveva assistito Michael mentre era in cura per i problemi della pelle, era incinta. La nascita è prevista per l'inizio del prossimo anno.
Jackson smentisce di essere ricorso alla inseminazione artificiale e di aver pagato alla donna cinquecentomila dollari per portare a termire la gravidanza.

25 novembre

Michael Jackson termina la cinque giorni di concerti a Melbourne per l'HIStory World Tour con una visita a sorpresa al Royal Children's Hospital dove si intrattiene con i bambini ammalati; porta loro giocattoli, firma autografi e si fa fotografare con i piccoli.

In alto a destra: Michael con la nuova moglie Debbie Rowe

Michael in una scena di *Ghosts*

1996

Si sofferma in particolare con i pazienti ammalati di tumore e con quelli affetti da fibrosi cistica. Più tardi un'infermiera, commentando la visita, racconterà di come una bimba gravemente ammalata abbia sorriso per la prima volta nel vedere la pop star.

28 novembre

Il "New York Times" pubblica un articolo in cui dichiara *HIStory* album di successo planetario. Neil Strauss sottolinea come il disco potrà rappresentare per la Sony un nuovo traguardo con la vendita in tutto il mondo di venti milioni di copie, superando le previsioni della stessa casa discografica, che temeva che il doppio album non avrebbe continuato a vendere a due Natali dal lancio.
A tutt'oggi la campagna promozionale è ancora a pieno regime, superando di fatto i diciotto mesi previsti dalla Sony. Dal lancio di *HIStory* sono passati due Natali e diciassette mesi, e il disco sta scalando le classifiche di Malesia, Australia e Francia, mentre rimane tra i più venduti in una dozzina di Paesi europei e asiatici. Ogni settimana la Sony spedisce oltreoceano centomila copie.
Considerando che il box-set di due CD viene venduto al prezzo di un doppio album, *HIStory* farà guadagnare più o meno tanto quanto *Thriller*, che ha venduto quarantasei milioni di copie in tutto il mondo.

30 novembre

Adrian Grant organizza il settimo "Michael Jackson Day" a Londra. L'evento, a cui partecipano duemila persone, si rivela il più apprezzato di sempre. Presenti i 3T, i nipoti di Michael, mentre Michal stesso invia un messaggio telefonico ai fan direttamente dall'Australia.

5 dicembre

Scrive "Entertainment Wire": "Il re del pop si è esibito nell'ultimo dei tre concerti sold out a Perth, finiscono qui le tre settimane in Australia. Diciottomila i fan che si sono radunati ogni sera al Burswood Dome per assistere alla magia di questa superstar". Entusiastiche le critiche uscite sulla stampa locale: lo show di Perth viene definito "favoloso" e Michael "il mago della musica".

Scrive l'"Associated Press": "Giovedì sera centinaia di fan urlanti si sono schierati lungo la strada che dall'aeroporto di Manila ha portato Michael Jackson allo storico Manila Hotel per le date filippine dell'HIStory World Tour.
Jo Ramos-Samartino, figlia del presidente Fidel Ramos, ha dato il benvenuto a Jackson in aeroporto mettendogli al collo una collana di *sampaquita*, il fiore simbolo dello Stato".

12 dicembre

Gran ressa al Tower Records di Tokyo: Michael Jackson si trova qui per un calco della sua mano completo di autografo che verrà esposto all'interno del negozio.

19 dicembre

Michael assiste alla prima proiezione di *Ghosts* a Tokyo. In serata il presidente della Sony Music Japan, Shugo Matsuo, gli consegna il disco di platino per le seicentomila copie di *HIStory* vendute nel Paese.

22 dicembre

Michael Jackson riceve una nomination per il Sour Apple, conferito dall'Hollywood Women's Press Club "all'intrattenitore meno collaborativo dell'anno o alla persona che ha disonorato l'industria dello spettacolo".
Vincono Dennis Rodman e Howard Stern, Michael comunque accetta con umorismo la candidatura a questo poco onorevole premio.
Manda fra l'altro un messaggio per spiegare il motivo della sua assenza: "Mi spiace di non poter essere presente di persona, ma sono ancora in Giappone per il mio HIStory World Tour e questa sera sono stato invitato al party della rivista "Star". Vi ringrazio molto per questo riconoscimento e vi auguro buone vacanze. Vi voglio bene".
"The Star" pubblica da anni notizie false e spietate su Michael.

29 dicembre

Ultima data della diciotto giorni giapponese di Michael, che parte per il Brunei. Sei le tappe nipponiche dell'HIStory World Tour: quattro al Tokyo Dome (13, 15, 17 e 20 dicembre) e due a Fukuoka (26 e 28 dicembre).

HIStory World Tour: le date (prima parte)

7 settembre	Praga
10 settembre	Budapest
14 settembre	Bucarest
17 settembre	Mosca
19 settembre	Varsavia
24 settembre	Saragozza
28 settembre	Amsterdam
30 settembre	Amsterdam
2 ottobre	Amsterdam
7 ottobre	Tunisia
11 ottobre	Seul
13 ottobre	Seul
18 ottobre	Taipei
ottobre	Kaoshung
22 ottobre	Taipei
25 ottobre	Singapore
27 ottobre	Kuala Lumpur
29 ottobre	Kuala Lumpur
1 novembre	Bombay
5 novembre	Bangkok
9 novembre	Auckland
11 novembre	Auckland
14 novembre	Sidney
16 novembre	Sidney
19 novembre	Brisbane
22 novembre	Melbourne
24 novembre	Melbourne
26 novembre	Adelaide
30 novembre	Perth
2 dicembre	Perth
4 dicembre	Perth
8 dicembre	Filippine
10 dicembre	Filippine
13 dicembre	Tokyo
15 dicembre	Tokyo
17 dicembre	Tokyo
20 dicembre	Tokyo
26 dicembre	Fukuoka
28 dicembre	Fukuoka
31 dicembre	Brunei
3 gennaio	Honolulu
4 gennaio	Honolulu

30 dicembre
Michael trascorre un'ora e mezza allo Jerudong Park del Brunei, divertendosi sulle montagne russe e su altre attrazioni tra cui la Formula Uno, Ranger, Aladino e sui go kart. Fra una corsa e l'altra saluta i fan, firma autografi, bacia i bambini e stringe le mani di moltissime persone.

31 dicembre
Michael festeggia il nuovo anno con un concerto speciale allo Jerudong Park del Brunei. Lo spettacolo è stato organizzato dal sultano per quattromila invitati selezionati, ma è aperto a tutti.

1997

1997

2 gennaio
Michael arriva alle Hawaii, dove viene accolto da un gruppo di centocinquanta danzatori di keiki hula, due dozzine di ballerini di Tahiti e circa duecento fan.

6 gennaio
Michael canta davanti a un numero record di spettatori a Honolulu, Hawaii, prima tappa in America dal 1989. Con trentacinquemila biglietti venduti,i due concerti (3 e 4 gennaio) all'Aloha Stadium entrano nella storia. Nessun altro evento musicale aveva mai fatto registrare il tutto esaurito in questo stadio, Michael ci è riuscito in meno di ventiquattro ore. Tom Moffatt, il promoter in loco, conferma: "Non ho mai visto una cosa simile... Nessuno si è mai lontanamente avvicinato a una cosa del genere: non i Rolling Stones, non Elton John, non Julio Iglesias, nemmeno gli Eagles..."

20 gennaio
Michael Jackson viene votato l'intrattenitore più memorabile e la "leggenda degli spettacoli dal vivo" dai lettori della rivista "Live!".

25 gennaio
A Bombay, India, si tiene un'asta con memorabilia varia di Michael Jackson. Un commerciante di diamanti di nome Bharat Shah sborsa 10.081 dollari per un cuscino su cui Michael ha scritto "India, è tutta la vita che sogno di vederti...", un altro uomo d'affari paga 5500 dollari per uno specchio su cui la popstar ha scarabocchiato "India ti amo. Nei tuoi bambini ho visto il volto di Dio..." Il denaro raccolto viene devoluto in beneficenza a favore della scolarizzazione dei bambini che vivono nei quartieri degradati. Michael stesso contribuisce con un milione e centomila dollari.

1 febbraio
Dalle colonne del "New York Post": "L'industria musicale, così come la velvet mafia [espressione giornalistica tipicamente anglosassone con cui vengono denominate spregiativamente le organizzazioni omosessuali nella loro azione di lobby, nella società e nei media, per favorire il riconoscimento dei diritti gay, NdT], è in subbuglio perché Michael Jackson ha reciso i legami con il suo manager personale Sandy Gallin, che gli è stato accanto durante il lancio di *HIStory*, nel tour e negli scandali. Fonti dell'entourage confermano che la sua carriera sarà seguita dalla Kingdom Entertainment, la società di managemente creata dallo stesso Michael con il principe Al-Walid bin Talal dell'Arabia Saudita".

3 febbraio
Un giudice federale rigetta la causa per frode intentata contro otto membri della famiglia Jackson per il fallimento dello special TV del 1994 *The Jackson family honors*.

4 febbraio
Michael Jackson vola a Roma per negare, in tribunale, di aver plagiato una canzone di Al Bano componendo *Will you be there*, inclusa in *Dangerous* del 1991. "Non ho mai preso né rubato niente in vita mia", dichiara alla corte. La canzone incriminata era *I cigni di Balaka* del 1987.

13 febbraio
Debbie Rowe, la moglie di Michael Jackson, dà alla luce un bel maschietto al Cedars-Sinai Medical Center di Los Angeles. Michael è con loro.

14 febbraio
Comunicato di Michael Jackson rilasciato dopo la nascita del figlio: "Le parole non possono descrivere come mi sento... Sono stato benedetto in una maniera che non so definire, e ce la metterò tutta per essere il miglior padre possibile. Sono felice che i miei fan siano contenti per me, ma ora spero che sia rispettata la privacy che Debbie e io desideriamo e di cui abbiamo bisogno per nostro figlio. Sono cresciuto sotto i riflettori e non voglio che lo stesso accada a lui. Per favore, rispettate i nostri desideri".

"Le parole non possono descrivere come mi sento... Sono stato benedetto in una maniera che non so definire, e ce la metterò tutta per essere il miglior padre possibile. Sono felice che i miei fan siano contenti per me, ma ora spero che sia rispettata la privacy che Debbie e io desideriamo e di cui abbiamo bisogno per nostro figlio. Sono cresciuto sotto i riflettori e non voglio che lo stesso accada a lui. Per favore, rispettate i nostri desideri."

Michael Jackson
14 febbraio 1997

Pagina accanto: Michael con il figlio Prince Michael Jr. (fotografia di JK Issac c OK! Magazine and Triumph International Ltd 1997)

1997

Pagina accanto: Michael con il suo primo figlio (fotografia di JK Issac c OK! Magazine and Triumph International Ltd 1997)

Michael accompagna Elizabeth Taylor alla festa per il suo sessantacinquesimo compleanno

16 febbraio
Elizabeth Taylor, che fra poco sarà operata per un tumore benigno al cervello, festeggia il suo sessantacinquesimo compleanno con un elegante ricevimento a Hollywood al quale partecipano molte celebrità. Suo accompagnatore è Michael Jackson, che le resta seduto accanto tutto il tempo.

È la prima volta che Michael compare in pubblico dopo la nascita del figlio, la cui madrina è proprio la Taylor. Per lei canta *Elizabeth*, canzone che ha composto per l'occasione. Si esibisce facendo a meno dei suoi soliti effetti pirotecnici, solo sulla scena, eccezion fatta per una giovanissima attrice che impersona la Taylor da bambina e che compare all'inizio della performance. Recita il testo di *Elizabeth*: "Volevano che tu cadessi / è molto triste / la gente può essere molto cattiva / ma hai vinto tu..."

18 febbraio
Michael cede Ali, il suo elefante africano di sette anni, al Jacksonville Florida Zoo. Inizialmente l'idea era quella di sottoporre gli animali di Neverland a un programma di riproduzione, se non che Michael aveva dovuto rimandare la realizzazione dell'area necessaria per il progetto.

25 febbraio
La Corte Superiore respinge la maggior parte delle cause intentate contro Michael Jackson relativamente all'accusa di aver fatto perdere denaro alla produzione del *Jackson family honors* del 1994. Nello specifico, il giudice Sherman Smith Jr. rigetta due delle tre cause intentate dalla Smith-Hemion Productions che accusava il cantante di violazione del contratto, richiede il pagamento di un'indennità.
"È indiscutibile che Michael Jackson avesse promesso per iscritto di comparire nello show, e questo è stato un segnale di via libera per la produzione", dichiara l'avvocato della Smith-Hemion, William Briggs. "La sua mancata presenza ha provocato danni e perdite."
La causa mira a far pagare a Michael la maggior parte del milione e settecentomila dollari, se non l'intera la cifra, per i procedimenti intentati contro la Jackson Communications Inc., ma la società non dispone delle risorse economiche necessarie.
La Smith-Hemion si rivolgerà anche alla Corte Federale affinché venga rispettata la sentenza.

7 marzo
I Soul Train Music Awards cambiano nome al premio per il miglior video, e in onore di Michael lo chiamano Michael Jackson Award (per il miglior video r&b, soul o rap). Alla cerimonia, Brandy legge la motivazione: "Abbiamo intitolato il nostro premio a Michael Jackson per il suo contributo davvero unico e pionieristico nella realizzazione di video musicali sofisticati e di altissima qualità e nello sviluppo dei principali videomedia nel mondo attraverso il libero utilizzo della sua immagine".

18 marzo
Dopo un processo civile di sei mesi, iniziato nel settembre del 1996, i dodici membri della giuria di Santa Maria, California, si pronunciano a favore di Michael Jackson e degli altri citati in giudizio stabilendo che non ha scorrettamente rescisso il contratto né molestato né minacciato i cinque ex dipendenti del ranch di Neverland Valley. Uno dei giurati, Lorie Durnin, dichiara che gli accusatori "hanno perso la loro credibilità quando si sono rivolti ai tabloid" per vendere le loro storie. Zia Modabber, l'avvocato di Jackson, dirà in proposito che si tratta di una prova evidente che gli accusatori altro non erano che "persone in cerca di facili guadagni attraverso Michael". Aggiunge Steve Cochrane, l'altro avvocato: "Siamo contenti di avere avuto, alla fine, piena giustizia".

20 marzo
Un giudice annulla la sentenza precedente e stabilisce che *Dangerous* può essere messo in vendita in Italia e che Michael Jackson può cantare *Will you be there*. In prima istanza il brano di Michael era sembrato troppo simile a *I cigni di Balaka* di Al Bano, ora invece la corte afferma che non ci sono prove per sostenere il plagio della canzone (scritta in italiano e cantata solo in Italia).

21 marzo
La Sony Music conferisce a Michael un riconoscimento speciale per la vendita di cento milioni di singoli e album fuori dagli Stati Uniti a partire dal 1979, anno del suo primo disco solista per la Epic Records (*Off the wall*). Il premio riconosce la popolarità di *Off the wall, Thriller*, *Bad*, *Dangerous* e *HIStory* e viene consegnato a Michael durante un meeting internazionale della Sony a Marbella, Spagna.

1997

In alto: Michael nel video di *Blood on the dance floor*

Michael applaude Marcel Marceau alla cerimonia per l'inaugurazione della statua di cera che lo raffigura al Grevin Museum di Parigi

25 marzo
La rivista "OK!" pubblica in esclusiva le fotografie del figlio di Michael, Prince Michael Jackson Junior, e un'intervista in cui la star afferma: "Mio nonno e il mio bisnonno si chiamavano Prince, noi abbiamo portato avanti la tradizione e adesso in famiglia abbiamo un terzo 'principe'... Debbie e io ci amiamo al di là di ciò che accade sul palcoscenico o che viene fermato da una fotografia. Mi sono innamorato della sua semplicità, della sua bellezza, della sua generosità, e lei si è innamorata di me proprio per come sono".

2 aprile
Blood on the dance floor, il nuovo video di Michael, viene trasmesso per la prima volta da VH1 negli Stati Uniti.

11 aprile
Ai Music Factory Awards Michael vince come miglior cantante e per il miglior spettacolo live. I premi vengono conferiti sui voti espressi dagli spettatori di Music Factory, canale musicale della tivù olandese, e dai lettori della rivista "Hitkrant". A ritirarli c'è Joseph Jackson, il padre di Michael, che esprime tutto il suo orgoglio e ringrazia i presenti per il sostegno dato alla famiglia.

20 aprile
Michael Jackson partecipa alla cerimonia di inaugurazione della sua statua di cera al Grevin Museum di Parigi. Oltre duemila i fan presenti. Piacevole sorpresa per il cantante quando fa la sua comparsa Marcel Marceu, che Jackson ammira molto.

27 aprile
Blood on the dance floor debutta al numero uno in Gran Bretagna.

2 maggio
Michael arriva a Monaco, Germania, e il club della squadra di calcio della città (il 1860 München) gli regala una targa e una maglietta blu e bianca con il suo nome sulla schiena.
Allo stadio prende parte a una conferenza organizzata dalla Mama Concerts; intanto la maggior parte delle stazioni televisive tedesche trasmette servizi sui rapporti tra Michael e Marcel Avram, che attualmente si trova in prigione, e la società di Avram, ovvero la Mama Concerts.

3 maggio
Michael va a trovare Marcel Avram, il promoter del suo tour, in carcere a Monaco, e passa mezz'ora con lui. Avram era stato arrestato in aprile per sospetta evasione fiscale.

1997

5 maggio
Michael Jackson arriva a Milano. Centinaia di fan lo acclamano all'aeroporto di Linate e lo seguono fino all'Hotel Principe di Savoia. In serata è l'ospite d'onore del Gran Premio Internazionale dello Spettacolo (I Telegatti), presentato da Luciano Pavarotti, che lo abbraccia non appena sale sul palco, Michael annuncia il premio per il miglior programma tivù dell'anno.
Le due star si dicono intenzionate a realizzare un disco insieme e devolvere il ricavato a favore dei bambini bisognosi di tutto il mondo.

6 maggio
I Jackson 5 entrano nella Rock and Roll Hall of Fame e Michael lascia l'Italia per raggiungere Cleveland, Ohio, dove si terrà la cerimonia di "insediamento".
Mentre Diana Ross consegna i premi al gruppo, Michael si unisce ai fratelli sul palco e ringrazia Berry Gordy e i suoi genitori.

8 maggio
Ghosts viene presentato al cinquantesimo Festival del Cinema di Cannes. Michael assiste alla sua proiezione a mezzanotte, nella sala principale, insieme a molte celebrità e a centinaia di fan che lo acclamano.

14 maggio
Esce in Gran Bretagna *Blood on the dance floor - HIStory in the mix*, il nuovo album di Michael che conquista subito la prima posizione. Il disco è composto da tredici pezzi, cinque inediti e otto versioni remix mai pubblicate prima, tratti da *HIStory*. Secondo la Epic l'album doveva inizialmente rappresentare un prodotto promozionale per il tour europeo previsto per l'estate, ma il progetto si era ben presto ampliato anche grazie alle discoteche che avevano continuato a sostenere, instancabilmente, l'artista. Il lavoro sull'album era iniziato in giro per il mondo, mentre Michael era in tour, quanto alle versioni remix sono state affidate ad alcuni fra i migliori produttori e ideatori del settore.
Il giorno successivo, *Ghosts* viene proiettato per la prima volta in Gran Bretagna.

31 maggio
Michael dà inizio alla seconda parte dell'*HIS*tory World Tour con una data sold out a Brema, Germania.

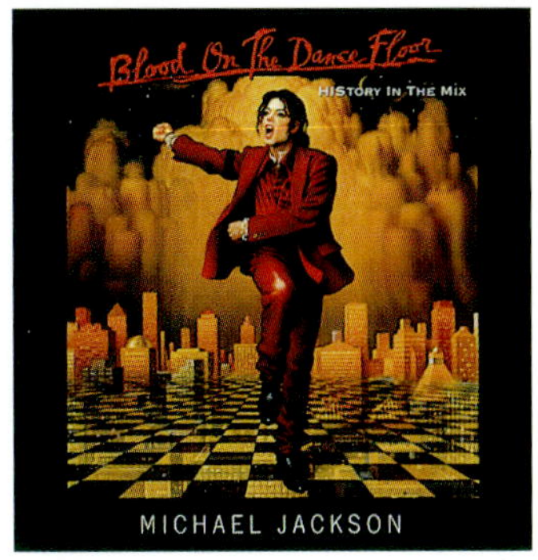

Blood on the dance floor
***HIS*TORY IN THE MIX**

MICHAEL JACKSON

EK 68000
EPC 487500-2

1. *Blood on the dance floor*
2. *Morphine*
3. *Superfly sister*
4. *Ghost*
5. *Is it scary*
6. *Scream*
7. *Money*
8. *2Bad*
9. *Stranger in Moscow*
10. *This time around*
11. *Earth song*
12. *You are not alone*
13. *HIStory*

Una scena di *Ghosts*

1997

La seconda parte dell'HIStory World Tour, con i suoi 40 concerti, due milioni di spettatori e un incasso totale lordo di 83.514.126 dollari, diventa il "secondo tour più visto" del 1997.

HIStory World Tour: le date
(seconda parte)

31 maggio	Brema	Germania
3 giugno	Colonia	Germania
6 giugno	Brema	Germania
8 giugno	Amsterdam	Olanda
10 giugno	Amsterdam	Olanda
13 giugno	Kiel	Germania
15 giugno	Gelsenkirchen	Germania
18 giugno	Milano	Italia
20 giugno	Losanna	Svizzera
22 giugno	Lussemburgo	Lussemburgo
25 giugno	Lione	Francia
27 giugno	Parigi	Francia
29 giugno	Parigi	Francia
2 luglio	Vienna	Austria
4 luglio	Monaco	Germania
6 luglio	Monaco	Germania
9 luglio	Sheffield	Inghilterra
12 luglio	Londra	Inghilterra
15 luglio	Londra	Inghilterra
17 luglio	Londra	Inghilterra
19 luglio	Dublino	Irlanda
25 luglio	Basilea	Svizzera
27 luglio	Nizza	Francia
1 agosto	Berlino	Germania
3 agosto	Lipsia	Germania
10 agosto	Hockenheim	Germania
14 agosto	Copenhagen	Danimarca
16 agosto	Göteborg	Svezia
19 agosto	Oslo	Norvegia
22 agosto	Tallinn	Estonia
24 agosto	Helsinki	Finlandia
26 agosto	Helsinki	Finlandia
29 agosto	Copenhagen	Danimarca
3 settembre	Ostenda	Belgio
6 settembre	Valladolid	Spagna
4 ottobre	Cape Town	Sudafrica
6 ottobre	Cape Town	Sudafrica
10 ottobre	Johannesburg	Sudafrica
12 ottobre	Johannesburg	Sudafrica
15 ottobre	Durban	Sudafrica

Pagina accanto: Michael in *The way you make me feel* in una delle prime date seconda parte dell'HIStory World Tour. Dal 18 giugno questa canzone verrà sostituita da *Blood on the dance floor*

1997

Foto grande e pagina accanto: Michael sul palco durante l'History World Tour

Michael nella promozione per l'Esonic Video Discbaby

6 giugno
Michael Jackson firma un contratto di tre anni per promuovere il nuovo lettore DVD Esonic Video Discbaby.

16 giugno
L'album *Blood on the dance floor* riceve il Platinum Award per aver venduto oltre un milione di copie in Europa.

18 giugno
Michael partecipa alla festa per i trent'anni di Phantasialand a Bruhl, Germania. Firma il libro *Children in Need*, che sarà messo all'asta dall'UNESCO, e fa un giro su una delle ultime attrazioni del parco, il Colorado Adventure: The Michael Jackson Thrill.

25 giugno
Con più di 554.000 biglietti venduti, l'HIStory World Tour batte ogni record di prenotazioni per un concerto all'aperto in Germania.

17 luglio
Lo stadio di Wembley entra nella storia per aver venduto il suo milionesimo biglietto per lo show di Michael. Wembley aveva già ospitato i concerti del Bad e del Dangerous Tour.

1 agosto
Vengono messi in vendita i biglietti per la tranche africana dell'HIStory World Tour. Nei primi novanta minuti ne vengono venduti più di quarantamila per quella che è la prima volta di Michael in Sudafrica.

8 agosto
All'International Film Festival di Palm Springs viene proiettato per la prima volta il cortometraggio *Ghosts*.

29 agosto
Michael festeggia il suo trentanovesimo compleanno sul palco del Parken Stadium di Copenhagen, Danimarca. Per lui, in scena, una torta a tre piani e sotto cinquantaduemila spettatori che intonano "Buon compleanno" insieme ai coristi e ai ballerini. Ancora qualche minuto, e lo stadio si illumina mentre i fuochi d'artificio compongono le parole "re del pop". "Non posso crederci", dirà Michael. "È fantastico... una fantastica sorpresa!"

1997

1 settembre
Michael Jackson cancella il concerto di Ostenda, Belgio, in seguito alla morte della sua amica, la principessa Diana. Si legge nel comunicato: "La dolorosa perdita della principessa del Galles, è una delle più grandi tragedie del millennio. Era un'amica del mondo intero. Io ho vissuto tutta la vita sotto lo sguardo degli altri, quindi so di cosa parlo quando dico che trovo orribile che l'opinione pubblica accetti con tanta tranquillità la presenza dei paparazzi e il comportamento spietato dei tabloid. Non è assolutamente tollerabile in una società civile. Se non si porrà un freno a questo tipo di comportamenti, tragedie come questa saranno destinate a ripetersi".

3 settembre
Michael dedica a Diana il concerto di Ostenda. Nel corso dello spettacolo, mentre nell'aria risuonano le note di *Smile*, a lati del palcoscenico vengono proiettate due gigantografie della principessa.

7 settembre
A Parigi, Michael viene intervistato da Barbara Walters per il programma 20/20 della ABC. Parla della principessa Diana, dei paparazzi e dei media, e a un certo punto esclama: "Non sono Jacko, sono Jackson!" Poi il discorso si sposta sulla sua paternità. "Lo amo", confessa Michael. "Quando piange, l'unico modo per farlo smettere è mettermi davanti a lui e ballare..." Ride e aggiunge: "E io ballo moltissimo!" Gli viene chiesto cosa ne pensa del fatto che Prince potrebbe voler seguire le sue orme, e Michael risponde che in quel caso spiegherà al figlio quali sono le insidie di una carriera simile; e se tuttavia lui dovesse essere convinto, semplicemente gli dirà: "Allora vai, ma fallo meglio di quanto non abbia fatto io".

Pagina accanto: la principessa Diana. Michael parlerà della sua morte come di "una delle più grandi tragedie del millennio"

13 settembre
Michael è una delle ottocento persone che partecipano alla commemorazione della principessa Diana presso la chiesa episcopale di St. James a Los Angeles.

6 ottobre
Nelson Mandela assiste al concerto di Michael a Cape Town, Sudafrica. Si dice che prima dello show "abbia consumato uno spuntino con la star".

11 ottobre
Michael viene eletto membro onorario della tribù africana Bafokeng Ka Bakwena. Alla cerimonia, che si tiene a Phokeng, partecipa l'ex moglie Lisa Marie Presley. E prima della cerimonia il certificato di appartenenza alla tribù verrà inviato anche ai genitori di Michael, Katherine e Joseph Jackson.

15 ottobre
Ultima data per l'HIStory World Tour: al King's Park Rugby Stadium di Durban, Sudafrica.

9 novembre
Alla cena di gala al Palace di Hollywood, Michael Jackson, LaVelle Smith, Travis Payne e Barry Lather ricevono per *Ghosts* il premio Bob Fosse per la miglior coreografia.

25 novembre
Al ranch di Neverland Valley, Debbie Rowe-Jackson viene intervistata da Chuck Henry di Channel 4 (KNBC). È presente anche Michael (con Prince), che però non rilascia dichiarazioni.

Debbie annuncia che aspettano un secondo figlio, una bambina che vorrebbero chiamare Paris Michael Katherine. "Avrei voluto chiamarla come suo padre, ma lui non vuole, così abbiamo deciso per Paris perché è stata concepita a Parigi. Michael sarà il suo secondo nome e poi Katherine, come la nonna."

30 novembre
Adrian Grant organizza l'ottavo "Michael Jackson Day" al Cambridge Theatre di Londra. Platea al completo, con milletrecento spettatori, così si decide per una seconda serata alla quale partecipano altri cinquecento fan.

Dicembre
In tributo alla principessa scomparsa esce *Diana princess of Wales*, un CD con trentasei tracce fra cui *Gone too soon* di Michael. Il ricavato delle vendite verrà devoluto al Princess Diana Memorial Fund.

1 dicembre
La Sony Music pubblica un cofanetto versione deluxe in edizione limitata che contiene la VHS di *Ghosts*, l'album *Blood on the dance floor*, un libretto con foto tratte dal film e un singolo picture disc con, fra l'altro, l'inedito *On the line* (dall'omonimo film di Spike Lee).

1997

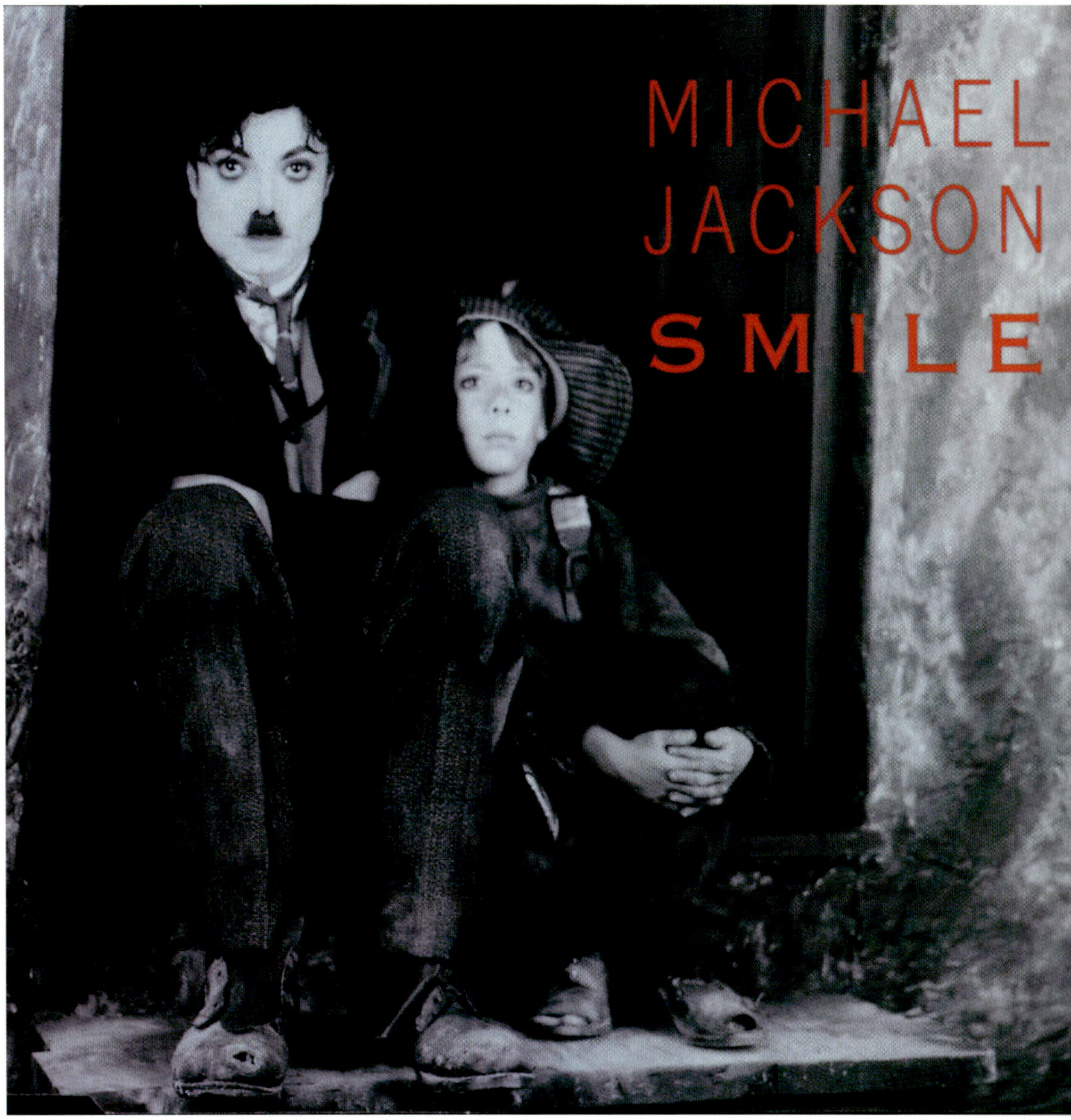

La copertina di *Smile*, singolo mai pubblicato

Il cofanetto in edizione limitata di *Ghosts*

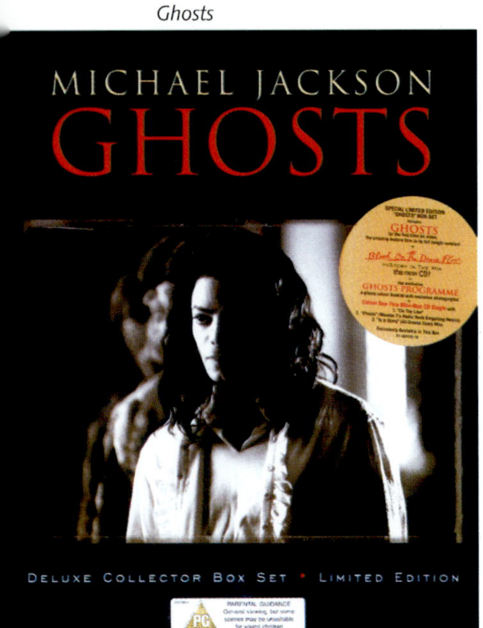

3 dicembre
Viene cancellata l'uscita di *Smile*, ultimo singolo tratto da *HIStory*.
Vengono però pubblicati alcuni CD e 33 giri promozionali con in copertina Michael vestito da Charlot.

17 dicembre
A New York, Michael va a trovare in palestra il pugile inglese Prince Naseem prima dell'incontro con Kevin Kelly che si terrà al Madison Square Garden.

22 dicembre
In America, il sondaggio della NBC TV per eleggere la personalità più amata dal pubblico mette la principessa Diana al primo posto e Michael Jackson al secondo.

23 dicembre
La seconda parte dell'HIStory World Tour, con i suoi 40 concerti, due milioni di spettatori e un incasso totale lordo di 83.514.126 dollari, diventa il "secondo tour più visto" del 1997.

1998

18 gennaio
La corte respinge la causa intentata da Al Bano contro Michael Jackson per la violazione del diritto d'autore. Al Bano sostiene che Michael ha copiato parti della canzone *I cigni di Balaka* per la sua *Will you be there*. Il giudice condanna il cantante italiano al pagamento delle spese processuali.

9 febbraio
Ghosts guadagna il primo posto nella classifica inglese dei video musicali.

1998

13 febbraio
Adrian Grant intervista in esclusiva Michael Jackson per il suo prossimo libro *Making HIStory*. Nel corso dell'incontro gli regala una tela a olio di Vincent McKoy.

20 febbraio
Durante la seconda edizione della World Animation Celebration, che si tiene in California, l'ideatore della serie televisiva *I Simpson*, Matt Groening, conferma che Michael non solo ha scritto la canzone *Do the Bart man*, ma ha anche prestato la voce al suo personaggio nell'episodio intitolato *Papà-zzo da legare*. Nei crediti di coda era stato usato lo pseudonimo John Jay Smith.

26 marzo
Serenata per Michael, suonata da un gruppo di musicisti bavaresi, fuori dal Bayerischer Hof, l'hotel di Monaco dove il cantante alloggia con il figlio Prince. Accorrono in centinaia, poco dopo Michael metterà alla finestra un cartello con la scritta: "Basta con la stampa spazzatura".

3 aprile
Alle 6,26 del mattino Debbie Rowe dà alla luce Paris Michael Katherine Jackson. Peso: 3 kg e 350 g.

"Sono molto felice di organizzare quello che spero sia il primo di una serie di concerti a sostegno della World Peace Foundation For Children.
Nel 1985 io e altri artisti abbiamo lavorato insieme per dare vita a We are the world, *grazie alla quale siamo arrivati al concerto di USA for Africa. Questo evento ha portato milioni di dollari di aiuti alle famiglie e ai bambini che soffrono la fame in Africa e negli Stati Uniti.*
Dopo quell'esperienza speravo di poter realizzare una serie di concerti in giro per il mondo per raccogliere fondi per chi ne ha più bisogno, e oggi, con il sostegno di tanti amici, il primo passo è stato fatto. Sono onorato di lavorare con i miei amici Luciano Pavarotti ed Elizabeth Taylor per il primo di questi concerti che terremo al Chamsil Stadium, in Corea, un Paese che ho imparato ad amare molto. Stiamo fra l'altro cercando di organizzare uno show speciale nella zona demilitarizzata che separa la Corea del Nord da quella del Sud.
Elizabeth Taylor sostiene il progetto fin dall'inizio, e io sono contentissimo che mi sia accanto in questo evento così importante. Vorrei tanto che questa iniziativa, e il lavoro congiunto della Cheil Communications e della Korea Peace Foundation For Children, possano dare un contributo rilevante al problema della fame in questa travagliata parte del pianeta.
Per il futuro mi impegnerò a mettere insieme musicisti provenienti da tutto il mondo in modo da dare vita a nuovi eventi e raccogliere risorse da destinare alla World Peace Foundation For Children. Vi ringrazio moltissimo".

Michael Jackson
15 maggio 1998

15 maggio
Nel corso di una conferenza stampa al Beverley Hills Hotel di Los Angeles, Michael annuncia di voler dare dei concerti di beneficenza per la World Peace Foundation For Children.

19 maggio
Durante il summit dell'World Economic Forum che si svolge in Namibia, Sudafrica, Michael e Larent Kabila, presidente della Repubblica del Congo, discutono privatamente per una ventina di minuti.

Michael annuncia di voler dare dei concerti di beneficenza in favore della World Peace Foundation For Children

In alto a sinistra: Vincent McKoy mentre chiacchiera con Michael e Adrian Grant

1998

Michael festeggia con Nelson Mandela l'ottantesimo compleanno del presidente del Sudafrica

19 luglio
Michael è uno dei duemila ospiti invitati ai festeggiamenti per il matrimonio e gli ottant'anni di Nelson Mandela.

26 luglio
I Jackson 5 entrano nella Souls Legends Hall of Fame di KISS FM, stazione radiofonica che trasmette da New York.

27 luglio
Michael fonda la Michael Jackson Japan Company, alla quale il governo nipponico si rivolgerà per discutere la costruzione di due parchi a tema nel Paese.
Vorrebbe utilizzare la società anche per lanciare una nuova catena di negozi chiamata Wonder World - Land of Toys.

4 agosto
Michael Jackson e Stevie Wonder visitano a sorpresa il Motown Museum di Detroit. Ad accompagnarli Ester Edwards, la sorella di Berry Gordy.

16 agosto
Captain EO viene trasmesso per l'ultima volta a Disneyland di Parigi.

29 agosto
Le radio e le televisioni di tutto il mondo trasmettono degli special per celebrare i quarant'anni di Michael.

Alla decima edizione del Michaelfest di Denver, Colorado, viene venduta all'asta una coperta imbottita disegnata e realizzata da Deborah Danelly, in favore della Heal The World Foundation. La coperta, autografata da Michael, è composta da quarantacinque "quadri", ognuno dei quali illustra un momento della storia del cantante.

18 settembre
Per festeggiarlo la rivista "Billboard" pubblica un estratto della Hot 100 degli ultimi quarant'anni. Michael guadagna la prima posizione nella categoria "artista maschile con più hit", con tredici presenze in classifica.

20 ottobre
Esce per la Motown Records *Motown celebrates Sinatra*, un album di cover di The Voice interpretate dagli artisti Motown. Michael Jackson canta *All the things you are*.

9 novembre
Il quotidiano londinese "Daily Mirror" si scusa con Michael Jackson per le affermazioni false pubblicate nel 1992. Scrive nel comunicato: "Nel 1992, prima del tour mondiale di Jackson, abbiamo pubblicato alcune sue foto, in particolare dei primi piani del viso e del naso. Insinuavamo che fosse orribilmente sfigurato e avesse segni di cicatrici. Michael diede immediatamente corso a un procedimento legale contro di noi per rigettare queste affermazioni. Recentemente siamo andati a Los Angeles insieme a un eminente chirurgo plastico per vedere da vicino il suo viso, e ci siamo accorti che non presenta cicatrici né tanto meno è sfigurato".
Aggiunge Kevin Bays, uno degli avvocati della testata: "Siamo soddisfatti che la questione si sia risolta in via amichevole, era già andata avanti per troppo tempo; e adesso speriamo di potercela lasciare alle spalle".

16 dicembre
Michael partecipa all'inaugurazione del resort Royal Towers of Atlantis alle Bahamas, esibendosi con Stevie Wonder e altri invitati.

1999

13 gennaio
Il gruppo pop giapponese J-Friends pubblica un singolo e un album che contengono una canzone scritta, composta, prodotta e arrangiata da Michael Jackson. Titolo: *People of the world*.

16 gennaio
Secondo il sondaggio di CNN Internet, *Thriller* è il miglior video musicale di tutti i tempi. Nella stessa categoria, posizione numero 3 per *Black or white*.

26 gennaio
In viaggio dal Sudafrica a Los Angeles, Michael viene portato al Cedars Medical Centre di Miami, Florida, per fare delle radiografie al polso. Bob Jones, vicepresidente della Communications, dichiara: "Michael sta bene. È entrato e uscito dall'ospedale. È stato curato per una piccola frattura al polso destro, cosa che non interferirà con la sua attività".

1999

5 febbraio
Un giudice federale di Denver stabilisce in duecentomila dollari il risarcimento a Michael Jackson nella causa per violazione del diritto d'autore intentata da Crystal Cartier. La sentenza è emessa cinque anni dopo il pronunciamento della giuria, che aveva stabilito che *Dangerous* non era stata "rubata". Il giudice motiva la decisione parlando di accusa "non plausibile e obiettivamente irragionevole".

7 febbraio
Adrian Grant organizza il nono "Michael Jackson Day" all'Astoria Theatre di Londra. Allo show partecipa LaVelle Smith, coreografo personale dell'artista, che riceve gli applausi del pubblico per lo straordinario lavoro fatto in *Ghosts*.

20 marzo
Michael è ospite del programma televisivo tedesco Wetten Das, durante il quale annuncia la sua intenzione di tenere due concerti in Corea e in Germania per raccogliere fondi da destinare al Nelson Mandela Children's Fund, alla Croce Rossa e all'UNESCO.

6 aprile
Nel sondaggio di "CD First" per eleggere il più grande artista pop degli anni Novanta, Michael si aggiudica il 90% dei voti.

10 aprile
Dopo aver assistito a una partita di calcio al Craven Cottage di Fulham, Michael visita a sorpresa Radio Liberty di Londra, stazione di proprietà di Mohamed Al-Fayed. Concede un'intervista intrattenendosi fra l'altro a parlare della partita: "Non ne avevo mai vista una dal vivo, e mi è piaciuta moltissimo. È stata grandiosa!" E quando gli viene chiesto di paragonarla al football americano risponde: "Penso che il calcio sia più duro, perché nel football americano abbiamo le imbottiture e le protezioni che danno sì un'idea di forza, ma in realtà credo che il vostro calcio sia molto, molto più duro".

11 aprile
A Londra, Michael passa più di un'ora con i fan fuori dall'abitazione di Mohamed Al-Fayed a Park Lane. Parla con loro di "lavoro capace di immortalare", spiegando che è quel che intende fare con i suoi film, e aggiungendo che ora si sta dedicando soprattutto a questo tipo di progetti.
Qualcuno gli chiede quale sia il suo pezzo musicale preferito, e lui risponde: "Adesso non ridete, quello che amo di più è un brano classico intitolato *Preludio al pomeriggio di un fauno* di Claude Debussy". Aggiunge che tra le centinaia di canzoni che ha scritto, al momento le sue preferite sono *Stranger in Moscow* e *Earth song*.

1 maggio
Presso il Nassau Veterans Memorial Coliseum di New York, Michael viene premiato con un Bollywood Award dall'Indian Film Industry For World Humanity.

Michael accanto a Mohamed Al-Fayed (alla sua destra) al Craven Cottage, lo stadio di casa del Fulham Football Club

1999

10 maggio
Michael partecipa alla proiezione privata di *Matrix* in un cinema di Manhattan.

1 giugno
Jonathan Morrish della Sony Music comunica ai media che Michael non potrà partecipare al Pavarotti & Friends previsto per oggi a Modena perché suo figlio non sta bene. Spiega Morrish: "Sabato mattina Prince ha avuto le convulsioni per febbre alta. È la terza volta che succede, quest'anno". Aggiunge che Michael tiene moltissimo al concerto, ma che "prima di essere un artista è un padre".

10 giugno
Viene inaugurato a Tokyo il primo Michael Jackson Dance Studio.

25 giugno
Prima data del concerto Michael Jackson And His Friends all'Olympic Stadium di Seul. Il giorno è stato scelto per commemorare il quarantanovesimo anniversario dell'inizio della guerra di Corea.

27 giugno
Seconda data per Michael Jackson And His Friends, questa volta a Monaco, Germania. Per un problema tecnico crolla la parte centrale del ponte sul quale Michael si sta esibendo – il cosiddetto *The bridge of no return* ("il ponte del non ritorno", simbolo dei bambini rifugiati, NdT) – facendo precipitare il cantante. Che però continuerà lo spettacolo: verrà portato in ospedale per un controllo solo dopo la fine dello show.

1 luglio
"Billboard" scrive che i concerti Michael Jackson And His Friends hanno raccolto tre milioni e trecentomila dollari che verranno suddivisi tra UNESCO, Nelson Mandela Children's Fund, Croce Rossa e Mezzaluna Rossa Internazionale. Altri proventi saranno devoluti alle vittime del Kosovo.

5 luglio
La Sony Music ripubblica l'album *Off the wall* in edizione limitata Digipac. Il CD, con copertina apribile, contiene alcune fotografie a colori e un libretto con i testi delle canzoni.

30 luglio
Risultato eccezionale per MCY.com: più di dieci milioni di clic in un giorno solo per la diretta del concerto Michael Jackson And His Friends di Monaco.

2 agosto
Michael viene invitato al matrimonio di Rory Kennedy, figlia del senatore Robert. Invierà poi un messaggio di condoglianze non appena appresa la notizia della tragica morte di John F. Kennedy, della moglie e della cognata, vittime di un incidente aereo mentre si recavano alla cerimonia.

16 agosto
Michael viene premiato con il New Millennium Visionary Award nel corso di *An intimate evening with Whitney Houston* organizzata dalla American Cinema Awards Foundation.

4 settembre
Michael riceve il Lifetime Achievement dall'ex presidente Nelson Mandela ai Kora All African Music Awards di Sun City, Sudafrica. Nel corso della serata consegna un milione di rand sudafricani per il Nelson Mandela Children's Fund, denaro raccolto con i concerti di beneficenza Michael Jackson And His Friends.

9 settembre
Elizabeth Taylor e Michael Jackson raccontano la loro amicizia in un articolo pubblicato sulla rivista "Talk". L'attrice descrive Michael come "magico, amabile, dolce, vero", e aggiunge ironica che il legame che li unisce è in assoluto più longevo di qualsiasi suo matrimonio. "Lui fa parte del mio cuore", dice, "faremmo qualunque cosa l'uno per l'altra". E Michael: "Elizabeth è una coperta calda e avvolgente sotto la quale mi piace rannicchiarmi. Con lei posso confidarmi e di lei mi fido. È Madre Teresa, la principessa Diana, la regina d'Inghilterra e Wendy".

Pagina accanto: immagini dal Michael Jackson And His Friends di Monaco

Il palco del concerto Michael Jackson And His Friends con, ai lati, due manifesti enormi con la scritta *What more can I give*. Michael però non canterà la canzone, che in tanti credevano sarebbe stata lo slogan dello spettacolo ("Cos'altro posso dare", NdT)

1999

World Music Awards di Monaco
Michael viene premiato come artista del millennio

8 ottobre

Michael e Debbie Rowe decidono di comune accordo di divorziare. Dichiara Howard Rubenstein, portavoce della coppia: "Michael e Debbie resteranno amici e chiedono al pubblico di non commentare ulteriormente le ragioni che li hanno spinti a prendere questa decisione".

18 ottobre

La Sony Music pubblica una Limited Millennium Edition di *Thriller* su CD completa di testi.

27 ottobre

La MJJ Communications emette un comunicato stampa per annunciare che sono stati sottratti alcuni video dalla suite di Michael a Disneyland, Parigi. I video contenevano filmati personali di Michael e della sua famiglia girati nel ranch di Neverland durante il periodo di Natale e Capodanno. Poco dopo il furto, con una telefonata anonima vengono chiesti centomila dollari per la "refurtiva".

Il comunicato specifica che "Jackson è l'unico ed esclusivo proprietario del copyright dei video sottratti e di ogni singolo fotogramma".

2000

11 novembre
Esce per la Sony Music, in edizione limitata, *Pop songs*, disco promozionale per la McDonalds tedesca (Cat n. SMM 986129 2). Si tratta di un doppio CD con ventiquattro brani tra cui *Blame it on the boogie*, vecchio successo dei Jacksons. Allegato al libretto dei testi, un messaggio (scritto in tedesco) che pubblicizza il nuovo album di Michael:

"Finalmente: il nuovo album di Michael Jackson. Quattro anni dopo il sensazionale HIStory, *sta per uscire un nuovo disco in studio. E potete star certi che ancora una volta il re del pop vi regalerà fuochi d'artificio con ballate emozionanti e grandi canzoni pop. Coming soon".*

12 novembre
Secondo l'"Hollywood Reporter" Michael sarà il protagonista del film intitolato *The nightmare of Edgar Allan Poe* sulla vita dello scrittore.

15 novembre
Michael Jackson compare nel *Libro del Guinnes dei Primati* per aver aiutato il maggior numero di enti di beneficenza (trentanove) con donazioni in denaro, sponsorizzazioni o altri finanziamenti.
Tra i beneficiari: AIDS Project LA, American Cancer Society, BMI Foundation Inc., Childhelp USA, United Negro College Fund (UNCF), YMCA-28th Street Crenshaw, The Sickle Cell Research Foundation e Volunteers Of America.

16 novembre
Negli Stati Uniti esce un cofanetto di quattro CD intitolato *The ultimate Grammy box* che raccoglie settantatré successi di quarant'anni di storia dei Grammy. Michael è presente con *Beat it*.

29 novembre
Negli Stati Uniti, MTV e "TV Guide" votano *Thriller* miglior video di sempre. In diciotto anni MTV ha mandato in onda diciannovemila video, e ha scelto *Thriller* considerandolo "il più innovativo e ambizioso per il suo tempo". Nel numero speciale di "TV Guide" copertina per Michael, fotografato con il suo nuovo look con tanto di "barbetta".

4 dicembre
Al Marriott Marquis Hotel di New York, Michael partecipa alla serata per la raccolta fondi di Whitney Houston.

11 dicembre
Durante la trasmissione di MTV USA 100 Greatest Videos Ever Made, *Thriller* viene votato miglior video di sempre. Nel corso del programma un'intervista esclusiva in cui Michael parla di alcuni dei suoi video.

31 dicembre
A Times Square, New York, per celebrare l'inizio del nuovo millennio viene suonato il *Millennium mix*, ovvero una compilation di dieci canzoni selezionate attraverso un sondaggio internet. Tra i brani *Beat it* di Michael, un classico anni Ottanta.

2000

8 gennaio
Michael è tra le star che danno il loro contributo per An Evening Of Stars: A Celebration Of Educational Excellence, la maratona annuale per la raccolta di fondi da destinare alla United Negro College Foundation. Partecipa con la versione di *Earth song* tratta dal concerto di Seul. La trasmissione (quattro ore) viene mandata in onda in diretta da oltre settanta canali americani.

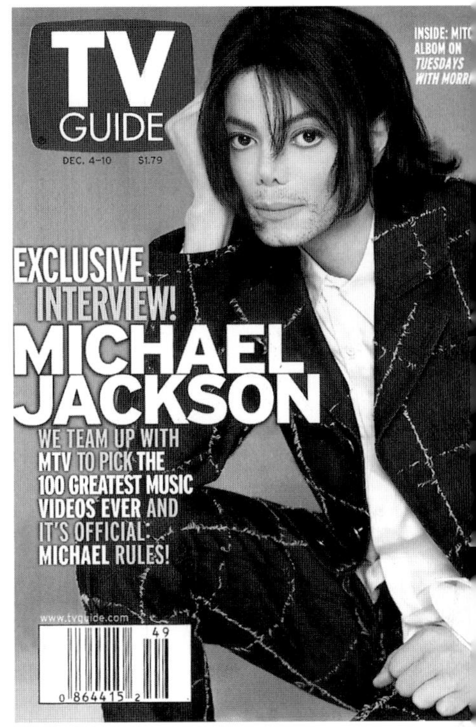

20 gennaio
Gli spettatori di VH1 votano *Billie Jean* canzone numero uno degli anni Ottanta.

11 marzo
Michael entra nell'ultima edizione dell'*Oxford dictionary of 20th century quotations* con una citazione tratta dal testo di *Childhood*: "Prima di giudicarmi, cercate di volermi bene, guardatevi dentro il cuore e domandatevi: avete visto la mia infanzia?"

8 maggio
Michael, scortato dalle guardie del corpo, accompagna i figli Prince e Paris al circo Knie, in Germania.

10 maggio
Agli World Music Awards di Monaco, Michael riceve il premio "artista del millennio" dal principe Alberto.

2000

22 maggio
Nell'ultimo numero della rivista "Ebony", *Thriller* viene indicato come uno dei venti video più importanti nella storia della musica black. Due le motivazioni della scelta: *Thriller* ha rivoluzionato la tecnica di realizzazione dei video e ha introdotto un cambiamento nel marketing.

26 maggio
Michael Jackson, in elegante, lunghissima giacca nera, accompagna Elizabeth Taylor alla Royal Albert Hall di Londra per *A musical celebration - a tribute to Elizabeth Taylor*.
Non canta, ma consegnerà all'attrice un enorme mazzo di fiori al termine dello spettacolo.

Michael accompagna Elizabeth Taylor alla Royal Albert Hall per *A musical celebration - a tribute to Elizabeth Taylor*

30 maggio
Dangerous è disco multi-platino. "Billboard Online" scrive che è stato ufficialmente riconosciuto sette volte disco di platino dalla Recording Industry Association Of America (RIAA)".

Michael diventa uno dei maggiori investitori e partner della HollywoodTicket.com Inc. che si occupa di promozione interattiva e marketing nel campo dello spettacolo, le cui attività spaziano dal cinema alla televisione alla musica a internet, e poi ancora dallo sport al merchandise e ai libri.
La presenza di Michael sarà fondamentale per assicurare la partecipazione di altre personalità del mondo dello spettacolo. Questa la sua dichiarazione: "Attraverso HollywoodTicket.com i professionisti hanno l'opportunità commerciale e artistica di essere coinvolti, in modo molto più attivo, nella creazione e nella distribuzione di un prodotto innovativo. Internet ci permette di far incontrare i fan con i migliori talenti creativi dell'intrattenimento, consentendo a chiunque di vivere esperienze divertenti, avventurose, significative e interattive".

18 luglio
La rivista "Africanwatch" pubblica i risultati del sondaggio per l'elezione dei migliori dieci cantanti africani del ventesimo secolo: tra loro Michael Jackson, Stevie Wonder, James Brown e Aretha Franklin, tutti con origini africane.

24 luglio
Il canale musicale VH1 e la rivista "Entertainment Weekly" rendono nota la lista dei "cento migliori momenti televisivi di rock and roll", alla quale hanno lavorato insieme.
Michael vi compare cinque volte: il suo primo *moonwalk* al Motown 25 e la prima messa in onda di *Thriller* su MTV.

29 luglio
La Motown Records e la Universal MCA Music pubblicano in Gran Bretagna *Ripples and waves - an introduction to The Jackson Five*, una compilation di brani dei Jackson 5 che conta diciassette tracce, tra cui due brani mai apparsi su CD – *Pride and joy* e *The eternal light* – tratti dall'album *Joyful jukebox*.

31 luglio
Geraldine Hughes, ex segretaria dello studio legale che rappresenta il bambino che aveva accusato Michael di molestie, dichiara che proverà l'innocenza del cantante nel libro di prossima uscita *The set up - the truth behind the child molestation allegations*.
"Tantissime cose non sono mai state portate all'attenzione del pubblico", afferma. "Io c'ero e so tutto!"

9 agosto
"The Daily Variety" scrive che Michael Jackson ha investito nella WebEl, una società internet che diventerà uno studio di produzione online e che si prefigge di sostenere non solo i registi e gli studi affermati, ma anche coloro che muovono i primi passi nell'industria dello spettacolo.

18 agosto
Negli Stati Uniti, la Yaboom Ltd. fa uscire due nuovi prodotti a sostengo del "ritorno a scuola": un mini CD e un poster "musicale" da armadietto. Il mini CD è inserito all'interno di un portachiavi da collezione che riproduce musica con un sonoro di alta qualità; sul poster, con l'immagine di Michael, c'è un pulsante che consente di ascoltare uno dei suoi successi.

6 settembre
Il quotidiano britannico "The Times" scrive che Michael potrebbe tenere il suo primo discorso pubblico sul benessere dell'infanzia all'Università di Oxford nel febbraio 2001. Al dibattito con la Oxford Union Debating Society potrebbe prendere parte anche il rabbino Shmuley Boteach, presentato a Michael dall'israeliano Uri Geller.

2000

Boteach è convinto che Michael sia incompreso e che dedichi tanto del suo tempo ad aiutare i bambini malati e quelli in condizione di disagio.
Dice: "Non ho mai visto niente che possa essere paragonato al lavoro di Michael con i bambini. Il tempo che riserva loro e il suo impegno nei loro confronti è un'incredibile fonte di ispirazione".

7 settembre
L'Hard Rock Café di Orlando, Florida, rinnova la sua esposizione di memorabilia.
Entrano a far parte degli oggetti del locale: una giacca di *Thriller*, due fotografie dell'epoca sempre di *Thriller* e la bambola di Michael Jackson creata per *Beat It* LJN Toys nel 1984.

21 settembre
Viene chiesto a Michael di usare il suo talento creativo per progettare e firmare un parco a tema africano vicino alla città di Manzini, nello Swaziland.
Mathwes Phosa, l'ex premier di Mpumalanga, dichiara: "Sarebbe fantastico se Jackson decidesse di progettare o firmare il progetto del Millennium Park. Al momento stiamo discutendo con i responsabili interessati".

18 ottobre
Michael Jackson viene eletto artista più richiesto dell'anno (dal 10 ottobre 1999 - al 10 ottobre 2000) dal programma Voice Of America's (VOA) Border Crossings con le canzoni *Heal the worlde* e *You are not alone*.

28 ottobre
Lo show televisivo americano Entertainment Tonight annuncia che nelle sue sedici stagioni di programmazione, Michael Jackson è la persona di cui si è parlato di più in assoluto (attraverso notizie varie su di lui, interviste esclusive, prime cinematografiche, cerimonie di premiazione ecc.).

Michael partecipa a sorpresa al Carousel of Hope Ball di Beverly Hills, California, evento di beneficenza a favore della ricerca sul diabete infantile, dove riceve una calorosa accoglienza. Accompagna Elizabeth Taylor. A fine concerto sale sul palco per complimentarsi con Ricky Martin. Insieme ad altre cinquanta celebrità aveva dipinto una targa che sarà messa all'asta.

Michael sul palco alla fine del Carousel of Hope Ball

2000

Michael tiene un piccolo discorso dopo aver ricevuto il premio dalla G&P Foundation per il suo impegno nella lotta contro il cancro

30 ottobre
Con oltre ventisei milioni di copie vendute, *Thriller* è disco multi-platino.

Disco di platino anche per *Blood on the dance floor: history in the mix.* Negli Stati Uniti ha venduto un milione di copie.

9 novembre
In un'intervista pubblicata sul sito della boy band Westlife, Mae Filan, la madre di Shane (voce del gruppo) racconta: "Mio figlio cantava prima ancora di cominciare a parlare, come dimenticare i suoi gorgheggi felici nella carrozzina... A cinque anni cantava *Uptown girl* di Billy Joel, ma ciò che ricordo meglio è la sua interpretazione di Michael Jackson: lo imitava infilandosi un paio di occhiali da sole e calcandosi in testa un cappello. Adorava Michael, si vestiva come lui e cantava e ballava come lui".

17 novembre
MTV e "Rolling Stone" rendono nota la loro classifica delle cento migliori canzoni pop di sempre. Michael vi compare quattro volte: con *Billie Jean* al al numero 5, *I want you back* al 9, *Beat it* al 22 e *Rock with you* all'82.

23 novembre
Nel corso di una conferenza stampa privata a cui prendono parte una trentina di persone, Michael parla del nuovo album: "Dovrebbe uscire a marzo", dice incrociando le dita. "Oggi ho fatto sentire sei canzoni alla Sony Music ed erano entusiasti, mi hanno applaudito. Adesso me ne mancano solo altre cinque". Aggiunge che il disco non ha ancora un titolo e che le canzoni sono state scritte e prodotte da lui insieme a Teddy Riley, R. Kelly e Rodney Jerkins. Conclude ridendo: "Tanto lo sapete che comando io!"

30 novembre
A New York, Michael riceve un premio per il suo impegno nella lotta contro il cancro dalla G&P Foundation, istituita dalla compositrice e filantropa Denise Rich. Ringrazia così: "Sono estremamente onorato e commosso per questo bellissimo riconoscimento, e prima di tutto voglio ringraziare la nostra ospite e mia accompagnatrice, Denise, che con la sua anima meravigliosa e la sua squisita gentilezza ha trovato un posto nel mio cuore". Ha parole anche per il presidente Clinton: "Sono onorato, signor presidente, di ricevere questo premio in sua presenza e desidero ringraziarla per gli anni che ha dedicato al popolo americano. È stato un presidente incredibile e io le voglio bene". Poi continua: "Il cancro è la prima causa di morte tra i bambini, ed è solo attraverso serate come questa, quando siamo tutti insieme, che possiamo trovare il coraggio e la determinazione per impedire che derubi anche solo un altro bambino del prezioso dono della vita o che privi un altro genitore della gioia di veder crescere il proprio figlio".

2 dicembre
Michael è uno dei milleduecento invitati al matrimonio dell'attrice e cantante messicana Thalia (Ariadna Thalia Sodi Miranda) con Tommy Mottola, presidente della Sony Music. Fra le altre celebrità presenti nella cattedrale di St. Patrick, a New York: Jennifer Lopez, Ricky Martin, Gloria Estefan e Robert De Niro.

10 dicembre
La rivista "Ebony" celebra il suo cinquantacinquesimo anniversario e per l'occasione pubblica un elenco delle "cinquantacinque persone più belle" del 2000. Michael è tra loro.

12 dicembre
Michael fa parte della Rock and Roll Hall of Fame, e dichiara in proposito: "È per me una grande emozione e un grande onore, non potrei desiderare compagnia migliore di quella di questi artisti, ognuno di loro è un maestro che mi ha insegnato molto. Ringrazio sinceramente gli storici e gli esperti di rock'n'roll per avermi scelto".

19 dicembre
Michael sale sul palco durante il Miracle On 34th Street, il concerto organizzato dalla stazione radio KTU 103.5 FM al Madison Square Garden New York. Nessuna esibizione solista per lui, ma nel gran finale si unisce (fra gli altri) a Ricky Martin, Christina Aguilera, Toni Braxton e le Destiny's Child.

2001

5 febbraio
La Smithsonian Institution National Portrait Gallery ha in progetto una mostra di ritratti di settantacinque americani che hanno influenzato la cultura statunitense. Fra gli altri: Benjamin Franklin, Mark Twain e David Crockett, e anche un ritratto di Michael a firma Andy Warhol.

14 febbraio
Centinaia di fan si riuniscono alla Carnegie Hall di New York per festeggiare Michael durante l'evento che precede il lancio di una sua nuova iniziativa di

2001

beneficenza chiamata Heal The Kids. Scopo è garantire ai bambini il diritto alle cure di cui hanno bisogno fin dalla nascita.

4 marzo
Michael arriva a Londra con tanto di stampelle. "Fa male", dice ai giornalisti che lo attendono all'aeroporto di Heathrow. "Mi sono rotto due ossa del piede ed è davvero doloroso!"

5 marzo
Shopping per Michael in compagnia del suo amico attore Macaulay Culkin in un negozio della catena londinese HMV, il cui portavoce parlerà della star come di "una persona incredibilmente affabile", che si è intrattenuta con i dipendenti e ha firmato autografi.

Al Royal Institute of British Architects di Londra, Michael partecipa alla festa per l'uscita di *Confessions of a rabbi and a psychic*, scritta a quattro mani dal rabbino Shmuley Boteach e Uri Geller.

6 marzo
Mentre oltre ventimila persone chiedono di entrare alla Oxford Union per partecipare all'inaugurazione di Heal The Kids, la nuova associazione di beneficenza di Michael, le poche centinaia che sono riuscite ad accaparrarsi un posto nell'antica istituzione – fondata centosettantotto anni prima – assistono entusiaste al discorso dell'artista, che parla per oltre trentacinque minuti a favore di una Carta Universale dei Diritti dei Bambini.

In particolare Michael cita:
• il diritto a essere amati senza doversi meritare l'amore;
• il diritto a essere protetti senza doversi meritare la protezione;
• il diritto a essere stimati e considerati anche se si viene al mondo senza niente;
• il diritto a essere ascoltati senza dover essere per forza interessanti;
• il diritto a una favola della buonanotte senza dover competere con il notiziario della sera;
• il diritto all'istruzione senza essere obbligati a schivare le pallottole a scuola;
• il diritto a essere considerati adorabili (anche se hai una faccia che soltanto la tua mamma può amare).
E per concludere dichiara: "Spero che oggi possa nascere una nuova canzone. Fate in modo che abbia il suono della risata dei bambini. Fate in modo che abbia il suono dei bambini che giocano. Che abbia il suono dei bambini che cantano. E fate in modo che abbia il suono dei genitori quando li ascoltano.
Creiamo insieme una sinfonia di cuori, guardiamo con meraviglia al miracolo dei nostri bambini e alla bellezza dell'amore. Curiamo il mondo e sconfiggiamo il suo dolore. Cerchiamo di dare vita tutti insieme a una musica splendente. Dio vi benedica, vi voglio bene".

7 marzo
Michael è il testimone di nozze di Uri Geller che si unisce a Hanna con la tradizionale cerimonia ebraica dei voti organizzata nella casa dello sposo a Sonning, nel Berkshire. Tra gli altri ospiti il giornalista politico Sir David Frost, Barry Gibb e Nigel Mansell. Risponde Geller a chi gli chiede perché abbia scelto Michael: "È un buon amico e volevo che partecipasse a un rito ebraico".

Nella stessa giornata più di tremila fan dell'artista si riuniscono per il decimo "Michael Jackson Day" all'Hammersmith Apollo Theatre. Per la prima volta l'artista partecipa all'evento. Alla fine dello spettacolo, ancora munito di stampelle guadagna il centro del palco dove è accolto da una standing ovation di cinque minuti. Comunica che il suo nuovo album uscirà tra due mesi, poi Adrian Grant, ideatore dell'appuntamento (che quest'anno ha visto la partecipazione di oltre cento artisti, per la regia di Kerys Nathan) gli consegna un premio da parte dei fan di tutto il mondo.

9 marzo
Michael concede a GMTV l'esclusiva per trasmettere, nel corso del programma mattutino, il discorso tenuto in occasione del decimo MJ Day. Partecipa alla trasmissione Adrian Grant, che parla del suo lavoro con l'artista.

11 marzo
La Recording Industry Association of America (RIAA) e la National Endowment for the Arts (NEA) rendono noti i 365 brani che rappresentano le "canzoni del secolo". Tre menzioni per Michael: *I want you back* gli anni del rock (1970-1980), *Beat it* per gli anni Ottanta e *We are the world* (scritta con Lionel Richie).

Michael lascia il Lanesborough Hotel di Londra

Nel riquadro: Michael dopo il discorso all'Oxford Union

In occasione del decimo MJ Day, Michael comunica ai fan che il nuovo album necessita ancora di due mesi di lavorazione

2001

15 marzo
Il programma televisivo tedesco Wetten, Dass (in onda sulla ZDF) festeggia il suo ventesimo anniversario. Molti i messaggi di congratulazioni inviati da diversi personaggi famosi, Michael compreso.
Ribaltando la sentenza del maggio 1999, la Corte di Appello di Roma dichiara Michael innocente nel procedimento per plagio che vedeva coinvolta la canzone *Will you be there*. A intentare la causa era stato Al Bano, che sosteneva che il brano fosse in parte copiato dal suo *I cigni di Balaka*.

16 marzo
MTV manda in onda un tributo a Janet Jackson, nel corso del quale viene trasmesso un messaggio preregistrato di Michael: "Sono così emozionato all'idea che questa sera sarai la festeggiata. Nessuno lo merita più di te. Hai raggiunto risultati importantissimi e non potrai che continuare a salire. Il tuo talento non ha confini. Sono onorato e orgoglioso di essere tuo fratello. Ti voglio bene".

19 marzo
Michael arriva al Waldorf Astoria di New York per partecipare alla cerimonia del suo "insediamento" nella Rock and Roll Hall of Fame. Dichiara Lance Basse degli N'Sync, "padrino" dell'"investitura": "Michael è sempre stato un uomo che ispira più domande che risposte. È il più giovane artista entrato a far parte della Hall of Fame, ed era il più giovane anche nel 1997, quando entrò nella Hall come membro di un gruppo, i Jackson 5".

Michael con gli N'Sync dopo l'"ammissione" alla Rock and Roll Hall of Fame

21 marzo
Dopo i colloqui con il presidente Bush e il segretario di stato americano Colin Powell, il primo ministro israeliano Ariel Sharon termina la sua visita negli Stati Uniti incontrando Michael. Discutono di una possibile partecipazione del cantante, in estate, a un ricevimento in suo onore presso l'abitazione dell'uomo d'affari Benny Shabtai, in Israele.

25 marzo
Giornata intensa per Michael in un teatro di Newark, New Jersey, dove distribuisce libri ai ragazzi per promuovere l'alfabetizzazione. Scopo dell'evento, pensato anche per lanciare il Michael Jackson International Book Club (che fa parte di Heal The Kids), era stimolare i bambini alla lettura e incoraggiare i genitori a leggere loro la favola della buonanotte.

26 marzo
Durante un'intervista per Planet Jackson, Janet parla del suo modo di ballare: "Michel è sicuramente la persona che mi ha influenzata di più. Non credo di ballare come lui, però se in una certa misura ci riesco posso solo dire che è perché siamo fratello e sorella. Nelle nostre vene scorre lo stesso sangue, e poi da piccoli eravamo molto uniti e abbiamo ballato molto insieme. Lui però è un ballerino fantastico, sono sicura di essere lontanissima dal suo talento".

20 aprile
Secondo la BBC Michael ha in progetto un viaggio in Sudan per promuovere la fine della schiavitù infantile attraverso l'associazione Heal The Kids. Intervistato in proposito dal "New York Post", dichiara: "Voglio che questa schiavitù finisca, ora e per sempre. Lo desidero dal profondo del cuore. Mi mette i brividi pensare che esistano bambini schiavi. I bambini hanno diritto alla loro infanzia, devono potersi divertire, hanno bisogno di correre e di giocare. Non devono essere costretti a lavorare. L'infanzia è il dono più grande della vita e in quanto tale va protetto. Credo si debba chiudere gli occhi davanti a questa condizione".

1 maggio
VH1 (USA) rende nota la classifica dei cento miglior video di sempre scelti da un gruppo di esperti. Battuto solo da Madonna (presente con sei video), Michael vi compare cinque volte: con *Thriller* al numero 1 (proclamato miglior video di tutti i tempi, mentre *Like a prayer* Madonna si aggiudica la seconda posizione), *Scream* al 9, *Beat it* al 21, *Billie Jean* al 34 e *Black or white* al 38.

9 maggio
Michael smentisce gli articoli apparsi sulla stampa di tutto il mondo secondo i quali sarebbe intenzionato a vendere il catalogo dei Beatles: "Voglio mettere fine a un pettegolezzo. Il catalogo dei Beatles non è in vendita, non lo è mai stato e mai lo sarà".

15 maggio
Una scultura di porcellana a grandezza naturale che rappresenta Michael su un letto di rose mentre tiene in braccio Bubbles viene messa all'asta a New York per 5.615.750 dollari. Realizzata da Jeff Koons nel 1998, era passata sotto il martelletto di Sotheby's alla Spring Contemporary Art Auction.

2001

20 maggio
L'ultimo numero della rivista americana "Teen Vogue" contiene un'intervista alle Destiny's Child nella quale tutte indicano Michael come il loro idolo. Dice Michelle: "Abbiamo avuto il piacere di conoscerlo a un concerto di Natale, quando ci ha raggiunte sul palco per il finale. Io ero nervosa é lui è il più grande artista di tutti i tempi, uno deve stare attento a non fare o dire qualcosa di stupido!"

22 maggio
Le radio trasmettono per la prima la cover di *Smooth criminal* degli Alien Ant Farm. Dryden Mitchell, frontman del gruppo rock americano, dichiara: "Siamo tutti grandi fan di Michael Jackson. Un giorno eravamo in garage a provare la canzone, ed è stato come se il ritornello ci chiedesse di essere suonato più forte, più duro..."

4 giugno
Esce in versione Game Boy Advance il videogioco *Ready 2 rumble boxing: round 2*. Undici i personaggi, tra cui due celebrità: il campione dell'NBA Shaquille O'Neal e Michael Jackson.

19 giugno
Nasce la MJ Net Entertainment AG con sede a Francoforte, Germania. Per ventidue anni avrà in esclusiva il diritto di autorizzare in tutto il mondo l'uso del nome e dell'immagine di Michael Jackson, nonché delle sue canzoni. L'azienda annuncia che il primo prodotto si chiamerà MJ5, un innovativo sistema audio multimediale piatto composto da tre pezzi. Sul pannello frontale delle casse sono riprodotte fotografie in HD di Michael in una performance live di *Billie Jean*.

28 giugno
Michael fa un'apparizione a sorpresa al Summer Jam di Long Island, negli Stati Uniti. Jay-Z, ospite del festival che ha fatto registrare il tutto esaurito, durante una pausa lo invita sul palco; Michael non canterà, ma sarà accolto dall'entusiasmo del pubblico. Fra gli altri ospiti del concerto: Eve, Nelly, R. Kelly, gli Outkast e le Destiny's Child.

6 luglio
La rivista di musica afroamericana "Right On!" celebra il suo trentesimo anniversario con il numero di agosto. Michael è tra le tante celebrità che inviano un messaggio all'editore Cynthia Horner: "Congratulazioni, 'Right On!', per il tuo trentesimo anniversario. Sembra ieri che eravamo entrambi bambini agli esordi. Con affetto, MJ".
Uscita con il primo numero nel 1971, nel corso della sua storia "Right On!" ha ospitato numerosi articoli sulla famiglia Jackson. Per festeggiare questa occasione ripropone un vecchio un poster dei Jackson 5 e la ristampa di quattro articoli: "I re del pop e del rock (Michael Jackson e Prince)", "Prossimo passo per i Jackson 5: Hollywood?", "Pettegolandia Jackson" e "Sei segreti su Michael Jackson".

7 agosto
La Motown Records ripubblica su CD alcuni album dei Jackson 5: *Diana Ross presents the Jackson 5* e *Third album/ Maybe tomorrow*, *Skywriter / Get it together*, *Looking through the windows/ Going back to Indianae Dancing machine / Moving violation* (due album su un unico CD).

17 agosto
In una recente intervista per "Daily Record", Britney Spears dice di Michael: "Lo adoro perché non è soltanto un cantante, è anche un interprete. È un vero genio. Sale sul palco e cattura tutti. L'ho sempre ammirato moltissimo".

18 agosto
La stazione radio KTU manda in onda per la prima volta la nuova canzone di Michael *You rock my world*, tratta dall'album *Invincible* di prossima uscita.

24 agosto
Alle 7,45 del mattino il singolo *You rock my world* viene consegnato a Capital FM, a Londra, per la prima messa in onda in Gran Bretagna.

29 agosto
Michael compie quarantatré anni.

30 agosto
Questa mattina alle 9,30 Michael suona la celebre campana NASDAQ che segna l'inizio degli scambi azionari presso la MarketSite Tower di New York. Il NASDAQ è la prima borsa elettronica e quella che amplia più velocemente il volume d'affari nel mondo. I dirigenti regalano a Michael un trofeo di cristallo, un poster di Shirley Temple del 1934 e una torta di compleanno alla vaniglia con le fragole. Dichiareranno che l'artista è stato invitato per le sue "idee lungimiranti e il suo impegno a favore dell'eccellenza nell'industria dell'intrattenimento".

6 settembre
Agli MTV Video Music Awards di New York, Michael Jackson si unisce agli N'Sync sul finale del loro singolo *Pop*. Il pubblico, sorpreso, lo accoglie con un'ovazione.

Michael alla MarketSite Tower di New York con un dirigente NASDAQ

2001

In questa pagina e in quella accanto: immagini dal meraviglioso concerto per i trent'anni di carriera di Michael

7 settembre

"È una reunion! Sono immensamente onorato che il mondo apprezzi la mia arte!" Così Michael a un giornalista che gli chiede cosa ne pensi del concerto organizzato in suo onore al Madison Square Garden. In pantaloni di pelle nera e sfavillante giacca bianca, Michael arriva al Madison con Elizabeth Taylor e si accomoda in prima fila insieme all'attrice, a Macaulay Culkin (accompagnato dai genitori) e a Katherine e Joseph Jackson. Moltissime le celebrità che si sono date appuntamento qui per festeggiare i suoi trent'anni di carriera.

L'inizio dello spettacolo è affidato a Usher, Mya e Whitney Houston che cantano insieme *Wanna be startin' somethin'*. Poi sul palco appare Marlon Brando, si accomoda su un ampio divano bianco a centro palco e fa sapere che Michael ha donato del denaro per costruire un ospedale pediatrico in Florida. Liza Minnelli sceglie *You are not alone* e confida al pubblico: "Ha cantato per me per così tanti anni, che io farò lo stesso per lui ogni volta che vorrà..." Billy Gilman sceglie invece di reinterpretare *Ben*, ovvero il primo successo di Michael da solista.

Ma sono in moltissimi, questa sera, ad aspettare i Jacksons nuovamente insieme. Ed eccoli, con *Can you feel it* e *I want you back*, e poi *ABC*, *The love you save* e *I'll be there*. Ai Jacksons si uniscono gli N'Sync e insieme cantano *Dancing machine*. Ultima canzone in scaletta: *Shake your body (down to the ground)*.

Il Madison esplode in un boato quando Michael, finalmente solo in scena, canta *Billie Jean*, per poi deliziare tutti con un po' di *moonwalk* e passi di danza vari. Infine duetta con Britney Spears in *The way you make me feel*.

Il concerto continua con Slash, l'ex chitarrista dei Guns N'Roses, che colora di rock *Black or white* e *Beat it*, con tanto di assolo finale e Michael in ginocchio, schiena piatta sul palcoscenico. *You rock my world* è affidata a Michael stesso che la canta accompagnato da un'orchestra di quarantotto elementi. Sul palco passeranno anche Ray Charles, Gladys Knight, le Destiny's Child, Yoko Ono, Marc Anthony, Jill Scott, Alicia Keys, Shaquille O'Neal, Chris Tucker e Samuel Jackson. Fine concerto a mezzanotte con *We are the world* cantata tutti insieme.

Il programma del concerto (novantaquattro pagine per venticinque dollari) è oggi uno degli oggetti più richiesti dai collezionisti: biografia breve di David Gest, produttore dell'evento, si apre con i suoi ricordi d'infanzia in compagnia di Michael e dei suoi fratelli e si conclude con la conquista della celebrità. Ricchissimo di fotografie degli artisti che hanno preso parte all'evento, contiene anche diversi messaggi e scritti tra cui quelli dell'Hit Factory, dell'Artista Records, di Gloria Estefan, Stevie Wonder e Gloria Gaynor, nonché dell'American Airlines, della Epic Records e di Amazon.com.

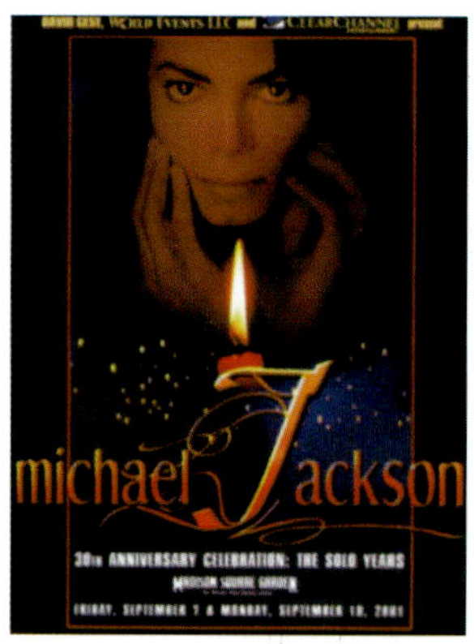

10 settembre

Michael si esibisce al Madison Square Garden per il secondo show in suo onore, che registra il tutto esaurito. Dopo il concerto (Michael Jackson World Network) si intrattiene con Rodney Jerkins. "Non lo avevo mai visto dal vivo", dirà poi, "mai visto niente di simile! Altre che re del pop, dovrebbero chiamarlo re della musica!"

11 settembre

Sono migliaia i fan di Michael Jackson sconvolti per i terrificanti eventi dell'11 settembre a New York.

16 settembre

Michael invita chiunque lavori nell'industria dello spettacolo a unire le proprie forze per registrare una canzone. Obiettivo: raccogliere cinquanta milioni di dollari per i sopravvissuti e le famiglie delle vittime. Si intitolerà *What more can I givee* sarà prodotta dallo stesso Michael. Che dichiarerà in proposito: "Dal profondo del cuore, credo che la comunità musicale farà a gara per aiutare le migliaia di vittime innocenti. In questo momento c'è un grandissimo bisogno di denaro, e ognuno di noi può fare molto per portare un po' di conforto. Ho dimostrato tante volte che la musica può toccare l'anima. È il momento di usare questo potere curativo, subito".

Nella classifica americana dei video musicali di "Billboard", *History on film: volume II* di Michael guadagna il platino e si piazza al numero 7 dopo centocinque settimane in classifica.

2001

"Prendetevi le mani e alzatele verso il cielo...Non fatelo perché ve lo chiedo io, fatelo perché è la cosa giusta da fare. E adesso vi chiedo un momento di amore e silenzio... Questa notte, insieme, chiediamoci What more can I give? Cos'altro posso dare? E quando andremo via di qui, prendiamo questo amore e regaliamolo alle persone in ogni angolo del mondo... Per le famiglie delle vittime dell'11 settembre che sono qui con noi stanotte: You are not alone Non siete sole. Siete nei nostri cuori, nei nostri pensieri e nelle nostre preghiere".

Michael Jackson
21 ottobre 2001

21 settembre

Esce in Europa il nuovo video di *You rock my world*. Diretto da Paul Hunter, il minifilm inizia con Michael e Chris Tucker che inseguono una ragazza bellissima diretta a un appuntamento con un malavitoso (Michael Madsen, già protagonista del film *Le iene*). Cameo per Marlon Brando.

30 settembre

Nell'ultima settimana di settembre, il concerto in onore di Michael tenutosi al Madison Square Garden è il primo in assoluto con un guadagno lordo di 10.072.105 dollari. Secondo e terzo posto per i Backstreet Boys.

1 ottobre

Nel numero di ottobre della rivista "TV Hits", intervista con la pop star Usher che parla dell'influenza di Michael sul proprio modo di fare musica.

5 ottobre

You rock my world viene distribuito nei negozi di dischi della Gran Bretagna.

7 ottobre

In un'intervista pubblicata sulla rivista "Smash Hits", Justin Timberlake parla del suo incontro con Michael: "Ci siamo sfiorati diverse volte, lui è stato l'eroe della mia infanzia... Cantare con lui al Madison è stato incredibile, un'esperienza che non dimenticherò mai".

12 ottobre

Vengono messi in vendita i biglietti per il festival organizzato da Michael – che vedrà la partecipazione di moltissime altre star – all'RFK Stadium di Washington il prossimo 21 ottobre. Il ricavato del concerto, intitolato United We Stand - What More Can I Give", sarà devoluto all'American Red Cross Liberty Relief Fund, al Salvation Army Relief Fund e al Pentagon Relief Fund per la ricostruzione a Washington e New York. Esauriti nel giro di un'ora i cinquantaquattromila biglietti (prezzo: tra i venticinque e i settantacinque dollari).

14 ottobre

You rock my world entra in classifica in Gran Bretagna al numero due.

15 ottobre

Escono per la Epic Records i CD rimasterizzati di *Off the wall*, *Thriller*, *Bade Dangerous* con alcune bonus track inedite.

È ormai abitudine, per i Seattle Marines (squadra di baseball dell'American League), suonare per intero *Off the wall* negli spogliatoi dopo ogni partita vinta. Oggi hanno vinto contro i Cleaveland Indians, ma la musica non c'è: detto fatto, il DJ Mike Cameron interrompe l'intervista e si precipita a mettere nel lettore l'album. "Non si può fare a meno di Michael", dirà semplicemente.

Michael telefona per fare i suoi complimenti al produttore Quincy Jones, ospite dell'Oprah Show. "Ho imparato molto da lui", dirà poi alla conduttrice che gli chiedeva quale fosse stato il ruolo di Jones nella sua carriera. "Una volta mi ha detto: 'Tu non scrivi la musica, tu lasci che la musica si scriva da sola. Le permetti di crearsi. È come se fossimo soltanto la sorgente attraverso la quale lei sgorga'".

16 ottobre

You rock my world arriva in vetta alle classifiche r&b.

17 ottobre

Nei suoi uffici di Londra la Sony fa ascoltare a giornalisti e fan club un'anteprima di *Invincible*, il prossimo album di Michael.

19 ottobre

Il regista Barry Sonnenfeld dichiara a MTV di avere ingaggiato Michael per *Men in black 2*, protagonisti Will Smith e Tommy Lee Jones. La popstar avrà una piccola parte nel ruolo dell'"Agente M".

20 ottobre

In Francia *You rock my world* arriva in cima alla classifica nazionale dei singoli, un'impresa riuscita finora solo ad altri quattro cantanti.

21 ottobre

Oltre venticinque artisti si riuniscono all'RFK Stadium di Washington per la maratona musicale di otto ore United We Stand - What More Can I Give. Aprono la serata i Backstreet Boys, che negli attacchi dell'11 settembre hanno perso un membro del loro staff, con un'interpretazione dell'inno nazionale degli Stati Uniti: "Non permetteremo che ci sconfiggano", grida Kevin Richardson ai cinquantaquattromila spettatori. Nel corso della serata Michael canterà *We are the world* poi *Man in the mirror*, durante la quale viene alzato sopra la folla con un ascensore idraulico. Gran finale tutti insieme sul palco – tra gli altri Usher, Rod Stewart, Al Green, i Backstreet Boys, gli N'Sync, Mariah Carey, Carole King, James Brown, P. Diddy, MC Hammer, Pink e Bette Midler – con *What more can I give*.

2001

22 ottobre
Michael, Britney Spears, gli N'Sync, Celine Dion e Mariah Carey sono tra gli artisti che registrano la versione spagnola di *What more can I give* (diventata *Todo para ti*). Partecipano anche: Destiny's Child, Gloria Estefan, Ricky Martin, i Boyz II Men, Jon Secada, Julio Iglesias, Ruben Blades, Brian McKnight, Nick Carter dei Backstreet Boys, Luis Miguel, Shakira e Luther Vandross.

27 ottobre
Michael partecipa a una chat audio ospitata da Yahoo e Get Music. Risponde alle domande dei fan e parla dei progetti futuri e del nuovo album.
Viene reso noto che il ricavato di United We Stand - What More Can I Give ammonta a oltre tre milioni di dollari. Sarà devoluto in beneficenza per aiutare i famigliari delle vittime dell'11 settembre.

29 ottobre
Esce *Invincible*, il nuovo album di Michael Jackson. In quattro colori: rosso, blu, verde e oro.

1 novembre
Special di due ore della ABC per il concerto benefico "United We Stand - What More Can I Give" del 21 ottobre.

2 novembre
Il programma inglese Top Of The Pops (sulla BBC) trasmette il video del nuovo singolo di Michael, *Cry*, per la regia di Nick Brandt (che aveva già lavorato ai video di *Earth song*, *Childhood* e *Stranger in Moscow*).

In cinque giorni (quattro negli USA) *Invincible* ha già venduto tre milioni di copie in tutto il mondo. In Francia, Svizzera, Norvegia, Italia e Spagna batte ogni precedente record di Michael, diventando l'album venduto più velocemente di sempre.

4 novembre
In Gran Bretagna *Invincible* arriva in cima alle classifiche: è il settimo album consecutivo di Jackson a raggiungere la posizione numero uno. Non c'è disco solista di Michael (su etichetta Epic Records) che non si sia guadagnato nel Regno Unito il primo posto in classifica.

7 novembre
Michael compare nello show di MTV Total Request Live (con il VJ Carson Daly) in un filmato registrato a New York. Dopo aver rilasciato un'intervista, per la prima volta nella sua carriera la popstar (in camicia di seta blu e pantaloni in tinta) entra al Virgin Megastore di Times Square, per firmare le copie del nuovo album.

Invincible è in cima alle classifiche del Regno Unito, USA, Australia, Belgio, Danimarca, Francia, Germania, Olanda, Ungheria, Norvegia, Svezia, Svizzera e Turchia. Negli Stati Uniti ha venduto 366.300 copie nel corso della prima settimana.

9 novembre
Butterflies, che deve ancora essere pubblicato come

Michael saluta i fan al Virgin Megastore di New York

singolo tratto da *Invincible*, scala la classifica di "Billboard" (in base alle volte in cui la canzone è stata trasmessa dalle radio statunitensi):
SINGOLI R&B/HIP HOP 32 → 15

12 novembre
"TV Guide" di questa settimana dedica due copertine a Michael. Le copertine da collezione sono dedicate ai concerti per il trentesimo anniversario della popstar, che saranno mandati in onda il 13 novembre dalla CBS. All'interno, un'intervista esclusiva all'artista.

Entertainment Tonight manda in onda un servizio sul dietro le quinte della registrazione di *What more can I give*.

Michael Jackson greatest hits - history volume 1, numero di catalogo 5018692, esce come CD singolo.

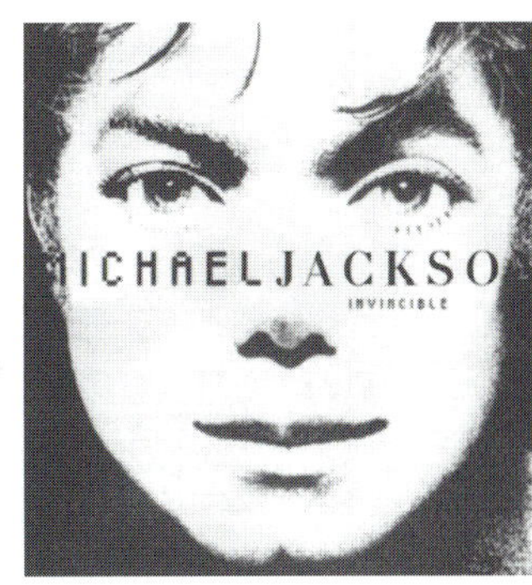

Invincible

Michael Jackson

EPC 495174

1. ***Unbreakable***
2. ***Heartbreaker***
3. ***Invincible***
4. ***Break of dawn***
5. ***Heaven can wait***
6. ***You rock my world***
7. ***Butterflies***
8. ***Speechless***
9. ***2000 watts***
10. ***You are my life***
11. ***Privacy***
12. ***Don't walk away***
13. ***Cry***
14. ***The lost children***
15. ***Whatever happens***
16. ***Threatened***

2002

Pagina accanto: Michael in una foto promozionale di Jonathan Exley per la MJJ Productions

Michael riceve il premio "artista del secolo" agli American Music Awards

13 novembre
La Sony ripubblica in DVD *Video greatest hits - history* (prima uscita nel 1995 su videocassetta) e *Dangerous - the short films*.

L'americana CBS manda in onda le due ore di concerto per il trentesimo anniversario di Michael tenutosi al Madison Square Garden. Negli Stati Uniti lo vedono in venticinque milioni e settecentotrentamila: sarà la trasmissione musicale più seguita dai tempi dello special Beatles Anthology (1995) trasmesso in due puntate dalla ABC.

La Epic Germany annuncia che in Germania *Invincible* ha venduto più di trecentomila copie, diventando disco di platino.

3 dicembre
"Il mondo ha perso una grande anima", dichiara oggi Michael a proposito della morte di George Harrison (scomparso l'1 dicembre). "È stato un grande musicista, un grande autore, un grande amico. È stato per me una fonte di ispirazione, e mi mancherà moltissimo".

5 dicembre
Esce *Cry*, il secondo singolo tratto da *Invincible*.

6 dicembre
La Recording Industry Association of America (RIAA) annuncia che *Invincible* ha venduto oltre un milione di copie negli Stati Uniti, il che significa che l'album è disco di platino. In Europa, dove le vendite sono state circa il doppio, è già disco multi-platino.

14 dicembre
Michael rilascia un'intervista a "USA Today".

19 dicembre
Michael partecipa al KIIS-FM Jingle Ball Concert allo Staples Center di Los Angeles, dove il conduttore radiofonico Rick Dees e la leggenda del basket Magic Johnson gli consegnano il KIIS-FM L.A. Legend Award.

2002

4 gennaio
In Australia, dove singoli e album diventano dischi d'oro con trentacinquemila copie vendute e platino con settantamila copie, *Invincible* è già due volte disco di platino (centoquarantamila le copie vendute).

6 gennaio
La Epic Records annuncia oggi dal suo sito che *Invincible* ha venduto oltre cinque milioni e duecentomila copie nel mondo.

9 gennaio
Alla ventinovesima edizione degli American Music Awards allo Shrine Auditorium di Los Angeles, Michael riceve il premio "artista del secolo" dal suo amico Chris Tucker.

10 gennaio
Nell'ultimo numero della rivista "Q", Ali Campbell degli UB40 parla di *Invincible*: "Credo sia un album fantastico. I produttori sono i migliori del mondo e hanno scelto proprio quelle canzoni tra le cento disponibili, e poi è tornato a cantare r&b e ci sono ballate bellissime... È un disco splendido".

20 gennaio
Michael si aggiudica il premio come miglior cantante internazionale agli NRJ Awards di Cannes, Francia, ma non partecipa alla premiazione.

23 gennaio
Cry esce in CD in Giappone. L'edizione comprende i testi tradotti di *Crye Shout*.

25 gennaio
Con oltre due milioni di copie vendute, *Invincible* è disco multi-platino negli Stati Uniti.

Febbraio
Copertina del numero di marzo di "Vibe" per Michael, più intervista esclusiva.

5 febbraio
Esce in DVD il film d'animazione *Final fantasy*. Tra i contenuti speciali, un video di *Thriller* in stile *Final fantasy*.

2002

Michael partecipa al matrimonio di Liza Minnelli e David Gest accompagnato da Elizabeth Taylor e Diana Ross

9 febbraio
Michael ed Elizabeth Taylor sono ospiti d'onore alla raccolta fondi "Art for AIDS: a tribute to Rock Hudson" al Laguna Art Museum di Laguna Beach, California. In serata partecipano a una cena privata (duemilacinquecento dollari a portata) a Dana Point, California.

18 febbraio
Alle Olimpiadi invernali di Salt Lake City i pattinatori canadesi Shae-Lynn Bourne e Victor Kraatz utilizzano la musica di Michael per accompagnare la loro esibizione libera. Cominciano con *Billie Jean* cui segue *In the closet*, poi *Smile* e infine *Don't stop 'til you get enough*. Si classificano quarti. Canzoni di Michael anche per il pattinatore russo Evgeni Plushenko, dominatore della categoria maschile negli ultimi tre anni.

Dopo diciasette settimane nelle classifiche americane di "Billboard", *Butterflies* si conferma ancora al numero 2 tra i singoli r&b/hip hop. Il singolo non è ancora stato pubblicato.

19 febbraio
Il DJ americano Steve Harvey manda in onda dalle frequenze di Beat 100.3 una telefonica con Michael di venti minuti.

23 febbraio
Tre premi per Michael (non presente alla cerimonia) alla trentesima edizione degli NAACP Image Awards: premio speciale varietà e premio performance speciale per il suo Michael Jacksons 30th Anniversary Concert, e miglior video per *You rock my word*.
Istituiti più di trent'anni fa durante un incontro a casa di Sammy Davis Jr., gli NAACP Image Awards rendono omaggio a progetti e individui, senza distinzione di razza, che promuovono l'"immagine positiva delle persone di colore".

25 febbraio
Un comunicato stampa informa che la Neverland Entertainment di Michael Jackson e il produttore cinematografico Raju Sharad Patel hanno firmato un accordo di massima con la MDP Worldwide Entertainmente Inc. di Matt Damon per cooperare nella produzione delle pellicole firmate MDP. Grazie a questo investimento la MDP darà vita a un nuovo progetto che prende il nome Neverland Pictures e tutti i film prodotti avranno questo marchio. Afferma Michael in proposito: "Sia Raju sia io amiamo reinventare le storie classiche e trasformarle in film. Tra quelli prodotti da lui, i miei preferiti sono *Il libro della giungla* e *Pinocchio*, sono stati realizzati fuori dal sistema tradizionale degli studios.

I film sono sempre stati una mia passione come fan e come artista: non c'è niente come la magia catturata per sempre in una capsula del tempo, e questo è proprio quel che fanno le pellicole di animazione".

27 febbraio

Ai Grammy Awards di quest'anno Missy Elliot vince il Michael Jackson Award for Best R&B/Soul or Rap Music Video per il suo album *Get ur freak on*. "È fantastico", dichiara. "Ho già vinto due Grammy ma il Michael Jackson Award è qualcosa di speciale, perché... Michael tiene come nessun altro all'altissima qualità dei video".

1 marzo

Inserto speciale di "Billboard" per celebrare i vent'anni di carriera di Lionel Richie, con un messaggio a tutta pagina di Michael: "Congratulazioni per il tuo ventesimo anniversario. Con affetto, Michael".

16 marzo

Liza Minnelli e David Gest si sposano a New York. Michael, testimone di nozze, arriva alla cerimonia con Liz Taylor e Diana Ross e accompagna la sposa lungo la navata centrale della chiesa tenendole sollevato lo strascico. Più tardi tiene un breve discorso: "Sono un uomo di poche parole... quindi solo questo: vi prego di alzare i calici e brindare alla sposa e allo sposo".

20 marzo

"Life" pubblica l'elenco dei cento migliori cantanti "rock & roller" di tutti i tempi: 1. Elvis Presley, 2. Beatles, 3. Bob Dylan, 4. James Brown, 5. Rolling Stones, 6. , 7. Stevie Wonder, 8. Chuck Berry, 9. Michael Jackson, 10. Kurt Cobain.
Nell'articolo si legge: "Quando Jackson si inventò il *moonwalk* per quel classico della disco pop che è *Billie Jeane* lo fece vedere a tutti durante lo special Motown's 25th Anniversary 1983, fu qualcosa di grande. Il giorno dopo ne parlavano tutti, al lavoro, nelle scuole.
E poi i primi video di Michael Jackson hanno fatto di MTV un fenomeno imperdibile.
Era diventato famoso in tutto il mondo, raggiungendo un livello di celebrità non si vedeva dai tempi dei Beatles".

22 marzo

La rivista "OK" pubblica la prima parte del reportage del matrimionio tra Liza Minnelli e David Gest. Michael comparirà nella seconda parte dello speciale, in edicola la settimana successiva.

2 aprile

Il numero di "People Weekly" dell'8 aprile ospita un articolo sulle invenzioni e i brevetti delle star. Tra cui: Steven Spielberg (brevetto D401.951) con un interruttore ornamentale per apparecchiature video; di Eddie Van Halen (brevetto 4.656.917) con un supporto per chitarra che consente di avere le mani libere; Michael (brevetto 5.255.452) con un paio di scarpe munite di un gancio attaccato al palco che permettono a chi le indossa di spingersi in avanti, sfidando la forza di gravità. I brevetti erano stati inviati all'U.S. Patent and Trademark Office, che garantisce al detentore i diritti esclusivi per quattordici/vent'anni.
Pubblicati anche una foto di Michael mentre balla con ai piedi le sue innovative calzature e il disegno che riproduce l'invenzione.

20 aprile

Michael canta *Dangerous* al Pasadena Civic Auditorium (qui aveva ballato per la prima volta il *moonwalk* durante la trasmissione per la Motown) in occasione della registrazione del programma per il cinquantesimo anniversario di American Bandstand di Dick Clark. Lo show sarà mandato in onda negli Stati Uniti il 3 maggio.

24 aprile

Nel corso della campagna "Every Vote Counts", Michael canta *Dangerous*, *Black or white* e *Heal the world* a favore di una raccolta fondi per il Democratic National Committee. Si prevede che "A Night At The Apollo", organizzato nel celebre teatro di Harlem, raccoglierà due milioni e cinquecentomila dollari. Tra gli artisti che si esibiranno per i mille e quattrocento presenti (prezzo del biglietto mille dollari) anche Tony Bennet e K.D. Lang.

2002

Michael mentre canta *Dangerous* per il cinquantesimo anniversario di American Bandstand

Michael sul palco con Diana Ross all'Apollo Theatre

2002

29 aprile

AOL Music e Tonos Entertainment annunciano un accordo a livello mondiale a favore di musicisti e compositori che prevede un concorso esclusivo, il "Michael Jackson Songwriting Contest", che consentirà a un loro fortunato membro di vedere un proprio testo inciso dal re del pop. La collaborazione darà inoltre ai membri AOL l'opportunità di scrivere una canzone con tre leggende della musica: Michael Jackson, David Foster (vincitore di quattordici Grammy) e Carole Bayer Sager (vincitrice di un Oscar e presente nella Songwriting Hall of Fame).

4 maggio

Apre oggi fino al 20 ottobre la mostra EMP "(Un)Common Objects", che raccoglie un'ampia collezione di memorabilia e pezzi unici provenienti dal mondo del pop. Tra gli oggetti in esposizione figurano la giacca con i brillantini e il guanto usati da Michael per *Billie Jean*, il bustino dorato indossato da Madonna e una camicia a scacchi di Bruce Springsteen.

13 maggio

In un'intervista per MTV il rapper americano Eminem dichiara che *Invincible* è in assoluto il miglior album del 2001.

22 maggio

In un'intervista per A Current Affair della tivù australiana, Will Smith parla del ruolo di Michael nel prossimo *Men in black II*: "Michael è davvero divertente. Stare con lui, non è come la gente immagina. È cintura nera, quindi se osi dire qualcosa su di lui ti prende a calci..." "Davvero?" è la risposta incredula del giornalista. "Proprio così", replica Smith. "Mi ha buttato per aria con un calcio..."

6 giugno

Nel corso di una conferenza stampa a New York Michael si fa portavoce delle richieste di "giustizia" avanzate dai musicisti riuniti nel National Action Network (NAN), associazione che si propone di far luce sui casi di sfruttamento degli artisti da parte delle grandi etichette sostenuta dall'avvocato Johnnie Cochran e dal reverendo attivista per i diritti civili Al Sharpton. "Le case discografiche", afferma, "devono iniziare a rapportarsi con gli artisti in termini di rispetto, garantendo loro una giustizia economica. Per questo motivo sono felice di far parte di questa coalizione che rappresenta tutti gli artisti". E aggiunge: "È assurdo e offensivo che la Sony dichiari che devo loro duecento milioni di dollari".

Questo il comunicato di replica della Sony:

Alla conferenza stampa di New York, Michael prende posizione contro lo sfruttamento degli artisti da parte delle grandi etichette

"Non abbiamo mai dichiarato che Michael Jackson ci è debitore di duecento milioni di dollari. Siamo pertanto sconcertati per i commenti rilasciati oggi dai suoi portavoce".

10 giugno
Michael arriva a Londra e si stabilisce al Marriot Renaissance Hotel, a High Holborn, intorno alle 22,20. Più tardi manda un breve messaggio ai suoi, che verrà letto da Uri Geller: "A tutti i miei fan, non vedo l'ora di incontrarvi. Con affetto, Michael".

11 giugno
Michael lascia l'hotel intorno alle 20,20 per cenare con Uri Geller e la sua famiglia.

12 giugno
Michael si concede un po' di shopping nel famoso negozio di giocattoli Hamleys, che in via straordinaria apre per lui alle 21,30.

13 giugno
Nel tardo pomeriggio Michael passa poco meno di un'ora all'HMV di Londra, con non poche difficoltà a uscire dal negozio vista la ressa dei fan. Nel bailamme un'anziana signora cade a terra, Michael la aiuterà a rialzarsi e le offrirà un passaggio fino a casa.

Allo Sheraton Hotel di New York, cerimonia di "insediamento" per Michael nella National Academy of Popular Music/Songwriters Hall of Fame. Impossibilitato a partecipare alla cerimonia, chiederà a David Gest e Liza Minnelli di ritirare per lui la targa. "Tu scrivi canzoni", dirà l'attrice ringraziandolo, "che fanno ballare il mondo intero".

14 giugno
Michael visita il Palazzo di Westminster a Londra accompagnato da Uri Geller e dall'illusionista David Blaine. Viene accolto dal laburista Lord Janner, che lo invita a unirsi ai festeggiamenti per il compleanno di Paul Boateng, primo ministro di colore del governo. Affascinato dalla Camera dei Lord, indica a un certo punto il trono dorato e: "Lo voglio", scherza. Proverà anche i sedili della Camera dei Comuni, scherzando di nuovo: "Ma saranno comodi, dopo ore?"
Boateng dichiarerà: "Che meravigliosa sorpresa! È il miglior regalo mai ricevuto. Non posso credere di essere stato in compagnia del musicista più famoso al mondo".

Alle 12,30 Michael lascia la stazione di Paddington diretto a Exeter in compagnia di Uri Geller, David Blain e duecento fan. La Reuters parlerà di "bolgia, caos puro, qualcosa che ricordava molto la beatlesmania degli anni Sessanta".
Il biglietto (cento sterline) comprende il viaggio in prima classe e l'ingresso a un concerto di beneficenza (a cui assisterà anche Michael) a St. James Park, lo stadio di casa dell'Exeter City Football Club.

Arrivato a Exeter, Michael viene prima portato in hotel e poi al St. James, dove diecimila persone sono radunate per un concerto che raccoglierà fondi a favore della squadra di calcio cittadina e della lotta contro AIDS e malaria.

15 giugno
Alle 12,20 Michael lascia l'albergo per partecipare a una manifestazione organizzata dai fan presso gli uffici della Sony di Great Marlborough Street a Londra.

Michael partecipa alla raccolta fondi all'Exeter City FC organizzato da Uri Geller

Arriva alle 13,30, viaggiando al piano superiore (aperto) di un autobus prenotato per lui da un gruppo di fan. Più tardi li incontra al nightclub Equinox e parla con loro della Sony. Ha in mano uno striscione che recita "La Sony uccide la musica", e annuncia che dopo l'ultimo cofanetto non pubblicherà più con questa etichetta. Si dice scontento che la promozione per *Invincible* sia stata sottotono rispetto ai lavori precedenti. I fan organizzeranno proteste fuori dagli uffici della Sony a New York, in Svizzera, Olanda e Spagna.

17 giugno

Michael lascia il Renaissance Hotel a metà pomeriggio per un incontro di lavoro con Mohamed Al-Fayed, poi si reca da Harrods (di proprietà dell'imprenditore egiziano) e fa ritorno in albergo poco prima delle sette di sera.

Più tardi Michael vede Adrian Grant per autografare alcune pubblicazioni in edizione limitata e per discutere del progetto di un nuovo libro.

18 giugno

Michael lascia l'hotel poco dopo le 9,00 e raggiunge l'aeroporto di Heatrow, dove si imbarca su un volo per Los Angeles con scalo a New York.

2 luglio

In un comunicato stampa ufficiale, la Gaylord Entertainment annuncia che Michael Jackson e la Sony/ATV si sono accordati per l'acquisto del catalogo di musica country Acuff Rose. Il catalogo comprende cinquantacinquemila canzoni, fra cui pezzi di Hank Williams, Roy Orbison degli Everly Brothers. Sempre secondo il comunicato, oltre cento canzoni sono state trasmesse in radio almeno un milione di volte. Tra queste *Oh, pretty woman*, resa famosa dal defunto Roy Orbison, e *Tennessee waltz* di Patti Page, che ha raggiunto la vetta della classifica nel 1950.
La Sony/ATV e Michael Jackson pagheranno alla Gaylord Entertainment centocinquantasette milioni di dollari.

6 luglio

Centinaia di fan si riuniscono fuori dall'ufficio della Sony a Manhattan, New York, per sostenere Michael. Sarà una manifestazione pacifica, senza confusione anche quando arriva l'artista, così che com'era accaduto a giugno a Londra, su un autobus a due piani. Il bus gira due volte intorno all'isolato mentre la popstar saluta, poi si dirige verso la New York Port Authority.

Più tardi Michael partecipa a una festa alla Webster Hall a New York, dove riceve il 30th Anniversary Fan Award ovvero il MJFC.
Nel corso della serata parla senza mezzi termini del modo in cui gli artisti vengono trattati dall'industria della musica, sostenendo che nell'ambiente il razzismo è tangibile. In un incontro sui diritti civili, sempre a New York, affermerà che tra le case discografiche è in atto una cospirazione: "Tramano contro gli artisti e in particolare contro gli artisti neri", dirà ad Harlem davanti a una folla di trecentocinquanta persone riunite nel quartier generale del National Action Network di Al Sharpton. "Quando lottate per me state lottando per tutte le persone di colore, vive e morte." Un portavoce della Sony parlerà di critiche "ridicole, velenose e malevoli".

9 luglio

Ad Harlem, presso il quartier generale del National Action Network del reverendo Al Sharpton, Michael e altri artisti, produttori e dirigenti musicali affrontano di nuovo l'argomento della corruzione all'interno dell'industria discografica: "Sono stanco delle manipolazioni. La stampa altera la verità. I libri di storia raccontano bugie, voi avete il diritto di saperlo. Dovete aver chiaro che tutte le forme di musica popolare, dal jazz al rock, all'hip hop, e poi la danza, dal jitterbug al charleston, sono nere. Ma provate ad andare alla libreria all'angolo non vedrete una sola persona di colore in copertina. Vedrete Elvis e i Rolling Stones. Ma dove sono i veri pionieri?" Poi ricorda Otis Blackwell, dichiarando che dev'esserci qualcosa che non va in un sistema che ha permesso che morisse senza un soldo nonostante avesse scritto classici quali *All shook up*, *Great balls of fire* e *Don't be cruel*.

"Che io sappia non esiste un libro su di lui", dice, "e sappiate che l'ho cercato in tutto il mondo. Era uno scrittore prolifico, fenomenale."

2002

E aggiunge: "Quando ho cominciato a superare tutti i record di vendita – anche quelli di Elvis Presley e Beatles – hanno detto subito che ero strano, omosessuale e pedofilo. Hanno affermato che mi sbiancavo la pelle. Hanno fatto tutto quello che era in loro potere per mettermi contro il pubblico. E io chiamo questo cospirazione. Domani non dimentichiamo quello che è stato detto, qui, oggi. Facciamo qualcosa... Perché siamo tutti fratelli e sorelle, non importa il colore della pelle".

13 luglio

Michael continua la sua battaglia contro il capo della Sony, Tommy Mottola, durante una telefonata in diretta con "The Journal News", affermando che i dirigenti musicali "non riusciranno mai a mettermi contro i fan".
La sua famiglia e gli amici gli sono accanto, Jackie dichiara che resterà fermamente accanto al fratello in questo scontro: "Michael ha le sue ragioni per parlare così. Non l'ha mai fatto prima quindi sa quello che sta facendo".
E Jermaine aggiunge: "La Sony è stata costruita da Michael Jackson e da Walter Yentnikoff (l'ex presidente), e tutto è cominciato con l'album *Off the wall*. Mio fratello ha salvato l'industria della musica con *Thriller* e ora lo stanno sabotando. La Sony dichiara di aver speso tutti quei soldi in modo corretto, ma in cosa li ha spesi esattamente? Hanno un bel coraggio a fargli questo, dopo quello che lui ha fatto per loro. Prendete il caso di MTV. Invece vogliono distruggerlo, come hanno fatto con George Michael, Meat Loaf e Mariah Carey."

18 luglio

Marty Singer, avvocato di Michael, ritiene possa essere intentata una causa contro la Sony Music per inadempimento di contratto e comportamento sleale. Michael afferma che la casa discografica non ha agito correttamente nella promozione del suo ultimo album, non avendolo pubblicizzato nel corso dello special televisivo a lui dedicato lo scorso anno. Quanto al lancio dei video, specifica: "*Thriller* non è veramente 'esploso' fino a quando non sono usciti il singolo e il video, il che si è verificato subito dopo la pubblicazione dell'album".

21 luglio

Il quotidiano inglese "The People" pubblica un articolo intitolato "Football: 20 cose che non conoscete di Rio", in cui viene chiesto al difensore inglese Rio Ferdinand chi avrebbe voluto essere se non avesse fatto il calciatore. "Michael", risponde. "Avrei voluto essere Michael Jackson. Lui è il mio eroe".

Agosto

Dopo i disastri provocati dal maltempo e dallo straripamento di diversi fiumi in Germania, Michael registra un videomessaggio di condoglianze per le persone colpite dalla catastrofe. L'esondazione dell'Elba, la più imponente degli ultimi cento anni, ha causato danni stimati in miliardi di euro. Molti i morti e i dispersi, mentre centinaia di case sono andate distrutte o comunque rese inagibili. Invitato dal canale televisivo tedesco MDR a dare la sua disponibilità per un'asta benefica a favore delle vittime, Michael – che si trova a Las Vegas – esce immediatamente di casa e si reca al Virgin Megastore: acquista quattordici copie dei suoi CD e video, li autografa e li mette a disposizione per l'asta insieme a due tovaglioli firmati.

29 agosto

Michael compie quarantaquattro anni. In serata viene festeggiato con una torta a quattro piani nel corso della cerimonia degli MTV Awards al Radio City Music Hall di New York.

16 settembre

In Gran Bretagna viene trasmesso in tivù *The Essential* Michael Jackson.

3 ottobre

What more can I give, la canzone incisa da Michael per le vittime dell'11 settembre, viene trasmessa dalla stazione radio di New York WKTU-FM.
L'emittente l'aveva già mandata in onda il venerdì precedente (sei volte), ma senza permesso. Marc Schaffel, produttore esecutivo del singolo, dichiara che duecento copie erano state mandate agli artisti che avevano preso parte alla registrazione o ai loro rappresentanti e che il brano circolava già in internet. Aggiunge: "Non mi piace per niente vederla utilizzata per scopi diversi da quelli per cui è stata fatta, ovvero per raccogliere fondi a favore dei famigliari delle vittime dell'11 settembre".

12 ottobre

Michael ospita a Neverland duecento appartenenti all'aviazione americana accompagnati dalle loro famiglie. Gli ufficiali della base aerea di Vandenberg, situata nei pressi del ranch, dichiareranno che l'invito della popstar "è un gesto di apprezzamento" per il lavoro svolto oltreoceano dall'aviazione.

Michael alla manifestazione dei fan a bordo dell'autobus a due piani

Pagina accanto in alto: Michael accusa l'industria discografica di razzismo e si scaglia contro il trattamento poco corretto riservatogli dalla Sony

Pagina accanto in basso: i fan dimostrano il loro sostegno a Michael e la loro rabbia nei confronti della Sony

Michael con Nijel, ideatore del premio speciale per il suo trentesimo anniversario, che verrà consegnato all'artista durante la festa organizzata dal MJFC a New York

Michael ai Bambi Awards in Germania

Michael regala una delle sue giacche per un'asta benefica a favore di Off-Road-Kids, organizzazione tedesca che opera a favore dei bambini abbandonati

21 ottobre
Adam Hall e Ramsey Brookhart, cofondatori dell'organizzazione no profit Moonwalk for Earth, danno inizio a un evento della durata di otto giorni, risultato di due anni di lavoro. Scopo dell'iniziativa è sensibilizzare l'opinione pubblica sull'uso delle energie alternative, e anche cercare di entrare nel *Libro del Guinness dei Primati*. I due, fra le altre cose, si esibiranno nel *moonwalk*.

26 ottobre
Negli Stati Uniti VH1 trasmette *The making of Ghosts*, cortometraggio che ripropone le fasi di lavorazione del video del 1997. Dopo mezz'ora di trasmissione viene mandato in onda anche il video di *Ghosts*.

2 novembre
Michael riceve il World Arts Award nel corso dei World Awards For Men al Palazzo Imperiale Hofbur di Vienna. Il Men's World Day è un'iniziativa mondiale con scopi umanitari, sociali e filantropici, capitanata dall'ex presidente russo Michail Gorbačëv, che si propone di promuovere la pace, la libertà e la tolleranza in tutto il mondo.

13 novembre
Scortato dalle motociclette della polizia, Michael si reca alla Corte Superiore della contea di Santa Barbara a Santa Maria, California, per affrontare le accuse di Marcel Avram, promoter tedesco che lo ha denunciato per frode e inadempienza contrattuale.
Avram gli aveva fatto causa nel giugno 2000, sostenendo di aver perso ventun milioni di dollari perché Michael non aveva cantato nei due concerti previsti per festeggiare l'inizio del nuovo millennio. Presenti, in sostegno della popstar, più di cento fan.

15 novembre
Il secondo giorno di udienza, Michael rientra in tribunale nel pomeriggio dopo aver ottenuto dal giudice il rinvio della sua testimonianza di quattro ore.

In Gran Bretagna, alcuni attori del cast di *EastEnders* si esibiscono in una speciale versione di *Thriller* nel corso dello show televisivo Children In Need promosso dalla BBC per raccogliere denaro da destinare in beneficenza.

19 novembre
Michael atterra all'aeroporto di Berlino, Germania, accompagnato dai suoi tre figli.
Dopo essere arrivato all'Adlon Hotel si affaccia al balcone della sua suite presidenziale per salutare i fan. Michael fa affacciare anche i figli, poi prende in braccio il piccolo Prince Michael II e lo sporge oltre la ringhiera in modo che i fan possano vederlo, anche se il bambino ha la testa coperta.
Più tardi diffonderà un comunicato a proposito di questo gesto: "Non ho scuse per quello che è accaduto. Preso dall'euforia, ho fatto un terribile errore. Non avevo nessuna intenzione di mettere in pericolo la vita dei miei figli".

20 novembre
I media si scagliano contro Michael per l'increscioso episodio.

Vestito di un abito scuro e con gli occhiali da sole, Michael accompagna i figli allo zoo di Berlino. Più tardi va a Potsdam, ad ammirare le bellezze del palazzo barocco di Sans Souci.

2002

In serata Michael partecipa al Tribute to Bambi, un gala caritatevole organizzato in un locale di Potsdamer Platz, a Berlino, per raccogliere fondi a favore dell'associazione tedesca Off-Road-Kids che si occupa dei bambini abbandonati.
In precedenza aveva donato due oggetti che erano stati messi all'asta all'inizio del mese su eBay, ovvero un cappello di feltro nero simile a quello usato nel video di *Smooth criminal*, siglato con il suo nome, e la giacca che ha indossato alla cerimonia degli American Music Awards di quest'anno. L'asta si chiude oggi, il cappello è venduto per duemilatrecentodieci euro e la giacca per l'incredibile cifra di sedicimila euro. Ad aggiudicarsela il compositore tedesco Ralf Siegel, che parteciperà alla serata (Michael invece vi farà solo una breve apparizione, giusto il tempo di consegnare la giacca).

21 novembre
Michael partecipa ai Bambi Awards, dove viene premiato come artista pop del millennio.

22 novembre
Michael fa compere a Berlino e visita la National Art Gallery, dove firma autografi per la folla che si è radunata. A quanto pare fa un'altra visita allo zoo, fuori l'orario di apertura al pubblico.

23 novembre
Michael lascia l'Adlon Hotel e si imbarca al Tempelhof, direzione Los Angeles.

24 novembre
L'ultimo numero (49) della rivista tedesca "Bunte" pubblica un'intervista esclusiva con Michael raccolta nell'hotel dove ha alloggiato Berlino. Jackson parla del suo disagio per aver dovuto indossare in pubblico gli occhiali: "È stato imbarazzante, ho dovuto metterli per leggere durante i Bambi Awards, e non mi era mai capitato prima in pubblico". Poi racconta dei suoi figli quando incontra i fan: "Paris mi imita. Quando io dico 'Vi voglio bene', anche lei dice 'Vi voglio bene, vi voglio bene dal profondo del cuore...'". Racconta anche che adorano *L'uomo ragno*, e aggiunge: "A casa playstation e computer sono vietati". Rivela infine che a colazione legge loro le favole.

3 dicembre
Michael si presenta alla Corte Superiore della contea di Santa Barbara, California per un'ulteriore udienza della causa intentata contro di lui dal promoter tedesco Marcel Avram. Cammina con le stampelle e senza una scarpa a causa di un piede gonfio. "Mi ha morsicato un ragno", spiega ai giornalisti. "Se vedeste cosa mi ha fatto..."
In tribunale una delle domande riguarda l'organizzazione dei concerti, Michael però non è in grado di rispondere: "Questo ha a che fare con la parte amministrativa", replica, "non è quello di cui mi occupo io. Io faccio l'intrattenitore." E quando l'avvocato di Avram gli chiede se soffra di problemi di memoria, ribatte: "Non che io ricordi".

4 dicembre
Nuova udienza alla Corte Superiore della contea di Santa Barbara per la causa Avram.

Negli Stati Uniti e in Giappone esce *USA for Africa - We are the world* in DVD.

9 dicembre
Michael si aggiudica il premio "Billboard" per *Thriller*, rimasto al primo posto per trentasette settimane, ovvero più di ogni altro album nella storia delle classifiche della rivista. La cerimonia si tiene all'MGM Grand di Las Vegas. Impossibilitato a partecipare, si collega in diretta via satellite dalla sua casa di Neverland.

19 dicembre
Secondo Raju Patel, produttore cinematografico e socio della Never Land Entertainment, Michael starebbe pensando di tornare in India l'anno prossimo. Due, intanto, in film in lavorazione: *Tom Thumb* e *Wolfed*, che si ispira al racconto *Il signore dei lupi* di Alexander Dumas.

20 dicembre
La rivista "Gold" pubblica un articolo di sette pagine con fotografie e intervista a Michael.

21 dicembre
L'artista registra un messaggio di auguri per la rivista tedesca "Bunte". Parte del messaggio verrà trasmesso il 23 dicembre nel corso del programma Heute della ZDF, e negli Stati Uniti durante Entertainment Tonight.

2003

10 gennaio
La stampa riporta che Michael ha parlato al telefono con Maurice Gibb, gravemente ammalato e ricoverato all'ospedale di Miami per un sospetto attacco cardiaco. Accanto a Gibb ci sono la moglie Yvonne e i loro due figli Adam e Samantha. Gli fa visita anche il fratello Barry che ha da poco iniziato a lavorare con Michael padrino del figlio più grande, che porta il suo stesso nome.

Michael arriva alla Corte Superiore della contea di Santa Barbara, California

2003

"Ho permesso a Martin Bashir di entrare nella mia vita e in quella della mia famiglia perché volevo che la verità fosse raccontata. Mi ha convinto ad avere fiducia in lui dicendomi che sarebbe stato discreto, onesto e leale. Mi ha anche confidato di essere 'l'uomo che aveva impresso una svolta alla vita di Diana'. Mi spezza il cuore pensare che chi credevo un amico sia caduto così in basso. Oggi mi sento tradito, forse più di quanto lo sia mai stato, dalla persona a cui ho fatto conoscere i miei figli, i miei collaboratori e me stesso, che ho portato nel cuore e alla quale ho raccontato la verità. Questa stessa persona ha distrutto la fiducia che nutrivo in lui con questo documentario orribile, assolutamente falso. Mi addolora molto sapere che la gente possa credermi capace di fare del male ai miei figli o di metterli in pericolo: loro sono la cosa più importante della mia vita. Tutti quelli che mi conoscono sanno la verità, che è semplice: i miei figli vengono prima di ogni altra cosa e io non potrei mai fare del male a un bambino".

Michael Jackson
6 febbraio 2003

12 gennaio
Maurice Gibb dei Bee Gees muore nelle prime ore della mattina al Mount Sinai Medical Center di Miami.

14 gennaio
La rivista "The Globe" esce con una fascia rossa in copertina su cui si legge: "Michael Jackson e la puntura del ragno: un'esperienza scioccante". La foto mostra Michael mentre solleva i pantaloni per far vedere i ripetuti morsi di un *Loxosceles reclusa*. Luogo del "delitto": la casa di Neverland Valley.

15 gennaio
Michael rende omaggio a Maurice Gibb recandosi, un'ora dopo il funerale, nella cappella privata di famiglia insieme a Barry Gibb, "troppo sconvolto dal dolore", riferirà un portavoce, per partecipare alla cerimonia. Presente alla Riverside Funeral Chapel il gemello di Maurice, Robin.

3 febbraio
In Gran Bretagna ITV manda in onda *Living with Michael Jackson*, un documentario-intervista firmato Martin Bashir.

6 febbraio
Michael rilascia un comunicato a proposito del documentario *Living with Michael Jackson*, mentre i suoi avvocati inviano una lettera di protesta alla commissione televisiva e a quella della programmazione accusando Bashir di "comportamento scorretto" e violazione della privacy.

Michael denuncia la presenza, nel filmato, di sequenze che riguardano i suoi figli, dicendo che di non averlo mai autorizzato. E aggiunge che non gli è stata data la possibilità di visionare il documentario prima della messa in onda, come invece gli era stato promesso.

19 febbraio
Secondo la BBC, Michael ha avuto via libera per portare avanti le due cause contro un ex manager che reclama da lui alcuni milioni. Andria Richey, giudice di Los Angeles, ha infatti stabilito che la popstar potrà proseguire nell'accusa contro il sudcoreano Myung-Ho Lee per violazione del contratto, essendo venuta a mancare la buona fede di Lee al momento di fornire consigli finanziari.
Ad aprile Lee aveva intentato una causa contro Jackson accusandolo di non avere onorato la promessa di pagargli tredici milioni di dollari entro settembre 2001. Michael presenterà alla corte alcuni documenti datati 20 dicembre 2002, negando con determinazione di essere in qualche modo debitore e specificando che la firma sul contratto è contraffatta.

20 febbraio
Negli Stati Uniti la FOX manda in onda *Michael Jackson - The footage you were never meant to see*, che contiene le riprese effettuate da Martin Bashir mentre intervistava Michael per preparare il suo documentario. Il filmato mostra come diverse sequenze siano state manipolate ad arte per mettere la pop star in cattiva luce.

24 febbraio
In Gran Bretagna, Sky One manda in onda alle 21 *Michael Jackson - The footage you were never meant to see*. Alla fine viene chiesto ai telespettatori di esprimere un parere: per il 92% Michael è stato trattato in maniera sleale e poco corretta da Martin Bashir.

28 febbraio
Dopo diverse discussioni tra Granada Television e il team degli avvocati di Michael, viene raggiunto l'accordo che prevede che le sequenze del documentario *Living with Michael Jackson* non andate in onda siano conservate chiuse a chiave, in "condizioni di sicurezza", presso il quartier generale dell'emittente londinese.
La Granada acconsente anche a non trasmetterle prima della fine del procedimento giudiziario, previsto non prima di aprile.

14 marzo
Michael viene condannato a pagare cinque milioni e trecentomila dollari al promoter Marcel Avram, per la cancellazione dei due concerti previsti per il nuovo millennio. Zia Modabber, avvocato della popstar, dichiara: "A Michael sta bene così. Si è difeso da solo, ha voluto andare in giudizio, e nonostante questo il signor Avram non ha ottenuto nemmeno lontanamente quello che pretendeva".

5 aprile
Michael si presenta inaspettatamente al gran gala dell'ottavo Film Festival di Palm Beach, Florida, presso il Resort Boca Raton. Grande sorpresa tra i cinquecento ospiti quando arriva alla cena (mille dollari a portata) e si unisce al tavolo centrale dove sono seduti il produttore

cinematografico Robert Evans e, fra gli altri, Chris Tucker e il regista Brett Ratner.

24 aprile
Negli Stati Uniti la FOX manda in onda *Michael Jackson - Private home movies*, con Michael che conduce le due ore di special dalla sala cinematografica privata di Neverland. Il film mostra immagini inedite dall'epoca di *Dangerous* fino a oggi, il suo primo Natale al ranch organizzato per lui da Elizabeth Taylor, una "caccia all'uovo" (di Pasqua), Michael mentre spinge un carrello al supermarket, mentre si reca in visita dai nonni, mentre balla sul cofano di una macchina sulle note di *Ignition* di R. Kelly nel bel mezzo di un ingorgo stradale e molto altro ancora.

30 aprile
Un cuscino autografato da Michael e gettato ai fan dal balcone della suite del Dorchester Hotel di Londra il 27 maggio 2000 viene battuto all'asta da Christie's e venduto per settecentotredici dollari.

9 maggio
Michael si rivolge alla Corte Superiore di Los Angeles per reclamare i diritti non pagati per ogni copia di *Best of*, inciso per la Motown con i Jackson 5 e da solista, come pure per le copie del nuovo album realizzato con materiale inedito.

17 maggio
Vestito con abiti anni Settanta e con una parrucca afro, Michael partecipa alla festa a tema al Forge di Miami organizzata per i settant'anni del suo proprietario, Al Malnik.

20 maggio
Michael arriva a Indianapolis e si stabilisce al Canterbury Hotel. È arrivato per deporre in tribunale nella causa intentata da Gordon Keith della Steeltown Records. Keith accusa i Jackson 5 di avere utilizzato due canzoni, i cui diritti non gli sono stati riconosciuti, per l'album del 1996 *Pre-History: the lost Steeltown recordings*.

21 maggio
Prima di andare in tribunale Michael si sente male e viene portato in ospedale. Dichiara il suo avvocato Brian Oxman: "Michael era molto turbato e nervoso per la deposizione. Non ama le cause, non sopporta di dover continuamente affrontare controversie legali nelle quali non smettono di trascinarlo". In serata Michael torna a Los Angeles.

27 maggio
Michael porta i figli Prince e Paris agli Universal Studios di Los Angeles. Li scortano le guardie del corpo, li segue una folla di fan e di curiosi.

30 maggio
Michael partecipa alla festa organizzata dal produttore Robert Evans per Brett Ratner, regista di *Red dragon* e *Rush hour*, per il lancio del suo libro *Hillhaven Lodge: the photo book pictures*.

Altra notte da ore piccole per Michael, che dopo la cerimonia degli MTV Movie Awards partecipa alla festa nella casa di Ron Burkle a Beverly Hills, Los Angeles.

9 giugno
Il "Chicago Sun-Times" riporta che Michael, suo fratello Marlon e Chris Tucker partecipano oggi alla conferenza della National Cable Telecommunications Association di Chicago. Michael vi prende parte in veste di accompagnatore di Marlon, coproprietario della nuova stazione televisiva via cavo MBC (Major Broadcasting Cable).

10 giugno
Viene emesso un comunicato stampa che descrive dettagliatamente la nuova partnership tra Michael Jackson e Charles Koppelman.
Quest'ultimo, presidente e amministratore delegato della CAK Entertainment, farà da consulente per le nuove iniziative, anche musicali, di Michael, alcune delle quali potrebbero realizzarsi entro la fine dell'anno. Koppelman ha tutte le credenziali per collaborare con l'artista, vista la sua esperienza quarantennale nell'industria della musica e i suoi legami con il mondo della finanza. Dichiarerà Michael in proposito: "Sono elettrizzato all'idea di iniziare a lavorare con un uomo come Charles Koppelman".

Michael con P. Diddy e Ron Burkle durante il party organizzato dopo gli MTV Movie Awards

6 febbraio 2003
Sulla scia della baraonda mediatica che ha circondato *Living with Michael Jackson*, Debbie Rowe, ex moglie della popstar, concede un'intervista esclusiva al programma del mattino di GMTV.
Si dice inorridita dal modo in cui i media hanno trattato Michael: "Lui è un uomo meraviglioso, molto premuroso, quello che si vede nel filmato è lontanissimo dalla realtà... Non esiste padre migliore di lui e non posso tollerare che qualcuno lo accusi di non essere... propriamente un genitore.
Non conosco nessun altro che si sia informato così tanto su cosa significhi essere padre, nessun altro che abbia messo in pratica con altrettanto impegno l''arte di essere genitore', perché esserlo è un titolo che ti devi guadagnare. Non sei papà o mamma solo perché fecondi qualcuno o perché partorisci.
I miei figli non mi chiamano mamma perché non voglio, non lo sono, loro sono figli di Michael. Non che non siano figli miei, è che li ho avuti perché volevo che Michael diventasse padre. Credo esistano persone che meritano di essere genitori e lui è una di queste, e poi è un uomo meraviglioso, un buon amico, sempre presente, fin dal giorno in cui l'ho incontrato".

10 giugno
Michael torna al tribunale di Indianapolis per rilasciare la sua testimonianza e sottoporsi alle domande nella causa per violazione del diritto d'autore relativa all'album del 1996 *Pre-History: the lost Steeltown recordings*.

11 giugno
Michael arriva a Gary e fuori dal municipio la folla lo acclama non appena esce dalla limousine nera alle 12,30. In abito nero e ombrello in mano raggiunge l'ultimo gradino della scalinata, si gira e saluta. È la prima volta che torna nella città dove è nato, dirà, da quando aveva nove anni. Il sindaco King gli porge le chiavi della città e lo accoglie così: "Adesso non devi più sentirti straniero".
Alla conferenza stampa indetta per l'evento lo stesso il sindaco annuncia che la popstar li aiuterà a costruire il nuovo Performing Arts Center a Lake County, che sarà chiamato "Michael J. Jackson Performing Arts Center".

L'artista va poi a rivedere la casa della sua infanzia, al 2300 di Jackson Street – poco più grande di un garage doppio, l'abitazione appartiene adesso a Tim Brown, cugino del padre di Michael – ed entrando in soggiorno esclama: "Qui abbiamo provato, provato e provato per tanto tempo".
Più tardi visita la Roosevelt High School, dove riceve un diploma d'onore, e in serata partecipa al "Salute to the Troop", evento gratuito aperto al pubblico, al Baseball Stadium di Gary.

2003

Il sindaco King tiene un breve discorso e poi consegna a Michael alcuni regali inviati da fan di tutto il mondo del gruppo MJ Unity.

Secondo Kyle Christopherson, portavoce della Corte Superiore di Los Angeles, la controversia tra Michael e Myung-Ho Lee è arrivata a soluzione.
Il coreano Lee, proprietario della Union Finance and Investment Corp, aveva fatto causa a Michael per inadempienza contrattuale avanzando una richiesta di dodici milioni di dollari per il lavoro comunque svolto dalla sua società. Jackson si era adoperato per porre fine alla questione, i termini dell'accordo rimarranno comunque segreti.

12 giugno
Michael partecipa a un pranzo di lavoro della Rainbow / PUSH Coalition per pianificare gli incontri con il reverendo Jesse Jackson. Nel corso dell'incontro, che si svolge alla First Church of Deliverance di South Wabash, a Chicago, firma autografi e si fa fotografare con gli ospiti.

16 giugno
Michael è fra le tremila persone che partecipano, a Los Angeles, alla commemorazione dell'attore Gregory Peck.

24 giugno
Michael si presenta a sorpresa ai BET Awards di Hollywood vestito con camicia bianca a volants, aperta sul petto, guanto nero sulla mano sinistra, pantaloni di lustrini bluargento e luccicante cintura bianca. Consegna il Lifetime Achievement a James Brown, e dopo un breve discorso si lancia in uno dei suoi balli, anche a dimostrazione di quanto "il padrino del soul" abbia influenzato il suo modo di danzare. E nel corso della performance si avvolge in un lungo mantello argentato, modo caratteristico proprio di Brown.

14 luglio
Michael partecipa ai funerali di Barry White accanto ai famigliari e agli amici più cari della leggenda del soul.

21 luglio
Viene emesso un comunicato stampa per far conoscere l'opinione di Michael sulla legge del 2003 per la sicurezza e la protezione degli autori, degli utilizzatori e dei possessori di computer (ACCOPS Act) presentata alla Camera dei Rappresentanti degli Stati Uniti. Se la legge verrà approvata, scaricare da internet qualsiasi cosa sia coperta da copyright, musica compresa, diventerà reato federale.
"Mi lascia senza parole l'idea di condannare al carcere i fan della musica", dichiara. "È sbagliato scaricare musica, ma la risposta non può essere la galera."

5 agosto
Butterflies, canzone tratta da *Invincible*, vince il BMI agli Urban Awards.

26 agosto
Michael aprirà Neverland al pubblico il 13 settembre. Il biglietto per due persone costerà cinquemila dollari e agli ospiti sarà consentito girare all'interno della proprietà ed entrare nel parco divertimenti e al cinema, oltre che pranzare e cenare al ranch. Michael intende devolvere mille dollari di ogni ingresso a tre organizzazioni di beneficenza: la Make-A-Wish Foundation, Oneness (che promuove il multiculturalismo nell'istruzione e nelle arti) ed E Ai Como E Que Fica (che aiuta i bambini poveri di Rio de Janeiro); il denaro rimanente servirà a coprire i costi dell'evento.

30 agosto
Il giorno dopo il suo quarantacinquesimo compleanno Michael partecipa alla festa organizzata per lui dall'internet fan club (MJFC) di Deborah Danelly, insieme a MJWN e TMC, all'Orpheum Theatre di Los Angeles. Arriva poco prima dell'inizio dello spettacolo e resta in camerino fin quando, a show terminato, sale sul palco per ringraziare i fan e comunicare loro i suoi progetti per il futuro.

10 settembre
Da Toronto, Canada, Michael concede un'intervista telefonica a Rick Dees della radio americana KIIS FM.

13 settembre
Michael apre la sua casa di Neverland Valley a personaggi importanti e gente "comune" per una festa da ballo. Tra gli ospiti di questo evento che durerà otto ore, ci sono Patti LaBelle, i Boyz II Men, Mike Tyson, Nick e Aaron Carter, Pink e Rodney Jerkins. Accesso libero al parco divertimenti, al cinema e allo zoo. In più, concerto di Ashanti.

Michael saluta i fan che si sono riuniti per festeggiare il suo ritorno a Gary

Pagina accanto: Michael festeggia i suoi quarantacinque anni con oltre duemila fan all'Orpheum Theatre di Los Angeles

La copertina dell'invito alla festa di Neverland del 13 settembre, organizzata da Michael per raccogliere fondi da destinare in beneficenza

2003

Number ones

Michael Jackson

EPC 2513800

1. *Don't stop 'til you get enough*
2. *Rock with you*
3. *Billie Jean*
4. *Beat it*
5. Thriller
6. *Human nature*
7. *I just can't stop loving you*
8. *Bad*
9. *The way you make me feel*
10. *Dirty Diana*
11. *Smooth criminal*
12. *Black or white*
13. *You are not alone*
14. *Earth song*
15. *Blood on the dance floor*
16. *You rock my world*
17. *Break of dawn*
18. *One more chance*

24 settembre

Viene battuto all'asta da Sotheby, per 4.320 sterline, il testo originale di *Beat it*, scritto e firmato da Michael.

1 ottobre

A Beverly Hills, California, partecipa a un evento organizzato presso il Beverly Hills Hotel per raccogliere fondi destinati alla ricerca per curare il lupus. Nell'occasione consegna al dottor Alan Metzger il premio Medical Visionary, riconoscimento del lavoro svolto con i pazienti affetti da questa malattia.
A Londra viene battuto da Christie's un ritratto di Charlie Chaplin dipinto e firmato da Michael nel 1976. Prezzo di vendita 4.112 sterline, tre volte quello di partenza.

7 ottobre

Michael è tra i centosessantacinque candidati al Nobel per la Pace in virtù del suo impegno di promuoverla anche attraverso la musica pop. Tra gli altri segnalati: papa Giovanni Paolo II, il presidente del Brasile Luiz Inácio Lula da Silva e l'ex presidente ceco Václav Havel.

25 ottobre

Michael è a Las Vegas, dove il sindaco gli consegna le chiavi della città. Alla cerimonia, che si tiene nel pomeriggio all'"Art of Music" Store del Desert Passage Mall, sono presenti anche trecento fan. In serata tornerà per partecipare a una vendita speciale di alcuni suoi oggetti.

27 ottobre

Il singolo inciso da Michael per beneficenza, *What more can I give*, è scaricabile dal web, per due dollari, nei siti whatmorecanigive.com e musicforgiving.com. Una parte dei proventi saranno devoluti ad associazioni come Oneness, la Mr. Holland's Opus Foundation e l'International Child Art Foundation.

In serata presenta la canzone alla platea riunita per i Radio Music Awards; nel corso della cerimonia Beyoncé gli consegna il primo premio Humanitarian di Radio Music.

4 novembre

Secondo la Reuters Michael sarebbe in trattativa con la CBS per esibirsi in uno special musicale previsto per il 26 novembre, una settimana dopo il lancio del nuovo album *Number ones* e nella stessa in cui in Gran Bretagna esce *One more chance*.

17 novembre

In Gran Bretagna esce *Number ones* in DVD e album (quest'ultimo disponibile in quattro diverse copertine).

18 novembre

Negli Stati Uniti esce *Number ones* DVD e album.

Stuart Backerman, portavoce ufficiale di Michael, emette un comunicato stampa in relazione alla perquisizione effettuata da alcuni agenti della polizia di Santa Barbara questa mattina nel ranch di Neverland. "Non possiamo esprimere opinioni sull'azione investigativa", si legge, "perché ancora non sappiamo a che cosa si riferisce, possiamo tuttavia commentare la malafede dei media che vogliono far credere di parlare a nome di Michael, in questa come in molte altre occasioni.

2003

Una scellerata compagine di approfittatori e sedicenti "persone informate" ha dominato le trasmissioni radiotelevisive fin da quando si è avuta notizia della perquisizione, speculando, avanzando congetture e fabbricando informazioni su un'indagine di cui non possono assolutamente sapere niente."

19 novembre
Vari media diffondono la notizia secondo la quale la perquisizione a Neverland sarebbe collegata a un'accusa di abuso sessuale da parte di un ragazzo di tredici anni.

Stuart Backerman dichiara: "Le accuse oltraggiose nei confronti di Jacksons sono false, Michael non farebbe mai del male a un bambino. E l'infondatezza dell'imputazione verrà provata in tribunale. "Naturalmente simili insinuazioni addolorano chiunque le ascolti, e questo è certo. Attraverso i suoi avvocati, rappresentati da Mark Geragos, Michael si è già accordato con il procuratore distrettuale per far ritorno a Santa Barbara e fissare un incontro al più presto in modo da provare la sua innocenza".

20 novembre
Dopo l'arresto all'aeroporto di Santa Barbara, avvenuto nel pomeriggio, Michael torna a Las Vegas per lavorare alle riprese del video di *One more chance*.
Mark Geragos conferma che la popstar ha dovuto pagare tre milioni di dollari di cauzione, che gli sono state scattate le rituali foto segnaletiche e gli sono stato resi noti i capi d'accusa. "Michael è indignato", dichiara, "per quelle che considera assurde falsità. Comprende bene cosa significhi essere un gran bugiardo, perché se fosse vero vi assicuro che Michael sarebbe il primo a sentirsi così, ma io sono qui oggi per dirvi – e Michael mi ha dato l'autorizzazione di parlare a suo nome – che tutto questo è categoricamente falso. Non vede l'ora di andare in tribunale, rifiutando qualsiasi altra sede, per confrontarsi con chi gli sta puntando il dito contro."

21 novembre
La foto segnaletica scattata al carcere della contea di Santa Barbara arriva sulle prime pagine di quasi tutti i giornali negli Stati Uniti e in Europa e i canali televisivi trasmettono le immagini di Michael in manette.

22 novembre
In Gran Bretagna esce *One more chance*.

23 novembre
In Gran Bretagna *Number ones* entra in classifica:

ALBUM	1

26 novembre
Number ones debutta nella classifica americana:

ALBUM	13

7 dicembre
Viene riferito che la contestazione dei capi d'accusa a Michael, nella causa di molestie su minore, si terrà il 9 gennaio 2004 (poi spostata al 16 gennaio) presso il complesso della corte di Santa Maria, mentre i futuri procedimenti giudiziari avranno probabilmente luogo nel nord della contea. Poiché Neverland si trova nella zona settentrionale la causa potrebbe iniziare a Santa Maria, a meno di una richiesta di cambio sede avanzata dall'accusa o dalla difesa. Non si sa quale giudice sarà incaricato del procedimento.

18 dicembre
A Santa Maria, il pubblico ministero accusa formalmente Michael Jackson di molestie su minore.
Sette sono i capi d'accusa per atti osceni su minore con meno di quattordici anni e due per avergli somministrato una sostanza eccitante (in questo caso alcolici) allo scopo di commettere un reato. Viene stabilito che i primi cinque capi d'accusa sono riferibili al periodo tra il 7 febbraio e il 10 marzo, mentre gli altri quattro tra il 20 febbraio e il 10 marzo.
L'avvocato di Michael, Mark Geragos, dichiara ai giornalisti: "Quello che si sta verificando è un sovrapporsi di due cose, ovvero un tentativo di estorsione e un tirar l'acqua al proprio mulino. Chiunque conosca la storia degli accusatori e quella degli investigatori sa che le accuse sono pilotate dal denaro e dalla rivalsa. La verità non abita qui".

Pagina accanto: Michael al Beverly Hills Hotel per la raccolta di fondi da destinare alla ricerca sul lupus

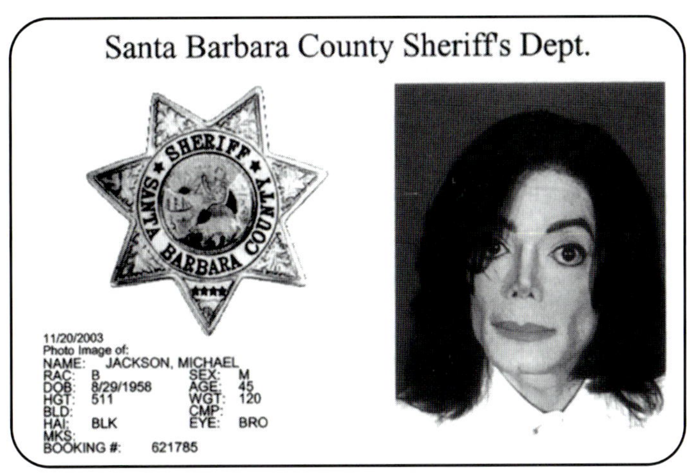

L'infame foto segnaletica scattata a Michael

Accompagnato dai famigliari, Michael arriva al tribunale di Santa Maria per l'udienza preliminare della causa per molestie su minore

un'ulteriore indagine".
Il comunicato fa seguito alle accuse di Michael di essere stato ferito dalla polizia al momento del suo arresto il mese scorso.

20 dicembre
La famiglia e circa seicento amici di Michael si riuniscono a Neverland per una sorta di festa privata che chiameranno "You are not alone". "Questo evento", dichiarerà Stuart Backerman ai giornalisti in attesa fuori dal ranch, "è stato organizzato per far sentire a Michael l'affetto e il sostegno di chi gli vuole bene."

28 dicembre
Nel corso del programma 60 Minutes, la CBS manda in onda un'intervista a Michael registrata il giorno di Natale. Quando gli vengono fatte domande sulle accuse di molestie su minore mossegli dal tribunale di Santa Barbara, la popstar replica: "Sono del tutto false. Piuttosto di far male a un bambino mi taglierei le vene. Sono stato oltraggiato. Mai avrei potuto fare una cosa simile".

30 dicembre
Stuart Backerman, portavoce di Michael, dà le dimissioni a causa di quelle che definisce "divergenze strategiche" con gli altri membri dell'entourage della star.

31 dicembre
La famiglia Jackson emette un comunicato in cui si legge: "La registrazione filmata diffusa dallo sceriffo di Santa Barbara è interessante, ma non mostra nulla di rilevante. Il video non ha a che fare con le accuse mosse da Michael, si limita a far vedere ciò che gli uomini dello sceriffo hanno fatto mentre la telecamera era puntata su di loro, non quello che hanno fatto quando nessuno poteva vederli. Restiamo in attesa di un'ulteriore indagine".

2004

2 gennaio
In America la CBS manda in onda lo special Michael Jackson Number Ones.

4 gennaio
Un comunicato stampa firmato da Kevin McLin, dell'ufficio stampa di Jackson, precisa che Michael ha il pieno controllo delle sue attività e di coloro che lavorano per lui.
La nota fa seguito alle notizie apparse sul "New York Times" del 30 dicembre 2003, secondo le quali la Nation Of Islam stava prendendo un'importante decisione a proposito della gestione degli affari di Michael.

10 gennaio
Viene annunciata la partecipazione di Michael al film *Miss cast away* diretto da Bryan Michael Stoller.

16 gennaio
Michael arriva alle 8,35 al tribunale di Santa Maria per l'udienza preliminare nella causa di molestie su minore. Accompagnato dalla famiglia e dalle guardie del corpo, si presenta vestito in giacca nera, al collo un medaglione Royal Serbian legato con un nastro rosso e bianco. Il giudice lo rimprovera per essersi presentato con ventuno minuti di ritardo, poi aggiorna l'udienza alle 8,30 del 13 febbraio 2004. In quell'occasione si

2004

deciderà se sussistono prove sufficienti per portare Michael in giudizio. All'uscita centinaia di fan ad attenderlo mentre si diffondono, ad alto volume dagli stereo portatili, le canzoni di Michael. Per non deluderli sale sul cofano posteriore della sua auto, sorridente, mandando loro baci e saluti. Il suo entourage li inviterà infine, "nello spirito di amore e fratellanza, al ranch di Neverland per venerdì 16 gennaio, dalle 11 alle 14, per un rinfresco". Si ritroveranno quindi tutti per una festa "post-incriminazione".

16 gennaio
Michael emette un comunicato per ringraziare i fan che gli sono stati accanto nel difficile momento che l'ha visto protagonista.

13 febbraio
L'udienza preliminare, su accordo delle parti in causa, viene rimandata al 2 aprile. Charles Koppelman aveva rigettato come false le notizie secondo cui Michael avrebbe avuto problemi finanziari: il "New York Times" riporta che sarebbe debitore alla Banca d'America di settanta milioni di dollari, ma non avrebbe denaro per restituire il prestito. Koppelman sostiene che le attività di Michael generano profitti molto superiori ai debiti e afferma che"è in grado di generare grandi somme di denaro".

24 febbraio
Il giudice Philip Simon stralcia il nome di Michael dalla causa intentata da Gordon Keith della Steeltown e da altri musicisti contro i Jackson 5. Delibera che Michael e i suoi fratelli non sono coinvolti nella disputa che riguarda la compilation del 1996, sollevandoli da ogni responsabilità.

1 marzo
È in rete MJJSource.com, il sito ufficiale di Michael dove trovare tutte le notizie che riguardano lui e i suoi progetti. "Sono infastidito e amareggiato dalle persone che parlano per mio conto senza che ne sia al corrente", dichiara. "Ho sentito per mesi storie basate su dicerie invece che sui fatti. E mi sono trovato ad affrontare persone che hanno raccontato in maniera distorta il loro rapporto con me. Utilizzerò questo sito come canale mediatico per parlare in prima persona."

9 marzo
Negli Stati Uniti esce il DVD *Michael Jackson - The one*: quarantaquattro minuti tratti dallo special mandato in onda dalla CBS, che comprendono esibizioni del periodo *Thriller* e *Off the wall*, scene da *Wanna be startin' somethin'* e filmati dall'HIStory Tour, oltre a contributi di Quincy Jones, Dick Clark, Missy Elliot, Pharrel Williams e Beyoncé.

Negli Stati Uniti viene pubblicato l'album *Essential Jackson's*.

15 marzo
Esce in Gran Bretagna il DVD *Michael Jackson - The one*.

18 marzo
Il giudice Melville emette un'ordinanza ufficiale che proibisce all'accusa e alla difesa di parlare delle questioni riguardanti la causa di molestie su minore in cui è imputato Michael.

19 marzo
Steve Cochran, avvocato personale di Jackson, diffonde un comunicato dopo la decisione, adottata dal dipartimento per i servizi all'infanzia e alla famiglia, di non togliere a Michael l'affidamento dei suoi figli. "Abbiamo apprezzato la decisione del dipartimento per i servizi all'infanzia e alla famiglia, che ha stabilito di non procedere con nessuna azione per quanto riguarda i figli di Michael Jackson. La riteniamo una decisione corretta perché il signor Jackson è un padre amorevole che si prende cura al meglio di loro."

25 marzo
Michael intenta un'azione legale presso la corte distrettuale di Los Angeles per recuperare gli oggetti di sua proprietà venduti a Henry Vaccaro.
Costui era venuto in possesso di alcuni abiti di scena, lettere, documenti commerciali, premi e altro, dopo che, per un'intricata serie di circostanze, aveva acquistato il contenuto di un deposito, in California, in cui erano stoccati diversi oggetti personali della famiglia Jackson.

Brian Wolf, avvocato di Los Angeles, precisa: "Fondamentalmente l'azione legale viene portata avanti perché questo signor Vaccaro non ha nessun diritto di possedere cose che appartengono a Michael Jackson".

2004

30 marzo
Michael arriva a Washington per un incontro privato con diversi membri del Congresso nell'ufficio del democratico Chaka Fattah. Nel corso della riunione parlano dell'AIDS in Africa e Fattah dichiarerà che Michael "è una delle persone più famose al mondo che ha utilizzato la celebrità per aiutare gli altri".

31 marzo
Per il secondo giorno Michael è impegnato in una discussione con i parlamentari di Washington sulle modalità per contribuire alla lotta contro l'AIDS in Africa. Al suo arrivo in Campidoglio viene accolto da una folla di fan giunti per sostenerlo.

Michael all'Ambasciata d'Etiopia, a Washington, dove riceve un premio per il suo impegno nella lotta contro l'AIDS

Michael al suo arrivo al tribunale di Santa Maria

1 aprile
Come riconoscimento del lavoro fatto per sconfiggere l'AIDS in Africa, a Michael viene consegnato un elefante d'oro dall'African Ambassadors' Spouses Association (AASA) nel corso di una cerimonia all'Ambasciata d'Etiopia di Washington.

2 aprile
Nuova udienza a Santa Maria, durante la quale la pubblica accusa e gli avvocati della difesa si incontrano per stabilire se esistono prove sufficienti per proseguire nella causa di molestie su minore. A Michael non viene chiesto di essere presente.

8 aprile
Jackson e i suoi figli vanno in vacanza a Orlando, Florida.

19 aprile
Michael ottiene un provvedimento che diffida Henry Vaccaro dal vendere gli oggetti di sua proprietà di cui è venuto in possesso.

25 aprile
Michael licenzia Mark Geragos e Benjamin Brafman: non lo rappresenteranno più.

30 aprile
Michael si reca al tribunale di Santa Maria per ascoltare i dieci capi d'accusa nella causa per molestie su minore intentata contro di lui, dopo che il gran giurì ha deliberato che esistono prove sufficienti per dar corso al processo. Tramite il suo nuovo avvocato Thomas Mesereau, si dichiara "non colpevole per tutti i capi d'accusa". Dopo l'udienza Mesereau afferma: "Questo caso riguarda una cosa sola: la dignità, l'integrità, la decenza, l'onore, la generosità, l'innocenza e la difesa di un essere umano meraviglioso che si chiama Michael Jackson".

2004

31 maggio
Il 13 settembre 2004 è la data proposta per dare inizio al processo contro Michael. Il giudice Melville ascoltate le argomentazioni per la riduzione della cauzione, non emette nessuna ordinanza immediata. L'avvocato Thomas Mesereau chiede un rinvio perché la pubblica accusa non ha ancora fornito loro tutte le prove che hanno condotto alla causa.

10 giugno
Dopo sedici anni termina il contratto di Bob Jones come vicepresidente delle comunicazioni della MJJ Productions. Sarà ricordato come un eccellente portavoce, molto attivo nel promuovere le relazioni di Michael nel mondo. (Inizialmente era stato coinvolto anche nel progetto di questo libro). Ha termine anche il contratto di Felicia Ferris, assistente di Jones.

11 giugno
Quando apprende la notizia della morte di Ray Charles, avvenuta ieri, Michael emette il seguente comunicato: "Sono terribilmente addolorato per la morte del mio amico Ray Charles. È stato una vera leggenda... un tesoro prezioso per l'America. La sua è una musica senza tempo; il suo contributo all'industria discografica non ha eguali e la sua influenza è senza paragone. La sua amorevolezza e la sua umiltà parlano per lui. Ha spianato la strada a tanti di noi e io lo terrò per sempre nel cuore".

16 giugno
Rodney S. Melville, giudice del tribunale della contea di Santa Barbara, rifiuta di ridurre di tre milioni di dollari la cauzione. Ha stabilito infatti che il patrimonio di Michael giustifica una somma più alta del normale, anche per assicurarsi la presenza di Michael a tutte le udienze.

Su eBay viene messo all'asta il capo di abbigliamento dal valore più alto appartenuto a una rock star (secondo quanto afferma il *Libro del Guinness dei Primati*): un guanto bianco appartenuto a Michael, disegnato da lui stesso e da uno dei suoi costumisti, fatto con cristalli Swarovski "aurora boreale" cuciti a mano a uno a uno e realizzato in modo da consentire una flessibilità completa e il movimento di ogni pietra. Michael l'aveva donato a Sammy Davis Jr. negli anni Ottanta, e su eBay viene battuto per tre milioni di dollari. Il denaro raccolto verrà devoluto all'SOS Fund (Support Our Students).

28 giugno
In Gran Bretagna esce il doppio album *The very best of The Jacksons*.

20 luglio
Negli Stati Uniti esce per la Hip-O Records *The Jackson story*, il nuovo album dei Jacksons.

26 luglio
In aula la pubblica accusa espone dettagliatamente gli avvenimenti ascritti a Michael Jackson, accusandolo di aver sequestrato la vittima e averla costretta a registrare un video in cui afferma di non avere subito violenza, mentre l'artista metteva in atto una manovra per sedurlo. Durante l'udienza, alla quale Michael non è presente, il sostituto procuratore Gordon Auchincloss afferma che dopo la messa in onda, nel febbraio 2003, di *Living with Michael Jackson* di Martin Bashir, Michael era stato preso dal panico perché il documento era incentrato sul suo attaccamento nei confronti dei ragazzini, compresa la vittima. Nel documentario, Michael difendeva fra l'altro la decisione di permettere loro di dormire nel suo letto. "La giustificazione razionale della sua condotta, messa in onda sulle televisioni internazionali, è stata la sua rovina", sostiene Auchincloss. "La sua reputazione è stata completamente e assolutamente rovinata, così come la sua immagine, il suo impero, la sua carriera. Il documentario ha fatto crollare l'intero mondo di Michael Jackson." Auchincloss prosegue dicendo che il cantante aveva deciso di ospitare al ranch di Neverland, nonché in altri luoghi, anche la famiglia del ragazzo, affinché fungesse da ottimo strumento per le pubbliche relazioni, ovvero per "tenere a bada la rabbia". Secondo l'avvocato, durante questo periodo Michael aveva deciso che sarebbe tornata utile una registrazione in cui la vittima dichiarava che non era accaduto nulla di scorretto. E avrebbe anche iniziato ad adescare il ragazzo somministrandogli alcolici, nella fattispecie del vino messo dentro la lattina di una bibita chiamata "Jesus Juice". Questa la replica di Thomas Mesareau: "L'idea che la famiglia sia stata sequestrata e costretta ad andare in Florida a bordo di un jet privato per stare insieme a celebrità come Chris Tucker è assolutamente inverosimile. Una giuria ci riderebbe sopra".

Le argomentazioni di Auchincloss sono la risposta alla richiesta della difesa di archiviare la causa, e gli avvocati di Jackson chiedono un aggiornamento di quattro mesi. Il giudice Rodney Melville accoglie la richiesta, riconoscendo di essere stato "troppo ottimista" quando aveva fissato l'inizio del processo per il 13 settembre 2004. La causa viene aggiornata al 31 gennaio 2005.

28 luglio

Accompagnato da un nugolo di guardie del corpo e da un'amica, Michael si dedica allo shopping al Memorial City Mall di Houston, Texas. Sembra di buon umore e non rinuncia a firmare autografi. Raymone Bain dichiarerà che si trovava qui "per affari, e ha quindi deciso di fare un giro al centro commerciale".

15 agosto

In giacca di velluto blu scuro con una fascia dorata al braccio, Michael partecipa alla funzione della First AME Church di Los Angeles. Lo accompagnano l'avvocato Thomas Mesereau e i fratelli Randy e Steve Harvey. Dopo la funzione va al Cecil Murray Education Center, dove risponde alle domande degli studenti.

16 agosto

In un simbolico completo bianco, Michael torna in tribunale per assistere all'arringa del procuratore distrettuale Tom Sneddon sugli elementi chiave del procedimento. Lo accompagnano i genitori Katherine e Joseph e i fratelli Randy, Janet, Jackie, LaToya e Jermaine, tutti vestiti di bianco in segno di unità e sostegno. Il comunicato che segue, scritto il 10 agosto e approvato dal

2004

giudice Rodney Melville il 16 agosto, viene reso noto tramite il sito ufficiale MJJ Source: "Io e la mia famiglia abbiamo dedicato le nostre vite a promuovere l'unità e la pace nel mondo attraverso la nostra musica. La versione più recente e non autorizzata della mia biografia, *Man in the mirror*, non rappresenta in nessun modo e in nessuna forma la mia famiglia e me. Sfortunatamente, per anni siamo stati etichettati da descrizioni assolutamente false. Siamo stati denigrati e umiliati. Io personalmente sono stato colpito da troppe menzogne, da epiteti offensivi come 'Wacko Jacko' e dall'ultima diceria, assolutamente non vera, di avere una doppia coppia di figli. "Tutto questo è intollerabile e deve finire. L'immagine pubblica che ci è stata appiccicata addosso non rappresenta chi e come siamo: siamo una famiglia adorabile. Il successo sul palcoscenico lo devo all'amore e al sostegno che ho ricevuto dalla mia famiglia fuori dalla scena. Io e i miei fratelli siamo prima di tutto 'fratelli', abbiamo iniziato insieme e resteremo insieme per sempre. Tutto ciò che mi auguro è che la mia famiglia venga trattata con la stessa gentilezza e il medesimo rispetto che noi abbiamo sempre dimostrato verso gli altri".

20 agosto
MJJ Source scrive che il 16 agosto, al tribunale di Santa Maria dove Michael si trovava per un'udienza è giunta via e-mail una minaccia di morte nei suoi confronti. La polizia è risalita al luogo da cui il messaggio era partito, ovvero un indirizzo di Kitchener, nell'Ontario, Canada. Adrian Poffey, un ventiseienne di Kitchener, verrà accusato di aver spedito il messaggio e dovrà presentarsi in tribunale a settembre.

29 agosto
Michael festeggia i suoi quarantasei anni.

17 settembre
Jackson e la sua famiglia sono di nuovo in tribunale a Santa Maria.

12 ottobre
Nel corso del programma radiofonico The Beat, Steve Harvey intervista Michael in diretta telefonica. "Voglio ringraziare Radio One, la comunità afroamericana, i miei fan in tutto il mondo e alcuni membri dei media per il sostegno dato", esordisce Michael. "E voglio dire grazie anche a Robert Johnson, presidente e fondatore di BET, per non aver concesso spazio al video di Eminem. Ho veramente apprezzato l'affetto che mi è stato dimostrato. Sono molto irritato per come Eminem mi ha dipinto nel suo video, sono stato trattato senza rispetto e in modo oltraggioso. Una cosa è scherzare, fare una caricatura, un'altra umiliare e non avere nessuna sensibilità.
"Ho sempre ammirato Eminem come artista, motivo per cui questa cosa mi ha completamente spiazzato. Ha fatto un video irriverente verso di me, i miei figli, la mia famiglia e la comunità in generale. Spero che altri network seguano BET, eliminandolo dalla playlist."

10 novembre
Michael entra a far parte della prima Hall of Fame britannica per la musica, ma non partecipa alla cerimonia di Londra.

11 novembre
Circa trecento fan di Michael partecipano a una manifestazione organizzata a New York per protestare contro il rifiuto di MTV di bloccare la messa in onda del video di Eminem. Nel corso della dimostrazione Michael chiama al telefono Geraldo Rivera e dice: "È un video umiliante e privo di rispetto... Voglio chiarire bene questa cosa: è stato irriverente non solo nei miei riguardi ma anche nei confronti di tutta la nostra comunità. Va fermato, bisogna fermarlo subito".

19 novembre
Esce negli Stati Uniti il doppio CD *Joyful jukebox music / Boogie now*. Presente su *Boogie now* l'inedita *Hum along and dance*.

20 novembre
Esce in DVD *Miss cast away*, una commedia di Brian Michael Stoller con un piccolo cameo di Michael.

21 novembre
Adrian Grant e MJWN organizzano a Londra un party per l'uscita di *The ultimate collection*, il nuovo album di Michael su etichetta Sony.

22 novembre
Esce per la Sony un cofanetto con quattro album su doppio CD: *Off the wall / Thriller* e *Bad / Dangerous*.

23 novembre
Il ventiseienne Adrian Poffey si dichiara colpevole per le minacce di morte a Michael Jackson. Viene condannato a un anno di libertà vigilata con la condizionale.

3 dicembre
Con un nuovo mandato, la polizia fa nuovamente irruzione nel ranch di Neverland Valley, a distanza di un anno dalla prima perquisizione.

The ultimate collection pubblicato dalla Sony Records

Sotto e nella pagina accanto: Michael al tribunale di Santa Maria per il primo giorno di selezione della giuria

2005

Il dipartimento dello sceriffo della contea di Santa Barbara precisa in un comunicato che "la nuova perquisizione fa parte del proseguimento dell'inchiesta penale".

4 dicembre
Michael arriva in elicottero al ranch di Neverland Valley per sottoporsi al prelievo di saliva, chiesto dagli ufficiali giudiziari che si occupano della causa per molestie, necessario per la prova del DNA.

17 dicembre
Alla festa di Neverland partecipano più di duecento persone (dai tre ai diciassette anni) di diverse organizzazioni, tra cui un gruppo di affiliati alla First AME Church di Los Angeles e alcuni bambini bisognosi di Santa Barbara. Michael li accoglie augurando loro buone feste. La portavoce Raymone Bain spiega che la popstar ha deciso di accoglierli personalmente come regalo per l'ultimo gruppo in visita a Neverland prima delle vacanze di Natale.

2005

4 gennaio
In seguito allo tsunami che ha colpito l'Oceano Indiano, Michael emette questo comunicato: "Io e la mia famiglia desideriamo inviare il nostro affetto, la nostra vicinanza e le nostre preghiere alle famiglie, agli amici e a tutti coloro che erano legati alle persone che hanno trovato la morte nel devastante terremoto e nello tsunami che ne è conseguito... Le parole non riescono a esprimere appieno lo shock, l'orrore e la pena che abbiamo provato nel vedere le immagini di distruzione e disperazione trasmesse dalla televisione. Per me, che ho visitato quelle zone più volte, è stato ancora più doloroso, perché mi sono tornati alla mente la gentilezza e il calore delle persone che ho conosciuto lì. Voglio invitare tutti i miei amici e i miei fan a dare un contributo alle organizzazioni che si occupano dell'assistenza alle popolazioni del luogo. In tempi come questi abbiamo bisogno gli uni degli altri... dobbiamo stringerci insieme e insieme dedicarci al prossimo. Dio vi benedica. Con affetto, Michael Jackson".

14 gennaio
Le telecamere non verranno ammesse in aula nel corso del processo contro il cantante, così Sky News (in Gran Bretagna) ed E! Entertainment Television (negli Stati Uniti) annunciano di aver siglato tra loro un accordo per riproporre ogni giorno, attraverso degli attori, quanto avviene durante l'udienza. Il programma si chiamerà semplicemente The Michael Jackson Trial e si baserà sulla trascrizione dei verbali.

30 gennaio
Michael rilascia un videocomunicato, approvato dal giudice Rodney Melville:
"Nelle ultime settimane i media hanno diffuso moltissime notizie malevole su di me. Sembrava provenissero dai verbali delle sedute del Gran Giurì, alle quali né io né i miei avvocati abbiamo partecipato. Si tratta in realtà di notizie false e disgustose.
Anni fa ho invitato una famiglia a trascorrere del tempo a Neverland. Neverland è la mia casa e io li avevo fatti venire perché mi avevano detto che il figlio era ammalato di tumore e aveva bisogno del mio aiuto. Nel corso degli anni ho aiutato migliaia di ragazzi ammalati o in difficoltà.
Questi eventi si sono rivelati un incubo per la mia famiglia, per i miei figli e per me. Non voglio mai più trovarmi in una simile situazione, non voglio più essere così vulnerabile.
Amo la mia comunità e ho piena fiducia nel nostro sistema giudiziario. Per favore, non fatevi ingannare e lasciate che io affronti i giorni in tribunale. Mi merito un giusto processo, come qualsiasi altro cittadino americano. Sarò scagionato e assolto quando emergerà la verità. Grazie".

31 gennaio
Michael arriva in tribunale per il primo giorno della selezione dei giurati; famigliari e amici non possono accompagnarlo, perché l'aula di giustizia non ha sufficiente spazio per ospitarli. Vestito di bianco e con gli occhiali da sole, rivolge un breve saluto ai fan prima di entrare in aula con Thomas Mesereau. Nel corso della giornata verranno esaminati più di trecento possibili giurati: ne servono venti, dodici titolari e otto di riserva. Con il trascorrere del tempo Michael sembra più fiducioso, e la sua portavoce Raymone Bain dichiarerà che ha "uno stato d'animo sereno", aggiungendo: "Può contare sulla sua famiglia, sui suoi figli e sugli amici. State per vedere un Michael Jackson molto serio, molto concreto e pieno di contegno".

1 febbraio
The story behind the song - We are the world, un classico scritto per beneficenza nel 1985 da Michael Jackson e Lionel Richie, viene pubblicato in Gran Bretagna in un'edizione speciale in DVD per il ventesimo anniversario, con filmati inediti.

2005

5 febbraio
La tivù americana trasmette l'intervista a Michael del giornalista Geraldo Rivera di Fox News. Raccolta a metà gennaio negli studi di registrazione, mostra Jackson fiducioso e sorridente, mentre rilascia la dichiarazione precedentemente autorizzata dal tribunale.

6 febbraio
A più di vent'anni dal debutto su MTV, *Thriller* è in cima al sondaggio inglese di Channel 4: è diventato il video pop più amato di tutti i tempi. Settimo posto per *Billie Jean*, dodicesimo per *Scream*.
La classifica viene presentata all'interno del programma The Top 100 Greatest Pop Videos e
conta fra gli altri anche Peter Gabriel, Robbie Williams e Madonna.
Gli ascoltatori di Radio 1 della BBC votano *Billie Jean* al terzo posto nella categoria dei singoli preferiti di tutti i tempi; e Michael è l'unico artista solista a comparire nella Top Five.

15 febbraio
Poco dopo essere uscito di casa per andare in tribunale, Michael si sente male e viene portato al Marian Medical Center di Santa Maria, California.
Il giudice Rodney Melville comunica ai potenziali giurati che la popstar presenta i sintomi di un'influenza e rimanda la selezione al 22 febbraio, giorno in cui gli avvocati saranno attesi in aula anche per discutere delle mozioni non ancora presentate.

16 febbraio
Michael viene dimesso dal Marian Medical Center di Santa Maria.

22 febbraio
Guarito, torna in tribunale.

23 febbraio
Molto più in fretta di quanto fosse stato anticipato, viene completata la selezione dei dodici giurati (otto uomini e quattro donne) che saranno impegnati nel processo che vede imputato Michael Jackson.

24 febbraio
Michael è in tribunale anche oggi, per assistere al completamento della selezione della giuria (vengono scelti gli otto giurati di riserva).

26 febbraio
Il giudice della Corte Superiore Rodney Melville ricorda ai venti giurati selezionati per la causa di molestie su minore che dovranno astenersi da ogni commento con i media.

28 febbraio
Tom Sneddon per l'accusa e Thomas Mesereau per la difesa consegnano alla giuria le loro dichiarazioni preliminari.

Marzo
Il processo prosegue per tutto il mese e vengono chiamati a deporre numerosi testimoni.

1 marzo
Martin Bashir è il primo teste dell'accusa chiamato a deporre. Alla giuria viene mostrato il documentario *Living with Michael Jackson*. Dopo l'udienza un giornalista chiederà a Michael come si sente. "Bene... arrabbiato", replicherà lui.

4 marzo
Un giornalista domanda a Michael come ritiene sia andata la prima settimana del processo. "Molto bene", risponde.

10 marzo
Michael arriva in tribunale con più di un'ora di ritardo, indossando il pigiama sotto la giacca: è infatti appena uscito dall'ospedale per forti dolori alla schiena.

Michael all'uscita del tribunale della contea di Santa Barbara il 24 febbraio

Michael arriva in tribunale con la madre Katherine

2005

Non vedendolo arrivare, il giudice Melville aveva già emesso un mandato d'arresto e minacciato di revocare la cauzione di tre milioni di dollari.
Alla fine non intraprenderà nessuna azione e lascerà a Michael il tempo per ristabilirsi, aggiornando l'udienza al 14 marzo.

27 marzo
Il reverendo Jesse Jackson intervista Michael nel suo show settimanale radiofonico.

30 marzo
Sulla stampa, due icone del XX secolo parlano di Michael fonte di ispirazione.
Dalle pagine di una rivista danese l'ex presidente sudafricano Nelson Mandela dichiara: "Quando ti trovi dietro le sbarre senza speranza di essere liberato, devi cercare assolutamente qualcosa che ti dia la forza. Io ho trovato questa forza in Michael Jackson. Ancora oggi, lui è per me una costante fonte di ispirazione".
Michael aveva sostenuto Mandela fin dai primi anni Novanta e nell'estate del 1999 aveva organizzato due concerti di beneficenza (a Seul e in Germania) insieme alla Croce Rossa, il Michael Jackson & Friends e What More Can I Give: entrambi si riveleranno in assoluto gli eventi live più visti su internet.
Anche il pugile Muhammad Ali parla di Michael, a un giornale norvegese: "Quando la gente mi chiede da dove traggo la mia forza, rispondo che mi ispiro all'uomo che Michael Jackson vede quando si guarda allo specchio".

Aprile
Il processo contro Michael continua per tutto il mese.

4 aprile
Moonwalker, il film di Michael del 1988, esce in DVD in Gran Bretagna (solo nei punti vendita della catena HMV).

11 aprile
Diciassette anni dopo il debutto nei cinema, *Moonwalker* rinnova il successo arrivando terzo nella classifica dei DVD.

18 aprile
In Gran Bretagna, in un recente sondaggio che ha coinvolto quattromila e ottocento persone, il brano dei Jackson 5 *I want you back*, entrato in classifica più di trentacinque anni fa, viene votato come miglior brano riempipista.

21 aprile
Discovery Channel annuncia di voler produrre una serie in sette puntate sugli americani più importanti, e fra i nomi compare anche quello di Michael.
Gli altri sono: George Washington,
Oprah Winfrey, Hugh Hefner, Hillary Clinton, Abraham Lincoln, Bill Clinton, George W. Bush, Johnny Carson, John Wayne, Madonna e Arnold Schwarzenegger.

27 aprile
È il giorno della testimonianza di Debbie Rowe Jackson, ex moglie di Michael e madre dei suoi figli. Sorprenderà l'accusa testimoniando a favore di Michael.

Maggio
Continuano le udienze, con i testimoni della difesa chiamati a deporre dopo il 4 maggio.

4 maggio
Gli avvocati di Michael presentano un'istanza di proscioglimento da tutte le accuse, non essendone stata provata nessuna.

5 maggio
Il giudice Rodney Melville ascolta le argomentazioni della difesa, ma nega il proscioglimento.

24 maggio
Jay Leno, il popolare conduttore dell'omonimo talk show americano, testimonia per la difesa.

Giugno
Michael Bush, costumista di Michael, rilascia un'intervista a MJJSource, il sito ufficiale dell'artista, a proposito dei vent'anni passati accanto alla star. Bush e il suo partner Dennis Tompkins hanno disegnato la maggior parte dei costumi di scena per i concerti di Michael e molti dei suoi abiti "civili", compresi quelli che indossa al processo.
Nell'intervista rivela di svegliarsi ogni giorno alle tre del mattino per consegnare al ranch di Neverland l'abbigliamento per l'udienza (di solito si tratta di un gilet colorato e di un abito con rifiniture in stile militare). Fra le sei e le sette aiuta Michael a vestirsi, e lui ogni volta lo ringrazia e lo abbraccia. Nel pomeriggio, insieme al compagno, si occupa degli ultimi ritocchi all'abito per il giorno dopo.

2005

Michael e il padre Joe lasciano il tribunale dopo le arringhe finali

Michael e la madre Katherine davanti al tribunale

I fan leggono l'edizione speciale del "Santa Maria Times" davanti al ranch di Michael

Una fan libera una colomba davanti al tribunale dopo l'assoluzione di Michael

Ogni abito viene confezionato utilizzando un manichino con le misure esatte del cantante. E Michael, afferma, ogni volta dice loro: "Così è come si vestono tutti. Fate di meglio". Secondo Bush, l'artista ama le rifiniture in stile militare e sostiene che "le uniformi richiedono attenzione. Hanno linee nette e devono vestire quasi come fossero abiti da danza. Come fossero una seconda pelle".

1 giugno
Il giudice trascorre la maggior parte della mattinata con i legali delle due parti, elaborando le istruzioni da dare ai giurati prima delle arringhe finali.

2 giugno
Per l'accusa, il caso viene riassunto dal sostituto procuratore distrettuale Ronald Zonen. È quindi la volta di Thomas Mesereau, per l'arringa finale a favore della difesa.

3 giugno
Thomas Mesereau conclude e la giuria si ritira.
A Michael viene permesso di tornare a Neverland con la famiglia, con l'assicurazione che verrà richiamato un'ora prima della lettura del verdetto.

13 giugno
La giuria presenta, poi ritira, un quesito ai procuratori; poco tempo dopo comunica di avere raggiunto un verdetto. Come da accordi, a Michael viene data un'ora di tempo per raggiungere il tribunale, poi gli vengono concessi altri trenta minuti.
Il silenzio in aula è completo, mentre il verdetto viene letto e contemporaneamente trasmesso alle radio di tutto il mondo.
Per tutte le dieci imputazioni, Michael Jackson viene dichiarato NON COLPEVOLE.
Il giudice congeda la giuria e si rivolge a Michael: "Signor Jackson lei è stato prosciolto, è libero".

"Senza il Signore, i miei figli, la mia famiglia e voi, i miei fan, non sarei riuscito a superare tutto questo. Il vostro amore, il vostro sostegno e la vostra lealtà lo hanno reso possibile.
C'eravate quando ho avuto bisogno di voi e non lo dimenticherò. Il vostro amore mi ha sostenuto, ha asciugato le mie lacrime e mi ha portato oltre tutto questo.
La vostra devozione e il vostro supporto mi saranno per sempre cari. Siete voi la mia ispirazione. Vi voglio bene".

Michael Jackson
26 giugno

LaToya e Janet Jackson insieme a Michael in tribunale

14 giugno

Jermaine e Tito Jackson vengono intervistati da MSNBC. Raccontano la loro gioia e dichiarano di non avere mai smesso di avere fiducia in Michael, e hanno parole di elogio per la giuria: "Hanno fatto la cosa giusta".
A proposito della reazione del fratello al verdetto, Jermaine dice: "È stato forte... molto forte... straordinariamente forte. Desidera veramente ringraziare i suoi sostenitori in tutto il mondo... i fan e la gente che amano lui e la sua famiglia, tutte le persone che ci sono state accanto fin dal principio. Era innocente al mille per cento e oggi è stato dimostrato. È stata una battaglia lunga e faticosa ma noi siamo una famiglia unita e possiamo superare ogni cosa, e l'abbiamo dimostrato. Grazie a voi e a tutti quelli che hanno creduto in noi. Conosciamo bene chi non l'ha fatto e chi ha parlato a sproposito... ma questa è un'altra storia... Noi ringraziamo Dio e la gente che ci è stata vicina e che ci conosce per quel che siamo realmente... Ancora grazie, a tutto il mondo".
Dei futuri progetti di Michael è Tito a parlare: "Continuerà la sua vita e farà quello che sa fare meglio: ottima musica, per la felicità dei suoi fan. Conta solo questo... Oggi Michael si riposa, si gode la famiglia e i suoi figli, oggi se la prende finalmente con calma".

20 giugno

Michael è presente nella classifica dei Movers & Shakers su Amazon.com. con quattro titoli, tutti fra i primi cinque nelle vendite:
2. *Off the wall* + 2,975% oggi - 132 (era 4,060);
3. *Michael Jackson: the ultimate collection* + 2,830% oggi - 269 (era 7,883);
4. *Thriller* + 1,589% oggi - 89 (era 1,504);
5. *Number ones* + 676% oggi - 167 (era 1,297).
Anche HMV comunica che, dopo l'assoluzione, le vendite di Michael sono aumentate del 300%. Stesso trend in crescita in altri negozi di musica.

Dall'intervista a Jermaine:

I minuti prima del verdetto. Jermaine piange, la tensione è altissima. "Ho saputo da mia sorella Rebbie che [Michael]... in auto aveva letto qualche brano delle Scritture, muovendo nervosamente una gamba e dicendo 'Perché?'"

I minuti che seguono il verdetto. Secondo Jermaine, subito dopo la sentenza, il fratello ha cercato di sdrammatizzare il momento. "Ha mangiato un sandwich, poi ha guardato un film comico dei *Tre marmittoni* e non la smetteva di ridere... Poi sono arrivati gli altri e ci siamo abbracciati. Michael aveva superato una prova davvero difficile. Non credo che avrei saputo fare altrettanto. Lui è rimasto in piedi e a testa alta per tutto il tempo".

Michael e i progetti benefici. Jermaine dichiara che malgrado il processo Michael continuerà ad aiutare i bambini attraverso le organizzazioni benefiche. "Donerà ancora, ma donerà a distanza. Non sarà più così disponibile... Ma darà sempre, perché saper dare è il suo dono benedetto".

L'amara lezione imparata dal processo. "La lezione è che non viviamo in una società democratica. A me sembra tanto l'involucro di un sandwich: ti lascia vedere ogni particolare della democrazia, poi però se lo mordi senti il sapore della dittatura".

2005

La Sony Music comunica che sta per uscire un'altra compilation di greatest hits di Michael e dei Jackson 5. *The essential Michael Jackson* sarà in distribuzione il 5 luglio negli Stati Uniti e il 18 in Europa.

7 luglio

BET (Black Entertainment TV) manda in onda lo special Inside The Jackson Family, con un'intervista esclusiva a Jermaine da casa Jackson il giorno del verdetto.

11 luglio

La società finanziaria Prescient Acquisition Group Inc. cita in giudizio Michael Jackson per quarantotto milioni di dollari di onorari non pagati per l'assistenza fornita nel risanamento del debito.

21 luglio

Il giudice Rodney Melville dispone che la maggior parte degli oggetti sequestrati a Michael nella casa di Neverland gli siano restituiti.

23 luglio

Adrian Grant e MJWN organizzano un "party della vittoria" a Londra per festeggiare l'assoluzione di Michael. All'evento, originariamente previsto per il 7 luglio ma poi rinviato a causa degli attentati di Londra, intervengono oltre mille fan.

25 luglio

In Gran Bretagna, nella settimana di uscita la compilation *The essential Michael Jackson* entra in classifica:

ALBUM	2
TOP 40 R&B	1

26 luglio

In un'intervista radiofonica alla BBC, l'avvocato Thomas Mesereau riferisce che dopo la conclusione del processo Michael era stato ricoverato in ospedale per disidratazione e perdita di peso, aggiungendo di essere preoccupato che possa nuovamente essere bersaglio di accuse simili a quella che lo ha visto coinvolto.

Esce su etichetta Sony Music *Live in Bucharest*, il DVD della data del Dangerous Tour in Romania (1992).

10 agosto

A seguito della morte di John Johnson, fondatore, editore e presidente della Johnson Publishing Co., che pubblica fra le altre anche la rivista "Ebony", Michael rilascia la seguente dichiarazione: "Sono profondamente rattristato per la morte del mio mentore e amico John Johnson. Invio le mie più sentite condoglianze alla moglie Eunice e alla figlia Linda".

20 agosto

Accompagnato da una delegazione del Bahrain e dallo sceicco Abdullah Hamad Al-Khaifa, Michael arriva a Dubai e prende alloggio al Burj Al Arab Hotel. Durante la visita di una settimana fa loro da guida Mohammed Ben Sulayem, presidente dell'Automobil Club degli Emirati Arabi e personalità di spicco nel mondo dei motori sportivi.

6 settembre

Viene comunicato che Michael prenderà parte alla registrazione di un disco i cui proventi saranno devoluti alle vittime dell'uragano Katrina che ha devastato New Orleans. In realtà, a causa di problemi amministrativi la registrazione non si farà.

9 settembre

Il sessantaduenne Ray Hultman, che aveva fatto parte della giuria nel processo contro Michael Jackson per molestie su minore, chiede alla casa editrice di annullare il contratto per la pubblicazione di un libro sul caso.

12 settembre

Secondo il loro manager Louis Walsh, la boy band irlandese dei Westlife vorrebbe realizzare un duetto con il re del pop: "Michael Jackson è una fonte di ispirazione per i ragazzi, e vorremmo contattarlo.
Hanno già registrato con Diana Ross e Mariah Carey, così ci siamo detti: 'Chi sarà il prossimo?' Con Jackson sarebbe fantastico".

14 settembre

Michael affitta per un giorno il parco di divertimenti acquatico "Wild Wadi" di Dubai in modo da permettere a bambini e genitori di visitarlo gratis. Ci va anche lui, vestito di bianco.

22 settembre

Si viene a sapere che due steward sono stati incriminati per aver registrato una conversazione fra Michael e il suo ex legale Mark Geragos durante un volo su un jet privato da Las Vegas a Santa Barbara nel novembre 2003.

2005

Michael con il proprietario di Harrods, Mohamed Al-Fayed

Michael in visita al grande magazzino con i figli Prince e Paris

4 ottobre
Michael e la MJ Company fanno causa al promoter Marcel Avram e alla sua Mama Concerts tedesca. La causa rivendica un'inadempienza contrattuale per un concerto del 1999 e si propone di evitare un arbitrato.

7 ottobre
Michael incontra i fan al Dorchester Hotel di Londra e si fa fotografare con loro.

8 ottobre
Sempre a Londra, Michael firma autografi e incontra nuovamente i fan, posando per alcune foto sul tetto di un'auto.
Un filmato che riprende i fan intorno alla popstar viene diffuso dalla Two Seas Records, un'associata fra Abdullah Hamad Al-Khaifa, sceicco del Bahrain, e il fratello di Michael, Jermaine.

Michael assiste alla matinée del musical *Billy Elliot* nel West End, arrivando su un mezzo di trasporto pubblico con quindici minuti di ritardo sull'inizio dello spettacolo.
Mentre si fa strada verso il Victoria Palace, tra centinaia di fan e fotografi, per quanto scortato dalla security viene spintonato e cade.

10 ottobre
Abito nero, camicia nera e occhiali scuri, Michael accompagna i figli al museo delle cere Madame Tussauds. Al solito, gran ressa di fan e fotografi all'ingresso dell'edificio. All'interno, la famiglia viene accolta dallo staff al gran completo.

12 ottobre
Michael visita i grandi magazzini Harrods di Londra in compagnia dei figli, per uno shopping "privato" di due ore. Incontra anche Mohamed Al-Fayed, proprietario del punto vendita.

18 ottobre
Michael va a vedere l'ultimo film di Wallace & Gromit, *La maledizione del coniglio mannaro*, al Marble Arch Odeon di Londra.

19 ottobre
Michael lascia Londra e ritorna nel Bahrain.

20 ottobre
Michael viene convocato come giurato dalle autorità di Santa Barbara ma i suoi avvocati presentano una richiesta di rinvio perché ormai il cantante vive abitualmente nel Bahrain.

21 ottobre
Secondo il suo legale, Thomas A. Mesereau Jr., Michael ha deciso di fare del Bahrain, nel golfo Persico, la sua residenza permanente: "Sta molto meglio fisicamente", dichiara l'avvocato, "sta con i figli e vive sereno. Là ha diversi amici che l'hanno aiutato e gli sono stati accanto nel periodo difficile della sua vita. Sta veramente bene".

22 ottobre
All'interno del suo nuovo album *Confessions on a dance floor* Madonna inserisce un sample del famoso successo dei Jacksons *Can you feel it?*

30 ottobre
Michael controquerela il suo ex collaboratore Marc Schaffel per essersi appropriato in maniera fraudolenta di oltre un milione di dollari.
Schaffel aveva citato in giudizio Michael nel novembre 2004 sostenendo di avere diritto a più di tre milioni di dollari per prestiti non restituiti e altri crediti.

7 novembre
Michael viene votato come il più autorevole artista di black music dalla stazione radio Choice FM.

14 novembre
Michael ha scritto una canzone dedicata ai fan per dimostrare loro la sua gratitudine: il brano si intitola *You are so beautiful* e spera di registrarlo al più presto.
A Dubai, Michael viene invitato a consegnare i premi ai vincitori del Desert Rally Racing.

2006

15 novembre
Si dice che Michael sia furioso per l'uscita sul mercato di un vino, chiamato "Jesus Juice", che riproduce sull'etichetta un uomo in perizoma, guanto di lustrini e cappello di feltro nero, ritratto con le braccia aperte in una posa che richiama la crocifissione. L'etichetta offende non solo la pop star, ma anche alcuni gruppi religiosi.
Nel frattempo, un portavoce dell'artista nega che egli abbia acquistato dei terreni nelle isole Amwaj, in Bahrain, che i suoi figli abbiano partecipato a incisioni in studio e che Neverland sia in vendita.

4 dicembre
La Digital Classics vende *The Michael Jackson story* – special televisivo sulla carriera del cantante – al network americano A&E. Era stato cancellato dalla programmazione in seguito all'incursione della polizia nel ranch di Neverland nel novembre 2003.

7 dicembre
Da gennaio fino a maggio 2006 venti dei più importanti singoli di Michael verranno ripubblicati in formato Dual Disc. Sarà la prima volta che un artista userà il Dual Disc, che prevede due facciate audio e video in un solo disco. Ognuno conterrà gli originali rimasterizzati e la custodia, numerata, sarà in cartoncino. Le radio version saranno accompagnate da remix o canzoni collegate.

12 dicembre
La notizia apparsa sul "National Enquirer" secondo cui Michael Jackson sarebbe vittima di un eccesso di consumo di droga e alcol viene smentita dalla sua portavoce Raymone K. Bain.

Per la morte del suo amico Richard Pryor, Michael rilascia la seguente dichiarazione: "Richard era il vero re della commedia e non esisterà un altro come lui. Era un pioniere, e ha utilizzato il suo straordinario talento per spianare la strada a chi è arrivato dopo di lui. Invio il mio affetto e le mie più sentite condoglianze all'intera famiglia Pryor".

23 dicembre
Michael fa gli auguri ai suoi fan: "Voglio augurare a voi e alle vostre famiglie di trascorrere delle splendide feste. Grazie per gli auguri e le lettere che mi inviate, per tutto il vostro affetto e il vostro sostegno. Vi amo tutti!"

2006

4 gennaio
Michael rinuncia all'azione giudiziaria contro Henry Vaccaro a proposito di alcuni oggetti di sua proprietà che aveva messo in vendita su un sito web. Inizialmente l'aveva citato in giudizio per una somma pari a dieci milioni di dollari.

7 gennaio
Michael pare sia in trattative con la AJJ Holdings, una società del Bahrain, per una serie di progetti riguardanti l'industria del divertimento nel Golfo: si parla di parchi a tema e accademie di musica. Michael rivestirebbe il ruolo di consulente per la società.

18 gennaio
Michael viene prosciolto dall'accusa di maltrattamento che gli era stata mossa dal gruppo per i diritti degli animali PETA, in seguito a un'ispezione governativa a Neverland che aveva dimostrato che gli animali erano tenuti e accuditi nel migliore dei modi.

26 gennaio
Michael viene visto mentre fa shopping in Bahrain indossando il lungo abito nero tradizionale delle donne del Golfo e con il volto velato.

27 maggio: Michael arriva al Yoyogi National Athletics Stadium di Tokyo per gli MTV Video Awards

GA by BMB
Sony Ericsson
HILFIGER
GA by BMB
HILFIG
JAPAN
MTV

2006

28 gennaio
Michael si trova in visita privata ad Amburgo, Germania, con i figli.

In una lista pubblicata dalla Federazione Internazionale dell'Industria Fonografica (IFPI), Michael compare come secondo artista di tutti i tempi per copie vendute. La cosa più interessante è che è anche proprietario dei diritti d'autore di metà dei primi dieci artisti citati.
La Top 10 è composta da: 1. Beatles, 2. Michael Jackson, 3. Elvis Presley, 4. Madonna, 5. Nana Mouskouri, 6. Cliff Richard, 7. Rolling Stones, 8. Mariah Carey, 9. Elton John, 10. Celine Dion.

30 gennaio
Michael e i suoi figli lasciano Amburgo in mattinata per ritornare in Bahrain.

31 gennaio
Nell'apprendere della scomparsa di Coretta Scott King, icona dei diritti umani e civili, Michael rilascia la seguente dichiarazione: "Sono profondamente rattristato per la morte di Coretta Scott King. Mando il mio affetto e le mie più sentite condoglianze a Martin III, Yolanda, Dexter, Bernice e a tutta la famiglia King. La signora King resterà un'insostituibile gemma e sarà profondamente rimpianta".

6 marzo
Jeffrey Borer e Arvel Reeves confessano davanti alla corte federale di aver registrato la conversazione fra Michael e il suo legale in volo su un aereo privato. La sentenza è attesa per il 12 luglio.

16 marzo
Dopo una lunga assenza, *Greatest hits – HIStory* rientra nella classifica australiana dei 40 DVD più venduti.

15 aprile
Michael comunica di avere risanato le proprie finanze con l'assistenza della Sony Corporation of America, da lungo tempo comproprietaria della Sony/ATV Music Publishging LLC.

17 aprile
Viene archiviata la denuncia contro Michael Jackson sporta da un fan americano che affermava di essere stato attirato nella limousine della popstar e trattenuto per nove giorni.

19 aprile
Secondo "Billboard" Michael è in sala d'incisione e pubblicherà un nuovo album alla fine del 2007 su etichetta Two Seas Records, società di cui è comproprietario insieme ad Abdullah Hamad Al-Khaifa. Inoltre, corre voce che il grande magnate della musica inglese Guy Holmes diventerà il nuovo manager di Michael.

29 aprile
Dopo diversi problemi con le assicurazioni e gli stipendi del suo staff, Michael pare abbia risolto le questioni relative al personale di Neverland pagando ricchi compensi e assumendo dieci nuovi assistenti per accudire gli animali del suo zoo.

8 maggio
Secondo quanto riporta il giornale del Qatar "Al Raya", Michael assiste al concerto del cantante libanese Ragheb Alama.

26 maggio
Michael viene intervistato da Fiona Cummins del "Mirror" negli uffici dei grandi magazzini Harrods di Londra. Racconta la giornalista: "Michael mi ha accolta come una vecchia amica, mi ha dato la mano con un gran sorriso e mi ha abbracciata. E io ho sentito il suo profumo dolce. Appariva del tutto differente dalla figura curva e sparuta che era emersa alla fine del processo nel giugno scorso. La star quarantasettenne sembrava più che felice di chiacchierare alla fine dell'esilio che si era autoimposto nel Bahrain. Sembrava rilassato mentre parlava di voler rilanciare la sua carriera un po' appannata e dei suoi piani per creare una nuova Neverland in Gran Bretagna".
"Sono a Londra per affari", dichiarerà Michael nel corso dell'incontro. "Mi piace stare qui e sto cercando un posto per viverci. Ho sempre amato l'Inghilterra e i miei fan inglesi. E poi sono venuto a trovare il mio buon amico Mohamed. È lui l'uomo giusto."
Secondo la Cummins, Michael ha anche visitato alcune lussuose proprietà a Londra e dintorni, nonché in Scozia e in Irlanda. Alla domanda come si sentisse in questo momento della sua vita aveva risposto: "Molto bene, grazie, davvero bene".

27 maggio
Michael riceve il Japan's Legend Award di MTV durante una cerimonia allo Yoyugi Olympic Stadium di Tokyo per aver battuto, nel corso della sua carriera, tutti i record. Sono più di cento milioni i dischi venduti dalla star in Giappone.

Michael in Giappone alla cerimonia degli MTV Awards

2006

28 maggio
Michael visita una scuola per l'infanzia a Tokyo e dice "vi voglio bene" in giapponese ai centoquaranta bambini che gli fanno festa. Nel giardino d'infanzia Seibi Gakuen, assiste a circa quindici minuti di uno spettacolo di musiche e danze tradizionali eseguite dai bambini in kimono, poi fa un brevissimo discorso dal palco.
Più tardi riceve un premio ai Video Music Awards della MTV giapponese.

6 giugno
Michael viene visto giocare insieme al figlio, al bLiSTER di Shibuya, con le spade laser di *Guerre stellari*.

16 giugno
Accompagnato da dieci guardie del corpo visita Disneyland a Parigi, divertendosi su varie attrazioni compresa la Casa Stregata e l'Avventura Intergalattica di Buzz Lightyear.

25 giugno
Da Parigi Michael vola a Cork, Irlanda, accompagnato dai figli, da un uomo e da una donna. Si nasconde sotto una sciarpa di seta nera, un berretto da baseball e una felpa con cappuccio.

27 giugno
Vengono rese note ulteriori modifiche alla struttura che gestisce gli affari legali di Michael. I suoi avvocati sono attualmente alle prese con diverse cause, tra cui una con Debbie Rowe, la madre dei due figli, per gli alimenti e i diritti di visita.

26 luglio
Arvel Jett Reeves viene condannato dal giudice distrettuale di Los Angeles A. Howard Matz a otto mesi di carcere federale e a sei mesi in una struttura di reinserimento e riabilitazione da droga o da alcol.
È questa la condanna comminatagli per aver registrato un colloquio tra Michael e il suo avvocato durante un volo privato da Los Angeles a Santa Barbara nel novembre 2003. Il secondo imputato, Jeffrey Borer, verrà giudicato il 4 ottobre.

27 agosto
Va in scena in anteprima al Dominion Theatre di Londra *Thriller live*.
Lo spettacolo, con un cast di trenta ballerini, è una celebrazione musicale con le canzoni di successo di Michael e dei Jackson 5, ed è stato creato da Adrian Grant prendendo spunto dalla precedente produzione "The Annual Michael Jackson Day".

2006

3 settembre
Michael avrebbe soggiornato presso il lussuoso Luggala Castle nella contea di Wicklow, Irlanda, in una residenza con sette camere da letto precedentemente affittata da altre celebrità tra cui Mel Gibson e Orlando Bloom.

6 settembre
Robert A. Schnider, giudice della Corte Superiore di Los Angeles, ordina a Michael di pagare sessantamila dollari alla ex moglie Debbie Rowe per le spese legali sostenute per ottenere il diritto di visita ai due figli. Il giudice aveva fatto notare che la donna aveva già ricevuto una liquidazione di otto milioni di dollari da Michael, commentando: "Forse la signora dovrebbe essere in grado di pagarsi da sé le spese legali". La richiesta iniziale della Rowe ammontava a centonovantacinquemila dollari.

7 settembre
Michael e i suoi figli fanno un giro in una libreria vicina alla loro residenza in Irlanda.

28 settembre
È ufficiale Michael non intrattiene più nessun rapporto di lavoro con l'etichetta Two Seas nel Bahrain.

1 ottobre
Secondo i legali di Debbie Rowe, lei e Michael sono giunti a un accordo sulla custodia e il diritto di visita ai due bambini.

5 ottobre
Il secondo imputato nel caso della conversazione fra Jackson e il suo legale registrata a bordo dell'aereo privato, Jeffrey Borer, viene condannato a sei mesi di arresti domiciliari.

30 ottobre
Viene annunciato che il 15 novembre a Earl's Court, Londra, Michael riceverà il Diamond Award durante i World Music Awards.

11 novembre
Michael arriva a Londra e occupa più di due piani dell'Hempel Hotel a Notting Hill. È accompagnato da un seguito di venticinque persone compresi i figli.

13 novembre
Michael si concede un festoso shopping di mezzanotte al Topshop dopo aver incontrato il proprietario, Sir Philip Green, durante una cena al Nobu di Park Lane.
Dichiarerà Sir Green: "È stato veramente simpatico e un vero gentiluomo. Era piacevole e garbato e siamo andati perfettamente d'accordo. Ero stato invitato a cena da alcuni amici che sono gli organizzatori dei World Music Awards e Michael Jackson era lì come loro ospite".

14 novembre
Michael visita l'ufficio del Guinness dei Primati di Londra dove gli vengono consegnati otto attestati, incluso quello più recente di intrattenitore di maggior successo di tutti i tempi. Questi gli altri: vocalist più giovane a raggiungere il top nella classifica statunitense dei singoli (all'età di undici anni con i Jackson 5); primo vocalist a entrare direttamente al numero 1 nella classifica statunitense dei singoli con *You are not alone;* primo intrattenitore a guadagnare più di cento milioni di dollari in un anno; intrattenitore più pagato di tutti i tempi (con centoventicinque milioni di dollari secondo la classifica di "Forbes" del 1989). E ancora: primo interprete a vendere più di cento milioni di copie di album fuori dagli Stati Uniti; e infine per *Thriller*, che è stato al primo posto per il maggior numero di settimane nella classifica americana degli album ed è stato anche il maggiore successo come video.

Chris Brown in un tributo a Michael con il cast di *Thriller live*

15 novembre
Arrivando ai World Music Awards a Earls Court, Londra, Michael dice ai giornalisti che c'è stato un "malinteso" e che non si esibirà durante la cerimonia. Infatti accenna solo brevemente a *We are the world* circondato da un coro di ragazzi.
La serata è presentata da Beyoncé Knowles: "Stanotte", esordisce la cantante, "festeggiamo i venticinque anni di *Thriller*. Se non fosse stato per Michael Jackson io non avrei mai fatto questo mestiere. Ti voglio bene, noi tutti ti vogliamo bene".
Michael ringrazia così il pubblico: "Sono molte le persone che mi hanno amato e mi sono state vicine. Io amo tutti i miei fan dal profondo del cuore". Poi getta alla folla la sua giacca nera e lascia il palco.

20 novembre
In una breve intervista per MTV UK News, ancora una volta Michael conferma di aver iniziato a lavorare a un nuovo album, dicendosi molto soddisfatto di come stanno procedendo le cose e aggiungendo: "Lo sto scrivendo quasi tutto da solo".

Sotto e nella pagina accanto: Michael ai World Music Awards del 15 novembre a Earl's Court, Londra

2006

Michael al funerale di James Brown con il reverendo Al Sharpton (a sinistra) e il reverendo Jesse Jackson (a destra)

Rivela anche che sta cercando una nuova casa e che una volta sistemato vorrebbe dedicarsi a un progetto cinematografico.

9 dicembre
Il cantante dei Soundgarden, Chris Cornell Doing, fa sapere che includerà una cover di *Billie Jean* nel suo album solista. "Due cose mi hanno sempre affascinato di questa canzone", dichiara. "È un pezzo molto dark e sentivo che avrei potuto renderlo mio come aveva fatto Johnny Cash con *Rusty cage* dei Soundgarden e con *Hurt* dei Nine Inch Nails. Quando l'ho provata in studio ci hanno messo un po' a capire di quale canzone si trattasse. Poi penso sia una canzone toccante, e l'ultima cosa che qualcuno si aspetta da me è che io faccia una cover di Michael Jackson".

24 dicembre
Notizie non confermate indicano che Michael è atterrato a Las Vegas per quello che viene definito "un rientro" nella città del divertimento. Secondo il sito web Las Vegas Review, Michael e i suoi figli sono arrivati con un volo privato al terminal riservato ai Vip dell'aeroporto internazionale McCarran, provenienti da Dublino.

27 dicembre
Viene trasmessa alla stampa una dichiarazione di Michael in seguito alla morte di James Brown: "Sono estremamente colpito e rattristato dalla morte del mio mentore e amico James Brown. Le parole non possono esprimere l'affetto e la considerazione che nutrirò sempre per quest'uomo. Non c'è mai stato e mai ci sarà un altro come lui. Resterà insostituibile. Mando il mio affetto e le più sentite condoglianze alla sua famiglia".

2007

5 gennaio
Il "Los Angeles Times" riporta che due nuove cause sono state depositate contro Michael, entrambe collegate ai suoi ex commercialisti Bernstein, Fox, Whitman, Goldstein & Sloan. La prima riguarda delle fatture non saldate per 109.540,85 dollari ed emesse dalla Video & Audio Center che aveva installato apparecchiature televisive. Nella seconda gli stessi commercialisti accusano Michael del mancato pagamento delle parcelle, per un totale di 958.956,56 dollari.

Secondo una notizia apparsa sul sito insite.com, Michael cena con Kenny Ortega, regista e coreografo degli Emmy Awards, all'Wynn di Las Vegas.

5 febbraio
Su vegaspopular.com si legge che, in un'intervista rilasciata a Robin Leach, Michael rivela che metterà la propria carriera nelle mani di Simon Fuller, importante manager del mondo dello spettacolo, già manager delle Spice Girls, a cui si deve il successo del reality American Idol e la gestione dell'ingaggio di David Beckham.
Fuller si sarebbe incontrato segretamente con Michael e con il coreografo Kenny Ortega per parlare di lavoro e valutare varie possibilità.

8 febbraio
La rivista "Rolling Stone" riporta che Michael e Will.I.Am hanno lavorato insieme a otto canzoni, tra cui una intitolata *I'm dreaming*; e parla anche di una ballata scritta da (o con) John Legend.

14 febbraio
TMZ riferisce che Michael e la sua famiglia pranzano in una sala privata del Wolfgang Puck's Chinois dopo aver fatto shopping in un famoso negozio di giocattoli nella galleria del Caesar's Palace.
Probabilmente la giornata è stata organizzata per il compleanno di Prince Jackson.

15 febbraio
Dopo un susseguirsi di voci provenienti da numerose fonti, incluso Robin Leach che aveva di recente intervistato Michael, la portavoce Raymone Bain smentisce categoricamente una partecipazione di Michael ad American Idol: "Non c'è niente di vero nella notizia che Michael Jackson parteciperà ad American Idol. Non ha firmato accordi con nessuno. La storia raccontata da Robin Leach è inesatta".

27 febbraio
Raymone Bain rilascia la seguente dichiarazione a nome di Michael: "Diverse voci infondate sono state diffuse dai media, e sono tutte errate e false. Michael Jackson non sta organizzando nessun tour con i membri della sua famiglia.
"Gli sono state presentate numerose proposte, da lui non richieste, alcune delle quali comprendono degli show a Las Vegas. Attualmente le sta valutando. Non pensa di essere vincolato a nessun limite di tempo per prendere le sue decisioni. Pertanto le voci secondo cui, non avendo trovato un locale a Las Vegas per lo spettacolo, sarebbe stato costretto a rivolgersi alla sua famiglia, sono false.
"Mr. Jackson non è venuto a Las Vegas per trattare uno spettacolo. È qui perché ama questa città e la trova un luogo adatto per registrare con gli artisti, gli autori e i produttori che lavorano con lui nello studio.
"Non intende apparire o esibirsi in American Idol e non ha né richiesto né cercato di acquistare dei biglietti per l'All-Star Game della NBA, come è invece stato ampiamente riferito. È stato invitato da diversi proprietari di squadre e da famosi giocatori di basket ad assistere alle partire come loro ospite, tuttavia ha gentilmente declinato questi inviti. Le voci secondo le quali avrebbe cercato di ottenere dei biglietti che gli sono stati negati sono quindi completamente false.
"Mr. Jackson non ha mai preso in affitto nessuna proprietà da Michael Flatly in Irlanda, pertanto le voci che riportano che sia stato sfrattato sono errate e diffamatorie.
"Infine, non ha recentemente pubblicato né registrato un singolo con Pras".

2007

L'arrivo di Michael all'aeroporto Narita di Tokyo

2007

Michael alla base militare di Camp Zama in Giappone

Camp Zama, la base militare americana in territorio giapponese, dove viene accolto con entusiasmo dai militari e dalle loro famiglie.
Inforcati gli occhiali, legge un breve comunicato: "Coloro che sono qui oggi sono tra le persone più speciali al mondo. È grazie a voi e a quelli che come voi hanno dato il loro contributo per la nostra sicurezza che noi oggi possiamo godere della libertà".
Al centro fitness del campo si intrattiene poi con alcuni performer che inscenano uno spettacolo imitando il suo modo di ballare e di cantare mentre gli altoparlanti diffondono a tutto volume le sue canzoni.
Più tardi appunta una stelletta sull'uniforme di un soldato che si è guadagnato una promozione.

4 marzo

Michael vola in Giappone per partecipare a due eventi organizzati dai fan.

5 marzo

Shopping per Michael al Bic Camera, uno dei negozi di elettronica più grandi di Tokyo: chiuderà alle 22, come al solito, ma consentirà alla popstar di restarci fino a mezzanotte.

7 marzo

La Rock and Roll Hall of Fame e la National Association of Recording Merchandisers includono, nella classifica dei duecento album che ognuno dovrebbe possedere, tre dischi di Michael: *Thriller* al numero 3, *Off the wall* all'80 e *Dangerous* al 115.

8 marzo

A Tokyo Michael incontra i suoi fan, che hanno speso tremilacinquecento dollari per acquistare il biglietto Vip che dà diritto a una cena speciale con spettacolo.

9 marzo

Dopo la serata di gala di ieri, mille fan si affollano in un nightclub di Tokyo per assistere insieme a Michael a uno spettacolo di cinque ore che vede sul palco imitatori e un coro gospel. La star si gode la serata da una saletta al piano superiore riservata ai Vip.

10 marzo

Michael, in elegante completo nero e T-shirt, raggiunge in elicottero

15 marzo

In visita privata a Londra, Michael si stabilisce al Jumeirah Carlton Towers Hotel insieme ai figli e a un nutrito stuolo di guardie del corpo. Molti fan decidono di prendere una camera nell'albergo per avere la possibilità di vederlo più da vicino.
Nel suo primo giorno nella capitale britannica fa visita a Philip Green, proprietario di Top Shop, e viene visto nel negozio principale della catena mentre guarda alcuni vestiti.
Caos fuori dall'hotel non appena Michael compare: la folla che lo aspetta è scatenata, e mentre il cantante sta firmando autografi viene spintonato e sbatte la testa contro un muro.

2007

21 marzo
Michael lascia la Gran Bretagna: viene visto all'aeroporto di Heathrow, scortato dagli uomini della sicurezza e dalla polizia.

30 marzo
La BBC riferisce che Raymone Bain, portavoce della popstar, ha smentito un suo ricovero. "Di ritorno dall'Europa era leggermente indisposto", precisa.
"Probabilmente è molto raffreddato o ha un po' di influenza, ma non si trova in ospedale".

4 aprile
Dopo il fallimento di una delle aziende della famiglia Jackson vengono confiscati più di mille oggetti, che nonostante siano coinvolti in un procedimento legale aperto da Michael e Janet, verranno messi all'asta all'Hard Rock Hotel and Resort di Las Vegas alla fine di maggio. Tra i beni figurano dischi d'oro, abiti usati, oggetti d'arte, lettere e documenti personali. Si dice che Michael, addolorato per l'imminente perdita, potrebbe intraprendere un'azione legale per impedirne la vendita.

10 aprile
Nell'ultima classifica di BET dei migliori venticinque ballerini di tutti i tempi Michael si piazza al numero 2, battuto solo da James Brown. Questi i primi dieci: 1. James Brown, 2. Michael Jackson, 3. Nicolas Brothers, 4. Chris Brown, 5. Janet Jackson, 6. Prince, 7. MC Hammer, 8. Savion Glover, 9. Beyoncé, 10. Temptations.

16 aprile
Jamie Foster Brown della rivista "Sister 2 Sister" pubblica il resoconto del suo recente viaggio in Giappone al seguito di Michael, durante il quale è rimasta particolarmente colpita dal modo in cui la popstar si comportava con i figli. Mentre in pubblico indossavano sempre delle maschere, in privato erano molto tranquilli e lei aveva avuto la possibilità di scattare loro delle fotografie a viso scoperto. Scrive che Michael era come "un qualsiasi padre" e come "un bravo genitore", che i bambini sono molto intelligenti, parlano molto bene, amano scherzare e si divertono tantissimo insieme al loro papà.

17 aprile
Sbaragliando gli altri candidati, Shafeen Jarfargholi si aggiudica il ruolo di Michael da piccolo per *Thriller live*, lo spettacolo teatrale che si inizierà a girare in Gran Bretagna il prossimo mese e che racconta la carriera di Michael, dall'inizio con i Jackson 5 fino al suo successo come solista. Previste otto settimane di repliche.

19 aprile
David Gest, un amico di Michael, racconta l'incidente che aveva coinvolto la popstar nel 1984 mentre girava la pubblicità per la Pepsi. "È stato molto doloroso, per lui, il trauma e i sedativi lo hanno cambiato. Prima di allora aveva in pugno la sua carriera. Non che l'incidente lo abbia depresso o allontanato da me, però è comunque diventato un'altra persona."

1 maggio
Durante il processo del 2005 Aphrodite Jones era stata uno dei protagonisti mediatici contrari a Michael, di cui condannava il comportamento senza mezzi termini. Quando la pop star è stata giudicata innocente la Jones ha riconosciuto di essersi sbagliata, ha cambiato opinione nei suoi confronti e ha scritto un libro, intitolato *Michael Jackson conspiracy*, che verrà pubblicato il prossimo mese.

2 maggio
L'ex presidente americano Ronald Reagan ha tenuto per molti anni un diario in cui annotava un commento sulle persone interessanti che aveva avuto occasione di conoscere. Dell'incontro con Michael scriverà di "essere rimasto sorpreso da quanto fosse schivo".

6 maggio
Thriller live, il musical basato sulle hit di Michael e dei Jackson 5, debutta a Reading.

Michael con i fan a Tokyo

2007

Lo spettacolo, per il quale sono state scritturate più di trenta persone compresa un'intera compagnia di cantanti e ballerini, un coro gospel e un'orchestra, celebra il re del pop come nessun altro prima. Per oltre due ore mette in scena le sue canzoni di maggior successo, tra le quali *I want you back*, *I'll be there*, *Blame it on the boogie*, *Can you feel it*, *Rock with you*, *She's out of my life*, *Billie Jean* ed *Earth song*. Originariamente era stato pensato da Adrian Grant per essere rappresentato in una sola serata al Dominion Theatre di Londra per il compleanno di Michael del 2006. Poi Grant si era rivolto ad altri produttori e impresari per trasformarlo in uno spettacolo da portare in giro.

18 maggio
Gli avvocati di Michael raggiungono un accordo sugli oggetti che saranno messi all'asta a Las Vegas alla fine di questo mese. Al momento non si conoscono i termini esatti, ma si sa che l'asta si terrà, come programmato, presso l'Hard Rock Hotel.

22 maggio
Michael arriva all'aeroporto di Heathrow da solo; più tardi si verrà a sapere che anche i suoi figli, accompagnati dalla bambinaia, sono nella capitale britannica.

26 maggio
In Gran Bretagna Michael è l'ospite d'onore alla festa per i venticinque anni del principe Azim, figlio del sultano del Brunei. Vestito quasi completamente in nero, sembra tranquillo e rilassato e le fotografie lo immortaleranno mentre si diverte con gli altri ospiti. Alla festa partecipano un centinaio di vip tra i quali Jerry Hall, Raquel Welch, Faye Dunaway e diverse giovani star dell'industria della musica.

30 maggio
Michael e la Sony/ATV annunciano di aver acquisito la Famous Music LLC, che entrerà così a far parte del loro catalogo. La Famous Music LLC possiede centoventicinquemila canzoni, classiche e contemporanee, tra cui i successi di Shakira e di Eminem.
Michael, che si trova ancora a Londra, saluta i fan dalla finestra dell'albergo dove alloggia, mentre all'Hard Rock Resort Hotel di Las Vegas ha inizio l'asta degli oggetti appartenuti ai Jackson che erano stati sequestrati dopo il fallimento di una delle imprese di famiglia per pagare i debiti, e che erano assicurati per cento milioni di sterline. Il 10% del ricavato verrà diviso tra cinque organizzazioni statunitensi che si occupano di bambini.
La Universal Express, che gestisce l'asta, aveva invitato i vip che si occupano di beneficenza a fare da banditori nella speranza di veder crescere le offerte.

6 giugno
Di ritorno a Los Angeles, Michael porta i figli a vedere *The bodies - an exhibition*, una mostra sul corpo umano che si incentra soprattutto sui danni provocati dal fumo. Insieme visitano anche *Titanic - an artefact exhibition*, esposizione dedicata alla leggendaria nave, alla sua storia e agli oggetti recuperati dopo il naufragio.

18 giugno
In un comunicato si legge che Michael Jackson ha raggiunto un accordo con la Prescient. La causa sarebbe dovuta iniziare oggi. Il cantante aveva negato di aver firmato con la società un contratto per risanare la sua situazione finanziaria a un tasso del 9% sul totale del rifinanziato, che, se fosse corretto, avrebbe dovuto ammontare a quarantotto milioni di dollari. Visto che nessun documento poteva essere addotto come prova che la firma fosse quella di Jackson, e che senza di esso la Prescient aveva ben poche possibilità di vincere, la società ha preferito ricorrere a un accordo tra le parti.

27 giugno
Raymone Bain si fa portavoce di un altro comunicato di smentite. "Mr. Jackson non è costretto a letto e non sta assumendo alcun tipo di farmaco, sedativi compresi. Sta bene, e anche ieri si è incontrato con i suoi consulenti, tra cui Benjamin R. Civiletti, ex procuratore generale, e il reverendo Jesse L. Jackson.
Non esiste nessun comunicato stampa emesso dall'organizzazione di Michael Jackson che riguardi la programmazione di un tour in Europa. Nonostante le voci affermino il contrario, Mr. Jackson al momento si trova in uno studio di registrazione. Non è 'stato mandato via' da Las Vegas, né 'è stato sfrattato' dalla sua casa di Las Vegas. Ha solamente deciso di non comprare casa. Punto.

2007

Mr. Jackson non crede che suo fratello Randy gli abbia sottratto del denaro, così come non pensa che Randy o qualche altro membro della sua famiglia abbia voluto rubargli qualcosa. Queste sono voci false e malevoli. Contrariamente a quanto si legge sui giornali, Mr. Jackson non sta perdendo né sta vendendo la sua quota di ATV/Sony. Le notizie a questo riguardo sono infondate e senza senso e denotano una scarsa conoscenza finanziaria. Mr. Jackson è preoccupato che la sua assistente Grace Rwaramba sia costantemente attaccata da Roger Friedman di 'Fox News'. Sono uscite notizie velenose e assolutamente false su Grace Rwaramba, che ha una sua vita privata e non ha mai fatto nulla di male, ma viene tuttavia criticata per il rapporto professionale che intrattiene con Mr. Jackson e per essergli vicina. Nel corso della sua carriera Mr. Jackson non ha mai pronunciato una parola spregiativa nei confronti dei giornalisti, né ha autorizzato le sue guardie del corpo a utilizzare la violenza contro di loro, eppure alcuni nutrono contro di lui un tale risentimento da aver perso ogni integrità professionale, scrivendo cose assolutamente senza fondamento, false, pensate per istigare, per provocare e per distruggere l'immagine dell'artista. Loro sanno chi sono, sanno a cosa mi riferisco, e gli avvocati di Mr. Jackson se ne occuperanno."

Michael con il Jesse Jackson alla festa organizzata per il compleanno del reverendo

16 luglio

Lo studio legale Ayscough & Marar, che aveva lavorato per Michael nel 2003, vince la causa intentata per ottenere il pagamento dei propri emolumenti. Rigettando il controricorso di Jackson, il giudice stabilisce che il cantante dovrà pagare loro i 216.837 dollari dovuti più gli interessi, pari a 39.177 dollari.

19 luglio

Sul "Washington Post" si legge che Michael e la sua famiglia hanno visitato in forma privata, prima dell'apertura al pubblico, lo Smithsonian Institute, accompagnati dall'ottantaquattrenne vicedirettore Don Lopez, lo stesso che venticinque anni prima aveva fatto da cicerone a Michael. Si legge che la popstar si è soffermata davanti all'aeroplano dei fratelli Wright del 1903 e che i bambini si sono entusiasmati per i driodi R2-DR e C-3PO di *Guerre stellari*.

7 settembre

Raymone Bain emette questo comunicato ufficiale: "La rivista 'People' ha continuato a pubblicare notizie false e informazioni poco corrette su Michael Jackson e la sua famiglia. Tra le chiacchiere diffuse, la più inquietante e tremenda è quella che riguarda una sua dipendenza da sedativi o alcol."
Il comunicato riporta anche quanto affermano i fratelli di Michael: 'People' e altri giornali hanno citato fonti secondo le quali la nostra famiglia avrebbe tentato un intervento contro l'uso di droga e si sarebbe attivata per rilevare le attività economiche di Michael proprio a causa della sua dipendenza.
"Noi smentiamo categoricamente queste notizie, così come smentiamo di essere mai stati a conoscenza di fatti del genere. Crediamo fermamente che queste 'fonti' e anche altre, non importa quali, diffondano simili affermazioni diffamatorie, sbagliate e assolutamente false solo per denaro.
"Michael e la famiglia Jackson hanno sopportato anni di falsità e fatti distorti. È ora di mettere la parola fine a tutte queste bugie diffuse solo per l'avidità. Grazie".
Il comunicato è firmato Toriano Adaryyl (Tito) Jackson, Marlon David Jackson, Sigmund Esco (Jackie) Jackson, Jermaine Jackson e Katherine Jackson.

19 settembre

Michael trascorre la settimana a New York e alloggia in un hotel di Midtown, dove posa per un servizio fotografico che uscirà nel numero di ottobre dell'edizione italiana di "Vogue". Saranno le prime immagini "ufficiali" della popstar da molto tempo a questa parte. Mentre si trova a New York porta i figli a vedere il musical *Il re leone* e si intrattiene con il cast.

2007

28 settembre
Michael è sulla copertina della rivista fashion maschile "L'Uomo Vogue", con un supplemento di venti pagine a lui dedicato. Erano sedici anni che la star non posava per un servizio di questo tipo.

9 ottobre
Michael scrive una lettera ai fan: "Voglio ringraziarvi per le bellissime cartoline, le fotografie, i messaggi, i video e i regali che mi avete mandato per il mio compleanno. Sono sommerso dalle vostre gentilezze.
"Il vostro affetto e sostegno sono immensamente importanti per me. Vi voglio davvero bene e vi stimo tutti dal profondo del cuore.
"Recentemente sono stato molto occupato, probabilmente avete visto l'ultimo servizio fotografico pubblicato su 'L'Uomo Vogue'. Presto dividerò con voi anche altre eccitanti e sorprendenti novità.
"Sappiate che vi voglio bene e vi stimo. Vi mando un grazie enorme con il cuore e i miei più calorosi auguri. Con affetto, Michael Jackson".

15 ottobre
James C. Chalfant, giudice della Corte Superiore di Los Angeles, si pronuncia a favore dello studio legale Ayscough & Marar di Torrance, California, e ordina a Michael di pagare loro centosettantacinquemila dollari. Lo scorso luglio gli era già stato ordinato di pagare duecentocinquantaseimila dollari. Lo studio afferma di non essere stato ancora saldato e chiede che si aggiungano gli interessi del 10%.
Ayscough & Marar avevano rappresentato Michael in diverse cause civili e lavorato per il processo del 2005.

1 novembre
Per festeggiare il venticinquesimo anniversario di *Thriller* la rivista "Ebony" pubblica uno speciale di ventidue pagine con un servizio fotografico su Michael realizzato durante la sua visita al Brooklyn Museum di New York la settimana scorsa.

8 novembre
Michael partecipa ai festeggiamenti presso il Beverly Hills Hotel per i sessantasei anni del reverendo Jesse Jackson.

9 novembre
Raymone Bain emette un comunicato che ha per oggetto Neverland: "Nel 2006 gli ex consiglieri di Mr. Jackson hanno rifinanziato il ranch di Neverland Valley attraverso il Fortress Investment Group. Il debito è giunto a scadenza nell'ottobre 2007. Contrariamente a quanto riportato, Mr. Jackson non è inadempiente, è nella fase finale del rifinanziamento e non perderà il ranch di Neverland Valley. Non ci saranno ulteriori commenti a riguardo, secondo la linea di condotta adottata da tempo e applicata per le attività finanziarie personali di Mr. Jackson".

15 novembre
A Los Angeles, Michael va a fare spese a Melrose Drive con in testa un cappello da baseball, accompagnato solamente da una donna. Chiede al proprietario di Moist Wear di chiudere il negozio e a un fan che si trova lì di non rivelare a nessuno la sua presenza, spiegandogli che "vorrebbe provare a essere come lui", e intendendo con questo che vorrebbe fare acquisti senza troppa confusione. Il fan racconterà che Michael sembrava nervoso, ma che molto gentilmente ha firmato un autografo per lui. "Ho sospettato qualcosa quando mi sono mosso per andargli incontro", dirà. "Era appoggiato al muro fuori dal negozio, sembrava quasi un homeless... poi di colpo l'ho non riconosciuto. Nonostante le apparenze, certe persone hanno un fascino carismatico... È stato molto cortese."
Nel lasciare Moist Wear – dove ha comprato tre T-shirt – Michael viene circondato dai fan, che lo seguono fino all'auto sulla quale si allontana.

Michael con Danny Davis (membro del Congresso), Berry Gordy (fondatore della Motown) e Larry King (conduttore di talk show) alla festa per il compleanno del reverendo Jesse Jackson

19 novembre
"Ebony", che ha recentemente pubblicato un'intervista a Michael completa di servizio fotografico, mette sul suo sito web alcune delle duecento domande giunte in redazione dai fan di tutto il mondo con le relative risposte. Fra le curiosità che vi si leggono: il servizio fotografico era stato pianificato otto mesi prima ed erano state necessarie più di sei ore per completarlo.

2008

Michael ha effettuato cinque cambi d'abito e ha indossato vestiti firmati Roberto Cavalli, Valentino e Cesare Paciotti e gioielli di diamanti per oltre due milioni di dollari; accompagnato da Blanket, ha chiesto di sentire la sua musica mentre posava e ha anche ballato un po'. A servizio fotografico terminato, papà Michael se ne è andato per mettere a letto i suoi figli.

Dicembre

L'edizione giapponese di "Rolling Stone" esce con allegato un libro di quarantaquattro pagine dedicato al re del pop.

1 dicembre

La Epic Records/Legacy Recordings celebrano con un'edizione speciale di *Thriller* il venticinquesimo anniversario dell'album che ha venduto di più nella storia della musica.

4 dicembre

Un giornalista che si occupa di star, afferma di aver visto Michael mentre lascia un negozio di elettrodomestici a Beverly Hills e sale su una Toyota Prius.

12 dicembre

Dopo "Ebony" Michael è anche sulla copertina di "Jet", rivista "gemella" dello stesso gruppo editoriale.

21 dicembre

Grammy.com pubblica i nuovi nomi per la propria Hall of Fame del 2008. Michael è in lizza con gli album *Off the wall* e *Thriller*.

28 dicembre

In un'intervista all'"Atlanta Journal", Usher rivela che sta lavorando a un singolo che vede la partecipazione di Michael e T-Pain della Urban Music. "C'è, ma ancora non l'abbiamo registrato", spiega al giornale. "E finché Michael è con noi, va tutto bene."

2008

11 gennaio

Il "Las Vegas Review Journal" riporta che Michael è stato visto con Prince, Paris e Blanket alla mostra del Tussauds allestita al Venetian Hotel.

12 gennaio

Secondo alcune voci Michael progetterebbe di "calare" su Londra con una serie di concerti alla O2 Arena, ed esattamente da dieci a trenta spettacoli che gli farebbero guadagnare trenta milioni di dollari. Per questo motivo avrebbe deciso di fermarsi un mese nella capitale britannica.

14 gennaio

Da oggi è possibile scaricare la versione digitale di *The girl is mine 2008*, il nuovo singolo di Michael e Will.I.Am.

19 gennaio

Michael appare sulla copertina dell'edizione spagnola di "Rolling Stone" che celebra il venticinquesimo anniversario di *Thriller*.

22 gennaio

Per sottolineare il cambio di linea editoriale, Z89, la radio studentesca della Syracuse University, trasmette *Beat it* di Michael per ventiquattro ore consecutive. Sarà sommersa di messaggi: c'è che crede che abbia problemi tecnici, chi pensa a una raccolta fondi.

26 gennaio

Michael invia un messaggio video alla serata per gli NRJ Music Awards di Cannes.

31 gennaio

Oggi la musica ha fatto tremare il sottoterra: è accaduto quando i pendolari della metropolitana londinese, all'improvviso, si sono trovati a guardare *Thriller* eseguito dai ballerini professionisti del musical *Thriller live*, ormai vero e proprio successo di YouTube.

1 febbraio

Per celebrare il venticinquesimo anniversario del pluripremiato *Thriller* di Michael Jackson, la Legacy Recordings lancia *Thrillercast*, un podcast in quaranta episodi che resterà disponibile per tutto il 2008. Vi partecipano artisti come KRS One, DMC, Akon, Nick Cannon, Chris Brown e Will.I.Am, che parlano dell'album, dei suoi singoli e dei video e dell'influenza che il disco ha esercitato su di loro sia personalmente che professionalmente.

3 febbraio

Ola Ray, apparsa nel video di *Thriller* con Michael, racconta al "Sunday Mirror" di essere stata felice di flirtare e scherzare con lui, ma anche di essere stata pagata solo seicento sterline.

2008

4 febbraio
Il nuovo singolo di Michael con Will.I.Am, *The girl is mine 2008*, viene distribuito nei negozi in un CD con tre tracce. Anche la versione digitale è composta da tre brani.

8 febbraio
La Sony Japan trasmette un video della durata di quaranta secondi del singolo inedito *Got the hots*. Il brano sarà contenuto nell'edizione giapponese di *Thriller 25*, di prossima uscita.

11 febbraio
Esce nei negozi il CD *Thriller 25th anniversary edition*. Contiene nove brani originali, cinque nuovi remix e l'inedito *For all time*. Allegati un libretto a colori e un DVD con alcuni video di *Thriller*.

21 febbraio
Thriller 25 entra in classifica:
BILLBOARD CATALOGUE 1
Nell'ultimo decennio, *Thriller* ha venduto più copie di qualsiasi altro album del catalogo.

27 febbraio
A Michael viene notificato un avviso: se non pagherà ventiquattro milioni di dollari, Neverland sarà messa all'asta il 19 marzo. La vendita riguarderà ogni cosa presente nel ranch compresi gli impianti e i mobili, gli effetti personali, gli oggetti della casa e quelli del parco, inclusi treni, binari e persino gli alberi.

5 marzo
Jeff Borer, proprietario di Extrajet – la compagnia charter utilizzata da Jackson per recarsi alla Corte Superiore di Santa Barbara nel 2004 – viene condannato dal tribunale a pagare a Mark Geragos e al suo associato oltre dodici milioni di dollari di danni. Motivo? Aveva istallato sull'aereo una telecamera per registrare le conversazioni tra Michael e i suoi avvocati. Il reato era stato scoperto quando a Fox TV era stato offerto il nastro registrato per un'imprecisata somma di denaro.

14 marzo
L. Londell McMillan, avvocato di Michael, dichiara che si è concluso un accordo privato con il Fortress Investment Group, che manterrà il ranch di Neverland nelle mani di Michael evitandone la vendita.

20 marzo
Secondo la Global Track Chart, la hitlist ufficiale compilata e distribuita da Media Traffic, a un mese dall'uscita *Thriller 25th anniversary edition* ha venduto oltre un milione di copie in tutto il mondo.

24 marzo
Il Michael Jackson World Network celebra il suo decimo anniversario. Fondato da Adrian Grant, il fan club è ora gestito da Jayne Ross e da moltissimi volontari.

30 marzo
Mark Lester, amico di lunga data di Michael, rilascia un'intervista al "Sunday Mirror": "Ho parlato con lui un paio di giorni fa", esordisce. "Ci conosciamo da più di trent'anni, ci eravamo incontrati quando era in tour con i Jackson 5. Il suo agente mi chiama e mi dice: 'Il film preferito di Michael è *Oliver!* Gli piacerebbe incontrarti'. Così siamo andati a bere un caffè e siamo diventati amici. Sono così orgoglioso di lui, è riuscito a cambiare la sua vita dopo tutte quelle accuse e sta semplicemente cercando di andare avanti. Abbiamo molto in comune, tutti e due siamo stati spinti sotto i riflettori da giovani. Se non l'hai provato, non puoi capire cosa significa".

Michael al party di Los Angeles del 23 maggio per i cinquant'anni dello stilista Christian Audigier

2008

15 aprile
Negli Stati Uniti esce il singolo con la cover di Akon di *Wanna be startin' somethin'*, tratta da *Thriller 25*.

10 maggio
Secondo la documentazione del tribunale resa nota oggi, la vendita per riscattare l'ipoteca del ranch di Neverland Valley, che avrebbe dovuto avere luogo il 14 maggio a Santa Barbara, è stata cancellata. Questa la dichiarazione di Michael in proposito: "Sono felice dei recenti sviluppi e sto discutendo con la Colony e Tom Barrack riguardo al ranch e ad altre questioni che mi permetteranno di concentrarmi meglio sul futuro".

Michael fa spese a West Hollywood

14 maggio
Ancora un riconoscimento per *Thriller*, che entrerà a far parte delle venticinque registrazioni audio conservate nella Library of Congress di Washington. Ogni anno l'importante biblioteca stila un elenco di venticinque registrazioni da aggiungere ai propri archivi come "culturalmente, storicamente o esteticamente piacevoli".

23 maggio
Michael partecipa ai festeggiamenti per il cinquantesimo compleanno dello stilista Christian Audigier. In pantaloni neri e camicia di satin blu con decorazioni bianche, sembra in forma e felice quando prende il microfono per fare gli auguri ad Audigier. Impazzano i cellulari, tutti con le mani in alto per portarsi a casa un minifilmato della star.

27 maggio
Michael viene visto all'MGM Grand di Las Vegas: è qui per assistere alla finale del campionato di lotta che prevede il match Tito Ortiz contro Lyoto Machida. Seduto su una sedia a rotelle, si nasconde in una specie di burka e sotto un paio di occhiali scuri.

28 maggio
La boy band irlandese dei Boyzone, riunitasi dopo otto anni, nel concerto che segna il loro ritorno sulla scena omaggia i Jackson 5 e Michael con un medley di brani tra cui *ABC*, *Billie Jean*, *Bad*, *The way you make me feel* e *Black or white*.

29 maggio
Secondo quanto si dice negli ambienti musicali, la star dell'r&b Ne-Yo sta lavorando al nuovo album di Michael. "Gli ho fatto sentire dei nuovi pezzi", avrebbe dichiarato. "È molto selettivo ed esigente, ma è giusto che lo sia. Questo sarà un album molto importante."

16 giugno
Da oggi è possibile scaricare *Wanna be startin' somethin' 2008*, il nuovo brano di Michael Jackson con la partecipazione di Akon. La versione digitale del singolo è disponibile su iTunes per settantanove centesimi.

Luglio
Hold my hand circola illegalmente su internet. Era stata scritta originariamente per Akon da Claude Kelly, che racconta: "... d'un tratto sento la voce di Michael Jackson... quando il pezzo è finito stavo letteralmente tremando". La presenza di Michael nel brano non era infatti prevista.
Per il momento non ci sono conferme che la canzone esca come singolo, anche se chi l'ha sentita ne parla in modo entusiasta.

14 luglio
Gli ascoltatori di Radio 2 della BBC scelgono *Billie Jean* come miglior disco dance di sempre. Dai microfoni di Radio 2, il DJ Zoe Ball dice: "Sono felice di questo risultato, questo è Jackson al meglio. L'interpretazione di Jacko al venticinquesimo anniversario della Motown è una delle migliori performance live di tutti i tempi.

2008

I bassi sono meravigliosi, e la produzione ti stende. È semplicemente perfetta".

22 luglio

Ne-Yo deve aver creduto che lo stessero prendendo in giro quando un certo Michael Jackson lo ha chiamato per chiedergli se voleva scrivere le canzoni per il suo nuovo album: infatti gli ha riattaccato il telefono. È stato allora richiamato da Peter Lopez, l'agente di Michael, e ha parlato nuovamente con la star, che si è detta innamorata della sua musica melodica e gli ha chiesto dei brani ricchi di dolcezza. "Era tutto molto riservato", ricorda Ne-Yo.
Il cantante scriverà una serie di pezzi che spedirà a Michael in MP3, e di nuovo verrà ricontattato.
Ricorda così la conversazione: "'La canzone numero tre mi piace davvero tanto, nella numero quattro il ritornello potrebbe essere più forte. Nella numero uno cambia il primo verso... Okay, ciao.' Clic. Io le ho rifatte e Michael mi ha detto: 'Bene, sono perfette. Mandamene altre'. Quindi io non so che cosa tiene, che cosa butta via, che cosa sta registrando".

25 agosto

Esce *King of pop*, il nuovo greatest hits con brani scelti dai fan per celebrare il cinquantesimo compleanno di Michael. L'album è in vendita nei negozi e online.

26 agosto

Con addosso una felpa con cappuccio, e sul viso una mascherina, Michael e i suoi figli assistono a uno spettacolo del Cirque du Soleil all'MGM Grand seduti al centro della platea.

28 agosto

In un'intervista esclusiva con Chris Connolly e Michael S. James al Good Morning America della ABC, Michael parla del passato, del presente, del futuro e dei suoi sogni per i figli. Alla domanda quale sia stato il periodo più felice della sua vita, risponde che probabilmente è stato durante le registrazioni di *Thriller* e *Off the wall*: "Ha significato tantissimo, per me... il pubblico e il mondo intero mi aprivano le braccia. E mi sono davvero divertito.
"Ho ancora voglia di fare molte cose", ha continuato, e ha aggiunto che spera di pubblicare nuova musica e intraprendere un tour, anche se non ci sono ancora date confermate.
"Scrivo tutto il tempo. Adoro comporre e tutto il resto. Ma sto anche crescendo i miei figli e mi piace farlo, sto insegnando loro ad andare in bicicletta e a leggere. Li adoro!"
Poi ha parlato della sua infanzia, dicendo di averla sacrificata per "molto, molto lavoro". Quando gli è stato chiesto se lo rifarebbe, ha risposto: "Credo di sì, ne vale veramente la pena. Ho sempre amato lo show business e mi è sempre piaciuto far felici le persone attraverso questo mezzo. Adoro la celebrazione della musica, della danza e dell'arte..."
Dei suoi figli ha raccontato: "Li lascio andare in sala giochi, al cinema... Voglio che facciano le cose che io non ho potuto fare. E poi li riempio di allegria... Sai, mi commuovo quando li vedo divertirsi, quando fanno un giro sulle giostre e strillano e sono felici... mi commuovo perché vedo che stanno bene davvero".
L'ultima domanda è questa: cosa direbbe, se potesse tornare indietro e dare consigli a se stesso quando aveva nove o dieci anni? "Se lo vuoi fare, impegnati", ha risposto, "cerca di conoscere bene la tua arte e lasciati coinvolgere completamente." E ha concluso che per gestire la pressione della celebrità quello che serve è una "pelle da rinoceronte".

31 agosto

In Gran Bretagna *King of pop* entra in classifica:

ALBUM POP	5

4 settembre

I Jacksons ricevono gli onori della BMI attraverso il prestigioso Icon Award. Janet presenta i suoi fratelli, le sue sorelle e i suoi genitori. Michael e Jarmaine non partecipano alla cerimonia.

7 ottobre

Michael, Prince, Paris e Blanket vengono fotografati mentre vanno a fare shopping a Los Angeles. Arrivano al Golden Apple Comic Book indossando delle mascherine, che i bambini tolgono non appena entrati nel negozio; Michael invece la tiene sul viso e si tira sulla testa il cappuccio della giacca.

2008

Michael, Mohamed Hadid e i loro figli al residence di Holmby Hills che la popstar ha preso in affitto a Westwood, California

17 ottobre

A Los Angeles, Michael viene visto tra Robertson e Melrose Boulevard. Pare sia andato in un "centro di cosmetologia e dermatologia" a Beverly Hills e in un negozio di cosmetica sul Robertson, dove ha comprato un prodotto di bellezza a base di enzimi e propoli chiamato "Epicuren Discovery". Poi ha fatto un giro in un negozio di antiquariato, adeguatamente chiamato "Off the wall", dove ha acquistato un modellino di aereo in argento. Sembra in salute, e sorride continuamente mentre è circondato da fan e paparazzi. È vestito con cura ma in modo casual, con jeans neri attillati, elegante giacca nera, maglietta bianca e stivali neri. Il giorno dopo viene visto mentre si reca a casa di Elizabeth Taylor.

18 ottobre

In Gran Bretagna, questo weekend, tutti gli undici concorrenti di X Factor si esibiscono con canzoni del repertorio di Michael. Risultato: l'album realizzato per il cinquantesimo compleanno di Michael, *King of pop*, entra nella classifica inglese:

TOP TEN ALBUM 47

26 ottobre

I giornali scrivono che negli ultimi giorni, durante lo shopping, Michael ha confidato a un fan di non avere intenzione di vivere in un hotel di Las Vegas, e che sta pianificando un tour mondiale di trenta date per il prossimo anno. Avrebbe inoltre aggiunto di volerlo fare per i suoi figli, per mostrare loro in cosa consiste il suo lavoro e per portarli in viaggio con sé.

27 ottobre

Michael chiama Kenny Ortega, regista di *High school musical*, per dirgli quanto ammira il suo lavoro.

29 ottobre

Durante una visita in Australia, Jermaine annuncia nuovamente che nel 2009 i Jackson 5 andranno in tour. Dice che l'aspetto logistico è già stato sistemato, che i concerti saranno aperti da Janet e che Michael farà parte del gruppo.

31 ottobre

In risposta alle voci di una sua partecipazione alla reunion dei Jackson 5, Michael dichiara: "I miei fratelli e le mie sorelle hanno tutto il mio amore e il mio sostegno. Abbiamo condiviso tante esperienze importanti, ma per ora non c'è nessun progetto per registrare un disco o andare fare un tour insieme. Al momento sono in studio e non vedo l'ora di condividere il mio nuovo lavoro con i fan dal vivo". Michael partecipa poi a una festa di Halloween a casa di Natalie Maines delle Dixie Chicks, arrivando con la vedova di Gregory Peck e i suoi figli. "Un paio di persone gli hanno detto che aveva in assoluto il miglior travestimento da Michael Jackson!" racconterà la Maines. Sembra che anche il DJ lo abbia scambiato per un sosia, e comunque ha messo sul piatto *Thriller* quando Michael è entrato nella stanza.

2009

3 novembre
Negli ultimi tempi Michael viene visto spesso in giro per Los Angeles, ma questa volta il colpaccio lo fa TMZ, riuscendo a fotografarlo nella sua macchina, una Cadillac Escalade, mentre si trova al Kentucky Fried Chicken di Brentwood. In mattinata Michael e Blanket avevano fatto una seconda visita a sorpresa al negozio di antiquario di Melrose "Off the wall": camicia rossa, pantaloni neri e giacca, Michael sembrava stare bene, sorrideva guardando le macchine fotografiche ed è rimasto nel negozio per circa un'ora.

6 novembre
Viene annunciato che dopo il tour in Gran Bretagna e in altre nazioni europee, *Thriller live*, il musical celebrativo della carriera di Michael, andrà in scena al Lyric Theatre, nel West End di Londra, a partire dal 2 gennaio del prossimo anno.

7 novembre
Grazie ad Halloween e alla campagna "Thrill The World", *Thriller 25th anniversary*, l'edizione per il venticinquesimo anniversario dell'album, raggiunge la prima posizione in classifica:

BILLBOARD ALBUM	1

23 novembre
Gli avvocati di Michael raggiungono un accordo con lo sceicco Abdullah Hamad Al-Khaifa, che aveva affermato che Michael gli era debitore di sette milioni di dollari. L'accordo è stato siglato subito prima che Michael salisse sull'aereo per Londra, il che significa che domani la popstar non dovrà comparire davanti alla corte suprema. Questa la dichiarazione di Celena Aponte, portavoce dell'artista: "Mentre Mr. Jackson stava per salire sull'aereo diretto a Londra i suoi legali gli hanno comunicato che poteva rimandare il viaggio poiché le parti avevano raggiunto un accordo. Pertanto, lunedì non comparirà in tribunale".

24 novembre
Londell McMillan, avvocato newyorkese di Michael, smentisce il contenuto di un articolo apparso sulla stampa britannica in cui si afferma che Michael è diventato musulmano. "È spazzatura, totalmente falso", dice ai giornalisti.

11 dicembre
Esce una nuova compilation formata da tre CD per celebrare il cinquantesimo anniversario della Motown, che include *ABC* e *I want you back* dei Jackson 5 e *Got to be there* e *You've got a friend* del primo repertorio da solista di Michael. L'album include anche classici di Diana Ross, Stevie Wonder, Marvin Gaye, Smokey Robinson, Temptations e Lionel Richie.

13 dicembre
Michael viene nuovamente visto a Los Angeles in un negozio di antiquariato. Il suo "travestimento" consiste di una tunica turchese che arriva al ginocchio su pantaloni bianchi di cotone, ciabatte, una maschera per gli occhi e il suo famoso cappello di feltro. Ovviamente viene riconosciuto dai fan che gli chiedono di firmare numerosi autografi.

23 dicembre
In risposta alle affermazioni sulla salute di Michael pubblicate in un libro uscito di recente, il suo unico portavoce ufficiale, il dottor Thome, rende pubblica la seguente dichiarazione: "Riguardo alle insinuazioni dell'autore, speriamo che in futuro i mass media legittimi non cedano nuovamente a quello che è un ovvio tentativo di promuovere una 'biografia' non autorizzata. Le assurde affermazioni sulla salute di Mr. Jackson sono totalmente inventate.
Mr. Jackson è in buona salute e sta portando a termine un accordo con un'importante società del mondo dello spettacolo e con un network televisivo per un tour mondiale e una serie di partecipazioni speciali".

2009

2 gennaio
Thriller live debutta nel prestigioso West End di Londra, dando inizio a tre mesi di rappresentazioni al Lyric Theatre.

20 gennaio
In onore di Barack Obama, neoeletto presidente alla vigilia dell'inizio del suo mandato, DJ Cassidy sceglie di suonare al Mid-Atlantic Ball, fra gli altri, il pezzo di Michael *Wanna be startin' something.* "È la canzone perfetta per un nuovo inizio", dirà.

21 gennaio
Tito Jackson partecipa alla notte dedicata alla stampa in occasione della rappresentazione di *Thriller live* a Londra. Firma autografi fuori dal Lyric Theatre e viene raggiunto al party dopo lo show dalla sorella LaToya (appena eliminata dal reality Celebrity Big Brother.)

Kearon Alleyne sul palco alla prima di *Thriller live* al Lyric Theatre di Londra

Denise Pearson e Tito Jackson alla prima di *Thriller live*

Michael durante la conferenza stampa in cui annuncia i concerti alla O2 Arena di Londra

26 gennaio
Il produttore James L. Nederlander della Nederlander Organization, società che possiede nove teatri di Broadway, dichiara di aver acquisito i diritti per realizzare la versione teatrale del video di *Thriller*. Lo show dovrebbe comprendere alcune canzoni tratta da *Thriller* e *Off the wall*.

28 gennaio
Il regista Landis e la sua Levitsky Productions intentano una causa per i diritti del video di *Thriller*, coscritto e diretto da Landis.

Landis presenta inoltre una seconda denuncia, questa volta contro Michael Jackson e il produttore James L. Nederlander, accusandoli di non avere le autorizzazioni per mettere in scena una produzione teatrale basata sul video di *Thriller*.

7 febbraio
Il Grammy Museum di Los Angeles inaugura la "Michael Jackson: HIStyle", una mostra, unica nel suo genere, che ospita una selezione degli elaborati abiti che hanno definito lo stile personale e unico del re del pop.

14 febbraio
All'interno del Black History Month 2009, la BET Networks (Black Entertainment Television) stila l'elenco dei venticinque personaggi che hanno influenzato maggiormente il mondo della musica. In questa Top 25 Michael Jackson figura al numero 2, battuto solo da Bob Marley.

21 febbraio
Vista l'enorme richiesta, *Thriller live*, che aveva debuttato il 21 gennaio al Lyric Theatre di Londra e che avrebbe dovuto terminare gli spettacoli il 12 aprile, sarà messo in scena per altre ventiquattro settimane, fino al 27 settembre. Contemporaneamente un'altra compagnia che porta in scena lo show dà inizio a un tour in Gran Bretagna e nel resto d'Europa: partito il 13 febbraio a Northampton, il tour si concluderà l'1 luglio a Monaco di Baviera.

27 febbraio
Michael e lo stilista Christian Audigier fanno shopping in Rodeo Drive, a Los Angeles. Fra le tappe, i negozi di Dior e di Dolce&Gabbana.

2 marzo
Michael arriva in Gran Bretagna all'aeroporto di Luton protetto da agenti della sicurezza. Viene accompagnato al Lanesborough Hotel in limousine bianca, dove si prepara per un'importante conferenza stampa.

4 marzo
Michael Jackson fa causa alla casa d'asta Julien perché ponga termine alla vendita di suoi oggetti personali.

5 marzo
Durante la conferenza stampa nella capitale britannica, Michael annuncia che il tour di dieci date alla O2 Arena di Londra inizierà l'8 luglio. Introdotto da Dermot O'Leary, il conduttore di X Factor, il re del pop sale sul palco e dice: "Grazie a tutti. Ci siamo: questi saranno i miei ultimi show a Londra. E lo dico sul serio, perché canterò le canzoni che i fan vogliono sentire. E dopo calerà il sipario. Vi vedrò tutti a luglio... vi adoro. Vi adoro davvero, lo dovete sapere. Vi adoro dal profondo del cuore! Ci siamo! Ci vediamo a luglio!"

6 marzo
In compagnia dei suoi figli, Michael assiste a una rappresentazione del musical londinese *Oliver!* Solito parapiglia quando la folla di fan cerca di avvicinarlo.

Muore all'età di cinquantotto anni David Williams, chitarrista che aveva suonato con star del calibro di Madonna. Suoi alcuni dei riff più celebri dell'album *Thriller*, tra cui l'assolo in *Billie Jean*.

8 marzo
Il sito michaeljacksonlive.com pubblica questa dichiarazione di Michael: "Ci siamo! Ancora una volta vedo e sento il richiamo a essere parte di una musica che non unisca semplicemente, ma faccia sentire tutti uniti, nella gioia, nel dolore e nell'amore, uniti nel servizio agli altri e nella consapevolezza".

ITV manda in onda un nuovo esclusivo video di Michael Jackson che ripropone alcune sue esibizioni live. Jackson sarà il solo artista ad avere il "controllo" di un intero break pubblicitario.

9 marzo
La star dei reality britannici Jade Goody, malata terminale di cancro, riceve una telefonata a sorpresa da Michael Jackson.

2009

10 marzo
Tutti i tredici concorrenti di American Idol si esibiscono questa sera in cover di Michael Jackson.
Le canzoni spaziano da *Rockin' Robin* a *PYT*, da *Human nature* a *Give in to me*.

11 marzo
Vanno esauriti i trecentosessantamila biglietti in prevendita per i concerti estivi di Michael Jackson alla O2 Arena di Londra, nonostante siano state aggiunte altre undici date. Gli organizzatori (AEG) decideranno di inserirne altre diciassette.

13 marzo
La AEG annuncia i cinquecentomila biglietti per i cinquanta concerti di Michael alla O2 Arena sono andati esauriti in quattro ore. Ciò significa che circa un milione di persone avrà la possibilità di vedere il re del pop nello stadio londinese da ventimila posti. Purtroppo centinaia di biglietti verranno messi immediatamente all'asta su eBay, arrivando a un prezzo di millecinquecento sterline l'uno; e i biglietti vip per la data di apertura dell'8 luglio sfioreranno i trentacinquemila dollari. Poco dopo l'annuncio del sold out, il boss della AEG Live Randy Phillips comunica la notizia a Jackson. "Piangeva", dirà, "lo si capiva dalla voce, era quasi strozzata."

14 marzo
Secondo gli organizzatori i biglietti per i concerti di Michael Jackson sono diventati "l'acquisto più ambito del pianeta" e, dichiarano, quelli venduti più in fretta in assoluto nella capitale britannica. Precisamente, ne sono stati venduti a una media di 11 al secondo, 657 al minuto e quasi 40.000 all'ora.

Intanto nella contea di Kildare, Irlanda, sono venticinquemila i visitatori dell'esposizione che ospita centinaia di oggetti appartenuti a Michael Jackson.

18 marzo
Simon Cowell, giudice di American Idol, chiede a Michael di considerare la possibilità di essere ospite del reality show prima dei concerti di Londra. "È la miglior piattaforma che può avere oggi negli Stati Uniti, sarebbe stupido non accettare."

19 marzo
Negli Stati Uniti, questa settimana *The essential Michael Jackson* rientra nella Top Pop Catalogue Album di "Billboard" e raggiunge subito la vetta. Contemporaneamente *Number ones* sale di sette posti e si attesta al numero cinque della stessa classifica. L'impennata nelle vendite è dovuta alla messa in onda di American Idol, durante il quale ognuno dei finalisti ha cantato un pezzo del repertorio di Michael Jackson. Secondo la Recording Industry Association of America (RIAA) nei soli Stati Uniti *Thriller* è stato certificato ventotto volte disco di platino.

Aprile
Ballerini da tutto il mondo volano a Los Angeles per le audizioni di "This is it", il nuovo tour di Michael Jackson.

14 aprile
Si viene a sapere che l'asta del ranch di Neverland Valley, di cui tanto si è parlato, non avrà luogo. Il banditore Darren Julien e la MJJ Productions annunciano infatti, con una dichiarazione congiunta, che hanno accettato di cancellare la vendita e ridare la proprietà a Michael.

24 aprile
Thriller live resterà all'West End di Londra per tutto il 2009. Erano già stati aggiunti nuovi spettacoli fino al 27 settembre, ma visto l'enorme successo si è deciso di replicarlo fino al 3 gennaio 2010.

Maggio
Le prove per "This is it" sono cominciate e il re del pop è già al lavoro con Kenny Ortega, regista dello spettacolo, e con Travis Payne, già coreografo e ballerino del Dangerous e dell'HIStory Tour.

Due pagine della brochure della messa all'asta (cancellata) del ranch di Neverland Valley

Un'immagine da *Thriller live* in scena a Praga, Repubblica Ceca

2009

La statua di Michael, alta 12 m, a Regensdorf, Svizzera

6 maggio
L'ex responsabile dell'ufficio stampa di Michael, Raymone Bain, presenta alle autorità di Washington un'istanza di causa civile per quarantaquattro milioni di dollari per inadempienza di contratto, accusando Michael di non averla pagato per il lavoro svolto.

Il costume di scena utilizzato da Michael Jackson nei concerti del Bad Tour del 1988 viene venduto a trentamila dollari in un'asta online.

8 maggio
Su eBay un guanto appartenuto a Michael Jackson raggiunge la strabiliante cifra di 99.100 dollari. Secondo la persona che l'ha messo in vendita il guanto è una creazione dello stilista Bill Wheaton ed era stato indossato da Michael durante il Victory Tour del 1984-85 (quando vinse il suo ottavo Grammy per l'album *Thriller*).

12 maggio
La AllGood Entertainment invia alla AEG, promoter dei concerti "This is it", una lettera di diffida. In essa si afferma che Frank Dileo, in qualità di manager di Michael Jackson, nel 2008 aveva firmato un accordo per un live che avrebbe visto tutta la famiglia riunita, Janet compresa, il 3 luglio 2010 in Texas. L'accordo, che avrebbe comportato il pagamento a Michael di quasi ventiquattro milioni di dollari, gli impedirebbe per un anno e mezzo di concludere qualsiasi altro contratto per esibizioni live.

13 maggio
Randy Phillips, CEO della AEG Live, fa sapere che lo show sarà una cosa mai vista prima sia dal punto di vista artistico sia per quanto riguarda i costi. Il budget della produzione "supera i venti milioni di dollari" e sono previste ventidue diverse scenografie.

18 maggio
Diversi artisti che questa settimana espongono i propri lavori al Beverly Hills Art Festival dichiarano che Michael Jackson e i suoi figli hanno visitato l'esposizione e che la star ha mostrato interesse per diversi quadri.

19 maggio
Randy Phillips, CEO della AEG Live, smentisce la notizia, apparsa su un giornale scandalistico britannico, secondo la quale a Michael sarebbe stato diagnosticato un cancro alla pelle. Phillips conferma invece che gli spettacoli di Londra rappresentano solo la prima parte di un progetto più ampio che comprende una versione 3D delle riprese del concerto e un film 3D basato su video di *Thriller* del 1983. Non esclude inoltre la possibilità di nuove date in altre città, dichiarando che il tour potrebbe cominciare in Europa e continuare in Asia e poi in Nord e Sud America.

20 maggio
Vengono spostate le date dei primi quattro concerti di Michael. La prima data è fissata per il 13 luglio, posticipata rispetto al previsto 8 luglio. Tre concerti avranno luogo a marzo 2010.

Giugno
Alcune fonti confermano che Michael ha deciso per il tour di "This is it" non solo per ragioni economiche, ma anche perché crede che i suoi figli siano sufficientemente grandi da poterlo vedere sul palco. I bambini, finora, non lo hanno mai visto dal vivo. "Sono abbastanza cresciuti per apprezzare e capire quello che faccio, e io sono ancora abbastanza giovane per farlo", riporta Randy Phillips della AEG Live citando Michael.

2 giugno
Diversi media affermano che Michael ha dichiarato ai fan che vorrebbe fare solo dieci dei cinquanta concerti previsti alla O2 Arena di Londra. Randy Phillips della AEG Live commenta in proposito: "Non è vero. Michael Jackson era emozionato all'idea di vendere a loro cinquanta spettacoli. L'imponenza richiede un gran numero di repliche, cosa su cui Michael era d'accordo fin dall'inizio. Fino a oggi non ha acconsentito a realizzare un tour mondiale, ma potrà farlo in ogni momento".

4 giugno
Michael non si presenta in aula per la causa da quarantaquattro milioni di dollari tra lui e la ex responsabile del suo ufficio stampa Raymone Bain. Jackson deve ancora mettersi in contatto con il tribunale o nominare un avvocato.

6 giugno
Settantuno canzoni di Michael solista prodotte dalla Motown vengono riunite in un cofanetto di 3 CD intitolato *Hello world - the complete Motown solo collection*.

14 giugno
Il guanto che Michael Jackson indosserà per il prossimo tour

23 giugno: le prove per "This is it" allo Staples Center di Los Angeles

"This is it" sarà disegnato e creato da La Crasia Gloves di New York. "Ci hanno mandato un'impronta della sua mano destra e stiamo preparando alcuni campioni per permettergli di scegliere", dichiara Jay Ruckel, il tagliatore più esperto dell'azienda.

15 giugno

In occasione dei concerti del "This is it" Tour, il museo delle cere Madame Tussauds di Londra annuncia che metterà in mostra una nuova statua di Michael Jackson. È la decima volta che il famoso museo lo raffigura, facendo di Michael la star più "riprodotta" dopo la regina d'Inghilterra.

19 giugno

Si dice che Lou Ferrigno, due volte Mister Universo e meglio conosciuto come l'incredibile Hulk dalla famosa serie televisiva anni Settanta, stia facendo da personal trainer a Michael Jackson in preparazione del "This is it" Tour.

25 giugno

Shock nel mondo alla notizia dell'improvvisa morte di Michael Jackson per infarto, all'età di cinquant'anni, nella casa in cui viveva in affitto a Los Angeles. Michael è stato portato in ambulanza all'UCLA Medical Center dopo essere collassato. Alle 12,21 viene chiamato il 911. "La chiamata parlava di una persona che non respirava più", affermerà un portavoce del Los Angeles City Fire Department, aggiungendo che i paramedici erano stati inviati alla villa di Holmby Hills poco dopo mezzogiorno. "Quando la squadra è arrivata, ha visto che nella casa qualcuno stava già facendo la rianimazione cardiopolmonare. La persona che non respirava è stata portata all'UCLA Medical Center ed è rimasta lì."
I dottori tenteranno di rianimare Michael per oltre un'ora, dopo di che Jermaine rilascerà la seguente dichiarazione: "Crediamo che mio fratello, il leggendario re del pop, Michael Jackson, sia stato vittima di un arresto cardiaco, ma non sarà possibile consocere la causa ufficiale della sua morte fino all'autopsia. Il medico personale di Michael, che in quel momento si trovava con lui, ha provato a rianimarlo, così come hanno fatto i paramedici che lo hanno portato al Ronald Reagan UCLA Medical Center.

I fan firmano il grande manifesto di Michael fuori dallo Staples Center di Los Angeles

Jermaine canta alla cerimonia funebre davanti a un gigantesco ritratto del fratello

Janet, Paris (figlia di Michael), La Toya, Jermaine e Prince (figlio di Michael) alla cerimonia funebre allo Staples Center di Los Angeles il 7 luglio

Gli omaggi lasciati dai fan alla star sulla Hollywood Walk of Fame

E anche all'arrivo in ospedale, alle 13,14 circa, i medici del pronto soccorso e i cardiologi hanno tentato di rianimarlo per oltre un'ora. Non ci sono riusciti".

26 giugno

La tragica notizia della morte di Michael arriva sulle prime pagine dei giornali e riempie i notiziari. Vengono messi in onda programmi speciali e la stampa gli dedica articoli su articoli mentre personaggi importanti di tutto il mondo inviano le loro condoglianze.
Kenny Ortega, regista dei concerti del "This is it" Tour, dichiara: "Michael era un caro amico e un fantastico professionista. Quella con lui è stata la collaborazione più eccitante della mia vita, resterà un uomo che mi ha ispirato più di chiunque altro. Sentiremo molto la sua mancanza".
Madonna: "Non riesco a smettere di piangere dopo questa triste notizia. Ho sempre ammirato Michael Jackson. Il mondo ha perso uno dei più grandi ma la sua musica vivrà per sempre. Il mio cuore è con i suoi bambini e con la sua famiglia. Dio li benedica".
Justin Timberlake: "In questo momento non riesco a trovare le parole per esprimere il dolore che provo per la morte di Michael. Abbiamo perso un genio e un vero ambasciatore non solo della musica pop, ma della musica in generale. È stato una fonte di ispirazione per diverse generazione e ricorderò sempre con gioia i momenti che ho condiviso con lui sul palco, tutte le cose che ho imparato da lui sulla musica e il tempo passato insieme. I miei pensieri vanno alla sua famiglia e ai suoi cari".
Mariah Carey: "Ho il cuore infranto. Le mie preghiere sono per la famiglia Jackson e il mio cuore è con i suoi figli. Dobbiamo ricordarlo per il suo impareggiabile contributo alla musica, la generosità del suo cuore che ha provato a curare il mondo e la gioia che ha portato a milioni di fan. Mi sento molto fortunata per essermi potuta esibire con lui e per averlo potuto chiamare amico. Nessun artista saprà eguagliarlo. La sua stella brillerà per sempre".
Will.I.Am: "Sono molto grato per aver potuto lavorare con il re (resterà sempre il re) dell'industria della musica. Era un dono per tutti, era come un faro, e non sarei sorpreso se domani il mondo smettesse di girare".
Russell Simmons: "Michael Jackson è stato un eroe della cultura e un'icona della mia generazione. Coraggioso, unico e incredibilmente dotato. Ci mancherà terribilmente".
Robin Gibb: "Con la morte di Michael non abbiamo semplicemente perso un grande amico, abbiamo perso anche un essere umano meraviglioso e sensibile. I Bee Gees sentivano la musica allo stesso modo. Michael aveva una voce strepitosa e milioni di persone che devono ancora nascere canteranno le sue canzoni. Questa tragedia dovrebbe insegnarci a dare valore ai doni che riceviamo e dimostrare loro gratitudine finché sono nel mondo. Se solo una piccola porzione dei ringraziamenti che sono tributati ora a Michael Jackson, nel momento della sua morte, gli fossero stati dati l'anno scorso, quando era ancora in vita, forse sarebbe ancora qui con noi. Questa è la triste verità. Consoliamoci sapendo che trionferà attraverso la sua eredità".
Randy Jackson, giudice di American Idol: "Sono addolorato dalla morte di un idolo e di un'icona. È stato il più grande intrattenitore di sempre, fonte di ispirazione per artisti di tutti i generi musicali. Ha insegnato a tutti noi come infiammare il palcoscenico. Wow".
Don Cornelius, creatore del programma musicale Soul Train: "Lo straordinario potere individuale di Michael Jackson come intrattenitore è sempre stato chiaro e inequivocabile e non è mai diminuito. La sua morte porterà lutto più di quanto sia mai accaduto per altri cantanti, compositori, produttori, ballerini e coreografi nella storia del mondo. Io sono assolutamente convinto che non ci sarà mai, mai, un altro Michael Jackson".
Beyoncé: "La ragione per cui io sono qui è Michael Jackson".
Alicia Keys: "Lo conoscevamo tutti, in un modo o nell'altro. In un certo senso ci ha toccati, è stato la voce di uno dei nostri ricordi più dolci. Ed era un gigante meraviglioso, genuino, compassionevole, con una voce suadente e pieno di amore. Ci ha dato amore, emozioni, momenti unici in un mondo ordinario. Non posso credere che non sia più con noi sulla terra. Ma tra molto tempo, quando saremo tutti polvere, lui non sarà ancora stato dimenticato. Al migliore! Sarai amato, ammirato e rispettato per sempre".

27 giugno

La famiglia Jackson rilascia la seguente dichiarazione: "In uno dei momenti più bui delle nostre vite è difficile trovare le parole appropriate per l'improvvisa tragedia che ci ha colpiti. Il nostro amato figlio, fratello e padre se ne è andato inaspettatamente, in un modo tragico e decisamente troppo presto. Ha lasciato noi, la sua famiglia, senza parole, e devastati al punto che la comunicazione con il mondo esterno sembra impossibile in certi momenti.
"Michael ci manca terribilmente, il nostro dolore non può essere descritto con le parole. Ma lui non vorrebbe mai che ci arrendessimo. Vogliamo quindi ringraziare tutti i suoi fedeli sostenitori e i fan leali in tutto il mondo, che Michael amava così tanto. Per favore non disperatevi, perché Michael continuerà a vivere in ognuno di voi. Continuate a diffondere il suo messaggio, perché questo è quello che vorrebbe da voi. Andate avanti, così che la sua eredità possa vivere per sempre".
Joseph Jackson aggiunge: "I miei nipoti sono profondamente commossi dall'amore e dalla vicinanza che avete mostrato al loro padre, Michael Jackson".

3 luglio

Mentre la musica di Michael Jackson domina le classifiche dell'intero pianeta, Barack Obama dice del re del pop: "Sono contento di vedere che viene ricordato prima di tutto per la grande gioia che ha saputo portare a molte persone attraverso il dono straordinario che possedeva, quello di saper intrattenere".
Il presidente dichiarerà anche di essere cresciuto con la musica di Michael: "Ho ancora tutte le sue canzoni sul mio iPod. Credo che Michael Jackson passerà alla storia come uno dei nostri più grandi performer. La luce dei suoi spettacoli è stata eguagliata dalla sua tragica, e in molti modi triste, storia personale".

6 luglio

La cerimonia funebre privata per Michael si svolge al cimitero di Forest Lawn a Hollywood.

7 luglio

Il servizio funebre pubblico viene organizzato allo Staples Center di Los Angeles. Diretto da Kenny Ortega, sarà trasmesso dalle televisioni di tutto il mondo e attraverso internet.
Durante la cerimonia prenderanno la parola il reverendo Al Sharpton, Berry Gordy, Brooke Shields e Smokey Robinson, e per Michael canteranno Mariah Carey, Lionel Richie, Stevie Wonder, Usher e Jennifer Hudson. Presenti 17.500 fan (insieme ai 6.500 che assistevano in diretta alla cerimonia dall'adiacente Nokia Theatre), molte celebrità e l'intera famiglia Jackson, compresi i tre figli di Michael Prince, Paris e Blanket.
Alla fine della cerimonia Paris, undici anni, raggiungerà gli zii sul palco e dirà: "Volevo solo dire che, da quando sono nata, papà è stato il migliore padre che si può immaginare. Volevo solo dire che gli voglio tantissimo bene".

Lisa Marie Presley pubblica questo commovente e intenso messaggio sulla sua pagina di MySpace.
"Lui sapeva. Anni fa Michael e io stavamo parlando. Non ricordo esattamente l'argomento, forse mi aveva fatto delle domande sulle circostanze precise della morte di mio padre. A un certo punto era ammutolito, mi aveva guardata fissa e aveva detto, con una certezza quasi calma: 'Ho paura di finire come lui, nello stesso modo'.
Io avevo immediatamente cercato di distoglierlo da questa idea e lui a quel punto si era semplicemente stretto nelle spalle e aveva annuito come per farmi capire che lui sapeva, non c'era altro da aggiungere.
Quattordici anni dopo sono qui seduta a guardare al telegiornale un'ambulanza che lascia il vialetto di casa sua, la folla fuori dai cancelli, i servizi dei media, ancora folla fuori dall'ospedale, e a sentir parlare di causa della morte e di cosa l'avrebbe portato fino a questo punto, e il ricordo di quella conversazione mi colpisce e non riesco a fermare le lacrime.
Una fine predetta da lui, dai suoi cari e da me, ma ciò che non avevo previsto è il dolore che provo ora che è accaduto. La persona che non sono riuscita ad aiutare viene adesso trasferita all'ufficio del medico legale della contea di Los Angeles per l'autopsia.
L'armatura che mi sono costruita addosso lavorando duramente nel corso degli anni è appena andata in frantumi e io non ho più coraggio.
Ora dirò ciò che non ho mai detto prima perché voglio che per una volta sia detta la verità.
La nostra storia non era "una finzione", come è stato riportato dai giornali. Era sì una relazione fuori dal comune, in cui due persone fuori dal comune che non hanno mai vissuto una "vita normale" avevano trovato un legame, forse in tempi considerati "un po' sospetti".
Nonostante questo, credo che mi abbia amata tanto quanto mi avrebbe potuta amare qualsiasi altra persona e io l'ho amato molto.
Volevo "salvarlo". Volevo salvarlo dall'inevitabile che è appena accaduto.
Anche la sua famiglia e i suoi cari volevano salvarlo, ma non sapevano come fare, e questo succedeva quattordici anni fa. Allora avevamo tutti paura che questo sarebbe accaduto.
E cercando di salvarlo ho quasi perso me stessa. Lui aveva un'incredibile forza dinamica, un potere che non doveva essere sottovalutato. Quando la usava per qualcosa di buono era la cosa migliore, ma quando la usava per qualcosa di male faceva molto, molto male.
La mediocrità era un concetto che non poteva entrare nemmeno un secondo nell'essere o nelle azioni di Michael Jackson.
Mi sono ammalata ed ero emotivamente e spiritualmente esausta per avere tentato di salvarlo da alcuni comportamenti autodistruttivi e dagli orribili vampiri e dalle sanguisughe che riusciva sempre ad attrarre intorno a sé.
Provando, mi resi conto che era troppo difficile per me. Dovevo prendermi cura dei miei figli. Dovevo prendere una decisione. La mia decisione più difficile fu andare via e lasciare che il destino avesse la meglio, anche se lo amavo disperatamente e ho cercato di fermare o cambiare la situazione, in qualche modo.
Dopo il divorzio ho passato molti anni con l'ossessione di lui e di cosa avrei potuto fare di diverso, piena di rimpianti. Poi ho passato altri anni arrabbiata. E a un certo punto sono diventata totalmente indifferente, fino a oggi. Mentre siedo qui, sopraffatta dalla tristezza, dai pensieri e dalla confusione, riguardo quello che è stato il mio più grande fallimento.
Vedo ripetersi per Michael, al telegiornale, quasi lo stesso copione che ho visto il 16 agosto 1977 (*quando Elvis è morto*), proprio come lui aveva previsto. È una cosa che non avrei mai voluto vedere di nuovo, sono distrutta.
Le parole o i sentimenti negativi provati nei suoi confronti in passato sono morti dentro di me insieme a lui.
Era una persona eccezionale e sono stata fortunata ad averlo potuto conoscere così bene e ad avere diviso con lui tante esperienze.
Spero disperatamente che adesso possa liberarsi dal dolore, dalle pressioni e dai tumulti.
Merita di essere libero da tutto questo e spero si trovi in un luogo migliore, o che lo raggiunga presto.
Spero anche che se qualcun altro pensa di non essere riuscito ad aiutarlo possa ora sentirsi libero, perché lui lo è.
Il mondo è sotto shock, ma in qualche modo lui sapeva esattamente, meglio di chiunque, come il suo destino si sarebbe realizzato un giorno o l'altro, e aveva ragione".

Lisa Marie Presley

Discografia UK 1972 - 2009

Album in vinile

Maggio	1972	STML	11205	Got to be there
Dicembre	1972	STML	11220	Ben
Luglio	1973	STML	11235	Music & me
Marzo	1975	STMA	8022	Forever Michael
Settembre	1975	STML	12005	The best of Michael Jackson
Ottobre	1978	MCA/MCSP	287	The wiz soundtrack
Agosto	1979	EPC	83468	Off the wall
Agosto	1979	EPC	83458	Off the wall (PD)
Giugno	1981	STMR	9009	The best of Michael Jackson (R)
Luglio	1981	STML	12158	One day in your life
Ottobre	1981	STMS	5007	Got to be there
Ottobre	1981	STMS	5008	Ben (R)
Ottobre	1982	TMS	3511	Ain't no sunshine
Dicembre	1982	EPC	85930	Thriller
Gennaio	1983	MCA	70000	ET storybook (box set)
Giugno	1983	STMS	5095	Forever Michael (R)
Luglio	1983	STAR	2232	18 greatest hits (incl. Jackson 5)
Luglio	1983	EPC	85930	Thriller (PD)
Maggio	1984	WL	72069	Ben (R)
Giugno	1984	ZL	72227	Farewell my summer love
Novembre	1984	WL	72291	Music & me
Novembre	1984	WL	72289	Great love songs of Michael Jackson
	1985	WL	72063	Best of Michael Jackson
Maggio	1986	WL	72424	Looking back to yesterday
	1986	WL	72068	Got to be there (R)
Settembre	1987	EPC	450290-1	Bad
Ottobre	1987	EPC	450290-8	Bad (cassetta gift pack)
Ottobre	1987	STAR	2298	Michael Jackson & Diana Ross love songs
Novembre	1987	EPC	450290-0	Bad (PD)
Dicembre	1987	SMR	745	The Michael Jackson mix
Febbraio	1988	ZL	72622	The original soul of Michael Jackson
Maggio	1988	WL	72630	Farewell my summer love (R)
Settembre	1988	WD	72641	Michael Jackson & The Jackson 5 live
Novembre	1991	EPC	4658021	Dangerous
Novembre	1991	EK	48900	Dangerous (edizione per collezionisti)
Marzo	1992	530	014-1	Motown greatest hits - Michael Jackson
Giugno	1992	EPC	658281-4	MJ4 Tour souvenir pack
Giugno	1995	EPC	474709	HIStory past present & future... Book 1
Maggio	1997	EPC	4875002	Blood on the dance floor
Ottobre	2001	EPC	495174	Invincible
Novembre	2003	XSS	56430	One more chance (promo - doppio album)
Febbraio	2008		88697233441	Thriller 25

CD

	1985	WD	72063	Best of Michael Jackson
Febbraio	1986	530	178-2	Anthology - Michael Jackson
Novembre	1986	ZD	72468	Got to be there / Ben
Gennaio	1987	ZD	72530	Anthology - Michael Jackson (R)
Settembre	1987	EPC	450 290-2	Bad
Ottobre	1987	TCD	2298	Love songs of Michael Jackson
Ottobre	1987	WD	72420	18 greatest hits - Command performance
Novembre	1987	EPC	450 290-9	Bad (PD)
Dicembre	1987	CDEPC	83468	Off the wall
Dicembre	1987	CDEPC	85930	Thriller
Dicembre	1987	SMD	745	Michael Jackson mix
Febbraio	1988	ZD	72622	The original soul of Michael Jackson
Luglio	1988	WD	72629	18 greatest hits (incl. Jackson 5)
Gennaio	1989	WD	72641	Michael Jackson & The Jackson 5 live
Giugno	1989	WD	72068	Got to be there
Ottobre	1989	WD	72630	Farewell my summer love
Novembre	1989	WD	72069	Ben
Febbraio	1990	WD	72121	Forever Michael
Marzo	1990	WD	72891	Michael Jackson & Diana Ross love songs
Novembre	1991	EPC	45 802-2	Dangerous
Dicembre	1991	EPC	465 802-9	Dangerous (EL pop-up box)
Marzo	1992	550	078-2	Motown greatest hits - Michael Jackson
Giugno	1992	MJ4	658281-14	Tour souvenir pack (EL speciale)
Febbraio	1993	EPC	465802-2D	Dangerous / Off the wall (2 CD)
Maggio	1993	550	078-2	Music & me
Agosto	1993	530	162-2	Got to be there (R)
Settembre	1993	530	163-2	Ben (R)
Giugno	1995	EPC	474 709 2	HIStory - past present & future... Book 1
Dicembre	1995	E	5305972	Michael Jackson very best of
Gennaio	1996		3145305582	The Jackson 5 ultimate collection
Maggio	1997	EPIC	4875002	Blood on the dance floor
Febbraio	1998	EFA	88902-2	The Steeltown sessions (Jackson 5)
Giugno	1999	CDX	83468	Off the wall (EL digipak)
Novembre	1999	MILLEN	44952162	Thriller (EL Millennium)
Luglio	2000	MOTOWN	157170-2	'Ripples and waves' - An introduction to The J5
Agosto	2000	E	5304392	Forever Michael / Music & me / Ben
Ottobre	2000		649792	Music & me
Dicembre	2000	AA	121599172	The millennium collection - Michael Jackson
Marzo	2001	E	0134912	The universal masters collection: classic Michael
Ottobre	2001	EPC	4951742	Invincible
Ottobre	2001	EPC	5044212004	Off the wall (EL con tracce bonus)
Ottobre	2001	EPC	50442227	Thriller (EL con tracce bonus)
Ottobre	2001	EPC	50442326	Bad (ES con tracce bonus)
Ottobre	2001	EPC	50442425	Dangerous (ES con tracce bonus)
Ottobre	2001		5308042	Best of Michael Jackson/Jackson 5
Novembre	2001	EPC	5018692	HIStory (rimasterizzato)
Febbraio	2002	MOTOWN	168192	Love songs - Michael Jackson
Novembre	2003	EPC	2513800	Number ones
Dicembre	2003	EPC	5044212	Off the wall (rimasterizzato)
Dicembre	2003	EPC	5044222	Thriller (rimasterizzato)
Dicembre	2003	EPC	5044232	Bad (rimasterizzato)
Dicembre	2003	EPC	5044242	Dangerous (rimasterizzato)
Dicembre	2003	EPC	4875002	Blood on the dance floor (R)
Febbraio	2004	EPC	5301622	Got to be there (R)
Giugno	2004		5163669	Very best of The Jacksons
Novembre	2004		5175542	Off the wall / Thriller (doppio CD con tracce bonus)
Novembre	2004		5175552	Bad / Dangerous (doppio CD con tracce bonus)
Novembre	2004	EPC	5177433	Ultimate collection (4 CD + DVD concerto)
Luglio	2005	EPC	5204222	The essential Michael Jackson (2 CD)
Settembre	2006		B000307002	Jackson 5 in Japan
Settembre	2006		B000301602	Joyful jukebox
Ottobre	2007		82876824942	Blood on the dance floor / Invincible (2 CD)
Febbraio	2008		88697179862 3	Thriller 25 (CD & DVD)
Febbraio	2008		8869717987 2	Thriller 25 - Zombie edition (CD & DVD)
Febbraio	2008		8869722096 2	Thriller 25 deluxe hardback edition (CD & DVD)
Agosto	2008		88697356512	King of pop
Settembre	2008		5311546	Michael Jackson / Jackson 5 50 best songs (3 CD digipak)
Dicembre	2008		9846942	Michael Jackson / Jackson 5 silver collection
Gennaio	2009		5314948	Michael Jackson classic: masters collection
Gennaio	2009		8869730869 2	Destiny (con 2 tracce bonus)
Gennaio	2009		8869733558 2	Triumph (con 3 tracce bonus)
Gennaio	2009		5163669	The very best of The Jacksons
Gennaio	2009		0602517937796	The Jackson 5 love songs
Marzo	2009		B001242102	Hello world (triplo album)
Maggio	2009		5316421	ABC
Giugno	2009		5204222	The essential Michael Jackson (2 CD)
Luglio	2009		88697536212	Michael Jackson collection (5 CD)
Luglio	2009		2714978	Michael Jackson - The stripped mixes
Luglio	2009		1773967	Michael Jackson gold
Luglio	2009		AVC990	Michael Jackson karaoke

Singoli 45 giri

Gennaio	1972	TMG	797	Got to be there / Maria
Maggio	1972	TMG	815	Rockin' Robin / Love is here and now you're gone
Agosto	1972	TMG	826	Ain't no sunshine / I wanna be where you are
Novembre	1972	TMG	834	Ben / You can cry on my shoulder
Luglio	1973	TMG	863	Morning glow / My girl
Maggio	1974	TMG	900	Music & me / Johnny Raven
Aprile	1975	TMG	946	One day in your life / With a child's heart

Ottobre	1975	TMG	1006	Just a little bit of you / Dear Michael
Ottobre	1978	MCA	396	Ease on down the road / Poppy girls
Maggio	1979	EPC	7135	You can't win (Part 1 & 2)
Agosto	1979	EPC	7763	Don't stop 'til you get enough / I can't help it
Novembre	1979	EPC	8045	Off the wall / Working day and night
Febbraio	1980	EPC	8206	Rock with you / Get on the floor
Aprile	1980	TMG	1165	Ben / Abraham, Martin & John (lato B M. Gaye)
Aprile	1980	EPC	8384	She's out of my life / Push me away
Luglio	1980	EPC	8782	Girlfriend / Bless his soul
Ottobre	1980	TMG	973	Got to be there (lato B Marv Johnson)
Aprile	1981	TMG	976	One day in your life / Take me back
Luglio	1981	TMG	977	We're almost there / We've got a good thing goin'
Ottobre	1981	TMG	816 (R)	Rockin' Robin / Love is here and now you're gone
Ottobre	1981	TMG	826 (R)	Ain't no sunshine / I wanna be where you are
Ottobre	1981	TMG	834 (R)	Ben / You can cry on my shoulder
Aprile	1982	EPC	8856	Don't stop 'til you get enough / Off the wall
Ottobre	1982	EPCA	112729	The girl is mine / Can't get outta the rain
Novembre	1982	EPC	2729	The girl is mine / Can't get outta the rain
Gennaio	1983	EPC	A3084	Billie Jean / It's the falling in love
Marzo	1983	EPC	A2906	Greatest original hits EP
Marzo	1983	EPC	A3258	Beat it / Burn the disco out
Giugno	1983	EPC	A3427	Wanna be startin' somethin' / Rock with you live
Luglio	1983	TMG	986	Happy / We're almost there (EL CP)
Luglio	1983	TMGP	986	Happy / We're almost there
Ottobre	1983	R	6062	Say, say, say / (lato B Paul McCartney)
Novembre	1983	EPC	A3643	Thriller / Things I do for you live
Novembre	1983	EPC	3643	Thriller / Things I do for you live (EL)
Novembre	1983	MJ 1	(1-9)	Thriller (9 singoli)
Marzo	1984	EPC	A4136	P.Y.T. (Pretty young thing) / This place hotel
Maggio	1984	TMG	1342	Farewell my summer love /Call on me
Maggio	1984	MCA	898	Ease on down the road / Poppy girls (R)
Maggio	1984	ARISTA	12609	Tell me I'm not dreamin' (duetto con J. Jackson)
Agosto	1984	TMG	1355	Girl you're so together / Touch the one you love
Febbraio	1985	ARIST	60 9	Do what you do / Tell me I'm not dreamin'
Agosto	1985	TMG	994	Got to be there / Rockin' Robin
Luglio	1987	EPC	6502027	I just can't stop loving you / Baby be mine
Luglio	1987	EPC	6502020	I just can't stop loving you / Baby be mine (EL)
Settembre	1987	EPC	6511557	Bad / Bad dance remix radio edit
Novembre	1987	EPC	6512757	The way you make me feel / Instrumental
Novembre	1987	ZB	41655	Christmas EP
Febbraio	1988	EPC	6513887	Man in the mirror / Instrumental
Febbraio	1988	EPC	6513889	Man in the mirror / Instrumental (PD quadrato)
Marzo	1988	ZB	41913	I want you back remix / Never can say goodbye
Maggio	1988	ZB	41883	Get it / Instrumental (duetto con Stevie Wonder)
Luglio	1988	EPC	6515460	Dirty Diana / Instrumental
Luglio	1988	EPC	6515467	Dirty Diana / Instrumental (13" display cut-out)
Luglio	1988	MJ 5		Bad souvenir (9 singoli)
Settembre	1988	EPC	6528447	Another part of me / Instrumental
Settembre	1988	EPC	6528440	Another part of me / Instrumental (CP)
Settembre	1988	EPC	6528449	Another part of me / Instrumental (EL)
Novembre	1988	EPC	6530267	Smooth criminal / Instrumental
Novembre	1988	EPC	6520260	Smooth crimina l/ Instrumental (EL)
Febbraio	1989	EPC	6546727	Leave me alone / Human nature
Febbraio	1989	EPC	6546720	Leave me alone / Human nature (copertina pop up)
Giugno	1989	ZD	41951	Vintage gold EP
Luglio	1989	EPC	6549470	Liberian girl / Girlfriend
Luglio	1989	EPC	6549479	Liberian girl / Girlfriend (mobile star pack)
Novembre	1991	EPC	6575987	Black or white / Instrumental
Gennaio	1992	EPC	6577747	Remember the time / Come together
Aprile	1992	EPC	6580187	In the closet - Mission radio edit (CP)
Luglio	1992	EPC	6581797	Who is it edit / Rock with you remix
Luglio	1992	EPC	6581797	Who is it edit / Rock with you remix (EL)
Settembre	1992	EPC	6584887	Jam 7" edit / Beat it remix (EL)
Novembre	1992	EPC	6584887	Heal the world / She drives me wild (CP)
Febbraio	1993	EPC	6590697	Give in to me / Dirty Diana (CP)
Giugno	1993	EPC	6592227	Will you be there / Girlfriend (CP)
Dicembre	1993	EPC	6599767	Gone too soon / Instrumental
Giugno	1995	662	127 7	Scream def radio edit / single mix (CP)
Ottobre	2001		3479656	You rock my world
Dicembre	2001		3479660	Cry

Maxi single

Ottobre	1978	MCAT	12-396	Ease on down the road / Poppy girls
Aprile	1979	12EPC	7135	You can't win (Part 1 & 2)
Agosto	1989	12EPC	7763	Don't stop 'til you get enough ext. / I can't help it
Febbraio	1980	12EPC	8206	Rock with you / Get on the floor / You can't win
Luglio	1981	TMGT	977	We're almost there / We've got a good thing goin'
Gennaio	1983	EPC	13-3084	Billie Jean ext. / Instrumental / It's the falling in love
Marzo	1983	EPC	TA3258	Beat it / Burn this disco out / Don't stop 'til you get enough
Giugno	1983	EPCT	A3427	Wanna be startin' somethin / Rock with you live
Luglio	1983	TMGT	986	Happy / We're almost there
Ottobre	1983	12	R6062	Say, say, say / Ode to a koala bear (P. McCartney)
Novembre	1983	EPC	TA3643	Thriller remix / LP Cut / Things I do for you live
Novembre	1983	EPC	TA3643	Thriller remix / Things I do for you live (EL)
Marzo	1984	EPC	TA4136	P.Y.T / Thriller instrumental / This place hotel live
Maggio	1984	TMGT	1342	Farewell my summer love ext. / Call on me
Maggio	1984	MCAT	898	Ease on down the road / Poppy girls (R)
Maggio	1984	ARISTA	22609	Tell me I'm not dreamin' (duetto con J. Jackson)
Agosto	1984	TMGT	1355	Girl you're so together / Touch the one you love
Giugno	1985	TMGT	994	Got to be there / Rockin Robin
Luglio	1987	EPC	6502026	I just can't stop loving you / Baby be mine (CP)
Settembre	1987	EPC	6511556	Bad ext. dance mix w. false fade)/dub/a cappella
Settembre	1987	EPC	651100	Bad ext. dance mix w. false fade)/7" mix/dance radio edit/dub/a cappella (US vinile rosso)
Novembre	1987	EPC	6512758	The way you make me feel ext. dub/a cappella
Novembre	1987	EPC	6512753	The way you make me feel 7"/ dub/a cappella/dance radio edit
Novembre	1987	ZT	41656	Merry Christmas from Michael Jackson and The J5
Febbraio	1988	EPC	6513886	Man in the mirror single mix / Album mix
Marzo	1988	ZT	41914	I want you back '88 remix/original mix
Maggio	1988	ZT	41884	Get it ext./instrumental (duetto con Stevie Wonder)
Luglio	1988	EPC	6515468	Dirty Diana / Instrumental / Bad dance mix w. false fade
Luglio	1988	EPC	6528646	Dirty Diana / Instrumental / Bad mix w. false fade (CP)
Settembre	1988	EPC	6528446	Another part of me ext. dance mix/radio edit
Novembre	1988	EPC	6530268	Smooth criminal ext. dance mix/dub/a cappella
Novembre	1988	EPC	6546726	Smooth criminal ext. dance mix/dub/a cappella (EL - Moonwalker calendario dell'Avvento)
Novembre	1988	EPC	6530261	Smooth criminal ext. dance mix / Annie mix
Febbraio	1989	EPC	6546726	Leave me alone / Don't stop 'til you get enough / Human nature
Luglio	1989	EPC	6549478	Liberian girl / Get on the floor / Girlfriend
Luglio	1989	EPC	6549471	Liberian girl / Girlfriend / You can't win ext. mix
Novembre	1991	EPC	6575986	Black or white / Bad / Instrumental / Thriller
Novembre	1991	EPC	6577316	Black or white C & C House Club mixes
Gennaio	1992	EPC	6577746	Remember the time 12" main mix/(mix diversi)
Aprile	1992	EPC	6580186	In the closet (mixes behind door No. 2)
Luglio	1992	EPC	6581796	Who is it patience mix / The most patient mix
Settembre	1992	EPC	6583606	Jam Roger's club mix / More than enuff mix/ E-smoove's jazzy mix / Teddy's 12" mix / Silky 12"
Novembre	1992	EPC	6584888	Heal the world / Wanna be startin' something remix / Don't stop 'til you get enough remix / Rock with you remix (PB)
Dicembre	1993	EPC	6599766	Gone too soon / Human nature/Thriller/ She's out of my life
Giugno	1995	EPC	662127	Scream (copertina blu) (mix diversi)
Giugno	1995	EPC	662127	Scream (copertina rosa) (mix diversi)
Novembre	1996	EPC	663352-8	Stranger in Moscow (mix diversi)
Luglio	1997	EPC	664615-6	History / Ghosts (mix diversi)
Dicembre	1997	EPC	665130-6	Smile (non pubblicato)
Ottobre	2001		6720296	You rock my world / Instrumental /a cappella
Dicembre	2001		6721826	Cry / Shout / Streetwalker
Novembre	2003		6744808	One more chance / Billie Jean (EL PD)
Dicembre	2003		6744806	One more chance / Paul Oakenfold remix
Novembre	2004	XPR	3829	Cheater (non pubblicato) / One more chance remix

Singoli in vinile

Marzo	2009			Ain't no sunshine / The love you save (Collectors Edition Motown 50)

CD singoli

Novembre	1987	EPC	651275-9	The way you make me feel dance ext. mix/dub
Febbraio	1988	EPC	651388-2	Man in the mirror / Album mix / Instrumental
Luglio	1988	EPC	651546-9	Dirty Diana / Instrumental / Bad dance mix w. false fade
Agosto	1988	EPC	652844-2	Another part of me dance ext. mix/radio edit
Settembre	1988	EPC	653004-2	Another part of me dance ext. mix/radio edit (edizione limitata - picture CD)
Novembre	1988	EPC	653026-2	Smooth criminal ext. dance mix / Annie mix
Febbraio	1989	EPC	654672-2	Leave me alone /Don't sto 'til you get enough / Human nature / Wanna be startin' somethin' ext.
Giugno	1989	ZD	41951	Vintage gold EP
Luglio	1989	EPC	654947-2	Liberian girl / Girlfriend / The lady in my life
Novembre	1991	EPC	657598-2	Black or white / Instrumental / Smooth criminal
Novembre	1991	EPC	657731-2	Black or white C&C House mixes
Gennaio	1992	EPC	657774-2	Remember the time (mix diversi) / Come together
Aprile	1992	EPC	658018-2	In the closet (mix diversi)
Luglio	1992	EPC	658179-5	Who is it remix / Don't stop 'til you get enough
Settembre	1992	EPC	658360-2	Jam (mix diversi) / Wanna be startin' somethin'
Novembre	1992	EPC	658488-5	Heal the world / She drives me wild / Man in the mirror
Febbraio	1993	EPC	659069-2	Give in to me / Dirty Diana / Beat it
Giugno	1993	EPC	659222-2	Will you be there / Man in the mirror / Girlfriend
Dicembre	1993	EPC	659976-2	Gone too soon / Human nature / Thriller / She's out of my life
Maggio	1995	EPC	662022-2	Scream CD1 (mix diversi)
Giugno	1995	EPC	662022-5	Scream CD2 (mix diversi)
Agosto	1995	EPC	662310-2	You are not alone CD 1 (mix diversi)
Agosto	1995	EPC	662310-8	You are not alone CD 2 (mix diversi)
Novembre	1995	EPC	662695-2	Earth song CD 1 (mix diversi)
Dicembre	1995	EPC	662695-5	Earth song CD 2 (mix diversi)
Aprile	1996	EPC	662950-2	They don't care about us CD 1 (mix diversi)
Aprile	1996	EPC	662950-7	They don't care about us CD 2 (mix diversi)
Agosto	1996	MJJ	663649-2	Why CD 1 (duetto con 3T)
Agosto	1996	MJJ	663648-5	Why CD 2 (duetto con 3T)
Novembre	1996	EPC	663787-2	Stranger in Moscow CD 1 (mix diversi)
Novembre	1996	EPC	663787-5	Stranger in Moscow CD 2 (mix diversi)
Novembre	1996	EPC	663991-2	I need you CD 1 (3T con cori di MJ)
Aprile	1997	EPC	664462-5	Blood on the dance floor CD 1 (mix diversi)
Maggio	1997	EPC	664462-2	Blood on the dance floor CD 2 (mix diversi)
Luglio	1997	EPC	664796-5	History / Ghosts CD 1 (mix diversi)
Luglio	1997	EPC	664796-2	History / Ghosts CD 2 (mix diversi)
Dicembre	1997	EPC	665130-2	Smile (non pubblicato)
Ottobre	2001		6720292	You rock my world (picture CD)
Dicembre	2002		6721822	Cry / Shout / Streetwalker / The cry short flm
Marzo	2003	MRW	4277459	Billie Jean /Beat it / Wanna be startin' / Thriller / PYT
Novembre	2003		67448021	One more chance (mix diversi)
Novembre	2004	XPCD	2969	Cheater (non pubblicato)
Gennaio	2006		88697034882	Thriller
Gennaio	2006		82876725112	Don't stop 'til you get enough
Gennaio	2006		828767251325	Rock with you
Gennaio	2006		828767251721	Billie Jean
Febbraio	2006		828767251820	Beat it
Febbraio	2006		828767252421	Bad
Febbraio	2006		828767252520	The way you make me feel
Febbraio	2006		82876725272	Dirty Diana (dual disc)
Marzo	2006		82876725292	Smooth criminal (dual disc)
Marzo	2006		828767253022	Leave me alone
Marzo	2006		82876773302	Black or white (dual disc)
Marzo	2006		828767733227	Remember the time
Aprile	2006		82876773342	In the closet (dual disc)
Aprile	2006		828767733623	Jam
Aprile	2006		828767733821	Heal the world
Aprile	2006		828767734026	You are not alone
Maggio	2006		82876773422	Earth song (dual disc)
Maggio	2006		828767734422	They don't care about us
Maggio	2006		828767734620	Stranger in Moscow
Maggio	2006		828767734828	Blood on the dance floor
Novembre	2006		88697019312	Visionary (video singles x 20 CD)
Febbraio	2008		886972262082	The girl is mine (con Will.I.Am)
Giugno	2008		88697290952	Wanna be startin' somethin' (con Akon)

E single

Settembre	2009			I'll be there (minus mix)

Video

	1983	MC	2105	The making of Michael Jackson's Thriller
	1983	SMV	10302	Motown 25 (comprende: Michael & The Jacksons + la leggendaria performance di Billie Jean di Michael)
	1985	MVP	99110062	USA for Africa
	1988	MJ	1000	Michael Jackson - The legend continues...
	1988	VC	416	The making of Thriller/The legend continues... (doppio video)
	1988		084248 3	Moonwalker
	1992	SMV	086628 3	The Jacksons - An American dream
	1993	SMV	491642	Dangerous - The short films
	1995	SMV	50123	Michael Jackson video greatest hits
Maggio	1997	SMV	50138-2	HIStory on film Volume II
Dicembre	1997	SMV	200788	Ghosts
Dicembre	1997	EPC	489155-2	Ghosts (EL box set)

DVD

Novembre	2001		501239	Video greatest hits - HIStory
Novembre	2001		491649	Dangerous - The short films
Dicembre	2002		866283	The Jacksons - An American dream
Ottobre	2003		501389	HIStory on film Volume II
Novembre	2003		2022509	Number ones
Marzo	2004		2024199	The one
Luglio	2004		8225120	The wiz
Novembre	2004	EPC	5177433	Ultimate collection (box set incl. Dangerous Tour)
Febbraio	2005		82876666019	We are the world (20th Anniversary Special)
Aprile	2005		D000817	Moonwalker
Febbraio	2008	EPC	204003 9	Live in Bucharest - The Dangerous Tour
Marzo	2008		88697278039	Number ones
Agosto	2008		88697360639	HIStory Vol. I & II
Febbraio	2008		61100348	The wiz (30th Anniversary)

Abbreviazioni

CP = copertina a poster
ext. = extended
EL = edizione limitata
ES = edizione speciale
PD = picture disc
R = riedizione

Per maggior informazioni: www.mjworld.net

Finito di stampare nel mese di dicembre 2009 a Milano
presso Ingraf - Industria Grafica